関西大学東西学術研究所研究叢刊 50

〈時〉と〈鏡〉
超越的覆蔵性の哲学
――道元・西田・大拙・ハイデガーの思索をめぐって――

井上　克人 著

関西大学出版部

序

井上克人氏は、学生時代から今日まで、ハイデガーから道元に至る西洋哲学、宗教哲学、日本思想論を縦横に研究された哲学者である。東西の思想を自由自在に行き来する氏の学問は、近年、いよいよ円熟味を増して、日本の哲学者、思想家の中でも、きわめてユニークな位置を占めることとなった。今回、斬新な構想と新知見を数多く含む『〈時〉と〈鏡〉・超越的覆蔵性の哲学―道元・西田・大拙・ハイデガーの思索をめぐって―』を東西学術研究所から出版されることになったが、この研究は、氏の幅広い学識とその立脚点を明快に示す独創的な内容である。

ここに収載された論考は、華厳教学の比較思想論的究明に始まり、『善の研究』における純粋経験の論理をめぐる西田哲学の位相を探って、禅仏教の特質とその論理的基盤に言及するものである。さらに、禅の思想における〈覚〉とその既在的直接性について論を展開し、鈴木大拙の禅思想である般若即非の真如観を解明する研究となっている。

本書全体の狙いは、今日、いよいよ重要性を増しつつある東アジア的叡智に深く問いかけ、西欧的知性の有効性とその運命を俎上に載せるという雄大な構想であろう。氏の深く広い学識に頭が下がるが、これらの思索は、決して順風満帆の歩みによって紡がれたわけではなく、紆余曲折の末に結晶化したと推察される。本書には、青年時代から今日に至るまで幾度も挫折の淵を覗き見ながらも、屈することなく研究を続けてきた氏のこころの闇が存在しているように思われてならない。その意味では、ここで論じられている内容は、単なる知識や論理を遥かに超えた氏の「生きた足跡のかたまり」とでもいうべきものだといってよい。

振り返ってみれば、氏と私は、大学院時代に共に机を並べた仲であった。われわれは一九七〇年代の後半から八〇年代の初頭にかけて山崎正和先生の自宅で行われた研究会「夕暮会」のメンバーであり、そこでは、哲学、美学はもちろんのこと、その他、およそ人文科学に関わるさまざまな学問領域について議論を交わした想い出をもつ。あれから四十年近くが経つが、将来に大きな不安を抱きつつ、真摯に学問と向き合った青年時代は、まるで昨日のことであったかの錯覚にとらわれる。

哲学するということは、人間の有限性を自覚するところから生じてくる「祈り」であり、理性では捉えられない無限なるものに身をゆだね、その声なき声の語りかけに耳を傾けつつ思索することだと語る氏の学問には、知的な学識を突き抜けた心根がある。第二篇第三章の「形なきものの形、声なきものの声」において、渾身の力を込めて「何ものか」について思索する哲学者の後ろ姿こそ、真の井上克人その人であろう。

氏はG-COEプログラム関西大学文化交渉学教育研究拠点の後継プログラムとして、文化交渉学研究を担う「近世近代日中文化交渉（日中移動伝播研究）班」の一員であるが、本書はその成果を開陳する業績となっている。その意味では、東西学術研究所の研究課題である「東西両洋文化の比較研究」の基盤をなす文化研究に大きく寄与するものだといってよい。

本書は、哲学や宗教思想の専門家のみならず、東西の思想と文化全般に関心を抱く幅広い読者を惹きつけるものだといってよい。氏の深い学識と壮大な構想力に敬意を表したい。

平成二十六年九月

関西大学東西学術研究所　所長　中谷　伸生

はじめに

本書の構成は、道元の禅思想、西田幾多郎の哲学、華厳教学、ハイデガーの思索、そしてイコンをめぐって、そこに通底するものを探ってみた第一篇、そして西田哲学の論理の基盤を探求した第二篇、最後に、禅仏教および鈴木大拙の禅思想、大燈国師の禅風に寄せて愚考した第三篇からなる。いずれも、これまでに各種学会や研究会で発表したもの、および講演を集成したものに過ぎない。本書のテーマは様々であるが、そこに一貫する主題があるとすれば、それは本書のタイトルにもあるように、「超越的覆蔵性」ということに尽きる。これは前著『露現と覆蔵―現象学から宗教哲学へ』から継続しているテーマだが、本書では前著より幾分かは思索を深めたつもりである。

〈時〉と〈鏡〉という対比は、些か唐突で、すぐにはご理解していただけないかも知れないが、労を厭わず拙著を読んでいただければ、おのずと納得していただけるのではないか、と思う。要は、〈真実在〉もしくは〈真如〉の顕現と同時に働いている覆蔵的動向に着目し、その顕現と覆蔵との同時的生起を〈時〉と捉えるとともに、それがいわば、鏡の自己返照に喩えられる、ということである。鏡は物を映すと同時に、鏡自身は映像をそれ自身の内に顕現させながらも、自ら映像になることはなく、映像を映し出す場所として、映像の中に隠れ、自らを覆蔵させている。それは、見方を換えれば、鏡が鏡自身を映すということ、自己返照ということであって、そういう仕方で鏡がどこまでも明鏡でありえてこそ、その明鏡の中で映像が映像として成り立つのである。西田自身、場所の論理を述べるに当たり、それを「自己自身を照らす鏡」に喩えているのは偶然ではない。

宗教哲学に於いては〈超越〉の次元を抜きにしては語れないが、超越が超越である限り、それはどこまでも覆蔵的傾向があるのであり、しかもそれは我々に対して超越的で覆蔵的であると同時に、我々に対する以前の次元でも、それはそれ自体に於いて自己覆蔵的なのである。神はどこまでも「隠れたる神」なのであり、「輝ける闇」なのである。

さて、本書の第二篇は、とくに西田哲学の論理的基盤を模索したものであり、前著『西田幾多郎と明治の精神』が、西田哲学を明治以降の思想・哲学史の流れのなかに位置づけ、どちらかと言えば、思想史的な内容の論攷を集めたものであったのに対し、本書は、むしろ西田哲学の論理を哲学的に論述したものである。

西田哲学の研究も、最近では新たな視点から様々な取り組みが行われて刷新してきており、地域性を越えた中堅、若手研究者の業績には目を見張るものがあるが、一昔前までの西田哲学研究は、西田が三〇歳代に真剣に禅に打ち込んだことがあり、また親友の鈴木大拙との交流および影響から頻繁に禅に言及するところがあることから、西田の哲学を禅、とくに臨済禅の立場から理解され解釈される傾向が大半であった。しかもそうしたことと相俟って、とかく『善の研究』で説かれる「純粋経験」のみが特権的にクローズアップされ、その主客未分の直接的経験が、あたかも禅にいわゆる反省以前、分別以前、言語化以前の見性体験から発想を得たものとして解され、主客合一、自他融合、梵我一如的な、いわば法悦的境涯をこの概念に投影させて、あたかもそれを金科玉条のように捉える傾向が目立ち、それは今もなお一般には根深く浸透している。

確かにそうした見方はあながち誤ってはいないものの、西田哲学を哲学として見る場合、それだけではやはり偏った理解と言わざるを得ない。西田のそうした禅的な特質に憧憬・心酔する人々がいる一方で、逆にそのような宗教的境涯に対して、厳密学としての哲学に携わる矜持から、一種の拒絶反応が生じて、西田哲学、ひいては京都学派の哲学に対する「偏見」が生じ、それを敬して遠ざけ、或いは当初から忌避してしまう哲学研究者もかなり多い。思うに、もっぱら禅の境涯に立脚して西田哲学や京都学派の哲学を理解し、それに心酔する研究者サークルが、先に示したような通念を江湖に広め、更にはそうした宗教哲学をドグマ的に規範化し、たとえ意図的にではないにせよ、ややもすれば排他的な閉鎖系を形作っていたことにその原因の一端があるのではないだろうか。京都学派の研究者たちに共通して見られるそうした学閥的党派性が、却って一般の哲学研究者たちの反発を生ぜしめ、広く豊かで深い内容をもつ京都学派の哲学そのものに対して、当初から忌避させ誤った偏見を持たせてしまう結果になってしまったことは、甚だ遺憾である。

西田が意図するところはあくまでも自覚的・反省的な哲学的思索にあるのであって、主題はどこまでも「真実在」にあった。西田哲学は純粋に哲学的な「実在論」なのである。『善の研究』の「版を新にするに当って」（昭和十一年）の中で、「私は何の影響によったかは知らないが、早くから実在は現実そのままのものでなければならない・・・という考を有っていた」と語っているように、西田の念頭にあったのは、「あるがまま」ということ、中国語で言えば「如」ということ、そこに真の実在を見ようとしていたのである。「あるがまま」というのは、サンスクリット語では tatatha と表記されるが、それが興味深いことに、中国仏教のなかに移植されたとき、その語は、「真如」というように「真」の語が付加されたのである。これは、老荘思想に見られる「無為自然」、つまり如何なる相対的価値分別にも捉われない自在で自由な、あるがままの在り方こそ真実の姿であるとする発想に淵源があろう。西田もこの「あるがまま」の状態を「真実在」と捉え、それを「純粋経験」として理解したのではなかったか。ただ肝要なことは、西田が「真実在」を「純粋経験」に求めたのは、主客未分・主客合一の〈境涯〉を披瀝するためではなく、そうした直接的経験の中に見て取られる「統一的或者」であり、つまり意識の統一的秩序をそこに読み取ったこと、このことである。

ところで、確かに宗教的法悦や道を究めた芸術家の没我的至境も「純粋経験」の内に含み入れられるが、しかしそれは一例に過ぎない。このあるがままという状態は、例えば、我々がごく普通の日常生活に於いて、無心で何事かに打ち込んでいる時の経験でもあって、その意味で「純粋経験」に他ならず、西田自身も語っているように、一つのテーマについて長年に渉って集中的に思考することも「純粋経験」を離れてはいないのであって、言葉と格闘しつつ反省的思惟に熱中することも、そこに直覚的意識の統一性が働いている限り、紛れもなく純粋経験なのである。

要するに、西田哲学の特質は「統一的或者の自発自展」「一般者の自己限定」といった言葉が示すように、一なるものの体系的発展ということ、つまり一なるものの自己内発的展開にある。一言で言えばそれは本体的一元論に他ならない。因みに言えば、西田の思考は、確かに時代的な制約はあるものの、現代哲学、とりわけ世界の現出論としての現象学、そしてその身体論、行為論、他者論は言うに及ばず、現在脚光を浴びているフランス現象学のいわゆる「神学論的転回」―とはいえ、謂うところの「自己触発的顕現」といった発想は、つまるところ自己内発的な発出論的一元論に過ぎないのだが―を先取りして論述しているところがあって、テクストを偏見なしに具に解読すれば、おそらく誰もが気付くはずである。

ところで、そうした本体的一元論の発想の淵源は『大乗起信論』で説かれる〈心真如〉と〈心生滅〉の不即不離の関係構造に典型的にみられる「体・用の論理」に他ならず、外に超越者を想定せず、超越的一者が自己展開して現象的世界の個々物に内在するといった、どこまでも内在的超越の構造をもつこの論理は、「万法は一に帰す、一は何処にか帰する」(『碧巌録』第四五則「趙州万法帰一」)と問いかける禅だけに限らず、「一即多、多即一」を唱える華厳教学や「草木国土、悉皆成仏」を提唱する天台教学に代表される大乗仏教全般、ひいては「理一分殊」を標榜する朱子学や「良知」を説く陽明学などをも含む東アジア的思惟の特質を示している。このように、筆者は京都学派の哲学を「体・用の論理」として捉え、とくに「絶対無」を強調するところから見て、それは、確かに禅の語録『無門関』第一則の「趙州狗子」に見る「無字」からの発想も考えられようが、更に遡れば、先述したように、「無為自然」を唱え、万物がそこから生じてくる根源的な「無」、もしくは無名、無形の「道《タオ》」を強調した老荘思想、そしてそれを受け皿としてインド仏教を受容・移植した中国独自の「格義仏教」に基づく「無の体用論」だと筆者は考えている。

さて、ここ十数年、インド仏教学の立場から、大乗仏教非仏説を強調する研究が盛んで、旧来の大乗仏教を厳しく批判し排斥する傾向が出てきている。大乗仏教の根幹をなす如来蔵思想、本覚思想は、確かに右に述べたような本体的一元論の体裁をもっており、そう見る限り、そうした批判は、あながち誤っているようには思えない。すべての事象にその存在根拠を認め、すべてはそこから発現してきたものとする発出論的な見方は、ややもすれば、実体論的な形而上学であって、そもそも「実体」を否定する根本仏教の立場からすれば、それは仏説からの逸脱でしかない。更に言えば、確かに梵我一如、ブラフマン即アートマンといった発想は、どこまでもインドのウパニシャッドの哲学であって、それは根本仏教が説くものではない。

ただしかし、そうしたまことしやかな理解で、例えば仏教の「空」の概念を、批判的研究者が強調する「縁起」とだけ捉えてしまうと、これも果たしてどこまで穿った解釈であるのか、甚だ疑問なしとしない。「縁起」という言葉で説明される論理的内容は、ありていに言えば、誰もが「成る程」と納得できることなのであって、そのことが、果たして釈尊が厳しい修行の結果、悟った内実であるとは到底思われないからである。そのような理解は、殊更仏道修行に打ち込まなくても誰もが理屈でわかることであろう。重要なことは釈尊が悟ったリアリティであって、言葉や論理では表現できないそうしたリアリティ、つまり物事には実体がなかったのだという自覚、つまりそうした〈智〉を自得内証のこととしてもつことが肝要なのであって、それは決して理屈ではない。そうしたリアリティつまり「空」をあえて言葉で説明する場合の一例として「縁起」という概念が挙げられるに過ぎないのではないか。とかく「縁起」の説明概念を前面に押し出すことによって大乗仏教非仏説を唱える研究者には、釈尊が目覚めたリアリティそのものに肉薄するといった姿勢がまるで欠けており、むしろそれを遠ざけてさえいる。それをないがしろにして彼等が関心をもって研究対象としているのは、あくまでも説明的な「論理」に過ぎない。

因みに、本覚思想・如来蔵思想を攻撃・批判する仏教学者が、西田哲学をも所詮は本覚思想に過ぎぬとして批判・排斥する傾向があるが、筆者は、或る意味では、それは穿った見方であると考えている。なぜなら、確かにこの哲学は先述したように本体的一元論の体裁をもっているからである。ただ気になるのは、第一に、批判者たちは、西田のテクストを念入りに解読しないうちから先述の西田哲学に対する偏った通念的理解をそのまま鵜呑みにして、一方的な偏見を予め抱いてしまって、その根深い偏見から、京都学派が説く仏教も本覚思想的一元論と決め込んで、それを厳しく批判しているに過ぎないことである。

そして第二に、ここで強調しておきたいのは、大乗仏教で説かれる「本体的一元論」は、例えばイスラーム学の碩学、井筒俊彦氏が最晩年に『起信論』を取り上げて、東洋的思惟の特質として掲げる発出論的な形而上学とも異なっていることである。大乗仏教に対する批判者たちは、本覚思想をそうした実体論的形而上学であると誤解したうえで、その誤解した限りの本体的一元論を批判しているに過ぎない。確かに誤解された限りでの一元論は、批判されても仕方がないものである。しかし「真如」であれ、「仏性」であれ「法界」であれ、それらは「本体」ではあっても、決して形而上学的な実体的根拠を意味しない。むしろあらゆる実体性を打ち砕く「ハタラキ」なのであり、すべての存在者が実体性の軛《くびき》から自由になって、言い換えればいわゆる「根拠」から解き放たれて、いわば「無根拠」「没根拠」のままに、おのずから立ち現れてくる「場所」なのであり、ひいては、西田が主張する「絶対無の場所」も、断じて形而上学的な根拠ないしは実体ではない。ハイデガーの所謂「存在（有）」が、あらゆる存在者（有るもの）の根拠としての「神」でないように、「本体」とは「実体」ではなく、場所的性格をもつものであって、本書で言及する語で示せば「明鏡」なのである。そもそも釈尊が摑んだリアリティはおそらくそうした場所的な性格をもつ般若智なのであって、いわゆる「縁起」という、まことしやかな「理屈」、論理の知的理解ではなかったはずである。

さて、西田晩年の「逆対応の論理」に着目する限り、西田哲学は、田辺元が誤解したような発出論的な、そういう意味では形而上学的な「本体的一元論」では必ずしもない。つまりそれは西田が中期以降、「自己は自己を超えたものに於いて自己を持つ」と語っていたように、どこまでも「絶対的他者」、言い換えれば〈超越〉の次元、しかも「内在的超越」だけではなく、絶対に不可逆的な構造をもつ「超越的内在」の論理が西田の念頭に絶えずあった、ということである。筆者の考えでは、初期の『善の研究』でもそうした発想は散見され、とかく自他融合・主客合一の側面ばかりが強調される「純粋経験」にも、直接性のなかに自らを閉ざす覆蔵性に或る超越的構造が見られるのである。

内在と超越の問題で、絶対と相対との関係が可逆か不可逆かの議論が喧しいが、『起信論』の水波の喩えでわかるように、水は波に先だっているのは当然であって、波が水より先に成立することはありえない。水があっての波であろう。映像より鏡の本体が先だっているのは言うまでもなく、鏡の本体がなければ映像もあり得ない。水が波に対する、そして鏡の本体がその映像に対する超越的先行性は、その順序を逆にすることはできない。このように〈超越〉の次元はまさに不可逆的構造を持っている。しかしこの不可逆的先行性は、発出論・流出論で連想される起源・原因から結果へと経過する如き時間的推移を含まない。言うなればそれば、見えざる中心への帰入が、同時にそこからの湧出と一つの動きである如き〈渦巻き〉に喩えられよう。そうした〈超越者〉のいわば垂直的で超時間的な、その意味で絶対現在的な不可逆的先行性を、本書では「超越的覆蔵性」として捉えて自分なりに考察してみた。

さて、本書の第三篇は比較的新しい論攷であるが、ここでとくにご留意いただきたいのは、鈴木大拙の禅思想でよく喧伝されている「即非の論理」には、二面性があるということである。大拙自身、それに気づいていたかどうか不明であるし、あまり区別なく論じているようなのだが、いわゆる「般若智」そのものがもつ即非の側面と、般若智に於いて顕現している存在そのものの即非の構造である。即非には智の側面つまり「識」の側面と、存在の側面つまり「境」の側面との両方が同時に成り立っているということを是非指摘しておきたい。鏡の喩えで言えば、鏡の本体に於ける即非の構造と、そこに映現される存在者の即非の構造である。「山は山に非ざるが故に山である」という後者の即非（存在の即非）が成り立つのは、それをそのように捉えている般若智自身が、「我は我に非ざるが故に我である」として自らの実体性を即非的に否定しているからである。禅でよく言われる「火は火を焼かず、水は水を濡らさず」という表現は、じつは般若智の即非に符合するのであって、それを「山は山に非ざるが故に山である」という存在の即非と同列に並べて理解すべきではないと考える。

ところで、最後の二章は、筆者としては、今後の新しい研究課題として特に最近強い関心を抱き始めている日本の禅思想の見直しの意図で執筆したものである。ここでは「純粋禅」について論究したが、それには理由がある。先述したように、最近十数年の仏教研究では、大乗仏教非仏説の主張が喧しく、またそうした動向から、明治以降の西欧化の波に乗って台頭してきた文献学中心の近代仏教学にも厳しい批判が出てきた。またそれに伴って、西欧哲学に馴染んだ思惟方法で仏教思想を知的、哲学的にのみ理解しようとする立場（本書もそうだが）も「近代仏教」の枠に入れられ、そうした立場からは殆ど顧みられることなく、まったく無視もしくは軽視されてきた、その意味ではきわめて偏狭な仏教理解に異議を唱え、仏教がもつ非合理的側面、とくに日本の場合には、神祇信仰や広く神道と結びついた神仏習合的、密教的要素を含みいれた仏教こそ、広く世俗に浸透して深く日本の文化的要素となっている、あるがままの仏教であるとする研究動向が広く行き渡り、よく「葬式仏教」として揶揄される仏教をも含めて、そうした世俗社会に今も脈々と生き続けている生きた仏教の再評価と研究が大きな勢力を持ち始めている。つまり「かくあるべき仏教」ではなく、古代からそうであったし、現在も伝統的にそうであるような「事実あるがままの仏教」に積極的に目を向けて研究に取り組むといった動向や主張が台頭してきている。日本中世に於ける禅思想も顕密仏教体制の支配から、当時は禅密兼修の側面があったことは無視しえず、密教からの見直しが提唱されてきている。こうした潮流について、筆者は最近、宗教学的な関心から共感するところ多大であり、無視してはならないものとして考えている。しかしこうした「近代仏教」批判が、これまでの仏教学や宗教哲学の分野でそれなりに深く研究され培われてきた大乗仏教思想の貴重な成果が、ややもすれば産湯と共に赤子をも流すことになってしまうことになるのではないか、禅で言えば、もっぱら禅と密教とのつながりを歴史学的に究明することばかりが主たる研究目的となって、それはそれで学術的価値は認められるものの、宋朝禅が、まぎれもなく生きた形でわが国に伝わってきたことの証しに目を向ける視点が、ややもすれば等閑にされてしまいかねないのではないか、と危惧するところもあって、現在の仏教研究の動向に逆らうかもしれないが、あえて「純粋禅」という形で、それを救い挙げようとしたつもりである。

最後に、エピローグとして掲載した横文字の論攷は、二〇一一年に東西研創立六〇周年を記念して上梓された論文集のために執筆したものだが、時あたかも、東日本大震災と大津波、原発事故という悲惨な天災・人災が起こった年であった。その大きなショックの中で筆者の思いを書き綴ったものである。その時感じ入ったことは、哲学するという営みは、つまるところ、人間存在の有限性を自覚するところから始まる「祈り」なのだ、ということであった。なにか、さかしらな理性では捉えられない究極的なもの、無限なるもの、超越的なものに身をゆだね、そうした深みの次元に絶えず身を置き、心を研ぎ澄まして、その声なき声の語りかけに耳を傾けつつ思索すること、自ら哲学するというのは、こういうことなのであろう。読者諸賢のご批判、ご叱正を乞う次第である。

目次

第一篇

〈時〉と〈鏡〉、そして〈イコン〉

第一章　〈時〉と〈鏡〉――道元・西田・ハイデガーの思索をめぐって――

一

釈迦牟尼佛。　見明星悟道曰。我與大地有情　同時成道。(1)
（釈迦牟尼佛。明星ヲ見テ悟道シテ曰ク。我ト大地有情ト。同時ニ成道スト。）

これは高祖道元（一二〇〇～一二五三）の衣鉢を継承し、日本曹洞宗太祖として尊崇される瑩山紹瑾《けいざんじょうきん》（一二六八～一三二五）の主著『伝光録』冒頭に「本則」として掲げられた文章だが、瑩山は「提唱」でこれを次のように評釈する。

いはゆる我といふは釈迦牟尼佛にあらず。釈迦牟尼佛も、この我より出生しきたる。たゞ釈迦牟尼佛出生するのみにあらず、大地有情もみなこれより出生す。大綱をあぐるとき、衆目悉くあがるが如く、釈迦牟尼佛成道するとき、大地有情も成道す。ただ大地有情成道するのみならず、三世諸佛もみな成道す。恁麼なりといへども、釈迦牟尼佛において成道のおもひをなすことなし。大地有情の外に、釈迦牟尼佛を見ることなかれ。たとひ山河大地、森羅萬像、森々たりといへども、ことごとくこれ瞿曇［引用者註　クドン　梵語の音訳。釈迦の在俗の時の姓。仏。］の眼睛裏をまぬかれず。汝等諸人また瞿曇の眼睛裏に立せり、ただ立せるのみにあらず、いまの諸人に換却しをはれり。

そして更に評釈は次のように続く。

我の與《と》なる、大地有情なり。與の我なる、これ瞿曇老漢にあらず、子細に點検し、子細に商量して、我をあきらめ、與をしるべし。たとひ我をあきらめたりといふとも、與をあきらめずんば、また一隻眼を失す。然りといへども、我と與と一般にあらず、兩般にあらず、正に汝等の皮肉骨髄、ことごとく與なり。

本章の目的はこの評釈に於ける「與（と）」について思索をめぐらしてみること、しかも「與」における同時性の問題、時の問題、つまり「與」を時間的に、そして「性起」として捉えることである。

大乗仏教における覚の内容には、我（主体的自我）も法（客観的存在）も倶に空であるということが含まれていなければならないが、その覚は、一切法空を如実に証するものである。それは日常の自我と世界が徹底的に解体されていくことを伴う。世俗の言語・制度・無意識等の拘束の一切が、根底から打破されていくのである。そこで、真の実相を覚するとき、却って自覚覚他円満の主体を実現するという。「覚」と「空」の関係から考えられるのは、「覚と空」と言われる場合の「と」がもつ動態である。大乗仏教の「人法倶空」の立場も、言い換えれば、実体の実体性を空化する縁起観と主体の主体性が無我たることを直下に覚する般若空観との融即現成と考えてよく、それがいかなる構造と動態をもっているかという問いが起こってくる。

　ところで、我と法との関係如何ということが問題となるが、そもそも我々が世界の中の諸存在を知るということ、物を認識するということはどういうことなのか。例えば松とか竹をまさにそのようなものとして知るということ、そのことが可能であるためには、「松」とか「竹」という経験的概念を通じて認識するということがなければならず、言い換えればそうした抽象化して得られた概念を通して物を知るのである。しかしそのような抽象化された概念（abstrahierter Begriff）があり得るためには、すでにその根底に抽象することを可能にし、それを導いている概念、つまり抽象する概念（abstrahierender Begriff）がなければならない。例えば、今挙げた松にせよ、竹にせよ、まさに他ならぬそのようなものとして纏められる前に、すでに〈もの〉として、すなわち実体（Substanz）として捉えられていなければならない。十八世紀ドイツの哲学者、イマニエル・カント（一七二四〜一八〇四）はこれを我々の意識の根底に内在するア・プリオリな形式と見なすが、こうした、経験に先立ち、しかもその経験を可能ならしめる超越論的な（transzendental）働きは、ただ単に主観的なものではないのであって、物を見る場合、それは物を考えているということでもあり、物を物として捉え、それをまさにそのような物として考えているわけであり、このような思惟の形式（Gedankenformen）、すなわち「範疇（Kategorien）」を通じて対象を成立せしめ、現象せしめているのである。とはいっても、主観が一方的に客観的世界を恣意的に構成しているわけではないのであって、言うなれば範疇とは、いわゆる主観と客観との対立以前のところにあって、その両者を媒介し、対象についての認識を真理たらしめる働きをもつものであろう。我々が自然を経験し得る所以の条件は、そのまま裏から言えば、自然が現象し得る所以の条件でなければならない。カントはいみじくもそれを「可能的経験一般のア・プリオリな条件は、同時に経験の諸対象の可能性の条件である[2]」(Die Bedingungen a priori einer möglichen Erfahrung überhaupt sind *zugleich* Bedingungen der

Möglichkeit der Gegenstände der Erfahrung.）という言葉で表現している。カントのいわゆるコペルニクス的転回というものは、ただ単に主観が客観的世界を構成して知るというだけのものではなく、彼の超越論的演繹論に於いて、超越的対象Xと超越論的自我としての統覚が一つに結合されていくように、我々が自然を経験するということは自然が自らを現象させることであり、逆に自然が自らを現象させてくるということは、我々が自己の根底へと自覚を深めていくことに他ならない。自然をして自然たらしめているものは、深く自己をして自己たらしめているものであるのではないだろうか。

ところでここで特に留意したいのは、カントの先の引用文の中の「同時に」という言葉である。この自己と世界との同時生起ということをどのように考えればよいのであろうか。

二

カントの謂うこの「同時性（zugleich）」、つまりその時間性に着目して、存在論もしくは有論の視点から独自の解釈をしているのはM・ハイデガー（一八八九～一九七六）である。[3] カント哲学に対する彼の解釈は、「思索する者の間の対話」としてのそれであり、いわゆる文献学的、書誌学的研究という次元には属さない。ハイデガーにとってカント哲学は、一九二五／二六年の冬学期講義を基にして二九年に刊行された『カントと形而上学の問題』の標題が示すように、どこまでも形而上学としての問題領域に属するものであった。それは後に刊行された『物への問い』（一九三五／三六年冬学期講義「形而上学の根本問題」を改題して一九六二年刊行）、『有についてのカントのテーゼ』（一九六二年刊行）を一貫しているテーマである。そこで次に特にハイデガーの『カントと形而上学の問題』[4] を取り上げ、若干論及してみたい。

その際、ここで特に留意しておきたいのは、ハイデガーのカント解釈の基本的着眼点が、『有と時』（一九二七年）の中で語っているように、「テンポラリテートの次元に向かう方向に於いて研究の道の一道程を踏み出し、或いはむしろ諸現象それ自身に強制されてテンポラリテートの次元へと突き動かされた最初にして唯一の人、それはカントである。(5)」といった視点である。つまり形而上学者カントは、有をテンポラリテート、つまり時の次元に向けて思索したという視座に立ってハイデガーが解釈しているということである。

『有と時』の時期に於けるハイデガーの思索の特質は何か。この著作の冒頭部分ではこう語られていた。「いかなる有の理解にせよ、有一般の理解を可能にする地平として時を解釈すること(6)」と。まさにこの点に、従来の実体論的形而上学とハイデガーの有の問いとの大きな相違がある。一言で言えば、有としての有を〈時〉として見ることである。ハイデガーの有の思索がもつ画期的な意味は、実体を中心とした見方を打ち破ったことであり、実体すなわちウーシアの内にパルーシア、つまり現前＝現在を看取することによって、実体の実体たる所以すなわち実体性を「現前＝現在していること」「立ち現われてあること」、そういう意味で〈時〉から解釈したことである。したがって彼のカント解釈も前に挙げた引用文にもあるように、時性の次元に向かって探究の道を開いた唯一の人としてカントを見たのである。

かくしてハイデガーのカント解釈で重要なことは、「実体」概念を〈時〉から解釈することによって、それを〈時〉の内に解体し、「時性」とその「地平」との一定の様態から「実体」概念の成立を解明したことである。ギリシア以来、西洋の形而上学は、先述の如く、「実体」概念を根本とした有論であり、仏教が説く諸法無我の考えとは正反対で、生成変化の根底に恒常不変の本質を見ようとする。そうした生成変化を通じてその根底にあるところの不変不動なる基体（ヒュポケイメノン）を捉えようとする考え方の代表がアリストテレスの形而上学である。そして更に形而上学はその論理的に徹底化され、その極致がスピノザの実体論、すなわち最高の実体たる

「神」を、いわゆる「自己原因（causa sui）」として捉える神論となる。かくして西洋の形而上学は、いみじくもハイデガーが指摘したように「有‐神‐論（Onto-Theologie, Onto-Theo-Logik）」という構造をもつことになる。そのような実体のあり方として、個別的な様態が互いに因果の関係に於いて結びついて現われ、実体と因果とは相伴う範疇となる。すなわち自己自身に於いて存在し、自己自身によって思惟せられる「自己原因」としての実体が基体となり、その上で個別的なものが互いに因果的に相対的に存在するわけである。このように西洋の形而上学は因果的に留まらず、その根底には実体の範疇がある。因果と範疇とは不可分離なるものであって、因果は実体的因果ということに他ならない。

三

ところで、カントの場合、「実体」は「範疇」の一つとして理解されたが、範疇は一般に、「純粋直観」に於いて与えられる諸表象の多様を「純粋悟性」が総合統一するその仕方、つまり規則なのであって、それによって対象が我に対して立つ対象として、その対象性に於いて成立するのである。しかしながら、そのためには、範疇は純粋悟性概念という非感性的性格に留まることなく、純粋直観との連関の内でそれ自身を「時間規定」として感性化しなければならない。こうした範疇の感性化すなわち総合の規則の形象化としての「時間規定」が「図式」であり、それを産出する能力が「純粋構想力」である。カントは次のように述べる。「かくして我々は人間的魂の一つの根本能力として純粋構想力を持つのであり、その能力はすべてのア・プリオリな認識の根底に存している。この純粋構想力に媒介されて我々は、一方では直観の多様を結合し、更に（この多様を）他方に於いて純粋統覚の必然的統一という制約と結合する」(7)と。

ところで、ハイデガーはこのような「純粋直観」と「悟性的思惟」の間にあって両者を媒介し結合する能力としての「超越論的構想力」を、両者の「未知なる共通の根（die unbekannte gemeinsame wurzel）」[8]と捉え、構想力の所産たる「超越論的時間規定」としての「図式」を対象性一般の地平と解釈する。では「実体」と「図式」の関係はどのように考えればよいのであろうか。

カントの言葉によれば、「実体の図式は時間の内に於けるレアルなものの持続性である。すなわち経験的時間限定一般の基体—すなわちその他の一切は変易するに拘らず常住するもの—としてのレアルなものの表象である。」[9]「時間は経過しない、時間の内で経過するのは変易的なものの現存在である。かくしてそれ自身不可変易的にして常住している時間に、現象に於いて対応するのは、その現存在に於いて不可変易的なものであり、すなわち実体である。」[10]

ここで留意さるべき点は、「時間の内 in der Zeit で経過する」ものと「時間」とが区別されている点であり、前者は変易的であるのに対し、後者は不可変易的で常住している unwandelbar und bleibend ということである。ではこのような「時間」とは何か。それをハイデガーは「純粋な今継起としての時間（die Zeit als reine Jetztfolge）」と解する。それは「それ自身の恒常性（Ständigkeit ihrer selbst）」を示し、不可変易的で常住しており、経過しない。しかもこの時間は、「如何なる今においても今である」という特質に基づき、「常住しているといったようなこと一般の純粋な所見（der reine Anblick von so etwas wie Bleiben überhaupt）」[11]を与えるのである。このような所見、もしくは「像（Bild）」としての時間は、「根底に存するということ」すなわち実体の実体性を、純粋直観の内に表出している。かくして「今継起としての時間」は実体概念の純粋なる像となる。ところが「今継起としての時間」は単なる常住する今ではなく、「各々の今に於いて流れつつ或る一つの今であり、その都度別の今となる」ものであって、「常住に於ける純粋変易の像（das Bild des reinen

Wechsels im Bleiben)」[12]を呈する。

　さて、以上のように、ハイデガーは実体の範疇の成立を、「時間」が「今継起」としてそれ自身を形成する（bilden）ということの内に見、解明しようとしたのである。言い換えれば、我々が物を認識する場合、物とその属性という仕方で—つまり「実体と偶有性」という範疇に基づいて—諸々の表象を総合統一しているということは、裏から言えば、〈時〉がそれ自身を「今継起としての時間」としてbildenしていることに基づいて、初めて可能となると、彼は理解する。こうした解釈はプラトン・アリストテレス以来の西洋形而上学の根幹にあった恒常不変の実体概念を根底から覆し、それを「今継起としての時間」として捉え返し、逆に「今継起としての時間」から実体概念の成立を開示するものである。

　しかしこのように実体を〈時〉から解釈するだけに留まらず、ハイデガーは、それとの連関においてカントの「純粋統覚」すなわち「我思惟す」をも〈時〉から解釈する。彼は、カントが「時間」と「我」とについて同一の述語が陳述されていることに着目する。超越的演繹に於いて自我の超越的（すなわち超越を可能にする）本質を、カントは次のように特徴づける。「けだし（純粋統覚の）常住不変の自我（das stehende und bleibende Ich）は、我々のすべての表象の相関者を成す[13]」と。また、時間の超越的本質が解明される図式論の個所で、カントは、前述の如く、時間について、「時間は経過しない」、「時間はそれ自身不変で常住である[14]」と述べている。ここで言われている「常住不変の自我」とは心的出来事の変易の根底にある恒常的な心的実体を意味するものではない。カントが「自我」と「時間」とについて同一の述語で陳述していることは、「自我」も「時間」も「時間の内にある」という意味での「時間的」にあるのではないということを意味しているが、それは「自我が時的にあるのではない」ということにはならず、「自我は時それ自身であって、時それ自身としてのみその最も固有の本質に於いて可能になるというほどに〈時的〉である[15]」（傍点、引用者）ことを示している。自我は「超越論的統覚・我思惟す」の「我」である。かかる「自我は、我々のすべての表象の相関者を成す」とは、その自我が、すべての表象がそこに向かって総合統一されることによって対象となりうるところの「対象性」すなわち対して立つということ（Gegenständlichkeit, Gegenstehen）」の地平を、自我の前に、自我に対して根源的に「形成する（bilden）」ということである。すなわち超越論的統覚の「常住不変の自我（das stehende und bleibende Ich）」は、個々の対象を超越しつつ「恒常的で不変であること一般（Ständigkeit und Bleiben überhaupt）」という「対象性の地平」を予め前もって形成しているのであり、その地平の内で初めて対象的なものが対象的なものとして変易に於いて経験されるのである。然るに、このような「対象性」つまりGegen-stehen の地平は「現在（Gegenwart）」の純粋な所見に他ならず、こうした「現在の純粋な所見」を純粋に見ることに於いて「形成する」ことは、「純粋直観としての時間の本質」に他ならない。そこでハイデガーは次のように結論する。「〈常住不変の〉自我とは、時間の根源的形成に於ける自我、換言すれば、根源的時としての自我が・・・を対立させること（Gegenstehenlassen von・・・）、およびその地平を形成することと同義である。」[16]（傍点、引用者）更に言い換えれば、「自我は［時間の根源的形成という仕方で］時的である限りに於いて、換言すれば、有限的な自我としては、この超越論的な意味に於いて〈常住不変〉である。」[17]（傍点ハイデガー）

この場合の「時間の根源的形式」とは「今継起という純粋連続（das reine Nacheinander der Jetztfolge）」を発源させることである。そういう仕方で「対象」を超え、「対象性の地平」を形成するところに「超越論的統覚・我思惟す」の根源的有り方がある。ところがこうした「今継起という純粋連続」を直観することに於いて成立せしめるのが「純粋直観」としての「時間」に他ならない。そしてかかる「今継起という純粋連続」としての「時間」を発源せしめることが「純粋自己触発としての時」に他ならない。このように「超越論的統覚・我思惟す」も「純粋直観・時間」も「対象性の地平の根源的形成」としての「純粋構想力」という性格を表わすとともに、それを通じて「純粋自己触発としての時」に還元されるのである。

以上ハイデガーのカント解釈を縷縷説明してきたが、肝要なことは次の点にある。すなわち彼のカント解釈は、実体概念と主体概念、言い換えれば物の物性と我の我性とを成立させている根拠もしくはその地盤の露呈であるということである。実体の実体性、すなわち変易するものの根底に存する基体の恒常性は「今継起としての時間」の「常住と不変（Ständigkeit und Bleiben）」として露呈された。それは「時間の内に」と言われた場合の「時間」に他ならず、その「時間」は「時間の内に」はなく、「不可変易的にして常住している」。それがそもそも実体概念を成立させている根底であり、実体性の正体に他ならない。ところでまた、こうした実体の実体性、言い換えれば対象の対象性を地平として形成することに、「超越論的統覚・我思惟す」という我の我性、もしくは主体の主体性が存した。したがって、実体の実体性が今述べた意味での「時間」として露呈されることと相関的に、超越論的主体の主体性は、かかる「時間」、すなわち「今継起という純粋連続」としての「時間」を対象性の地平として根源的に形成し発現せしめる「根源的時」、つまり「純粋自己触発としての時」として、解釈された。要するに、以上のような仕方で実体の実体性もしくは物の物性も、主体の主体性もしくは我の我性も、共に有の問いの形而上学的根拠とはならず、むしろその両者が成立してくる地盤として「根源的時」が露呈されたわけである(18)。

さて、以上のようなハイデガーのカント解釈において生じた根本的出来事、それは一言で言えば、実体の実体性と我の我性との成立根拠を〈時〉として露呈したということであり、そのことによって実体性の形而上学と主体性の形而上学、つまり西洋形而上学の全体がもはやそのままのかたちでは維持されえないことを決定的に顕示した。

ところで、冒頭で触れた仏教の立場は、実体の実体性を空として捉えることによって実体の絶対否定を根本としており、しかも実体の実体性を空化することは同時に我の我性の無我たることを直下に覚することに於いてのみ性起する。その性起は明らかに〈時〉であり、未だその深い構造が殆ど哲学的に解明されたことのない〈時〉である。大地有情と我とが同時に成道すと言われる場合の〈同時性〉とは何なのか。人法倶空が同時性において成り立つとされるその同時性とは何なのか。空とは或る根源的な〈時〉の働きなのではないのか。こうした問題を更に究明するために、次に道元の『正法眼蔵』「有時」の巻から論及してみたい。

四

道元が著した『正法眼蔵』「有時」の巻の冒頭は次の句で始まる。[19]

古仏言、
有時高高峯頂立、
有時深深海底行、
有時三頭八臂、
有時丈六八尺、
有時拄杖払子、
有時露柱燈籠、
有時張三李四、
有時大地虚空。

「高高峯頂立」、「深深海底行」の語は薬山惟儼（七五一〜八三四）の言葉「須向高高山頂立、深深海底行」（『景徳伝燈録』十四、二八）に依ったもので、読み下せば、「須らく高々たる山頂に向かって立ち、深々たる海底を行く」となる。ここで留意すべきことは「高高山頂」、「深深海底」という語のもつ意味である。すなわち前者は、高々と目の当たりに現前してやまない現象的世界を指すのに対し、後者は深々として覆蔵された無差別平等の世界を指すものであろう。薬山がこの二句で意図するところは、差別的世界と無差別平等の世界の両側面を同時に捉えることである。言い換えれば露現と覆蔵の同時生起を看取することが要請されているのである。

ところで道元の場合、やはり留意すべき点は、「有時」という語である。もしこれを「ある時」と読むならば、さしあたり「ある時は高々たる峯頂に立ち、ある時は深々たる海底を行く」と読める。すなわち、その時その時の有り方であり、このような捉え方は、時間というものを「或る時」として相対的な個別性に於いて捉えるということに他ならない。ところが「ある時」は「有る時」として、〈時〉を〈有〉として、逆に〈有〉を〈時〉として捉えることも可能であろう。道元はむしろそのように解する。西有穆山提唱録『正法眼蔵啓迪』の評釈にあるように、「時の現成せる一時を有という」[20]のである。したがって先に引用した句も、「有時《うじ》は高々たる峯頂立にして、有時《うじ》は深々たる海底行なり」と読まれなければならない。つまり「高高峯頂立」も「深深海底行」も、すべて、〈有〉としての〈時〉に他ならない。言うなれば「有時」とは仏性界の全露現する働き、言い換えれば〈性起〉を意味し、まさにそれは「現成公案」に他ならない。そのようなものとしての〈有時〉が、「高高峯頂立」の姿に於いて現前し、「深深海底行」の姿に於いても現前するのである。この二句に続く「三頭八臂」、「丈六八尺」、「拄杖払子」、「露柱燈籠」、「張三李四」、「大地虚空」も、すべておなじく、〈有時〉の姿として登場する。「『高高峯頂立も有時なり、深深海底行も有時なり』と、有時という字を下へおろして見るとわかりいい[21]」と説明する『啓迪』の示唆は、きわめて的確である。

いはゆる有時は、時すでにこれ有なり、有はみな時なり。丈六金身これ時なり、時なるがゆゑに時の荘厳光明あり。いまの十二時に習学すべし。三頭八臂これ時なり、時なるがゆゑにいまの十二時に一如なるべし。十二時の長遠短促、いまだ度量せずといへども、これを十二時といふ。……

われを排列しおきて尽界とせり、この尽界の頭頭物物を時時なりと覰見すべし。物物の相礙せざるは、時時の相礙せざるがごとし。このゆゑに、同時発心あり、同心発時なり。および修行成道もかくのごとし。

「いまの十二時」とは、具体的な差別相に於いて現われている日常的な変易的時間に他ならない。その「十二時」に一如に働いているのが「時」である。「時は飛去するとのみ解会すべからず」といわれるその〈時〉が具体的・日常的な変易的時間と一如となって現われるのである。「われを排列しおきて尽界とせり」という文の「われ」とは、いわゆる主体的自我のわれではなく、経豪の『御抄』に言うように「此我ハ佛法ノ我也」[22]と理解されるべきものであろう。「排列」とは、さしあたり自己開示、自発自展ということを意味する。すなわち仏法のリアリティがおのずから自発自展してくるということ、要するに〈有時〉の根源的働きが、世界全体を性起せしめるのである。「この尽界の頭頭物物を時時なりと覰見すべし」という言葉を、やはり『御抄』が次のように註釈している。「盡界ト時トカ、各別ノ法ニアラサル所カ如此イハル、ナリ」[23]と。つまり仏法のリアリティはおのずから自己展開し世界全体として露現しているのであって、またそうした露現こそが〈有時〉の性起に他ならないのだが、このことは直接には、差別相に於いて現前している個々のものがそれぞれ個別的な〈時〉として存在しているということでなければならない。そしてその消息は「物物の相礙せざるは、時時の相礙せざるがごとし」とあるように、個々のものがそれぞれ独立無礙なものとして個々円成し、それはそれぞれの個物が独立自全の絶対的な〈時〉として現前していることに他ならない。更に『御抄』は続けて的確にも次のように述べる。

「排列ノ様如前云、盡界カ盡界ヲ見ル程ノ道理ナルヘシ、時カ時ヲ見ル心地也」[24]と。だが「尽界が尽界を見る」、「時が時を見る」とはどういうことか。

　われを排列してわれこれをみるなり。自己の時なる道理、それかくのごとし。恁麼の道理なるゆゑに、尽地に万象百草あり。一草一象おのおの尽地にあることを参学すべし。・・・正当恁麼時のみなるがゆゑに、有時みな尽時なり、有草有象ともに時なり、時時の時に尽有尽界あるなり。しばらくいまの時にもれたる尽有尽界ありやなしやと観想すべし。

ここの「われ」も吾我の「われ」ではないことは論を俟たない。そのような個人的実体としての自我ではなく、仏法のリアリティ自体を指す。まさにそのリアリティがそのもの自体を「排列」して、そのもの自体を見るのである。まさにそれがそれを見るということ、『御抄』の言葉で言えば、尽界が尽界を見るということ、時が時を見るということ、それは言い換えれば、そのものがそのものを〈映す〉ということを意味しよう。ここに、後ほど触れる〈鏡〉のテーマが浮上してくる。ともあれ、ここでは見るものと見られるものとが対置されたかたちで論じられているのではないということは銘記しておこう。〈われ〉と〈われ〉との関係、〈時〉と〈時〉との関係、要するに仏法のリアリティの自己同一的構造が問題となる。

　しかあれば、松も時なり、竹も時なり。時は飛去するとのみ解会すべからず、飛去は時の能とのみは学すべからず。時もし飛去に一任せば、間隙ありぬべし。有時の道を経聞せざるは、すぎぬるとのみ学するによりてなり。要をとりていはく、尽界にあらゆる尽有は、つらなりながら時時なり。有時なるによりて吾有時なり。

松が松として有ること、竹が竹として有ること、それらがそれぞれの仕方で現前しているということ、それが〈時〉である。〈時〉は流れ去る変易的なものと捉えがちであるが、そうではなく、世界の中に存在している個々のものが個々独立に、まさにそのものとして重々無尽に現‐在していること、そのことが〈時〉であり、〈有時〉なのである。しかもその〈有時〉が〈吾有時〉だとされる。この「吾」も「われを排列して・・・」と言われる〈われ〉であることは論を俟たない。ではその〈有時〉はどのように性起するのか。

有時に経歴《きょうりゃく》の功徳あり。いはゆる、今日より明日へ経歴す、今日より昨日に経歴す、昨日より今日へ経歴す、今日より今日に経歴す、明日より明日に経歴す。経歴はそれ時の功徳なるがゆゑに。古今の時、かさなれるにあらず、ならびつもれるにあらざれども、青原も時なり、黄檗も時なり、江西も石頭も時なり。自他すでに時なるがゆゑに、修証は諸時なり。入泥入水、おなじく時なり。

〈有時〉の性起としての働きが、ここでは「経歴」として述べられる。さきに「時は飛去するとのみ解会すべからず、飛去は時の能とのみは学すべからず」と語られていたが、その〈時〉の働きが「経歴」である。すなわち「今日より明日へ経歴す、今日より昨日に経歴す、昨日より今日へ経歴す、今日より今日に経歴す、明日より明日に経歴す」と言われるような働きである。ここで筆者はハイデガーが一九六二年一月三十一日にフライブルク大学で行われた講演『時と有』の或る個所を想起せざるをえない。どうしてもここで道元とハイデガーとを突き合わせたくなる。彼は〈時〉の四次元ということを語る。少し長いが、言及してみたい。

五

後期ハイデガーは、有の意味、すなわち有の〈テンポラリテート〉を有の真理として捉え、しかもその真理をギリシア語のアレーテイアの語源的意味から「不‐覆蔵性（Un-verborgenheit）」として解釈し、更にはそれを有と思索との相依相属性（Zusammen*gehören*）としての〈性起（Ereignis）〉として看取する。〈性起〉はまた本来的な〈時〉の働きでもある。『時と有』では大略、次のような思索を展開する。

「有」はそれ自身「現前」もしくは「現前性」を意味するが、「現前」或いは「現前性」が「現在」だと言われる場合、その「現在（Gegenwart）」という語が示している事柄は、決して過去や未来と区別された、いわゆる「今（Jetzt）」と同義に解されてはならないのであって、それはむしろ「臨在」、「来臨」といった意味を含み、要するに〈立ち現われ〉ということなのである。ハイデガーによれば、「現前（An-wesen）」という語に含まれる「現（Wesen）」とは「存続（Währen）」、更に正確に言えば「留在にして滞留（das Weilen und Verweilen）[25]」なのであって、しかも前綴のAn-とは人間への関わりを言い表わしていることから、要するに「現在」すなわち「現前性」は、「絶えず人間に関わり、人間に到達し、人間に届けられる滞留（das stete, den Menschen angehende, ihn erreichende, ihm gereichte Verweilen）[26]」という意味をもつのである。ところで考えてみれば、人間は必ずしも現前しているものにばかり関わり合っているわけではなく、現前していないもの、「不現前（Abwesen）」にも関与しているのが実状である。例えば我々の過去と未来がそうであろう。しかし両者はともに現在ではないとはいえ、絶えず何等かのかたちで現在にまで浸透してきており、現在の我々の有り方を決定づけていると言ってもよい。言い換えれば、過去は〈もはや‐ない〉というかたちをとって「既在（das

Gewesen)」としていつも我々に「現前して」きているのであり、未来も〈未だ‐ない〉という仕方で我々に到来してくる（auf-uns-zukommen）。したがって未来は「将来（die Zukunft）」として「現前して」きているのである。このように見てくると、「既在」にも「将来」にも共に「現前」が伏在し、我々に届けられているということが明らかになる。つまり「不現前（Abwesen）」も「現前（Anwesen）」の一つの様態であるということである。だとすれば、「現前」は先程の「現在（Gegenwart）」という語と必ずしも符合するとは言えず、「現在」も「現前」の一つの様態に過ぎないということになる。こうした「不現前」をも自らのうちに含んだ広い意味での「現前」にハイデガーは「送遣（die Reichen）」[27]という名称を与えている。要するに、現在、既在、将来のいずれのうちにも〈現前〉という「送遣」があるということである。ところが彼はこの〈送遣〉という働きを、人間に送り届けられるということに関わりなく、現前それ自体に於ける働きと見なすことによって、ほゞ次のようなことを述べている。すなわち、将来は既在へと自らを送り届けると同時に既在を既在として引き出し、既在はそのように将来から呼び起こされることによって将来へと自らを空け渡すのである、そして将来と既在とのこうした相互連関作用が現在へと送り届けられると同時に現在を現在として出現させるのである、と[28]。つまり、将来、既在、現在の三時相はそれぞれ別個に独立して並列的に連続しているのではなく、どこまでも同時的な脱自的統一というかたちをとって、相互に自らを届け合いながら呼応し、互いに誘引し合って、三時相それぞれの固有性を発動させ合っている、とでも言えようか。このような三時相の相互の「手渡し合い（Zuspiel）」こそが本来的な〈時〉のその自体相に於いて目撃された根源的な働きなのであって、そう見てくれば、「本来的な時は四次元的である」[29]ということになろう。とは言っても届け合い、手渡し合うという働きは、三つの時間的位相に後から追加された第四番目の位相ということではなく、むしろ将来、既在、現在をそれぞれ「間近に‐つなぎ留める（an-fangend）」）元初の、第一の働きである。それは三時相をそれぞれ相隔てながら同時にそれらを近づける「近さ（die Nähe）」である。すなわちこの「近さ」の近づける働きは、既在を、もはや現在にはなり得ない次元としてその到来を「拒絶する（verweigern）」という仕方でどこまでも〈既在〉として開け放って置き、同様にして将来をも、それが現在になってしまうことを「留保する（vorenthalten）」という仕方でどこまでも〈将来〉として開け放って置くのである。こうして、近づける「近さ」は「拒絶しつつ留保する（verweigernd-vorenthaltend）」という性格を内蔵しているのである。[30] そして三時相をこのように相互に隔て保ちつゝ近づけるという「時」の元初的次元の働きから「時-空（Zeit-Raum）」という「開け（das Offene）」が開かれてくる。それはいわゆる「空間」を初めて「空間」として空け開くところの空間以前（vor-räumlich）の領域である。したがって「近さ」は、こうした時空の開けを授け与えるとともに、既在と将来をそれぞれ拒絶し留保しているところから、「露開しつつ-覆蔵する送遣（das lichtend-verbergende Reichen）」[31]とも称されている。

六

では、道元の場合はどうか。道元は先の「経歴」を更につぎのように説示する。

> 経歴といふは、風雨の東西するがごとく学しきたるべからず。尽界は不動転なるにあらず、不進退なるにあらず、経歴なり。経歴は、たとへば春のごとし。春は許多般の様子あり、これを経歴といふ。外物なきに経歴すると参学すべし。たとへば、春の経歴はかならず春を経歴するなり。経歴は春にあらざれども、春の経歴なるがゆゑに、経歴いま春の時に成道せり。

要するに道元にとって、〈時〉とは過去現在未来へと変易的に流れゆく時間経過を意味しない。それはいわば絶えず滾々と湧出してやまない〈現在〉の躍動なのである。つまり「今日より明日へ経歴す、今日より昨日に経歴す、昨日より今日へ経歴す、今日より今日に経歴す、明日より明日に経歴す」と言われるような「経歴」とは過去・現在・未来の時の流れを貫いてつねに〈今・ここ〉の存在を荘厳光明たらしめる生命躍動の働きであり、根源的生起なのである。

老梅樹の「忽開華《こつかいけ》」のとき、華開世界起なり。華開世界起の時節、すなはち春到なり。（「梅華」）

全宇宙に漲る無限のいのちの躍動が、老梅樹の華開という具体的事実として生起する。個々の梅華は梅華として今、その永遠の時を生きる。そしてそのことが春が春を経歴するということ、春到ということなのである。ではその「起」とは何か。「起時唯法起。この法起、かつて起をのこすにあらず。このゆゑに、起は知覚にあらず、知見にあらず」と言われているように、それは決して知覚の対象にはならない。

起はかならず時節到来なり、時は起なるがゆゑに。「いかならんかこれ起なる、起也《きや》」なるべし。（「海印三昧」）

ではこうした〈経歴〉としての〈時〉、〈起〉としての〈時〉は、更にどのような構造をもっているのであろうか。

道元は『永平広録』巻九（四十則）で、『宗門統要集』巻四の「潙山霊祐章」に基づいて次のような古則を挙

げ、更にそれに頌古を掲げている。(32)

仰山、大潙に問うて云く、「百千万境一時に来らんとき、作麼生《いかん》。」潙云く、「青はこれ黄にあらず、長はこれ短にあらず、諸法各おの自位に住す、我が事に干わるにあらず」と。仰乃ち作令す。

且道威音已前事（且《しばら》く道え威音《いおん》已前の事）
万山竹烈杜鵑啼（万山竹烈《さ》けて杜鵑《とけん》啼《な》く）
高飛燕子融泥梁（高く飛ぶ燕子《えんし》泥を梁に融《と》かす）
買帽相頭還一斉（帽を買うに頭を相《はか》る還《ま》た一斉なり）

この古則は潙山霊祐とその法嗣仰山慧寂との問答で、一切諸法は各々自らの位に住して絶対であること、つまり諸法実相、現成公案の消息を述べたものである。特に第二句は、杜鵑の鳴き声は鋭く、万山の竹を引き裂くばかりであるという風にも解釈されようが、道元の場合、やはり『正法眼蔵』の「諸法実相」の巻で、天童如淨の入室語として紹介している「杜鵑啼き、山竹裂く」という言葉、これは杜鵑と山竹との同時契合の気合を表すものであろう。つまり〈同時性の磁場〉で両者が同時に契合するその気合である。杜鵑の鳴き声はあたかも山竹が裂けるばかりということではなく、また杜鵑が啼き、しかる後に山竹が裂けるというのでもない。どうしても「杜鵑啼き、山竹裂く」である。杜鵑は杜鵑で一声裂帛の勢いで啼き、山竹は山竹でその硬質の性を裂く。その期せずして然も必然に起こる機の時熟。道元が如淨の言葉に感動したのはこれである。「嗣書」の巻に次のような言葉がある。「石は石に相嗣し、玉は玉に相嗣することあり、菊も相嗣あり、松も印証するに、みな前菊後菊如如なり、前松後松如如なるごとし。」宇宙に遍在するすべてのものがそれぞれの法位に住して個々円成し、おのずからしかあるように性起する。道元は「仏性」の巻で、仏性を草木の種子のように考える見方を邪見として排斥している。種子が法雨によって潤い、芽や茎が生長し、やがて花が綻び、実を結び、その実の中にまた種子を孕んで、自性によって生長するといった目的論的な見方、言うなれば、ものが生長してゆくプロセスにもののピュシスを見、そこにものがそのものたりえている本質を見たアリストテレスの実体論は、ここにはない。菊は菊を相嗣することによっておのずからに菊である。時を前後際断しつつ如如歴々として菊である。山は山に非ず、水は水に非ず、山は山に蔵身し、水は水に蔵身することによって山是山、水是水である。実体性の巣窟から開放されたところでは、一切のものがそのものに成りきり、その本来の面目を現成させるのである。このように各々のものが各々の法位に住して、各々の時を現成している世界が、いわゆる「偏界不曾蔵」の世界、物皆自得せる世界である。すべてはテンポラリテートの次元の内に如如現成している。言い換えれば、時は有に於いて自己自身を現わし、一切の存在は、それぞれ固有の時を生きながら、独立自全の存在として有るのである。渦巻く大星雲の動きと、今眼の前に一枚の銀杏の葉が舞い落ちていることとが同じ〈時〉の働きであり、同時性の磁場で開演されているのである。それこそが「大地有情同時成道」の風光に他ならない。

さて、このように一切がそれぞれの法位に住して自若として現前する〈同時性の磁場〉は、いったいどのような働きをしているのであろうか。それについて考察するにあたっては、前述の〈時が時を見る〉ということ、〈尽界が尽界を見る〉ということに着目しなければならない。そしてそれは、先に示唆しておいたように、そのものがそのものを〈映す〉ということであって、そこに「鏡」のテーマが問題にならねばならない。次にそれについて究明してみよう。

七

まず、西田幾多郎（一八七〇～一九四五）の哲学論理に触れておきたい。彼は宗教的要求に駆られて最初に書いたと言う「直接に与へられるもの」（一九二三年）という論文で、見るものなくして見るもの、すなわち自ら無にして自己の中に自己を映す「絶対無の場所」という独自のテーマに取り組んでいる。この無の場所というのは、個々の物が、いわゆる述語的一般者の自己限定によって特殊化されただけの主語的基体としての有り方にとどまらず、そうした有り方がさらに突破され、個物がどこまでも個物として自らを限定するような場である。一々のものが真にそれ自身のもとに有り、それ自身に同じものとして現前してくるような場、逆に言えば、一々のものを個々円成させつつ、重々無尽に自らのもとに摂取するダイナミックな中心とでも言うべき境域である。西田はこの無の場所を、自ら無にして自己の中に自己の影を映す「鏡」に喩えている。すべてのものは真の無の場所たる「鏡」に映し出された影像であるということになる[33]。

しかし、ここでとくに留意したいのは、西田自身随処で強調するように、無の場所はあくまでも自己自身に同一なるもの、自己の中に自己の影を映すものなのであって、鏡はどこまでも「自己自身を照らす鏡[34]」である、という点である。つまり、すべての個物が影像として鏡の中に映現されてくることと一つに、鏡は鏡自身を無限に映じてゆくという鏡そのものの自己返照の働きに着目しなければならないということなのである。要するに、物を映し出すに先立って、明鏡はどこまでも明鏡でなければならないのである。西田の念頭からつねに離れなかったのは、物を映す働きの底にある鏡の本体そのものの構造、すなわち鏡自身がもつ自己遡源的翻転の動きではなかったであろうか。

ここで想い起こされるのは、いわゆる南宗禅を宣揚した荷沢神会《かたくじんね》（六八〇～七六二年）のいわゆる「空寂の知」である。彼は、神秀《じんしゅう》一派の北宗の漸修的禅法を排撃し、頓悟的見性を重んじる慧能（六三八～七一三年）を六祖として称揚したことで夙に知られているが、この神会の「知」の立場の独創的な点は、物を映さぬ先の鏡こそ鏡本来のすぐれた働きを発揮する（「萬像不現其中、此将為妙」）ということにある。彼は『神会録』で、「無念」（根本知）を鏡に喩えて大略次のように説いている。すなわち、鏡が物を映すのは、物に向かっているときと向かわぬときとを問わず、いつも映している（「今言照者、不言対与不対、倶常照」）のであって、それは鏡そのものがもともとつねに物を映すという、それ自身の本質的な働き（自性照）をもつからだと言う[35]。物を映す映さぬにかかわりなく、つねにそれ自らで照り輝いている働き（常照）、何物も映さぬ先の、鏡そのものがもつ「自性の照」、西田が「自ら照らす鏡」という言葉を使ったのも、おそらくこうしたことを想い浮かべていたからに相違ない。「自性の照」とは言うなれば、個々の物を映すに先立って、あるいは映し出すことと一つに鏡が鏡自身を無限に映してゆく働き、自ら何かを映そうという意図なく、映す主体《もの》なくして自らを映し出す働きであり、言い換えれば、鏡が鏡自身の底へ底へと遡源しつつ、不断に自らを照らし返してゆく営みに他ならない。先述のごとく、個々の物を映現するに先立って、鏡はどこまでも鏡であり続けていなければならないのである。そのためには、鏡は、本体としてどこまでも動的発展的に、いわば静的固定化を絶えず自己否定的に打ち砕きながら、その不断の照り返しの焦点へ遡及的に還帰し続けていなければならないのである。更に言えば、このような絶対否定的にして矛盾的自己同一的な不断の照り返しがあればこそ、鏡はどこまでも鏡であり続けるのである。鏡自身がもつこうした自己返照の動きは、要するに〈同じもの〉が〈同じもの〉に向かってという〈同〉の自己還帰運動であり、自己を否定的に差異化しつつそれ自体へと立ち戻ってゆく、言うなれば「非・自己同一性としての〈同〉」に他ならず、そこには〈差異化的自己同一化〉の動きがあるわけである。そうした意味で、自己返照とはつまるところ、差異化の反復に他ならず、差異が差異を差異化してゆくことと一つに、同じものを同じものとして現在化させているのである。反復はこのように同じものを与えるが、それはあくまでも差異化による不断の〈遠ざかり〉という仕方においてなのである。鏡に具わる「自性の照」とはこうした構造をもつ。これが神会の言う「知」であり、「自然知」である。

しかも神会によって打ち出された「知」は、自己遡及的・自己否定的契機を内に含んだ即非的自己同一の「覚」であり、ひいては、そうした鏡のもつ「自性の照」が「常照」であることを想い起こすとき、それはつねに「現在」を離れないことは容易に見て取れよう。鏡の鏡自身への照り返りは、現在が現在を現在化させてゆく絶対現在の自己限定に他ならない。絶えず現在から現在へであり、しかもそれは横へ横へと流れてゆく方向ではなく、いわば滾々と湧き起こる垂直的な自己湧出の動きであろう。それは、決して単にスタティックな nunc stans（止《とど》まれる今）を意味するものではなく、あえて言えば die strömend-stehende Gegenwart（流れつつ立ち止まる現在）といった意味内容が含まれていよう。あたかもそれは、渦巻がその見えざる中心から湧出しながら、同時にその中心へ向かって吸収されてゆくかのような、流出と帰入、露現と覆蔵との同時的動態がそこに見られていると言ってよい。いや、逆に、見えざる中心への遡及動向があればこそ、そこからの逆流的湧出が可能なのであって、絶対現在の不断の露現的湧出のうちには、同時にそこからの絶えざる覆蔵的帰滅ということが働いている。そうした意味で、自ら照らす鏡は、鏡そのものとしてはどこまでも永遠の闇なのである。つまり、個物的多を個物的多として現前せしめながら、その不断の現前を可能にする場としての全体的一は、全体的一としてはどこまでも絶対的な隠れである。「一」の「一」自身への還滅《げんめつ》（Entzug）、自己隠蔽的な脱去によってはじめて「一」は「一」たりうるのであり、「一即一」として成り立つのである。こうした「一」の「一」自身への還滅即湧出、すなわち「即非的自己同一」こそ、西田が謂うところの「見るものなくして見るもの」、「自ら無にして自己の中に自己を映すもの」、すなわち「絶対無の場所」の正体であったはずである。
それにしても、「鏡が鏡を映す」という場合、すでに映すものと映されるものという主客対立の二元図式の残滓は払拭されているとしても、鏡は端的に一枚なのか、それとも二枚なのかという疑問は残る。この問題に関しては『正法眼蔵』の「古鏡」と「明鏡」との関係をめぐる道元の考察に委ねなければならない。(36)

八

第三十三祖大鑑禅師、かつて黄梅山の法席に功夫せしとき、壁書して祖師に呈する偈にいはく、菩提本無樹、明鏡亦非台、本来無一物、何処有塵埃〈菩提本と樹無し、明鏡亦台に非ず、本来無一物、何れの処にか塵埃有らん〉。

（「古鏡」）

これは『六祖壇経』の「行由第一」にある有名な一節に基づいている。(37)第三十三祖大鑑禅師とは、中国の第六祖慧能（六三八〜七一三）である。彼が嶺南からはるばる作仏を求めて黄梅山の第五祖大満弘忍（六〇二〜六七五）の許で修行をしていたが、ある時、弘忍は修行僧たちに向かって、自己の心の内にある般若智を偈にして提出するよう求めた。一千有余の門人のなかでもトップであり、また門人の指導教授をしていたほどの神秀（?〜七〇六）は、こっそり次のような偈を壁書する。「身是菩提樹、心如明鏡台、時時勤払拭、勿使惹塵埃（身は是れ菩提樹、心は明鏡の台の如し。時時に勤めて払拭して、塵埃を惹かしむること勿れ）」先の慧能の偈は、この神秀の偈に対抗して呈せられたものであった。この二つの偈は、中国禅仏教の歴史を二分する重要な意味をもつものとなった。神秀の立場は「漸修」を提唱する「北宗禅」に、そして慧能の立場は「頓悟」を標榜する「南宗禅」に発展していく。

　ところで、「明鏡」とはいったい何であろうか。「心は明鏡台の如し」と言った神秀にあって、それはいわゆる「明鏡止水」の例に示されるように何の曇りもなく、塵一つついていない、澄みきった鏡に他ならない。かかる澄みきった鏡に塵埃がついて曇ることのないように、絶えず磨いていかなければならない、とするのが神秀の偈の趣旨であった。ところが慧能は、「明鏡もまた台にあらず、本来無一物、いずれの処にか塵埃あらん」と言う。

　しかあれば、この道取を学取すべし。大鑑高祖、よの人、これを古仏といふ。圜悟禅師いはく、稽首曹渓真古仏。しかあればしるべし、大鑑高祖の明鏡をしめす、本来無一物、何処有塵埃《がしょうじんあい》、なり。明鏡非台《めいきょうひたい》、これ命脈あり、功夫すべし。明明はみな明鏡なり、かるがゆえに、明頭来明頭打といふ。いづれのところ、にあらざれば、いづれのところ、なし。いはんや、かがみにあらざる一塵の、尽十方界にのこれらんや。かがみにあらざる一塵、かがみにのこらんや。しるべし、尽界は塵刹にあらざるなり、ゆえに古鏡面なり。

「明鏡非台、これ命脈あり」と道元は言う。問題は「明」とは何を意味するか、である。ここでは「尽十方界」すなわち世界はそっくりそのまま鏡に他ならず、鏡に映り、そこに現われる諸々の姿も鏡以外のものではないということが表明されている。それはまた一つの絶対的な無限定の場所なのであって、「いづれのところ」と言う以外に表現のしようがない。明鏡というものは、一往そのようなものとして捉えられる。しかしあくまで澄み切ったものは明るいであろうか。明鏡の背後には、明鏡を超えた鏡が存在しなければならないのではあるまいか。そこに古鏡の問題が登場する。道元においてはもともと、問題は〝古鏡〟にあるのであって、それを基盤としてのみ明鏡の問題も成立し、古鏡と明鏡のかかわり、両者の異と同が問われることになる。

九

諸仏諸祖の受持し単伝するは古鏡なり。同見同面なり、同像同鋳なり、同参同証す。胡来胡現、十万八千、漢来漢現、一念万年なり。古来古現し、今来今現し、仏来仏現し、祖来祖現するなり。

時間的な側面を取り上げるならば、「古来古現、今来今現」に注目することになるが、これは「古来今の仏事、ことごとくこの内鑑にむかひてみることをう」ということ、すなわち過去・現在・未来のすべての真実が、この鏡に現われるのである。そのようなものとして、これは時間を超えたもの、ないしは時間をも基礎付けるものだといわねばならない。

「古鏡」の「古」は単に古いというだけの意味ではない。「古仏心」の巻において「いはゆる古仏は、新古の古に一斉なりといへども、さらに古今を超出せり、古今に正直なり」と述べられているように、「古」は古い、新しいの分け隔てを超えている。このような絶対普遍的な「古鏡」であればこそ、それは「同見同面なり、同像同鋳なり、同参同証す」と言われる。すなわち、いずれの仏祖の場合においても、同じく見え、同じ鏡面をなしており、同じ鏡像として現われ、同じく鋳造されているのであり、同じ参究や同じ証悟が行なわれているのである。この場合、もろもろの仏祖たちが、それぞれ、このような行為を主体的に行なうというよりは、このような事態の現出そのものが「古鏡」なのだというふうに理解される必要があろう。それというのも、「古鏡」は、いささかも客体化されてはならないからである。それは決して比喩ではないのであって、まさしく、そのものがそのものにおいてそのものの姿を現ずるという事柄自体が「鏡」に他ならない。

そこで、「胡来胡現、十万八千、漢来漢現、一念万年なり」と述べられる。「胡」は北方の蕃族を指すが、さしあたり「胡来胡現」は「外国人が来れば、外国人の姿が現われる」ということ、「漢来漢現」は「中国人が来れば中国人の姿が現われる」ということである。ところで「来」とは何か、「現」とは何か。「来」と「現」の関係はどのように捉えられるべきであろうか。

「十万八千」「一念万年」という語は何を意味するか。例えば「仏道」の巻に「しかあれば、仏道の功徳・要機、もらさずそなはれり。西天より東地につたはれて十万八千里なり」とある。つまり「十万八千里」とは「西天」と「東地」すなわちインドと中国の距離を表す言葉であって、それはすなわち遥かな隔たりを形容する語である。また例えば「恁麼」の巻には「空と地と、あひさること十万八千里なり」とある。この場合の「空」と「地」は物理的、天文学的空間を意味するのではなく、仏教の根本原理である平等相を表わす「空」と、現実的差別相としての「地」との関係を意味するものであり、そうした意味でこの両者の隔たりは絶対的な隔たりに他ならない。

したがって、「胡来胡現、十万八千」というのは、「胡来」と「胡現」との隔たりが絶対的なものだということである。「来」と「現」とのあいだには絶対的な隔たりがある。なぜその隔たりが絶対的かと言えば、「来」という側面から捉えるならば、あくまでも「来」しかなく、「現」という側面から捉えるならば、あくまでも「現」しかないからである。このような捉え方は「一方究尽（いっぽうぐうじん）」と呼ばれる。「来」と「現」とは、相互に他方のなかに蔵身し合う関係が、「一念万年」という言葉によって表されている。「念」とは心のひとつのはたらきであると同時に、きわめて短い時間の単位である。要するに、「一念」とは、一瞬間ともいうべきものだが、そのような極度に短い時間としての「一念」と、極度に長い時間としての「万年」とが、相互に蔵身しあうのである。いわば「今」が「永遠」であり、「永遠」が「今」であるというような絶対的な時間が問題になっているわけである。そのような意味でこの「一念万年」は、さきの「十万八千」が絶対的な距離を指したのに対し、絶対的な近接を指している。

このようにして「漢来漢現、一念万年なり」という表現によって、「来」と「現」との絶対的な近接が語られる。「来」と「現」とのあいだには、無限の絶対的な隔たりがあると同時に、ひとつづきに直結しているのである。いわば、超越的かつ内在的な関係である。それが「十方八千」「一念万年」ということの意味である。前者によって絶対的超越（隔絶）を、後者によって絶対的内在を表わす。「古鏡」とは空間と時間との分別をも超えた絶対普遍的な場所そのものに他ならない。すべてはそこに映し出され、現われ出るのである。絶対普遍的な場所への絶対普遍的な真実相の具体的で現実的な立ち現われの問題として「来」と「現」の関係が捉えられている。

雪峰身覚大師、あるとき衆《しゅ》にしめすにいはく、此の事《じ》を会《え》せんと要せば、我が這裡《しゃり》、一面の古鏡の如くに相い似たり。胡来れば胡現じ、漢来れば漢現ず。時に玄沙《げんしゃ》出でて問う、忽ちに明鏡の来るに遇わん時、如何。師云く、胡・漢倶《とも》に隠る。玄沙曰く、某甲《それがし》は即ち然らず。峰云く、你作麼生《なんじそもさん》。玄沙云く、請う、和尚問うべし。峰云く、忽ちに明鏡の来るに遇わん時、如何。玄沙云く、百雑砕《ひゃくざっすい》。

ところで、道元はこの引用文中の雪峰の道《ことば》「胡漢倶隠」をさらに「鏡也自隠なるべし」と言う。この場合の鏡は「明鏡」なのか「古鏡」なのか。『啓迪』は的確に次のように評釈している。「明鏡来—明鏡の時は明鏡の一方ゆえ、古鏡の一方は隠れるのだ。一つ現ずる時は、一つは必ず隠れる。明鏡の現ずる時は、尽天尽地が明鏡の世界となる、ゆえに古鏡は隠れる。（中略）明鏡の時は明鏡ばかり、古鏡というのは隠れて見えぬ。[38]」すなわち隠れるのは古鏡なのである。まさに「一方を証するときは、一方は暗し」（「現成公案」巻）である。とはいっても二者択一的に「古鏡」と「明鏡」と、二枚の鏡があるわけではない。しかしやはり「古鏡」は「古鏡」であり、

「明鏡」は「明鏡」なのである。「古鏡」というならば、あくまでも「古鏡」以外の何物でもなく、「明鏡」というならば、あくまでも「明鏡」以外の何物でもない。すなわち「一方究尽」ということに他ならない。そこの消息を道元は次のように言う。

明鏡来はたとひ明鏡来なりとも、二枚なるべからざるなり。たとひ二枚にあらずといふとも、古鏡はこれ古鏡なり、明鏡はこれ明鏡なり。・・・これを仏道の性相とすべし。しかあれば、明鏡の明と、古鏡の古と、同なりとやせん、異なりとやせん。明鏡に、古の道理ありやなしや、古鏡に、明の道理ありやなしや。

古鏡の古と明鏡の明。それを道元は性と相の関係と捉えているが、言い換えれば、〈体〉と〈用〉との関係であろう。〈性〉なり〈体〉はどこまでも絶対に覆蔵したものでなければならない。〈体〉である「古鏡」は自己自身の内に還滅《げんめつ》し、そのことと一つに、「明鏡」は「明鏡」たりうるのである。「古鏡」が「自隠」することによって、「明鏡来」は「明鏡来」なのである。そうした意味で、「明鏡」の内に映現される世界全体、言い換えれば無限の差別相の立ち現われの世界としての「尽十方界」は、その側面から捉えるならば、あくまでも「尽十方界」以外の何物でもなく、他方、絶対的平等相としての「古鏡」は、絶対的覆蔵態として、どこまでも「古鏡」以外の何物でもない。それぞれが独立自全、「一方究尽」であるということに他ならない。

一〇

聞見覚知《もんけんかくち》、一一に非ず。

山河は鏡中の観に在らず
霜天月落ちて夜将《まさ》に半ばならんとす
誰ぞ燈潭《ちょうたん》と共に影を照《うつ》して寒《すさま》じき
（『雪竇頌古』第四十則「南泉一株花」(39)）

これは雪竇《せっちょう》重顕《じゅうけん》（九八〇～一〇五二）の百則ある頌古の中でも白眉と称されている絶唱である。大円鏡中に映現される山河は、主客の対立を絶してただこれ山であり、ただこれ河であって、そこには観る観られるの沙汰はない。かかる寂寥・幽寂なる心境、それは千古の謎を秘めた山中の深淵のような、底知れぬ不気味な静寂を思わしめる。こうした凛冽な冷厳さが空というべきものの風光なのかもしれない。閴寂たる山中の霜夜、月はいつしか西山に落ち、夜はただ深々として更けるばかり、風のそよともせぬ寂莫、底無き淵沼は白白と水銀のように鈍重な光を闇に湛えて、ただ魔のような黒い山の影を落としているばかり。ここには一切の法と心を摂収した絶対一としての空の境界が如実に名乗り出ている。

ところで、ここで鏡が映すとはどういうことを意味するのか。何が何を映すのか。映すものは絶対の一乃至は空であり、映されるものは燈潭寒じく霜天月落ちる風光である。しかしその両方は別のものではない。映すとは自らが自らを、そして自らへ、映すのである。絶対の一はその一たることに於いて一切を自らへ吸収（還滅）させる。そこではもはや鏡に映す如くではない。もし鏡の比喩を続けようとすれば、鏡が鏡を映すという他はない。映されるものの全体が絶対の一になるからである。それは像がすべて空ぜられることであり、像の絶対否定である。

「萬象之中独露身」という言葉が『従容録』六四にあるが、「独露身」は、物々皆一々真実なりの意を表わす。

すなわち山は山で独露身、河は河で独露身。いずれも皆他を犯さずして、一々に真実なりの意である。実体の実体性、すなわち根拠への軛《くびき》から解き放たれたところでは、物はおのずからに現前する。法は物に顕現し、物は法を戴《たい》して自得、自得して自在自若。「水はおのずから茫々、花はおのずから紅なり」(『十牛図』「返本還源」)。「薔薇は何故無し（ohne Warum）に咲く。」（A．シレジウス）それは「咲くがゆえに咲く」のである。薔薇は薔薇で独露身といったところであろうか。映す鏡すらも破れた（「百雑砕」）ところでは、じつは映すということも言えなくなる。それは絶対一の独露が真に独露的になるところである。

先に〈露現〉と〈覆蔵〉との同時生起ということに触れたが、仏法の真髄を表わす「正法眼蔵」の語もそうした意味をもつ。「眼」は一切のものを映し、「蔵」は一切のものを包む意である。「眼蔵」とは、すなわち一切を映発・映現させ、同時に一切を自らの内に包摂・摂収する無上の正法の功徳を表現したものである。しかしそれは眼中の像の如くにではない。絶対一へと摂収されたところ、眼も像も映すこともなくなったところ、眼は眼を見ない、そういう絶対的「盲目」たる眼に於いて、一切はそれぞれ有るがままにあるのだ。「偏界不曾蔵」「現成公案」とはそういうことである。しかしその有り方は如何なる有り方であるか。絶対一への摂収は絶対的無差別への還滅《げんめつ》であるが、それにも拘らず、そのことと一つに、一切が差別のままに現前す、とは如何なることであるか。

同じく『雪竇頌古』第九十一則に、玄沙師備《げんしゃしび》（八三五～九〇八）の「三種病人」の話がある。(40) 玄沙は言う、盲、聾、啞という三つの病をもつ人に、どのように仏法の真理を伝えたものか。雪竇は頌でこう答える。それならいっそのこと、虚窓の下に坐らせておいてはどうかと。

争《いか》でか如《し》かん独り虚窓の下に坐して、

葉落ち花開いて自ずから時有るには。

「虚窓」とは人けのない、がらんどうの部屋のことである。「三種の病人」とは「眼の自ら見ず、耳の自ら聞かず」といったところ、つまり自己が自己の本源に還滅しきったところを謂うのであろう。「虚窓」とは、言うなれば「絶対空」の境涯、すなわち「絶対無の場所」。三種の病人が独り虚窓の下に坐すとは、自己が自己の本源に徹しきり、絶対無の場所とひた一枚になった時ということであろうが、ただひたすら兀兀《ごつごつ》として非思量の坐禅をしている虚窓の外では、自然が四季折々の営みを繰り広げている。誰の為ということなく、無償の生命《いのち》の営みがそこにおのずから開演されている。春には花が綻び、鳥はさえずり、秋には果実が実り、木の葉が落ちる。すべては時節をたがえず、おのずからに自らの〈時〉を得ている。これぞまさしく真如の風光に他ならない。

魚行いて魚に似たり。
鳥飛んで鳥の如し。

（『正法眼蔵』「坐禅箴」）

【註】

（1）横関了胤校訂『伝光録』（岩波文庫）一三～一五頁

（2）I. Kant: *Kritik der reinen Vernunft*, Felix Meiner Verlag 1956, A111.（以下 KdrV. と略記する。）

（3）本稿では後に触れる道元の「有時」という表現に即応させるために、存在・時間という語の代わりに有・時という表現を使用する。

（4）M. Heidegger: *Kant und das Problem der Metaphysik*, Vorwort zur zweiten Auflage［以下KPMと略記する。］Gesamtausgabe（以下GAと略記する）3. 尚、ハイデガーのカント解釈がもつ重要な意味については、辻村公一『ハイデッガー論攷』（創文社）所収の附録二「カントとハイデッガー」から多くの示唆を得た。

（5）Ders.: *Sein und Zeit*, 11 Auflage, S.23, GA2, S.31

（6）a.a.O. S.1, GA, a.a.o., S.1

（7）KdrV. A124

（8）KPM. S.126, GA3, S.137

（9）KdrV. A144

（10）a.a.O. B183

（11）KPM. S.101, GA3, S.107

（12）ibid., ibid.

（13）KdrV. A123

（14）a.a.O. A144, B183

（15）KPM. S.174-175, GA3, S.192

（16）a.a.O. S.175-176, GA, a.a.o., S.193

（17）a.a.O. S.176, GA, a.a.o., S.193f.

（18）この「根源的時」は『有と時』に於いては「脱自的地平的時性」にあたるが、ここで注意すべき点は、これまで述べてきた「対象性の地平」としての、つまり実体の実体性がそれに基づくところの「時間」、すなわち「今継起」としての「時間」は、ハイデガーによっては「通俗的時間概念」（SuZ. S.423-427）と呼ばれ、かかる時間を成立させることは「脱自的地平的時性」の「非本来的時熟の仕方」に由来すると解されていることである。「死の先駆的覚悟性」に現われ、それを可能にしている「脱自的時性の本来的時熟」とそれに於いて開かれる「地平」と、「純粋自己触発としての時」とそれによって形成される「対象性の地平」としての「今継起としての時間」とは鋭く区別されている。（辻村、前掲論文参照。）
（19）『道元禅師全集』第一巻（河村孝道校訂・註釈　一九九一年）春秋社〔以下、『正法眼蔵』からの引用はすべて、本全集に依拠する。特に頁数は付加しない。〕
（20）西有穆山『正法眼蔵啓迪』上巻（大法輪閣）四四八頁
（21）同書、四五二〜四五三頁
（22）永興経豪禅師著『正法眼蔵抄』上巻（鴻盟社　明治三十六年）六三九頁
（23）同書、同頁
（24）同書、六四〇頁
（25）M. Heidegger: *Zur Sache des Denkens*, 1969. Max Niemeyer Verlag, Tübingen, S.12, GA14, S.16
（26）a.a.O. S.13, GA, a.a.o., S.17
（27）a.a.O. S.8, GA, a.a.o., S.12
（28）a.a.O. S.14, GA, a.a.o., S.17f.
（29）a.a.O. S.16, GA, a.a.o., S.19f.
（30）ibid., GA, a.a.o., S.20
（31）ibid., GA, ibid.
（32）『道元禅師全集』第四巻（鏡島元隆校訂・註釈　一九八八年）二〇八頁
（33）『西田幾多郎全集』第四巻（岩波書店　一九六五年）二四八頁
（34）同書、二二六頁
（35）『神会録』第八節　『鈴木大拙全集』第三巻（岩波書店　一九八〇年）所収。石井本、二五〇〜二五二頁上段参照。これは『問答雑徴義』〔一三〕張燕公（張説〈六六七〜七三〇〉）の問答を踏まえたものである。『神会の語録　壇語』（唐代語録研究班編・禅文化研究所、二〇〇六年）二〇〇〜二〇四頁参照。
（36）『正法眼蔵』「古鏡」巻の解釈については森本和夫氏の著作『鏡と時と夢と—正法眼蔵講読Ⅱ　古鏡　有時　夢中

説夢』および『反西洋と非西洋』（共に春秋社）から多大の示唆を得た。道元の禅思想について、氏の哲学的な理解と解釈は極めて深く、かつ的確であり、氏の諸著作から啓発されるところ多大であった。特に右記の二著作は、先の辻村論文同様、本章執筆の動機を与えてくれたものである。

(37) 『禅の語録4 六祖壇経』（中川孝編）筑摩書房 三六頁

(38) 『正法眼蔵啓迪』（前掲書）中巻、五四〜五五頁

(39) 『禅の語録15 雪竇頌古』（入矢義高・梶谷宗忍・柳田聖山編）筑摩書房 一一八頁

(40) 同書、二五一頁

第二章　縁起と性起——華厳教学の比較思想論的究明——

一

大乗経典である『華厳経』が漢訳されたのは、四世紀後半から五世紀前半にかけて成立した東晋の時代である。それ以前、支法領という人物が中央アジアのホータンから『華厳経』の梵本を将来していたが、そのテキストをブッダバドラ（仏陀跋陀羅）が翻訳したものがそれである。その後『華厳経』は、唐の則天武后の時代にシクシャーナンダ（実叉難陀）によって再度翻訳される。これら二つの翻訳のうち、前者は旧訳もしくは晋訳と呼ばれ、後者は新訳もしくは唐訳と称されている。

晋訳が出ると、その研究も盛んになり、とくに北部地方に伝播されると、経典の註釈が出されるようになる。『華厳経』の思想は洛陽仏教界や、長安仏教界に次第に受け入れられるようになった。南北朝時代、慧光（五～六世紀頃）を中心に『華厳経』の「十地品」の研究が盛んとなり、菩提流支（五〇八年、北魏の洛陽に来た訳経僧）によって伝えられた世親（約三二〇年～四〇〇年頃）の著書『十地経論』が中国に伝わると、地論宗が成立し、北斉から随にかけて活躍した浄影寺慧遠（五二三～五九二）は、浩瀚な『大乗義章』を上梓して、南北朝時代の仏教学説の集大成を図ろうとした。この地論宗の教学を土台として開花したのが華厳思想に他ならない。

この地論宗とともに、華厳宗の教説の形成に多大の影響を与えたのは摂論宗である。真諦三蔵（四九九〜五六九）がアサンガ（無着）の著した唯識思想の綱要書である『摂大乗論』を翻訳し、中国に伝えたが、その『摂大乗論』の研究に基づいて成立を見たのが摂論宗である。この論書は『華厳経』の一節である「十地経」に基づいて成立した唯識学の概要書であり、華厳とは密接な関係にあった。初唐に玄奘（六〇〇〜六六四）によって唯識説が伝えられ、高く評価されはしたものの、古い真諦訳の『摂大乗論』の学的価値は寸毫も減少することはなかった。華厳宗の大成者法蔵（六四三〜七一二）は、むしろ積極的に真諦訳の『摂大乗論』を尊重した。その他、真諦の訳出による『大乗起信論』（以下略称、『起信論』）も中国仏教界に大きな影響を与えたことは論を俟たない。『起信論』は「衆生心」を中心として、真如と如来蔵の関係を論じ、大乗仏教の精神の概説を示した論書だが、そこに見られる如来蔵思想は、華厳思想の形成に重大な役割を果たした。というのも、法蔵が『起信論』の註釈をし、それが『大乗起信論義記』（以下、『義記』と略記）として結実するが、この『義記』の解釈が、『起信論』理解の最も重要な権威ある書として、その後中国の仏教学界において長く尊重されてきたことは夙に知られるところである。

ところで、華厳宗の成立は杜順（五五七〜六四〇）に始まり、智儼（六〇二〜六六八）がそれを受け、第三祖法蔵によって集大成されたと言われるが、華厳教学の形成には、その先駆思想として地論宗の哲学があったのであり、とくに真諦の訳書『摂大乗論』および『起信論』の果たした役割は極めて大きく、この二書なくしては華厳思想の成立は不可能であったと言っても過言ではない。

さて、先述の慧遠の教学を継承したのは華厳宗第二祖と称される智儼であった。南北朝時代の終わりごろ真諦によって伝えられた唯識説は、唐代には、玄奘が再び唯識説の経典を翻訳したが、この玄奘によって伝えられた唯識説も華厳教学の形成に大きな影響を与えることになる。智儼の学説のなかには、新しい時代の仏教学である唯識説がたくみに取り入れられている。また第三祖の法蔵の学説のなかにも、批判はされてはいるが、取り込まれている。智儼は齢二十七歳の時に『華厳経疏』を著したが、これが『捜玄記』と言われる彼の主著である。その後、雲華寺において『華厳経』を講じ、六六八年十月、六十七歳で没した。この智儼が雲華寺で『華厳経』を講じていたのを聴講したのが当時十七歳の法蔵であった。彼は二十六歳で菩薩戒を受け、二十八歳の時に太原寺に於いて出家。その後太原寺で『華厳経』を講じ、実叉難陀の『華厳経』の翻訳事業を手伝った。七〇四年には則天武后に招かれて華厳の哲理を説き、有名な金獅子の比喩によって、六相十玄の深旨を説いたという。七一二年大薦福寺に於いて寂した。法蔵の著書のなかで最も有名なのは、『華厳五教章』(以下略称、『五教章』)であり、『華厳経』の註釈としては、後の『探玄記』がある。法蔵以後になると華厳宗は一時衰えを見せたが、八世紀に活躍した第四祖澄観が再び華厳宗を盛んにし、さらに第五祖宗密は、「円覚経」に基づいて、華厳哲学を解釈した。

二

さて、法蔵が華厳学の大成者であり、その思想に大きな特質を与えたのは彼が「一乗思想」を完成させたことである。一乗とは、三乗、つまり「声聞乗」「縁覚乗」「菩薩乗」に対する言葉として用いられる。この三乗とは、人の資質や能力に応じて悟りにいたる道を示したものである。「声聞乗」とは仏陀の教説を直接耳で聞き、忠実にその教えに従って解脱することを謂い、「縁覚乗」とは仏陀に直接師事はしないが、十二縁起を観ずることによって悟りを開くことを謂う。しかしこの立場では、自己の解脱を得ることはできても、他の一切衆生を教化し、救済する意志や能力に欠け、自利のみで利他がない。つまりこの二乗は小乗の域を脱しない。それにひきかえ、「菩薩乗」は、衆生救済という利他行に燃える人々であり、これこそ大乗の精神に他ならない。

ところがこうした三乗の区別は互いに批判的・対立的となることは必定である。その対立を止揚するために説かれたのが一乗思想である。つまり三乗の区別は一乗によって融合すべきであるとする立場が現れたのである。一乗とは、人間の機根の差別に関わり無く、いかなる衆生も平等に悟りにいたることを説いたものである。

天台宗の智顗（五三八～五九八）は三乗のほかに一乗を認め、三乗はいわば仮の方便の教説に過ぎず、一乗の教えこそが真実であるという立場に立って、彼の教義学を打ち立てた。この智顗の一乗思想を更に展開させ、三乗との対立を止揚して、絶対的な一乗思想を打ち出したのが法蔵であった。一乗は三乗に対立するのではなく、三乗からは全く独立しながら、しかも三乗を包摂している。ここで留意しておきたいのは、絶対的一は、相対界とは区別され、全く独立したものであって、それ自身絶対的一でありつつも、差別の世界にそれぞれ位置あらしめる、という論理である。この絶対と相対との間に開演される超越と内在の論理、これこそ、華厳教学の根幹にある考え方である。華厳の一乗は既存の三乗を事後的に統一するものではなく、発して三となりうる根源の一なのである。

天台が「遮三の一乗」つまり三乗を排除して一乗を唱えたのに対し、華厳はどこまでも三乗を包摂しつつその上に一乗を主張する「直顕の一乗」の立場に立つ。まさにこうした一乗思想こそ「無尽縁起」「法界縁起」の考え方に他ならない。法蔵はこれを「同教・別教」という言葉で説いている。

同教とは三乗に同調する側面を表し、別教とはそれとは区別する面を表す。同教は相対の一乗であり、別教は絶対の一乗である。法蔵は更に詳しく、同教一乗を二面にわけ、一乗と三乗とを高・低、深・浅の差別において捉えた見方であり、それを「分諸乗」と呼ぶ。もう一つは一乗と三乗の融合を説くものである。仮の方便である三乗は真実の一乗に帰一すべきものであり、逆に三乗の差別も絶対の一乗から演繹されなければならない。これを法蔵は「融本末」と呼ぶ。

次に別教一乗にも二つある。まず第一は、三乗の差別を完全に超越して一乗の独自の位置を顕現する立場である。ここでは三乗に対して一乗があるのではなく、絶対の、すなわち対を絶する仕方で一乗のみがあるのである。まさに絶対的一の顕現である。これを法蔵は「分相門」と呼んでいる。しかし三乗に対して真に超越しているということは、三乗をうちにどこまでも包摂していなければならない。この立場を彼は「該摂門」と呼んでいる。このように、三乗の対立を超越しながら、しかもよく三乗を包摂せる方面を別教一乗というのである。

次に法蔵は、別教一乗の立場を踏まえながら、「五教十宗」の教相判釈を行う。この「五教判」は、すでに法蔵の三十代の『華厳五教章』に現われ、四十代後半から五十代にかけて撰述された主著『探玄記』に引き継がれる。いま、『探玄記』の五教判を紹介すれば、（1）小乗教、（2）大乗始教（定性の二乗は成仏不可とする『解深密経』の第二時教・第三時教に相当）、（3）大乗終教（定性の二乗も無性の闡提もすべて成仏が可能と説く）、（4）大乗頓教（「一念不生」の境位をそのまま仏と見る）、（5）大乗円教（一位と一切位との相即、信の境位に於ける悟りの完成を説く）の五つを謂う。小乗教とは、経典でいえば小乗仏教を代表するアビダルマ論書をそこに当てはめ、教義としては四諦・十二因縁を説く教えである。一般的にいえば世親の『倶舎論』が挙げられる。この小乗教は利他行の実践はなく、中国仏教では低く見られた。次の大乗始教は大乗仏教の初歩的段階を指し、その解説の仕方から見ると、法相宗三時の教判を意識したものと考えられる。この始教には空始教と相始教の二つがあって、前者は竜樹の空観や『般若経』の思想を指し、後者は無着・世親の唯識仏教や『解深密教』などの瑜伽系仏典を含む。次の大乗終教は如来蔵仏教をその内容とする。経典としてはインド仏教の後期に成立を見た『勝鬘経』『如来蔵経』、論書としては『大乗起信論』を含んでいる。如来蔵というのは、人間の本性はもとより自体清浄なものであって、煩悩に汚染されていても、その本性は清浄で不変なものであるという。この如来蔵思想が中国仏教に伝えられたのは、南北朝末の真諦の翻訳経典に始まる。そしてこの如来蔵思想を高く評価し、自らの教学に取り入れたのは、隋の浄影寺慧遠である。法蔵がこの慧遠の学説を受け入れるにあたって、最も重視したのは、他ならぬこの如来蔵思想であった。煩悩に満ちた生命の主体であるアーラヤ識は、自性清浄なる如来蔵に裏付けられていなければならぬとするのが、大乗終教の立場である。こうした煩悩即菩提の考え方は、華厳の世界観を基礎付ける大きな論理的支柱を形成する役割を果たした。以上の内、大乗始教と大乗終教を合わせて「漸教」と呼ぶ。

次に第四段階の頓教とは「頓悟」を内容とするもので、経典としては『維摩経』の「不二法門」がそれに相当する。『維摩経』の立場は「維摩の一黙」で夙に知られるが、真如は言説で以って表現できず、直観智によってのみ把握できるというものであった。華厳宗がこの頓教を禅宗に当てはめるようになったのは後になってからのことである。そして最高の段階に位置づけられたのが円教である。この円教とは華厳別教を内容としており、経典としては『華厳経』を含めている。他の四教と相違するところは、この円教は、個物がそれぞれ独立していながら、しかも互いに融和し、調和しているという「重々無尽」「一多融即」を説く点である。ここではいわば形而上学的原理から演繹的に説かれるのではなく、どこまでも具体的現実に即して、個々の事事物々の円成する消息を説くのである。まさにこうした現象せる事物の「円融無礙」を説く思想こそ、華厳哲学の真髄に他ならない。

更に十宗とは、（1）法我倶有宗（犢子部など。法・我の実在を説く）、（2）法有我無宗（説一切有部など。法の実在と無我を説く）、（3）法無去来宗（大衆部など。現在せる法の実在を説く）、（4）現通仮実宗（説仮部など。現在の法の中で、五蘊の実在と十二処十八界の非実在を区別する）、（5）俗妄真実宗（説出世部など。世俗の法の虚妄性と出世間の法の真実性を論ずる）、（6）諸法但名宗（一説部など。我・法すべての非実体性を説く）、（7）一切皆空宗（大乗初教。一切法の空・不可得を説く）、（8）真徳不空宗（終教。一切法は真如・如来蔵のはたらきに摂まるとする）、（9）相想倶絶宗（頓教。言説を離れた真如そのものを表す）、（10）円明具徳宗（別教一乗。究極の無礙自在の法門）である。この内、（1）から（6）までは、法相宗の基が立てた八宗の内の第六宗までと一致しており、法蔵の十宗は、基の八宗の増補なのである。

このように、法蔵の教判の確立には法相教学の影響がきわめて大きいが、この教判で彼が示そうとしたのは、華厳教学が最高・究極の立場であること、言い換えれば法相教学に対する華厳教学の優越性を明確にするためであったことは論を俟たない。

三

ところで、法蔵の教判で示される華厳教学は、畢竟どのように理解されていたのであろうか。法蔵が三十八歳ごろに執筆し、華厳教学の綱要書と目される『華厳五教章』（以下『五教章』と略記）の冒頭で、法蔵は智儼の思想を受けて華厳一乗の教義が如来の海印三昧に基づくことを明らかにした上で、第一「建立一乗章」に於いて、先述したように、一乗に同教と別教の二種あることを説示する。ただ、そこで留意しておきたいのは、華厳の別教一乗について、次のように論じている点である。すなわち、この別教一乗には、十仏の境界である「果」としての真如そのものの世界（性海果分）と、普賢の境界である「因」としての縁起の世界（縁起因分）とがあって、両者は水と波との関係に見るように無二であって、互いにそのまま他方に収まる、と考えるのである（『五教章』大正四五、四七七上）。つまり『華厳経』の世界の全体が「因果」という視座に立って、いわば真如と随縁の関係において捉えられていることが知られる。こうした了解のもとに考えれば、この時期の法蔵は、普賢菩薩の実践に象徴される「因」としての縁起の消息を開示しようと意図したものに他ならない。

では、そうした意図の下に構築された華厳教学特有の思想体系はどのようなものであったのか。『五教章』の「義理分斉章」によれば、それには四種ある。①三性同異義、②縁起因門六義法、③十玄縁起無礙法、④六相円融義がそれである。この内、②と④はそれぞれ智儼が『捜玄記』で説示する（大正三五、六六上〜中）「六義」と「六相」に発想を得たものであり、③は、同じく智儼の『一乗十玄門』の十玄を引き継いだものに過ぎない。ただ、ここで留意しておきたいことは、同じ十玄門といっても、『五教章』の十玄門（古十玄）と後年の『探玄記』のそれ（新十玄）とは大きく異なっている点である。前者は智儼の十玄門と軌を一にするが、後者のそれは『五教章』のものと比べると、十門の一部の名称や、順序が大きく変わっている。詳細は後に述べるが、『探玄記』では智儼の『一乗十玄門』および『五教章』に共通して見られる第九「唯心廻転善成門」が抜け落ちていることは注目に値する。察するにそれは、この時期、法蔵は、如来蔵縁起説の立場を脱却しようとしていたと考えられるのである。その理由を述べる前に、法蔵の華厳教学の思想史的位置を象徴的に示す独自の三性説および六相・十玄の教説について論じることにしたい。

三性とは、インドの唯識派で説かれる遍計所執性（分別性）、依他起性（縁起）、円成実性（真如・真実性）を謂う。これはすでに真諦訳『摂大乗論』などによって中国に伝わっていたが、初唐代に入ってこれを鼓吹したのは新興の法相宗である。法蔵は前述した教判の場合と同じく、法相教学に対抗すべく、この三性説を華厳宗の立場からそれを摂取し、華厳教学の中心思想の一つとして確立したのである。

『五教章』によれば、三性にはそれぞれ二義がある。真如には不変と随縁、依他性には似有（仮の存在）と無性（本性が無いこと）、所執性には情有（迷妄）と理無（道理として存在しないこと）の意味がある。この内、真如の不変と依他性の無性と所執性の理無は、意味内容から考えて同一のカテゴリーであり、相違はない。言うなれば、現象を壊すことなくそのまま有らしめながら、それ自身の自己同一を保持しているということである。また、真如の随縁と依他性の似有と所執性の情有も、意味内容から見て、相違はない。つまり本性の自己同一性をどこまでも維持しながら、常に現象として顕現するということである。このように、いずれの面から見ても、三性は異ならないのである。しかしそれぞれの意味の相違という点から見れば、本性の面における三性と現象の面における三性とはまったく同一というわけではない。真実としての本性はどこまでも迷いの世界のすべてのものを包摂しており、逆に迷いの世界はどこまでもその淵源である真実性に徹しており、両者はともに融合して少しも妨げるところがない。法蔵は主として『起信論』の真如思想に依拠しながら、一元的な縁起の世界の無礙を証明する理論へと三性説を改変させていった。

この三性説は、本性と現象の関係に焦点を合わせた、いわば縦軸を基本とした縁起思想であるが、これに対し、それとは対照的に、いわば横軸を採って現象的存在界の無礙なる縁起性を明らかにするのが六相説である。

この教説は淵源を遡ると『十地経』に行き着くが、浄影寺慧遠、智儼を経て、法蔵によって完成を見た思想である。いま、『五教章』に示される「椽《たるき》と舎《いえ》」の喩えによって要点を記せば、大略次のようになる。（1）全体として舎であることが総相、（2）椽などの諸縁が別々であることが別相、（3）椽などの諸縁が和合して舎を作り上げていることが同相、（4）とはいえ、それらがそれぞれに独自のすがたを持ち、相互に区別があることが異相、（5）それらの諸縁によって舎が成立していることが成相、（6）それらの諸縁がそれぞれ独自のあり方を守り、根本的に不作為であることが壊相である。法蔵はこうした六相という見方に準拠して、一乗の考え方を理解することができると論じるのである。

四

さて、以上述べてきた縦軸と横軸の双方を含めた思想が、「十玄門」の教説である。前述したように、『五教章』では智儼の『一乗十玄門』を踏まえたものであったが、後年の『探玄記』（一）では十門の一部が改められ、名称、順序は大きく変わっている。すなわち、（1）同時具足相応門、（2）広狭自在無礙門、（3）一多相容不同門、（4）諸法相即自在門、（5）隠密顕了倶成門、（6）微細相容安立門、（7）因陀羅網法界門、（8）託事顕法生解門、（9）十世隔法異成門、（10）主伴円明具徳門の十門となる。これら十門は同一の縁起のすがたの諸断面であり、いずれも①教義、②理事、③境智、④行位、⑤因果、⑥依正、⑦体用、⑧人法、⑨逆順、⑩応感の十義を具えているとされる。法蔵はこのことを一枚の蓮華の葉を比喩として説示するのだが、要約すれば次のようになる。

（1）同時具足相応門とは、十玄門の第一であり、時間的な関係から、存在する一切のものの円融無礙なることを説いたものである。この具体的現実に存在する個々のものは、同時的に彼此相依り、相成じ、一大曼荼羅を形成している。あたかも明浄なる鏡に善悪・美醜・大小・長短の一切のものをあるがままに映発している如きすがたである。法蔵は「自在逆順、参而不雑」と言うが、存在するすべての事事物々が参加し、包摂され、一つの全体をなしているが、しかし個々のものはそれぞれ本位に住し、自らの本分を改変することなく自己同一を保っていて、一大調和の世界を現じてゆくところに華厳の至境があると言える。

（2）広狭自在無礙門は、法界の純雑具徳を論じたものである。『五教章』では「諸蔵純雑具徳門」と呼ばれていたものである。縁起している一切のものは、必ず純粋なものと雑多なものが具わっている。純なるものも雑なるものも両者それぞれに本文の位を保っていながら、しかも同時一念に具足し自在であるのがこの門の立場である。純を一、雑を多とし、空間的数量的に考えれば、広狭無礙と言える。無際・無限が広、分限歴然たるのが狭、無限即有限なるところにこの門が生まれる。

（3）一多相容不同門とは、事事物々の相互の作用面（相入）から無尽縁起を説いたものである。一は多に入り、多は一に入って無礙自在であるとともに、しかもそのものはすべて不同であり、各々その本分を保有し、一多さらに相い妨げないことを説く。法蔵によれば、宇宙万有の一多相容不同なる所以は、縁起の実徳の然らしむるところであって、天人の所作ではないことを主張しているが、ここで特に注意したい点は、現象を超えた究極的絶対者なるものを想定していないことである。つまり現象を超越した実体的な一者が存在していて、それが一と多との矛盾的自己同一を成立させているのではないということである。これはどこまでも縁起の理法なのであって、一塵に一切法を摂し、一切法を一塵に入れ、互いに主となり伴となってゆく華厳法界なのである。

（4）諸法相即自在門とは、本体の相即から説示される円融無礙の説明である。縁起の空有に基づいて相即の立場が開示されるのである。同体門から見れば、一即一切、一に一切法を摂するのである。一即多、多即一の立場である。

（5）隠密顕了倶成門は、『五教章』の古十玄では「秘密隠顕倶成門」と呼ばれたもので、縁起せる諸法を隠と顕との関係から見ようとする。秘密とは深秘微密の義であり、凡夫の心を以ってしては理解できない幽玄なるものであって、仏の境涯に立てば明らかにされるものである。法蔵はこの門を説明するのに、有名な「金獅子」（金で造られた獅子の像）の喩えを用いている。獅子を見るとき、獅子に注目すればその素材である金は隠れており、視点を変えて素材の金に注目すれば、獅子は隠れることになる。このように一つのものには必ず表裏があり、それは隠と顕の関係にあるのである。

(6) 微細相容安立門とは、縁起の諸法の大小を壊さずに、しかも一門の内において同時に具足顕現する義を表現したものである。ここで「微細」というのは、一微塵の中に一切国土を含むといったような意味があると同時に、一微塵は大にあらず小にあらずという見方の意味も含んでいる。しかも一は能く多を含み、しかもそのものがそのものの分を護っているので、「相容安立」と言われるのである。『華厳経』が説く「海印三昧」で「炳然として斉しく現ず」とあるが、あらゆるものは、おのれの分位を守りながら斉しく現ずるという。

(7) 因陀羅網法界門とは、現実世界の事事物々が重々無尽に即入している消息を表現したものである。インドラ網はインドラ神の網であり、網は網の目によって、重々無尽に交錯しているように、一重の相入関係のみならず、重々の相入を説くのである。インドラ網の網の目ごとに、宝珠をかけ、その宝珠が照らし出すところ、光明赫赫として一大光明の世界が顕現する。こうした消息は、古来、鏡灯の比喩でも説明される。多くの鏡が互いに相照らすとき、多くの鏡に映った影が重々に織り成すような世界が説かれるのである。

(8) 託事顕法生解門とは、一切の縁起せる諸法は、一即一切、一切即一、重々無尽に相即相入し、主伴円明にして不可説不可思議なることを謂う。「託事顕法」とは、現象せる事法に寄託させて、無尽なる法門を説こうとしたものである。ここで留意したいことは、まさに現象の世界に思考の焦点を定め、現象の背後に超越的に存在する本体のようなものを見ず、そうした超越的実体を排除していることである。つまり個々の事事物々の真只中に真理を見ようとするのである。法蔵は『華厳金獅子章』の中で、獅子を用いてこの門を説明する。すなわち獅子は無明を表し、全体は真性を表し、この二つが合することによって託事顕法の理解が可能であるとしている。

(9) 十世隔法異成門は、時間の側面から無礙を論じたものである。十世というのは、過去・現在・未来の三世の各々に、即ち過去の過去、過去の現在、過去の未来というように三世を配当すれば、全部で九世になり、この九世を統合する一世を考えると、合計十世となる。この十世が同時に顕現して、縁起を成じていると説くのがこの門である。この十世隔法異成門を成立させている根拠は、『華厳経』の中の、「過去劫が未来劫に入る」とか、「未来劫が過去劫に入る」というような相即渾融の立場であり、更に「一微塵の中に普く三世一切の仏刹を現ずる」といったような、この具体的現実の世界に過去・現在・未来のすべてのものが、影現するという思想に基づいている。まさに時間を連続ではなく円環的に考えているのである。

（10）主伴円明具徳門は、古十玄で説かれた「唯心廻転善成門」を廃止し、その代わりに説かれたものである。古十玄の唯心廻転善成門は、一心・如来蔵を根拠として心外無別法、心外無境なることを明らかにしたものであり、万法は如来蔵・自性清浄心の変作に過ぎないとする考え方である。しかしこうした思想は、ややもすれば如来蔵心を実体視するものであり、本体論的・発出論的ニュアンスで理解されてしまいかねない。そこで新十玄では、主伴円明具徳門を立てたのである。現象している一切のものは、決して単独に存在しているわけではない。必ずそれに伴うものがなければならない。そのことを論じたのがこの門である。

以上、『探玄記』における新十玄門の一々について簡単な説明を加えたが、要するに、十玄門は、現象せるすべての事事物々がそれ自体として完全であり、自由であり、他のすべての存在を妨げることなく融合し、一つの有機的全体をなしていることを明らかにするものである。

ただ、ここで特に重要なことは、ここに提示される諸法の無礙を可能にする根拠について、法蔵がどのように考えていたかということである。彼は五十三歳以後に完成したとされる主著『探玄記』では、諸法の円融・無礙に関して、それ以前の、即ち法蔵四十八歳以後の著作とされる『華厳経旨帰』とほぼ同じ十種の因縁を挙げながら、そこでは第九に数えられていた「縁起相由の故に」を最初に位置づけ、①縁起相由の故に、②法性融通の故に、③各々唯心の現ずるが故に、④如幻不実の故に、⑤大小定めなきが故に、⑥限りなき因の生ずるが故に、⑦

果徳円極の故に、⑧勝通自在の故に、⑨三昧の大用の故に、⑩難思解脱の故に、の十項目を「無礙」の理由として挙げる。しかし実際に論じられるのは①の「縁起相由の故に」のみであり、その他は『華厳経旨帰』に譲っている。このことは、『探玄記』執筆時期の法蔵は「縁起相由」にこそ華厳哲学の最も中心的な意義を持つものと見なしていたことが推察されるのである。また、十玄門において、『一乗十玄門』や『五教章』の第九「唯心廻転善成門」が脱落している理由を察するに、法蔵が、どちらかと言えば、どこか発生論的本体論のニュアンスの強い如来蔵縁起説の立場を完全に脱却しようとしていたことを示唆するものではないだろうか。

では、「縁起相由」とは、何を意味するのであろうか。法蔵によれば、諸々の縁起の法は、必ず次の十義が具わることによって、はじめて縁起という事態が成立するという。その十義とは、図示すれば次のようになる。

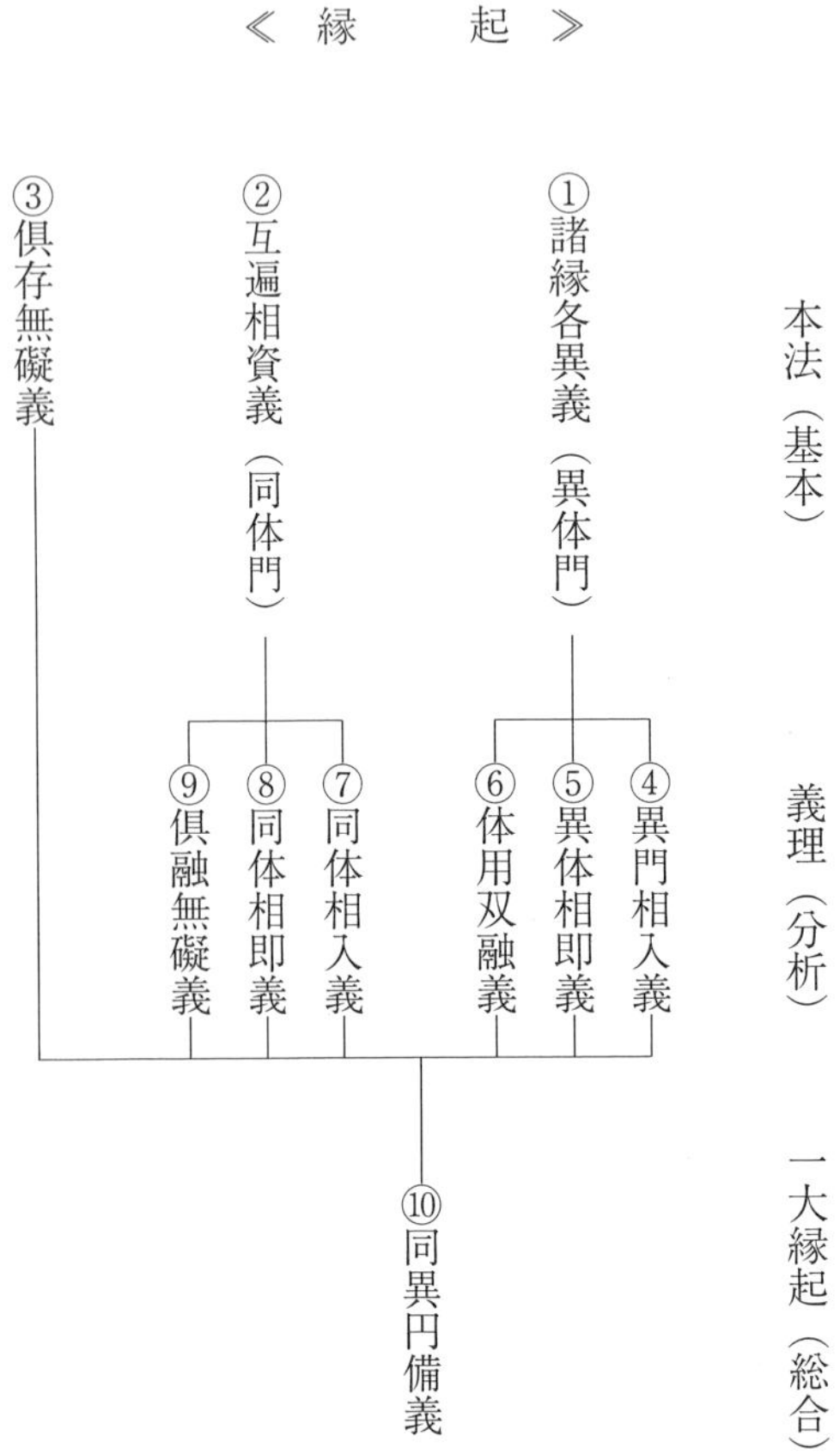

この綱格を見れば、法蔵が縁起をいかに重層的・構造的に把捉していたかを理解することができよう。

さて、法蔵はこの十義を大略次のように解説している。①は諸縁がそれぞれ異なる、という意味である。縁起の世界にあっては、個々の物は互いに差異がありながらも、相互に妨げ合わないことによって自己同一を保ち、そこに縁起が成り立つのである。②は、諸縁が互いに遍くゆきわたり、相互に助け合う、という意味である。個物が他の個物と遍く応じ合うのは、各個物のそれぞれがそれ以外の多くの個物と一つの全体をなしているからである。③は、倶に存在して互いに少しの妨げもない、という意味である。即ちおよそ任意の一縁は、必ず前述の二義を具えてはじめて遍く応じることが可能なのであり、遍く多くの縁に応じてはじめて一であるからである。従って唯一と多一とは自由に交わりあって少しの妨げもない。こうした融合関係に基づき、六種の概念化が可能となる。

さて、このように諸縁それ自体について言われた三義が法蔵の縁起観の基礎をなしている。以下、要点だけを紹介すれば、次のようになる。④～⑥の三義は、現象的世界における諸縁の差異性に基づいて、相互の働きの相入性と本性の相即性、およびそれらの働きと本体の融即性を明らかにし、更に次の三義⑦～⑨は、諸縁の本質的自己同一性に立って、同様の相入性と相即性、およびそれらの働きと本体の無礙性を明らかにするものである。最後の⑩は、上述の諸義が全体として一つの大きな統一をなし、十玄門という完全なかたちで成立させることを示している。

以上、華厳教学の特質を、とくに法蔵の思想を中心に縷説してきたが、以下では縁起と性起という根本問題に的をしぼり、その哲学的意味を究明したい。

五

さて、華厳思想の究極は「法界縁起」であると言われる。智儼の思想のなかで、哲学的な視点からとくに注目すべきものは「十玄門」（同時具足相応門・因陀羅網境界門・秘密隠顕倶成門・微細相容安理立門、十世隔法異成門、諸蔵純雑具徳門・一多相容不同門、諸法相即自在門・唯心廻転善成門・託事顕法生解門）として提示される「法界縁起」の思想である。この思想は、主として地論南道派における研究として、『一乗十玄門』に細説されている。その要点をかいつまんで言えば、法界縁起とは一切の事物・現象が、事実それ自体の縁起のすがたとして現われており、わずかの実体性・固体性も持たず、多くの鏡が照らしあうときに互いに限りなく互いの影を現出するように、重々無尽に関わりあう、ということであろう。道の法界とは何か。華厳の法界について最初に着眼したのは初祖の杜順だが、四種法界として見事に体系付けたのは第四祖の澄観（七三八〜八三九）であった。彼は自性清浄心たるべき「一心」と、現実に存在するすべてのものとの関係を明らかにすべく、四種法界の体系を組織したのである。四種法界とは、（1）事法界、（2）理法界、（3）理事無礙法界、（4）事事無礙法界である。最初の「事法界」の事とは具体的現実に存在する一切のものを指す。個々の事物は各々自らの本然の性を守り、差別しながら存在していることをいう。次に「理法界」だが、理とは事に対する語であり、理法とか理体、理性《りしょう》ともいわれる。ただ、この理を現象界に対する本体界、現実界に対する理想界のように誤解されてはならない。縁起しているすべてのものは、縁起の理法によって成り立っているのであって、どこまでもそのもの固有の存在根拠を持たず、どこまでも無自性である。万法を無自性・空として把握するのが、この理法界である。これは杜順の『法界観門』の第一真空観と内容は同じである。『起信論』で言えば、「絶言真如」に相当する。つまり一切の言説の相を離れ、名字の相を離れ、心縁の相を離れた平等の世界を表す。更に、こうした現象としての事と、理体としての真如との相即円融の関係を説明するのが第三の「理事無礙法界」の立場である。縁起している諸法を、現象的立場から見れば事法界であり、無自性・空という立場から見れば理法界なのだが、この両者はまったく別個の世界をいうのではなく、どこまでも同じものの二面性なのである。事法界と理法界とはともに融即し合っているのであり、個々の事象も空も同じ一つの事柄なのである。この理事無礙法界を五教判に当てはめると、終教、すなわち『起信論』の如来蔵縁起説に相当する。しかしこの教説は、ややもすれば真如を理体化し、本体論的思考から見ようとする傾向が強いことは確かに否定できない。そして最後に「事事無礙法界」だが、そこでは世界の事事物々がそれぞれ独立しながら、互いに調和を保ち、融合している。個物が個物として自らの本位に住して、しかも個物の各々は相妨げず、自らの分限を守りつつ、同時にそれらが互いに融通していると見るのである。この円融・融通・無礙というところに、華厳独自の哲学がある。

では、こうした華厳教学の深い哲理である個物の円融の関係は更にどのように理解すべきなのであろうか。

六

釈尊の一心に証悟せる法は縁起の真理であった。一心は法に随って諸業生起し寂滅するという縁起の当体である。すなわち、恒常不変の実体でも、無因にして自有なるものでもなく、本来性において空であり、他に縁って生ずる縁起せる一心である。ゆえに唯心とは縁起をその内容とする。縁起は華厳宗に於いて法界縁起と名づけられる。『華厳経』に説かれる教説が「別教一乗重重無尽の縁起」であり、その根本主旨を「因果縁起理実法界」と規定したのは法蔵である。そして法蔵はインド以来仏教の根本的真理といわれた「縁によって起こる」という語義である「縁起」をいまだ相対的概念であるとして、さらに相対と絶対を超えた究極的な法の有り方を「性起」と呼んだ。性起とは「真性現起」を謂い、法界縁起の根本的な表現である。

しかし誤解されてはならないのは、真性という形而上学的実体があって、そこから悟りの世界も迷いの世界も流出してくるというのではない。縁起という言葉で、真性・如来蔵よりすべてが発出するように理解しては陥穽に陥る。浄影寺慧遠は、当時において仏教百科全書ともいうべき膨大な著書『大乗義章』の中で、

如来蔵の中、恒沙の仏法は同一体性なり。互いに相い縁集して、一法として別して自性を守ること有ることなし。（大正四四、四七六上）

と述べている。こうした考えは明らかに原始仏教以来の縁起の考え方に立脚したものであって、縁集せる諸法は決して自性を保持した永遠不滅なものではなく、無自性なるものであるという。

ところで「性起」とは言うまでもなく、『六十巻華厳経』「性起品」に基づく語である。「性起」ということに注目したのは智儼の卓見である。これが重要なタームとして彼の著作上に現われるのは晩年の執筆である『華厳経内章門等雑孔目章』（以下、『孔目章』と略記する。）だが、言葉そのものより「性起品」を『華厳経』一部の内容上もっとも高く評価されねばならないことは、彼の二十七歳の時の著『捜玄記』に表れている。法界縁起は、彼によれば衆多なる縁起の総称だが、染浄に分ける浄、更に本有門という唯浄の縁起を説くのが「性起品」であるとする。つまり智儼は「性起品」を以って『華厳経』中の唯浄なる顕理の法界縁起を説くものと認めていた。

もともと「性起」とは漢訳経典としての『華厳経』の一品に与えられた訳語であり、その源流はインド仏教に遡る。つまり『宝性論』の「如来性起」の思想がそれである。こうしたインドの仏教思潮において、如来蔵思想

を説く経典や論書に見られる「如来性起」の概念が、真如や法性が露現するという意味で理解され、中国仏教にそのまま移植された。浄影寺慧遠は『大乗義章』の中で、「性」の字義について述べているが、「性」とは仏性・如来性・如来蔵性など、仏教における衆生の成仏可能を示す語として重要な概念である。『大乗義章』「仏性義」の中で、慧遠は「性」を解釈して四義を挙げている。種子因本義、体義、不改義、性別義である。これらは華厳教学における「性」の意義の源流となった。とくにこの中、性起の性の解釈に重要なのは、「体義」および「不改義」である。体義とは真識心・法身・仏性であり、諸法の自体を謂う。また不改の義とは、因体不改、果体不改、因果自体不改、諸法の体実不改である。慧遠の性は真性と理解され、真性とは如来蔵性である。彼は次のように述べている。

> 真とは所謂、如来蔵なり。恒沙の仏法は同体縁集して不離不脱不断不意なり。此の真性縁起は生死涅槃を集成す。真の集するところなるが故に真実ならざるなし。（大正四四、四八三上）

ここには「真性縁起」なる語が用いられているが、それはやがて智儼に於いて法界縁起染門、摂末帰本に位置付けられていく。

智儼の法界縁起とは唯浄なる性起に他ならないが、『捜玄記』巻四下の「性起品」の「性起」の語の解釈として、「性とは体なり。起とは心地に現在するのみ。」とある。智儼が性を体と見なしたのは、慧遠の性の解釈からその第二義を継承したものである。性が体であるというのは、出纏如来の果仏の体性を謂うのであり、心地とは、衆生心を指す。つまり出纏の果仏が衆生心に顕現してくることが性起であり、不起としての性起は積極的には性徳顕現の意である。従って智儼にあっては唯浄の法界縁起としての性起であり、それは直ちに実践せる衆生の身心に具体的に顕現せる用（はたらき）が性起に他ならなかった。『捜玄記』巻三下に、因縁生に二種の義があるとして「一には無自性の故に空。二つには因縁有力の故に生じて果法を得る」と述べている。智儼は第一義の無自性空を「不起の起」として捉え、この見解が晩年の著作『孔目章』「性起章」に於いて、

是れ縁起の性に由るが故に説いて起となす。起は即ち不起なり。不起とは是れ性起なり。（大正四五、五八〇下）

との性起思想へと結実する。縁起している諸法は顕われながらにして本来不起の果性なのである。縁起の諸法の一々はそれ自体無自性であり、起がすなわち不起であるというのは、本来不起の果性の境位に立って言うことである。単なる縁起している起は性起とは言われない。諸法を無自性において捉え、起にして不起であるとなすのが性起の立場である。性起と縁起は別の二つのものではなく、体は一つである。言うなれば具体的現実の「事」の方向から見るときそれは縁起であり、「理」として見た場合には性起となる。

次に法蔵の場合はどうであろうか。彼は『探玄記』巻一六で「性起品」を註釈し、「性起」を次のように解釈する。

不改を性と名づけ、用を顕わすを起と称す。即ち如来の性起こるなり。又た真理を如と名づけ性と名づく。用を顕すを起と名づけ来と名づく。即ち如来を性起と為すなり。（大正三五、四〇五上）

この性起について、彼は更に次の十門を立てて論ずる。（一）分相門では、慧遠の解釈を受けて「性」の三義を

述べ、（二）依持門では行証理成、証円成果、理行円成の三点を論じ、（三）融摂門では性起の果が真性の用であることを述べて、慧遠の「真性縁起」の考えを継承している。（四）性徳門は、理性すなわち行性に他ならず、起とは理性の起であるとし、（五）定義門は性起の定義に四義を述べ、（六）染浄門では、性起唯浄の説を論じ、（七）因果門では、初発菩提心已去はすべて性起に摂していること、（八）通局門は性起が仏果に局（かぎ）るか否かを論じて、開覚仏性は有情にあるものの、仏性および性起は依正に通ずるとする。（九）分斉門は性起と無尽法界とについて論じ、（十）健立門では十種に分門して論じた理由を説明する。

また、性起と縁起の関係について敷衍して言えば、『華厳経問答』巻下に、次のような論述がある。

云何が性起と修生と因果別なりや。答う、実に尓り。其れ縁修なければ性起なし、性起なければ縁修を成ぜず。然れば即ち其の終修は是れ相を離れ体に順ずるが故に性起となす。性起は即ち是れ随縁の故に縁修と為す。（大正四五、六〇九下）

つまり縁修（縁起）を真性・体の立場で見れば性起であり、性起を相の立場で見れば縁修（縁起）となる点を論究している。もう少しわかりやすく言えば、性起の「起」とは「顕現」「挙起」「発起」の意味であり、仏性の現起することを謂う。つまり如来が一切衆生のなかに絶えず現在してやまないことを意味する。性起の「起」といっても、本来具わっている仏性がようやく今にして初めて生起してくるというのではない。そういう意味では起は「不起」なのである。不起そのもの自体、そこに根本をおいて見るのが性起なのである。いわば絶対を相対との関係を度外視して、絶対のまさに対を絶するあり方に即してみた場合が「不起」としての性起に他ならない。この「不起」「不改」について、後に哲学的に詳細に論じてみたい。

七

ところで、大乗仏教では「人法倶空」ということが言われる。我（主体的自我）も法（客観的存在）も倶に空であるということである。それは一切法空を如実に証するものである。言い換えれば、実体の実体性を空化する縁起観が、同時に主体の主体性が無我たることを直下に覚する般若空観と一つになり、いわば我と法とが倶に空ぜられることにおいて融即現成していると考えてよく、それがいかなる構造と動態をもっているかという問いが改めて生じてくる。

縁起の論理は、形式論理的同一律とはまったく異質である。形式論理的同一律は客観的世界の論理である。縁起の世界の論理はこうした客観化の立場の論理、即ち形式論理の同一律をまったく打ち破るような論理である。色即是空、空即是色、一即多、多即一とかいうのは、そういう論理をもつ。大乗仏教ではどうしてこのような論理が強く表現せられたのか。それは主客対立の立場を根底から破った所に立脚して思惟しているからである。まったく対象的思惟を打ち破って物も人も自己も、すべてを対象化しないでそれ自身として捉える立場に立てばこうした表現にならざるを得ない。ここにいたって初めてあらゆる存在者は、我々に対して対象もしくは客体として現れることをやめて存在それ自身として立ち現れる。我々はここに存在を存在としてあるがままに見る、即ち真如を見るのである。これは唯識説が説くところの「唯識無境」の立場である。初期の瑜伽行派の哲学における識るもの（能縁）と識られるもの（所縁）との関係について説明すれば、能縁の中にはいかなる意味の所縁も含まれず、所縁の中にもいかなる意味の能縁も含まれない。この識は、識として能縁であるがゆえに、それは何かを識るものでありながら、それによって識られる対象（境）をそれの内側にも、また外側にも持たない。つまりこの識は識るものでありながら、それによって識られるものは、この識自身以外にはありえない。識が識るということであるならば、これによって識られるものは、この識とまったく同一である他はない。こうした識るものと識られるものとの全き自己同一ということは、いかなる意味でも対象化を許さない主体としての自己が、自分自身を寸毫も対象化することなしに識ること以外にはありえない。

我々が自分自身を知るという場合、いわゆる反省作用によって自己を対象化し、いわば意識面に自分を投影してそれを知るので、そこには知る我と知られる我とが二分される。しかしこの反省作用によって知られる我は、我そのものではなく、反省作用によって対象化され、観念化された自己でしかない。真の自己は今現に反省をし、対象化された自己を見ている主体そのものである。従って今現に生き生きと機能している自己をそのまま把握しようとすれば、その主体を対象化したり反省したりするのではなく、生きて働く主体をそのままに捉える直観によるしかない。そのような反省以前、分別以前の、いわば主客未分の純粋直観が「無分別智」であり「唯識」と呼ばれるものなのである。「唯識」の「唯」とは、世親が『唯識二十論』の初めに述べているように、境を否定する意味であり、いかなる客体的境も無いことである。いかなる境も無いところ（無境）で識ることが「唯識」である。

ところが、唯識といっても、識る主体としてそれ自身が実体視されるわけではない。そういう意味では識は非識を自性としている。（例　真諦訳『中辺分別論』相品第一、「是故識成就非識為自性」）それは換言すれば、識がそれ自身境と成って似現することである。自ら無となってその境と一つになることである。識は境を対象化することなく、境そのものと成って境を識る。それ自身境に成りきることにおいて境を如実に識るのである。境が境に成りきったところに識が非識を自性としていることが如実に示されている。識が境と成ることは、境に対向する主観としてあることではなく、境に成りきり、言うなれば境の内から境を識るものとなることである。逆に言えば、境は、主観によって対象化され、主観化されることを免れて、それの有るがままに識られるものとなる。それは、言うなれば境が境自身を識ること、境が境自身を自覚することであり、境が如実に顕現していることだと言ってよい。要するに、いかなる対象化もなしに物を識る識は、識る識自身の他にいかなる意味の境も持たない識であり、そうした意味で、それは「唯識無境」の識である。しかしそのことは同時に「唯境無識」と同じ一つのことなのである。これは、ありのままの事事物々に直ちに自己自身を見るということ、一草一木一昆虫の微に至るまで、そこに現われているその物のなかに、絶対に客体化されない自己のリアリティを見るということに他ならない。こうした唯識無境にして同時に唯境無識であるような智が「般若波羅密」であり、つまり般若智に他ならない。

「空」という言葉は一切の対象の無いことを意味している。しかしそれは同時に、その対象のないところのものが智であるということを意味している。更にこの智は、いかなる対象化も免れた物の本性に達した智に他ならず、それは実相・真如をも意味することになる。こうして「空」は「真如」や「実相」と同義となる。『般若経』に謂う「色即是空、空即是色」とはこのことである。こうした般若智にとって、実相・真如は対象ではない。対象ではなくて、自己自身に他ならない。この智が真如・実相を知るのは、智が自己自身を知ることなのである。そしてその智は同時に実相であるから、智が自己自身を知ることは、実相が実相自身を知ること、換言すれば、「実在の実在的自覚」ということに他ならない。かくして智が実相を知ることと、智が自己自身を知ることとが、互いに引き離しえない同一事として成立する。こうした智が一切に平等な智であり、仏教でいう真の主体はこれでなければならない。これが大乗でいう「人・法二空」に他ならない。

そこでは知るものと知られるものとが分かれていず、真実ありのままなる実在が如実に露現している。言うなれば個々の事事物々が空ぜられると同時に、それらはそのあるがままの姿で空け放たれるのである。「色不異空、空不異色」とはそういうことであろう。つまり「色」という諸存在を絶対無に摂収し融没させる「空」の働きが、同時に「色」の諸存在をその本来の姿のままに顕現させるのである。しかもこの同時性は、いわば主客未分の処から出る自己同一の感覚である。要するに空は単なる空無ではなく、すべての物をそれぞれの固有な有り方へと空け放つ根源的な働きなのである。一切を摂収し融没させる絶対無は、一切を開放する絶対空と同じである。摂収と開放との自己同一、これが「色即是空、空即是色」と言われる場合の「即」の意味するところでなければならない。

さて、では法蔵にあって、こうした境涯はどのように理解されていたのであろうか。まず、彼における「唯識（＝唯心）」の意味とその教学上の位置について言及してみたい。

八

すでに論述したように、『五教章』の中に、華厳教学独自の究極的な真理観の一つとして「十玄縁起無礙法」が説かれ、それも十門の内の第九門が「唯心廻転善成門」と名付けられていた。この十玄門の思想は、既述したように、すでに師の智儼の『一乗十玄門』を踏まえたものであるが、ただ、智儼の教説と比較してみると、唯心の解釈をめぐって、両者の相違は顕著である。智儼によれば、唯心はどこまでも実践主体に即して理解されているのに対し、法蔵の場合、唯心を智儼と同じく如来蔵と規定しながらも、更にそれを徹底させて、いわば真如そのもの、仏の側に引き寄せて解釈するのである。智儼の『一乗十玄門』に於いては、言うなれば人間の実存的な実践主体の心に他ならなかった唯心が、『五教章』に於いては、究極的絶対者の心として現成する真如そのものとしての唯心となっているのである。

こうした法蔵の唯心の理解は、後になってどのように展開していくのだろうか。法蔵は『探玄記』に於いて、唯心＝唯識の思想を、いわゆる「十重唯識」として解釈する。順次列挙すれば、

①相見倶存唯識。相分（認識の対象相）と見分（認識主体）とによって三界の成立を説く。『成唯識論』『摂大乗論』に説く。

②摂相帰見唯識。心識心所（精神作用）の起こるときは必ず前の刹那の境（認識の作り出した客体）を認識する。外境は内境に託されて認識が成立する。すなわち第八識によって起こる相分は実有ではなく、能見の識（見分）のみで一切の境界は心心所（精神作用）の作り出した影像であるとする説。『解深密教』『二十唯識論』等が説く。

③摂数帰王唯識。心識に伴う種々の精神作用（心所・心数）は心王に依って起こり、単独の自体はない。各々の心所は心（心王・八識心王）の変じた作用であり、すべて心王に帰するとする説。『大乗荘厳論』に説く。

④以末帰本唯識。認識作用の根本は第八阿梨耶識にあり、七識は末である。第八識には真妄二つの義が有り、和合して集成しているのが第八識の体で一心と呼び、七識は第八本識より転変して起こるとする説。『楞伽経』で説かれる。

⑤摂相帰性唯識。④では第八識が根本であるとし、識の相をなお認めるが、その事相を絶し尽くして無為の性・本覚の理のみが唯識であるとする説。これも『楞伽経』に説く。

⑥転真成事唯識。⑤では無為の真性のみを立てるが、如来蔵の理（真性）が自性を守らず染浄の縁に随って種々の事相（八識の心王・心所、相分・見分、種子・現行）を成立させているとする説。『楞伽経』『密厳経』『勝鬘経』『宝性論』『起信論』に説く。

⑦理事倶融唯識。⑥は如来蔵の理が種々の事相を作り出すことを明かすが、ここでは事相は理と混融していると

説く。如来蔵性（理）は随縁して諸々の事相を成ずるが、すべての事において自性（理）は不生不滅であり、事と融会しているとする説。『勝鬘経』『仁王経』『起信論』『摂大乗論』に説く。

⑧融事相入唯識。⑦は理事無礙であり、性相が混融していることを説くものであったが、この第八以降は事事無礙の唯識を明らかにする。相入とは事と事との用《はたらき》が相互に連動し合っていることを謂う。また理は自性を守らず、事を生じて事のみとなり、事が融合して相互に妨げないのは理性によっているとする説。『華厳経』に説く。

⑨全事相即唯識。⑧は事事無礙の「用」について相入といったが、「体」については相即という。理によって事が成ずるが事には理による以外の事はない。理そのものは無差別平等であるので、事に於いても一と多の別は捨遣されている。これを、事を全うして相即する唯識といい、一即多・多即一と表現される。『華厳経』で説かれる。

⑩帝網無礙唯識。⑧と⑨に於いては、各々の一面について説示されるが、この第十では、双方重ね合わせた観点（重重）、相入相即を明らかにする。一々の法の中に互いに映現し合い、際限なく、尽きることのない有様が帝釈天の宮殿にかかる網のように重々に累現するのに喩えていう。すべて諸々の事相は皆、心識如来蔵の法であり、法性が内融であるために事相は重重無礙であるとする説。やはり『華厳経』に説く。

以上である。①〜③は大乗初教に、④〜⑦は大乗終教および頓教に、⑧〜⑩は円教（一乗）の別教に配される。つまりこの十重唯識の説示は、諸経論の唯識的な思想を大きく法相・唯識の立場、如来蔵説の立場、華厳哲学の立場の三段階に分け、更にそれぞれを主に重点の置き方から区別して十に分類したものなのである。

さて、ここで注意したいことは、唯心もしくは唯識の語が持っていた本体論的というか、発生論的・流出論的な意味は、第六の唯識説までの段階に過ぎないということ、そして第二に、⑦の唯識説、すなわち如来蔵そのものが縁起的に自発自転して様々の事象を現前させながら、しかもその本性は生滅を絶して自己同一を保つという説明からも知られるように、先の『五教章』の唯心思想に対応していること、従って第三に、究極的な華厳思想独自の唯識説とされる⑧以下になると、もはや本体論的な説示は影を顰めて、もっぱら現象的な存在の有り方そのものに唯識を見、語られているということである。けだし『探玄記』の十玄門から「唯心廻転善成門」が除かれた理由は、ここから窺うことができよう。

九

ところで、先に、我と法との関係如何ということが問題となると言った。それをこれまで識と境との関係として、唯識の立場から論じてきた。そしてそれは、両者は空において倶に融即現成するということであった。次にこうした我と法との関係について、西洋の形而上学と対比しながら考察を加えたい。西洋哲学の特質とされる実体論とはそもそもどういうことであったのか。

我々が世界のなかの諸存在を知るということ、物を認識するということはどういうことなのか。これは前章で述べたことなので、繰り返しになるが、再説してみたい。例えば薔薇とか蜂をまさにそのようなものとして知るということ、そのことが可能であるためには、「薔薇」とか「蜂」という経験的概念を通じて認識するのであり、言い換えればそうした抽象化して得られた概念を通して物を知るのである。しかしそのような抽象化された概念(abstrahierter　Begriff)があり得るためには、すでにその根底に抽象することを可能にし、それを導いている概念、つまり抽象する概念(abstrahierender　Begriff)がなければならない。つまり薔薇にせよ、蜂にせよ、まさにそのようなものとして纏められる前に、それらは実体(Substanz)として捉えられていなければならない。カントはこれを我々の意識の根底にあるア・プリオリな形式と見なすが、こうした、経験に先立ち、しかもその経験を可能ならしめる超越論的な（transzendental）働きは、ただ単に主観的なものではないのであって、物を見る場合、それは物を物として捉え、それをまさにそのような物として考えているわけであり、このような思惟の形式（Gedankenformen）、すなわち「範疇（Kategorien）」を通じて対象を成立せしめ、現象せしめているのである。とはいっても、主観が一方的に客観的世界を恣意的に構成しているわけではなく、言うなれば範疇とは、いわゆる主観と客観との対立以前のところにあって、その両者を媒介し、対象についての認識を真理たらしめる働きを持つものであろう。我々が自然を経験し得る所以の条件は、そのまま裏から言えば、自然が現象し得る所以の条件でなければならない。カントはいみじくもそれを「可能的経験一般のア・プリオリな条件は、同時に経験の諸対象の可能性の条件である」(1)（Die Bedingungen a priori einer möglichen Erfahrung überhaupt sind *zugleich* Bedingungen der Möglichkeit der Gegenstände der Erfahrung.）という言葉で表現している。カントのいわゆる「コペルニクス的転回」は、ただ単に主観が客観的世界を構成して知るというだけのものではなく、彼の超越論的演繹論に於いて、超越的対象Xと超越論的自我としての統覚が一つに結合されていくことからもわかるように、我々が自然を経験するということは自然が自らを現象させることであり、逆に自然が自らを現象させてくるということは、我々が自己の根底へと自覚を深めていくことに他ならない。自然をして自然たらしめているものは、深く自己をして自己たらしめているものであるのではないだろうか。

ところでここでとくに留意したいのは、カントの先の引用文の中の「同時に」という言葉である。では、この自己と世界との同時生起ということをどのように考えればよいのであろうか。

カントの謂うこの同時性（zugleich）、つまりその時間性に着目して、存在論の視点から独自の解釈をしているのは、二〇世紀を代表する哲学者、M・ハイデガー（一八八九～一九七六）である。(2)

ハイデガーは、存在としての存在を問うことを自らの思索の課題とし、存在者ならぬ存在そのことを究明するにあたって、存在忘却の上に構築されてきた西洋形而上学をその基礎に立ち返ることを通じて、いわゆる実体性の形而上学を乗り超える道を生涯を通じて模索してきた思索家である。以下では、とくにハイデガーの思索を中心に、華厳教学との接点を探っていくことにしたい。ただし、以下では論述の都合上、「存在」という語の代わりに、仏教でも使われる「有」という語を使用し、同じく「真理」の語も「真性」として表記することにしたい。

十

一九二七年に、西洋形而上学の歴史に於いて画期的とも言える主著『有と時』が公刊されるが、この時期に於けるハイデガーの思索の特質は、この著作の冒頭部分で語られているように、「いかなる有の理解にせよ、有一般の理解を可能にする地平として時を解釈すること」(3)であった。まさにこの点に、従来の実体論的形而上学とハイデガーの有の問いとの大きな相違がある。一言で言えば、有としての有を〈時〉として見ることである。ハイデガーの有の思索がもつ画期的な意味は、実体を中心とした見方を打ち破ったことであり、実体すなわちウーシアの内にパルーシア、つまり現前＝現在を看取することによって、実体の実体たる所以すなわち実体性を「現前＝現在していること」「立ち現われてあること」、そういう意味で〈時〉から解釈したことである。したがって彼のカント解釈も、時性の次元に向かって探究の道を開いた唯一の人としてカントを見たのである。

ハイデガーのカント解釈で重要なことは、「実体」概念を〈時〉から解釈することによって、それを〈時〉の内に解体し、「時性」とその「地平」との一定の様態から「実体」概念の成立を解明したことである。ギリシア以来、西洋の形而上学は、先述の如く、「実体」概念を根本とした有論であり、仏教が説く諸法無我の考えとは異なり、生成変化の根底に恒常不変の本質を見ようとする。そうした生成変化を通じてその根底にあるところの不変不動なる基体（ヒュポケイメノン）を捉えようとする考え方の代表がアリストテレス（三八四～三二二ＢＣ）の形而上学である。そして更に形而上学は論理的に徹底化され、その極致が近世の大陸合理論の哲学者の一人であり、「神即自然」を標榜した汎神論者、スピノザ（一六三二～一六七七）の実体論、すなわち最高の実体たる「神」を、いわゆる「自己原因（causa sui）」として捉える神論となる。かくして西洋の形而上学は、いみじくもハイデガーが指摘したように「有‐神‐論（Onto-Theologie, Onto-Theo-Logik）」という構造をもつことになる。そのような実体のあり方として、個別的な様態が互いに因果の関係に於いて結びついて現われ、実体と因果とは相伴う範疇となる。すなわち自己自身に於いて存在し、自己自身によって思惟せられる「自己原因」としての実体が基体となり、その上で個別的なものが互いに因果的に相対的に存在するわけである。このように西洋の形而上学は因果的に留まらず、その根底には実体の範疇がある。因果と範疇とは不可分離なるものであって、因果は実体的因果ということに他ならない。

伝統的な形而上学は、ピュシス（自然物）を有るものとして捉え、これを超えて（メタ）有を問うものであった。先述したように、有を有として、言い換えれば有るものが有るという、まさにその限りにおいてその有を問うことであった。アリストテレスはそうした有るものの有を「実体（ウーシア）」と捉え、それを定義してト・ティ・エーン・エイナイであるとしたが（『形而上学』第一巻第三章983a20および第七巻第四章1029b1, b13）、普通これは「本質」とも訳され、直訳すれば「既に在りしものが現にあるところのもの」、「既にそれであったところのあるもの」であり、本来この原語は、一般に物事の「そもそも何であるか」（すなわちその物事の「本質」）を表すためにその問いの形をそのまま名詞化したものであり、すなわちそれは「そもそも何であるか」と問われている当のなにかであるところの「何」に相当するものである。(4)

しかし有を有として捉えるのは如何にして可能か。それはもちろん他の何らかの仕方で有る事物としてではなく、もっぱら有を有自らとして規定するより他ではありえない。言い換えれば有を有として把握するのは「既に在りしものが現にあるところのもの」、「既にそれであったところのあるもの」として、つまり本来有の既にそのようなものとしてある、そういう有として把握することである。従ってそれは本来既に有りしがごとく、現にそのようで有り、ひいては将来もなんら変わることなく有るであろうところのものとして、過去・現在・未来の各時間的位相を通じて、そこに一貫して見出せるもの、つまりは有それ自体であった。過去に有ったものが現に有り、現在有るものが未来に於いても有るであろうことは、過去・現在・未来を通じてもっぱら有によって有そのものを規定することに他ならない。ト・ティ・エーン・エイナイは単なる有ではなく、いつも既にそのように有り続けていることそのこと、時間的流れのなかに有りつつ、時間を超えて有りどおしで有ることそのことであり、過去・現在・未来を通じて有るものを有るものとして有らしめているところのものであり、一言で言えば有の有たるところ、その本質的なるもの、本来的な有とでも言えるものであった。すべての有るものが有るものとして成立すべき本質的な或るもの、それが有るもののト・ティ・エーン・エイナイと言われるのである。言うまでもなくプラトン（四二七〜三四七ＢＣ）であればそれはイデアであったが、アリストテレスにあっては有の外に、有を超越したところにその本質が想定されるのではなく、有の有たる所以をなすものが有自らについて、または有そのものにおいて考えられた。本質と有とはもとより同一ではないが、本質は有を離れた或るものではなく、有るものがまさにそのように有るところのものとして、その有をなすところのもの、それがすなわちアリストテレスの考えの中心にあった。

敷衍して言えば、アリストテレスにあって、さまざまな有るものが「一つのものとの関係において」一つであるとか、同じであるとかいう場合、それを「類比的の一」（同書第五巻第六章 1016b33 および『ニコマコス倫理学』第一巻第六章 1096b27）として述べられ、こうした考えはアリストテレスの思考方法の根本的なものの一つに数えられており、中世哲学でいう analogia entis の源泉となったものである。さまざまに〈ある〉と語られる有るものがその有において一つである場合、その有は当然類比的に一であるということになる。しかしそれはいわゆる類的普遍者を意味するものではない。ハイデガーは『有と時』の冒頭部分で、有の普遍性について触れ、それが類と種との関係に従って概念的に分節されている有るもの全体、最上位の領域を示す、いわゆる類的普遍概念ではないことを強調し、「有は類ではない」（『形而上学』第三巻第三章 998b22）というアリストテレスの言葉を引用し、有の「普遍性」はあらゆる類的普遍性を「踏み越える（übersteigen）」ものであり、〈有〉は中世の存在論の呼び方によれば「超範疇（transcendens）」の一つであることを指摘する。こうした超越的普遍者をアリストテレスが既に「類比的の一」として認識していたことにも言及している(5)。

ところで、プラトン以来の形而上学はイデア、エイドスという言葉が示すように、精神的な眼差し、ノエイン（理性）によって本質的なものを見るというように、つねに精神もしくは理性の側から把握され、そうした意味で〈主体性の形而上学〉であるという。それは中世の思弁的神学者トマス・アクィナス（一二二五〜一二七四）、近世合理主義の父、デカルト一五九六〜一六五〇）、カント、ドイツ観念論の大成者ヘーゲル（一七七〇〜一八三一）を経て、実存主義思想の先駆者キルケゴール（一八一三〜一八五五）、そして能動的ニヒリズムに基づき「権力への意志」を説いた生の哲学者ニーチェ（一八四四〜一九〇〇）に至るまで首尾一貫したかたちで、主体主義的・人間中心的形而上学となる。彼によれば、それは有と有るものとの間にある〈有論的区別〉を忘却したところから生じる。従来の形而上学では、有るものを有らしめるのは、有るものの根拠として、イデアであったり、エイドスであったり、はたまた神であったりで、要するにそれらは、最高の有るものに過ぎず、有るものを有らしめる働きを別の有るものによって基礎付けることになってしまっており、「有る」という、いわば動詞としての働きを忘却しているのである。こうした存在忘却の上に立って、西洋の形而上学が構築されるのであると考える。では、有るものとは区別される「有る」というそのこととはいったいどういう事態を謂うのであろうか。ハイデガーによれば、有るものが有るということにおいて、有は有るものをまさに有るものとして有らしめながら、そのように有らしめている働きである有そのものは、それ自身〈有るものに非ず〉という仕方で有るものから身を引くところの覆蔵性でもある。『有と時』の時期には、そうした有の働きを〈時〉として捉えることによって、従来の実体論的形而上学から脱却しようと試みたが、この〈時〉は、後になって〈有の真性〉として捉え直され、この真性を露現性と覆蔵性との一にして一にあらざる〈非一非異〉根源的生起、言い換えれば、有それ自体の「エルアイクニス（Ereignis）」（詳細は後ほど論じるが、これをハイデガー研究者の間では「性起」と訳される）として捉え直される。ここで留意したいことは、このようにしてハイデガーは有るものの有を決して実体として捉えるのではなく、有るものを有らしめる根源的な働きと見、それを時間として捉えたこと、そこが重要な点である。

十一

さて、また先のカント解釈に話を戻そう。肝要なことは次の点にある。すなわち彼のカント解釈は、実体概念と主体概念、言い換えれば物の物性と我の我性とを成立させている根拠もしくはその地盤の露呈であるということである。実体の実体性、すなわち変易するものの根底に存する基体の恒常性は「今継起としての時間」の「常住と不変（Ständigkeit und Bleiben）」として露呈された。それは例えば「時間の内に」あると言われた場合の「時間」に他ならず、その「時間」は「時間の内に」はなく、「不可変易的にして常住している」。それがそもそも実体概念を成立させている根底であり、実体性の正体に他ならない。ところでまた、こうした実体の実体性、言い換えれば対象の対象性を地平として形成することに、「超越論的統覚・我思惟す」という我の我性、もしくは主体の主体性が存した。従って、実体の実体性が今述べた意味での「時間」として露呈されることと相関的に、超越論的主体の主体性は、かかる「時間」、すなわち「今継起という純粋連続」としての「時間」を対象性の地平として根源的に形成し発現せしめる「根源的時」、つまり「純粋自己触発としての時」として解釈される。紙幅の関係で詳論は控えざるを得ないが、要するに、以上のような仕方で実体の実体性もしくは物の物性も、主体の主体性もしくは我の我性も、共に有の問いの形而上学的根拠とはならず、むしろその両者が成立してくる地盤として「根源的時」が露呈されたわけである(6)。

さて、以上のようなハイデガーのカント解釈に於いて生じた根本的出来事、それは一言で言えば、実体の実体性と我の我性との成立根拠を〈時〉として露呈したということであり、そのことによって実体性の形而上学と主体性の形而上学、つまり西洋形而上学の全体がもはやそのままのかたちでは維持されえないことを決定的に顕示した。

ところで、冒頭で触れた仏教の立場は、実体の実体性を空として捉えることによって実体の絶対否定を根本としており、しかも実体の実体性を空化することは同時に我の我性の無我たることを直下に覚することに於いてのみ性起する。その性起は明らかに〈時〉であり、未だその深い構造が殆ど哲学的に解明されたことのない〈時〉である。識と境との同一性とは何なのか。空としての自己同一、すなわち摂収と開放との自己同一とはどういう事態なのか。人法倶空が同時性において成り立つとされるその同時性とは何なのか。空とは或る根源的な〈時〉の働きなのではないのか。

もはやいかなる対象も持たない「唯識（唯心）」という場に於いて繰り広げられる理と事との融即関係、いわゆる真如と随縁、性起と縁起との関係を、ハイデガーの存在論（有論）と突き合せながら、そこに華厳哲学と通底する何かを探ってみたい。ただ、その場合、安易な比較論は極力避けるべきであり、また必ずしも一致しないことは充分承知の上で、例えば「唯識（唯心）」をハイデガーのいわゆる非対象的「思惟」に、理と事との関係を、有と有るもの、真如もしくは法性をハイデガーの言うアレーテイア、そして真如と随縁との動態の消息を、有（真性）の露現と覆蔵として捉えることを容認していただきたい。実体性および主体性の形而上学を乗り超えんとするハイデガーの思索の試みが、期せずして法蔵の、やはり本体論的思考を乗り超えようと意図する思惟様式と深いところで触れ合うところがあるかもしれない。更に言えば、いわゆる如来蔵縁起の思想が、決して本体論的・実体論的思想でないことが、ハイデガーの思索と突き合せて解釈することで、理解が得られるのではないかと思う。

十二

そこでまず、自己同一という問題について考察してみたいが、ハイデガーの一九五四年に執筆された論文『同一性の命題』を取り上げることにする。ハイデガーはこの中で、大略次のようなことを述べている。論理的思惟の最高原則として見なされる同一性の命題（同一律）はA＝Aという等式で表わされはするが、これは相異なる二者間の相等性を言い表わしたものではなく、どこまでも同じひとつのもの（das Selbe）について言われているのであって、いわゆる同語反復（Tautologie）に他ならない。ところが「AはAである。」ということは、Aがそれ自らと同じであるということに他ならず、Aがそれ自身へ引き戻されるという構造を含んでいる。従ってそれはたゞそれだけの内容空虚な同一性を謂っているわけではなく、「いかなるAもそれ自身でそれ自らと同じものである。（Mit ihm selbst ist jedes A selber dasselbe）[7]」というように、「と（mit）」が強調されることによって、そこにそれ自身との関係としての差異化的統一の運動が働いているのである。ところがハイデガーは更にその「AはAである。」という表現のうちに語り出されている〈ある〉に着目し、それ自らがそれ自らと同じで有るということのなかに、有るものがその有に於いて現われているという事態を読み取ることによって、同一性の命題を有るものの有に帰着させている。つまり同一性命題の同語反復的言表のうちに含まれている差異化的統一、自己還帰的運動は、つまるところ、有るものがそれ自らをその〈有る〉ということに於いて現前せしめているということに起因するのであって、「同一性の語りかけは有るものの有から語っている。[8]」というわけである。それではその有と同一性との関係はどのように考えられるのであろうか。彼はそこで、「思惟と有とは同一である。」というあのパルメニデスの有名な箴言を取りあげ、それを原文通りの語順で次のように翻訳する。

Das Selbe nämlich ist Vernehmen (Denken) sowohl als auch Sein.

同ジモノガ、スナワチ看取（思惟）デアルトトモニ、マタ有デアル。

彼はこう訳すことによって、思惟と有とがともに〈同じもの《ト・アウト》〉（das Selbe）」のうちに共属し合っていることを示唆している。つまり有は――思惟とともに――同じもののうちに属しているということになる。だとすれば、先述の、同一性が有に起因していたことと照らし合わせてみると、ここでは事態が逆になっていることに気付かれるであろう。つまり有の方が同一性（同じもの）から規定されているのである。ハイデガーは、パルメニデスのこの〈同じもの〉を前者の同一性と区別し、Zusammen*gehören*「相依相属性」として捉え、しかもこの語の-*gehören* を強調することによって、有と思惟という別個のものが、事後的に連結されるというよりもむしろ初めから〈同じもの〉のうちにひとつに合一されていることを指摘する。[9] ところで人間の特質である思惟を彼は人間が所有する対象定立的な思考様式としてではなく、Vernehmen（看取・受容）として理解し、有に委ねられ

(übereignet) ながら有に関与し、たゞひたすら有の呼びかけに応答する (entsprechen) ところに思惟の本質を見ている。他方、有は思惟する人間を必要とし、それに語りかけるという仕方で、いつも人間に関わってくる (an-gehen) という意味で、「現‐前」(An-wesen) として解される。このように有と思惟とは〈同じもの〉のうちに互いに委ね合い、相互に属し合っているわけである。[10]

それではその両者がひとつに共属し合っているところの「同じもの」とはいったい何なのか。彼はそれをエル・アイクニス (Er-eignis) 即ち「性‐起」と名付ける。[11] それは、有と思惟する人間とが相依相属し合うことのなかに、人間が有に自らを委ね任し (vereignet)、有が人間に委ね与えられている (zugeeignet) といった、Vereignen と Zueignen による相互の Eignen (委託的固有化) から考えられていて、従ってこの「性起」こそ、有と人間 (思惟) をそれぞれに委ね合わせながらひとつに合一させつゝ、それぞれに固有の本質 (Wesen) を授け渡している当体であり、ひいてはあの同語反復に於ける同一性がそこから由来してくる境域だということになるのである。

以上が『同一性の命題』の梗概である。しかしながら、このように「同じもの」が「性起」として命名されたものの、「性起」それ自体がどのような構造と性格をもったものなのかは今のところまったく不明のままである。そこで次にこの点に就いて彼の考えを敷衍しながら先を進めてゆこう。

ハイデガーは「有るものの有」を従来の形而上学のように実体の実体性としては捉えず、むしろそれを拒否するかたちでウーシア (being) 或いはパルーシア (a being present, presence) と連関させ、有 (Sein) を「現前性」(Anwesenheit) もしくは「現在」(Gegenwart) として解することによって、そこに時的性格を読み取るとともに、ひいてはそのなかに、「不覆蔵性」、つまり有の真性の露現 (アレーテイア) が伏在していることに留意していた。しかもこのことこそ彼の思索に於いて終始変わらぬ一貫した基本的視座であったはずである。

他方、思惟（ノエイン）は「看取（受容）」（Vernehmen）であり、有に自らを委ね任すということであってみれば、自らが有の自己示現してくる場を開くことによって有をその不覆蔵性へと発現させることに他ならず、従って思惟とはつまるところ、有るものの現前（Anwesen）を端的に看取しつゝ、それを純粋に現前（現在化）させる（Gegenwärtigen））ということ、要するに有るものを〈現‐在〉（Gegen-wart）という様相に於いて現出させるということである。[12] だとすれば、「有」と「思惟」とのうちにはそれぞれ「現前性」と「現前させること」、つまり「現―在」という時的性格がおのずと語り出されているわけであり、敷衍して言えば、先のパルメニデスの箴言―「同じものがすなわち看取（思惟）であるとともにまた有である。」―に於ける「同じもの」（ト・アウト）は〈不‐覆蔵性〉の動きとして捉えられるとともに、〈時《とき》〉として理解することもできるわけである。有と思惟、それらは〈時《とき》〉に於いてひとつにつらなり合っている。従って先の箴言も、「〈時〉がすなわち思惟であるとともにまた有である。」と言い換えることによってその真意が明確になってくる。かくして、〈時〉こそ有るものを有らしめ、思惟を思惟ならしめ、それらをひとつに融即させている当体だと言うことができよう。

十三

さてこのようにして、有と思惟とを融即させつゝ、それぞれにその固有性を授け与えている「同じもの」すなわち「性起」は、いまや「時」として看取されるにいたった。ところがその「性起」に於いて、「現前性」たる「有」は、自らを「差異としての差異」（die Differenz als Differenz）という差異化という仕方で発現してくるのである。つまり「有」は、「有るものの有」でありながら、どこまでも「有るもの」とは区別された「有」であり、「有るもの」とそれとの差異が着目された上での「有」なのである。「有るもの」は「有るもの」である以上、

「有」と「有るもの」とは元来同一であるはずであり、またそうであるに違いないのだが、しかし「有」は「有るものの有」として「有るもの」を有らしめ、その「有るもの」に蔵身しながら、同時に「有」それ自身は〈有るものに非ず〉という仕方で「有るもの」から脱け去り、自己自身を透明化してしまうのである。

「有るものの有」というのは要するに「有るもので有る」と言われる場合のその「有」に他ならない。しかるにその「有る」というのは他動詞的（transitiv）であって、「有るもの」を有らしめていると解すべきである。だとすれば、「有」は「有るもの」を「有るもの」たらしめるべく出立し、「有るもの」へと移行（Übergang）してゆくのだと考えられよう。しかし、だからと言って、「有」は元々あった場所を離れ去って、それとはまったく独立した別の「有るもの」へと移っていくというように表象されてはならない。「有」がまだ移行して来ない前に、その移行先である「有るもの」がすでに有るということは考えられない。「有るもの」は「有」に有らしめられてこそ「有るもの」であり得るからである。「有るもので有る」という単純な事柄のなかで開演される「有」の動きに眼を懲らして見ると、「有」はその隠れた状態から覆《おお》いを取り払いつつ「有るところのもの」へと自らを展開させて「転移（Überkommnis）」を完遂させるが、他方、「有るところの有るもの」に着眼すれば、それは「有」のそうした転移によって初めておのずから立ち現われて来たもの、覆いを破って開き現われてきたもの、すなわち「有るもの」となる。この「〜となる」（ankommen）、つまり「来現（Ankunft）」とは、「有」そのものが、「有るもの」たる「不覆蔵態」のなかに自らを蔵身させること（sich bergen in Unverborgenheit）であり、従って「隠し保たれつゝ現存すること（geborgen anwähren）」、一言で言えば「有るもので有ること」に他ならない[13]。このようにして、「有」は「露現してゆく転移（die entbergende Überkommnis）」として、そして「有るところのもの」そのものは「自らを隠し保つ来現（die sich bergende Ankunft）」、つまり転移してきた「有」が自らをそのなかに隠し保っているところの不覆蔵的来着態として、「有」と「有るもの」とが互いに相即し、非一非異（auseinander-zueinander）の関係を保ちながら、そこにひとつの「間（das Zwischen）」を形成する。それは差異が差異として開演される活動空間であり、そうした場面の上で「有」と「有るもの」の差異運動は、〈有るところの有るもので有ること〉という同じひとつの事態に収束する。従ってそれは「差異化的自己同一（Unter-schied）」として、「露現しつつ‐覆蔵する差異現成（der entbergend-bergende Austrag）」と称することができる。[14]

かくして、「有」とは自らを〈差異〉として現成させるのだが、それとひとつに思惟はそうした差異を差異として直視し、「有」を差異として差異現成させているのであってみれば、有と思惟をひとつに取り纏めているあの「同じもの」（性起）は、今度は「差異」としてその姿を露呈してきたことになる。つまり〈差異現成〉こそが有を有たらしめ、思惟を思惟ならしめるところの当体だということになる。いまや「性起」は〈時〉であるとともに〈差異〉の現成であったことが掘り起こされて来たのである。〈性起〉と〈時〉と〈差異〉―これらはどのように結びついているのであろうか。とりわけ問題となるのは「有（差異）と時」の「と」である。それを掘り下げてゆくことによって、「性起」はより一層深められたかたちでの根源的な〈差異〉として究明されるかも知れない。以下ではこの問題に取り組むべく、とくにハイデガーが一九六二年一月三十一日にフライブルク大学で行われた講演『時と有』（一九六二年）に依拠しながら論述を進めてゆくことにしたい。彼はここで〈時〉の四次元ということを語る。その論究は、華厳教学における「十世隔法異成門」の時間論と類似した思索を展開していることは注目に値する。

十四

「有」はそれ自身「現前」もしくは「現前性」を意味するが、「現前」或いは「現前性」が「現在」だと言われる場合、その「現在（Gegenwart）」という語が示している事柄は、決して過去や未来と区別された、いわゆる「今（Jetzt）」と同義に解されてはならないのであって、それはむしろ「臨在」、「来臨」といった意味を含み、要するに〈立ち現われ〉ということなのである。ハイデガーによれば、「現前（An-wesen）」という語に含まれる「現（Wesen）」とは「存続（Währen）」、更に正確に言えば「留在にして滞留（das Weilen und Verweilen）」[15]なのであって、しかも前綴の An- とは人間への関わりを言い表わしていることから、要するに「現在」すなわち「現前性」は、「絶えず人間に関わり、人間に到達し、人間に届けられる滞留（das stete, den Menschen angehende, ihn erreichende, ihm gereichte Verweilen）」[16]という意味を持つのである。ところで考えてみれば、人間は必ずしも現前しているものにばかり係り合っているわけではなく、現前していないもの、「不現前（Abwesen）」にも関与しているのが実状である。例えば我々の過去と未来がそうであろう。ともに現在ではないとはいえ、両者は絶えず何等かのかたちで現在にまで浸透してきており、現在の我々の有り方を決定づけていると言ってもよい。言い換えれば、過去は〈もはや‐ない〉というかたちをとって「既在（das Gewesen）」としていつも我々に「現前して」きているのであり、未来も〈未だ‐ない〉という仕方で我々に到来してくる（auf-uns-zukommen）。したがって未来は「将来（die Zukunft）」として「現前して」きているのである。このように見てくると、「既在」にも「将来」にも共に「現前」が伏在し、我々に届けられているということが明らかになる。つまり「不現前（Abwesen）」も「現前（Anwesen）」の一つの様態であるということである。だとすれば、「現前」は先程の「現在（Gegenwart）」という語と必ずしも符合するとは言えず、「現在」も「現前」の一つの様態に過ぎないということになる。こうした「不現前」をも自らのうちに含んだ広い意味での「現前」にハイデガーは「送遣（die Reichen）」[17]という名称を与えている。要するに、現在、既在、将来のいずれのうちにも〈現前〉という「送遣」があるということである。ところが彼はこの〈送遣〉という働きを、人間に送り届けられるということに関わりなく、現前それ自体に於ける働きと見なすことによって、ほゞ次のようなことを述べている。すなわち、将来は既在へと自らを送り届けると同時に既在を既在として引き出し、既在はそのように将来から呼び起こされることによって将来へと自らを空け渡すのである、そして将来と既在とのこうした相互連関作用が現在へと送り届けられると同時に現在を現在として出現させるのである、と。[18]つまり、将来、既在、現在の三時相はそれぞれ別個に独立して並列的に連続しているのではなく、どこまでも同時的な脱自的統一というかたちをとって、相互に自らを届け合いながら呼応し、互いに誘引し合って、三時相それぞれの固有性を発動させ合っている、とでも言えようか。このような三時相の相互の「手渡し合い（Zuspiel）」こそが本来的な〈時〉のその自体相に於いて目撃された根源的な働きなのであって、そう見てくれれば、「本来的な時は四次元的である。[19]」ということになろう。とは言っても届け合い、手渡し合うという働きは、三つの時間的位相に後から追加された第四番目の位相ということではなく、むしろ将来、既在、現在をそれぞれ「間近に‐つなぎ留める（an-fangend）」）元初の、第一の働きである。それは三時相をそれぞれ相隔てながら同時にそれらを近づける「近さ（die Nähe）」である。すなわちこの「近さ」の近づける働きは、既在を、もはや現在にはなり得ない次元としてその到来を「拒絶する（verweigern）」という仕方でどこまでも〈既在〉として開け放って置き、同様にして将来をも、それが現在になってしまうことを「留保する（vorenthalten）」という仕方でどこまでも〈将来〉として開け放って置くのである。こうして、近づける「近さ」は「拒絶（Verweigerung）」と「留保（Vorenthalt）」

という性格を内蔵しているのである。[20] そして三時相をこのように相互に隔て保ちつゝ近づけるという「時」の元初的次元の働きから「時‐空（Zeit-Raum）」という「開け（das Offene）」が開かれてくる。それはいわゆる「空間」を初めて「空間」として空け開くところの空間以前（vor-räumlich）の領域である。したがって「近さ」は、こうした時空の開けを授け与えるとともに、既在と将来をそれぞれ拒絶し留保しているところから、「露開しつつ‐覆蔵する送遣（das lichtend-verbergende Reichen）」[21] とも称されている。

先に有と思惟との「相依相属性」として捉えられていた「性起」の究極的な正体は、つまるところ今述べたような〈時〉と〈有〉とをひとつに性起せしめている根源的な働きに他ならなかったのである。いまや思惟はこの「性起」のうちへと吸収され、そこに転入してゆく（einkehren）ことによって、いわば「性起」そのものに成り切り、たゞひたすら「同じものから同じものへ向けて同じものへ（vom Selben her auf das Selbe zu das Selbe）」と言い述べ、「ソレをソレからソレへ（Es aus ihm her auf Es zu）」と言い詮わす[22]如き思惟にまで極まるのであり、他方、有はこの「性起」のうちに融け入り、摂め取られて消滅してしまう[23]のであって、結局は有も思惟も共に、この「性起」のうちに融没するのである。しかもその「性起」が〈時〉と〈有〉を性起せしめているのであり、かくして「時と有は性起のうちで性起する（Zeit und Sein ereignet im Ereignis）」[24]のである。

では、その「性起」そのものを我々はどのように考えればよいのか。言説を絶するソレに就いて語ることが我々にまだ残されているのであろうか。たゞ言えることは、すでに指摘しておいたように、「送遣」には「有」という「賜物」を与えながらそれ自身はそこから身を引き、それ自体のもとに留まるという性格（Ansichhalten）が、そして更に「時」を与える働きには「拒絶しつゝ‐留保する」という側面が、つまり一言でいえば、ともに「脱去（Entzug）」が伏在していたということ、更にそこから推察されることなのだが、このような脱去性格をもった贈与の働きがそれ自身「性起」に基づいているのであってみれば、「脱去」はつまるところ「性起」そのものに由来し、「性起」そのものに固有なる性格として見なされてくるのではないか、ということである。「性起」は時と有をひとつに性起せしめながら、とめどなく湧き起こるその不断の露現から脱け去り、自らを覆蔵することによって「性起」の自体相に立ち帰るのである。つまり「性起」は自ら脱け去ることによってそれ自身を捨て去り、空無に帰してしまうのではなく、却って脱け去ることで「性起」は「性起」の本分たるその間断なき湧出を全《まっと》うし続けているのである。「性起」のこうした脱け去りをハイデガーは「脱性起（die Enteignis）」[25]と命名するのだが、このことはこんなふうに考えることは出来ないだろうか。つまり「性起」という「同じもの」が、じつは〈自己との非同一性〉を本質的にそなえていて、いわば自己との非同一に於ける自己産出なのであって、それは〈同じもの〉の〈同じもの〉への関係としてすでにそこに差異化作用が介在しており、逆に言えば、むしろそうした差異が差異を差異化する「脱性起」の無限の繰り返しが「性起」という〈同じもの〉を〈同じもの〉として産出するのだと言うことである。

ここで、唐突ながら、智儼が「性起」について語った言葉を思い起こしてみよう。智儼は第一義の「無自性空」を「不起の起」と捉え、『孔目章』「性起品」において「起は即ち不起なり。不起とは是れ性起なり」（大正四五、五八〇下）という見解を示していた。また法蔵は『探玄記』巻一六で性起について触れ、「不改を性と名づけ、用を顕すを起と称す」（大正三五、四〇五上）という理解を示していた。智儼や法蔵が「性起」を「不起」なり「不改」として捉えたということ、少なくとも真如の理体をそのように否定表現で言い詮わしたことの真意、つまり彼らが共に真如の根源的事態の中に看取していたその消息は、ハイデガーの思索によって掘り起こされてきた「脱性起」と通じるところがあるのではないだろうか。少なくとも性起における起と不起との消息は、ハイデガーの思索を通して、具に見えてくるのではないだろうか。つまりここで強調しておきたいのは、従来仏教学者の間で、真如・法性の理体を実体論的・本体論的に誤解し、それを批判しようとする傾向に対して、そうした誤解を解く糸口が、ハイデガーの思索と突き合わせることで明確に示されるのではないかと思うのである。

十五

ハイデガーによれば、「性起」は有るのでもなければ与えられるのでもなく、たゞ「性起、性起ス。(Das Ereignis ereignet.)」[26]と言い詮わすより他に表現のしようのない根源的な働きなのだが、こうした最高の同語反復の意味するところは、いわば実体的な〈同じもの〉が反復するということにあるのではなく、むしろ脱去《エントツーク》による差異の反復が〈同じもの〉を〈同じもの〉として与えているということの方が真相に近いであろう。つまり脱性起が脱性起することの無限の繰り返しが取りも直さず「性起、性起ス。」ということなのである。言い方を換えれば、反復はこのように〈同じもの〉を与えるのだが、それはあくまでも＜脱け去り＞というかたちに於いて実現されるのである。しかしこの差異の反復運動は、言うなれば、いつもソコからソコへの垂直的な動きであり、同時的な反復であるということははっきりと銘記しておかなければならない。先に、「性起」そのものが「時」に他ならないことが看取されていたが、その「性起」がいまやこうした〈性起＝脱性起〉の差異現成としてその真の姿を露呈してきたのであってみれば、「性起、性起ス。」という脱性起の同時的反復運動こそ根源的な〈時〉の働きとして見なされてこなければならないのではないだろうか。もしそうだとすると、「性起、性起ス。」というソコからソコへの同時的反復は、いつも＜現在＞という場を離れることはなく、つねに現在から現在へということであり、「現在が現在になる」間断なき自己湧出の動勢だということになるであろう。それをいまかりに「現在化《とき》」と名付けて置きたいと思う。「性起」のこの「現在化《とき》」の働きは、先程言及した将来、既在、現在の脱自的統一としての相互の届け合いへと具現化されるその当体に他ならない。

さて、ここにまた新たに次のような問いが我々の思索の前に立ちはだかってくる。すなわちそれは、性起が絶えずソコから性起し、脱性起が絶えずソコへ向かって脱け去ってゆくところの〈ソコ〉とはいったい何処なのか、性起を性起させながら脱性起は何処へ向かって脱け去ってゆくのか、という問がそれである。

ハイデガーはそれに就いて次のような示唆を与えてくれている。「この同じもの（性起）はア・レーテイア（不-覆蔵性）という名称のうちに秘め隠された太古のものである。[27]」（括弧内引用者）と。更にまた一層適切に、「この脱性起という言葉のうちには初期ギリシアのレーテーが、覆蔵という意味に於いて性起に即して取り入れられている。[28]」と。単刀直入に言おう。つまりこの「覆蔵それ自身の次元（die Dimension der Verbergung selbst）[29]」こそ、〈性起＝脱性起〉がソコからソコへと湧出しつつ回帰するその同じ場処なのだということである。

この境域を、例えば『真性の本質について』――これは一九三〇年頃から公開講演のかたちで思索されはじめ、一九四〇年に明確なかたちとして纏まり、一九四三年に刊行された――のなかでハイデガーはこう述べていた。すなわち、真性（ア・レーテイア）が字義通り「不-覆蔵性（Un-verborgenheit）」ないしは「露現性（Entborgenheit）」であるとするならば、「覆蔵性（Verborgenheit）」とは真性が真性として露現してくる以前の「非-露現性（Un-entborgenheit）」であり、従って真性の本質（Wesen）がそこから由来してくる「非-真性（Un-wahrheit）」、「非-本質（Un-wesen）」である、と。敷衍して言えば、真性とは要するに、そうした「非-真性」としての「覆蔵性」をうち破って露われ出てくるわけであり、従ってそれは「非-非真性」という動勢をもつことになる。ところで真性の本質（Wesen）に固有なこの「非-本質〔非-現前〕（Un-wesen）」は、「不-覆蔵性（Un-verborgenheit）」としての真性よりも「先に現じている（vor-wesen）」覆蔵態であり、つまり「露現」に先立って絶えず非現前している（un-wesen）真性の元初的な「非-本質」であって、この「非（Un-）」は、「有の真性の未だなお経験されざる境域（der noch nicht erfahrene Bereich der Wahrheit des Seins）」のうちへと暗示しているのである。そして彼はこの「非-」の指し示す境域を「玄（Geheimnis）」と名付けている。[30] 唐突の誇りを怖れずに言えば、これが智儼の『捜玄記』、法蔵の『探玄記』の「玄」と深く通じ合うのではないだろうか。

以上のことから推察されるように、「脱性起」は「玄」としての「覆蔵性」へ向かって脱け去り帰入してゆくのだが、そのこととひとつに「性起」は絶えずその不可視の中心から尽きることなく湧き返ってくるのであって、「性起」とは要するに、このような「脱性起」の求心的遡源動向の間断なき繰り返しなのであり、「性起、性起ス。」という最高の同語反復の裏には、このような覆蔵態を地盤としてソコからソコへの絶えざる〈差異現成の反復〉が滞ることなく開展されているわけである。

さて、以上ハイデガーの思索を縷説してきたが、次に彼の特異な思索を換骨奪胎させて、再び中国仏教、特に如来蔵縁起の思想に立ち返り、その思惟の特質を哲学的に捉え直してみたい。

十六

中国仏教における如来蔵思想の展開上、最大の影響力をもったのが『大乗起信論』であった。これは、著者として「馬鳴《めみょう》菩薩造」となっており、周知の如く、漢訳だけが二本現存している。第一訳は真諦三蔵が梁の太清四年（五五〇）に一巻本として訳出したもの、第二訳は実叉難陀が則天武后の時代、六九五〜七〇〇年間に二巻本として訳出したものである。サンスクリット原典もチベット訳も現存せず、インド仏教に於ける引用例も見当たらない。そうしたことから「支那撰述説」が主張されたが、いまだに決着を見ていない。『起信論』は真諦の訳出として地論、摂論の徒によって喧伝され、法蔵を通して華厳教学の確立に大きな役割を果たすとともに、一乗思想の理論的支柱ともなった。この『起信論』の基本的立場は衆生心に着目しつつ、それを自性清浄なる真如の側面と、客塵煩悩に染汚された随染の側面との二側面から捉え、それらの非一非異なる消息を開明し、信を起こして真如に目覚める方途を示すことにあった。その中でいわゆる「本覚」「始覚」の語が使われる。すなわち、心の本体は真如、本覚でありつつも、現実には三細六麁《さんさいろくそ》の煩悩によって汚染され、不覚の状態にある。ところがその不覚の中に不覚自身を撥無する覚の活動《はたらき》が自覚され、そこに菩提心が生じてくる。このはたらきが「始覚」に他ならない。敷衍して言えば、この不覚から覚に至る転換の原動力は真如そのものの「熏習《くんじゅう》」にあり、真如本覚の内発性に由来している、とするのが『起信論』の立場であった。

「本覚」という語は、『起信論』正宗分第三段解釈分の第一章、「顕示正義第二節心生滅門」で詳しく論じられる。少し長いが引用しておく。

心生滅者、依二如来臧一故有二生滅心一。所レ謂、不生不滅與二生滅一和合、非レ一非レ異、名爲二阿黎耶識一。此識有二二種義一、能攝二一切法一、生二一切法一。云何爲レ二。一者覺義、二者不覺義。所レ言覺義者、謂二心體離念一。離念相者、等二虚空界一、無レ所レ不レ徧、法界一相、即是如來平等法身。依二此法身一説名二本覺一。何以故。本覺義者對二始覺義一説、以三始覺者即同二本覺一。始覺義者、依二本覺一故而有二不覺一、依二不覚一故説レ有二始覺一。又、以レ覺二心原一故名二究竟覺一。不レ覺二心原一故非二究竟覺一。此義云何。如二凡夫人一覺二知前念起惡一故、能止二後念一令二其不一レ起、雖二復名一レ覺、即是不覺故。如二二乗觀智、初發意菩薩等一覺二於念異一、念無二異相一。以レ捨二麤分別執著相一故、名二相似覺一。如二法身菩薩等一。覺二於念住一、念無二住相一、以レ離二分別麤念相一故、名二隨分覺一。如二菩薩地盡一滿二足方便一、一念相應、覺二心初起一、心無二初相一。以レ遠二離微細念一故、得レ見二心性一、心即常住、名二究竟覺一。是故、修多羅説下、若有二衆生一能觀二無念一者、則爲上レ向二佛智一故。又、心起者無レ有二初相可上レ知、而言レ知二初相一者、即謂二無念一。是故、一切衆生不二名爲レ覺、以三從レ本來念念相續、未二曾離レ念故、説二無始無明一。若得二無念一者、則知二心相生住異滅一、以二無念等一故。[31]

要約すると次のようになろう。

心の本性すなわち心真如は、それ自体心の生滅変化（時間）を超越し、不生不滅（無時間的、先時間的）でありながら、それが現実には煩悩に覆われて凡夫の心として生滅去来している。このように煩悩に覆われた真如が「如来蔵」と呼ばれるのである。従って如来蔵とはそれ自体真如でありながらも、無明によってそのままのかたちでは現われていない「在《ざい》纏《でん》位《い》の真如」である。「不生不滅ト生滅ト和合シテ一ニモ非ズ異ニモ非ズ」とはこうした消息を謂う。ただし不生不滅（真如）と生滅（煩悩）という二者があって、それらが一つに和合するというのではない。煩悩に覆われながらも煩悩に染まることなく、自性清浄なる心性が如来蔵なのである。不生不滅が不生不滅でありつつそのまま生滅なのである。水波の比喩で言えば、水はどこまでも水であることを止めずにさまざまな波となって波立っているのであり、逆に言えば波がいかように波立っていようとも水の水としての在り様（湿）は何等変わることがないのと同様である。要するに真如はいわば動静を絶する絶対静（水そのもの）であるのに対し、如来蔵はどこまでも動に対する静（波立つ水）であって、動を一方に想定した上での静であるがゆえに、如来蔵の不生不滅は生滅と和合して非一非異となるのであり、これが「阿黎耶識」とも呼ばれ、「真妄和合識」とも称されるのである。この阿黎耶識は、貪欲や怒り、嫉妬、慢心などの煩悩に穢されている凡夫の生存の根底として、我々のあらゆる経験を内に摂め取り（能攝一切法）、そこから経験の一切が生じてもくるのである（生一切法）。これが阿黎耶識の「蔵」の意味である。

同時に、この阿黎耶識には「覚」と「不覚」の二義があるという。覚とは「心體離念」なることを謂い、自性清浄なる般若智のことである。この離念の相たるや虚空界に等しく、無所不遍にして法界一相、如来平等法身なる心真如である。この心真如なる覚が「本覚」と称せられるのは、「始覚」（目覚め）という事実があるからである。煩悩に覆われた凡夫が仏道に精進し、修行実践をする過程で、本ヨリ已來……心縁ノ相ヲ離レタル一心・真如に今漸《ようや》くにして目覚める（漸悟）ということがあるからである。ということは、裏を返せば、始覚があれば当然不覚という事実もあるわけで、この不覚が始覚を経て本覚に帰入合体するのである。従って本覚とは、心真如（法身）が本体論的視座から見られるのに対し、現象的側面から見られた場合に名付けられたものと解せられよう。言い換えれば、真妄和合識（阿黎耶識）に於ける一心、無明の相を離れざる覚性、すなわち如来蔵ということになる。

ところでこの本覚には「随染本覺」と「性淨本覺」の二種がある。長いので以下引用は控えるが、前者は、本来不生不滅にして自性清浄なる本覚をば生滅妄染の法に随動するものとして見る場合を謂い、別言すれば、無明煩悩との関係に於いて力を発動する本覚の根源的働きを表わす。それに対して、後者は、生滅去来の相を絶する本覚の体を表わす。更に随染本覚には二種の相があり、一つは「智淨相」、もう一つは「不思議業相」である。智浄相は、煩悩に染汚せられている本覚が、煩悩を離脱し、本来清浄なる本覚に還帰する相のことである。これを法蔵の『義記』では「本覺隨染還淨之相」と釈している[32]。すなわち、「法力熏習ニ依リ、如実ニ修行シテ、方便ヲ満足スルガ故ニ、和合識ノ相ヲ破シ、相続心ノ相ヲ滅シ、法身ヲ顕現シテ智ガ淳浄トナル」のである。次に不思議業相とは、逆に本覚から煩悩に働きかける場合であり、本覚本然の性功徳が発現する相を謂う。この性力功徳は不断に衆生の機根に応じて利益を得しめ、利他の救済活動をするのである。

さて次は覚それ自体を表す「性浄本覚」であるが、これは四種の明鏡に喩えられる。「如実空鏡」「因熏習鏡」「法出離鏡」「縁熏習鏡」である。

第一の如実空鏡とは、覚真如にはもともと煩悩がないこと、煩悩が本来空であることを謂う。本覚は在纏位の煩悩の中にあっても、煩悩がまったくの空で、煩悩に染汚されることはなく、清浄なる明鏡の如き智慧を意味する。そこでは最早「一切ノ心ト境界トノ相ヲ遠離シ、法ノ現スベキ無キ」を謂う。

第二は因熏習鏡であるが、因とは覚真如が諸々の因となって縁起の世界の諸法を現出することであり、熏習とは覚真如が内より内熏として衆生に働きかけ、衆生として始覚の智を成就させることを意味する。つまり覚は本覚として煩悩の中にありながらも、それに染まることなく、無量の性功徳を具えていることを示している。このように本覚は一切諸法を顕現しつつも自ら顕現した諸法によって汚されることがないのは、あたかも清浄な鏡が穢されたものを映し出しながら鏡それ自体は自ら映し出したものによって汚されることがないのと同様である。こうした自性清浄なる覚真如が内より衆生に熏習して、菩提心を起こさしめるわけである。

第三の「法出離鏡」とは無明煩悩から離脱した覚そのものを鏡に喩えたもので、先の智浄相に対応する。煩悩礙・智礙を出離して、阿黎耶識の和合相を離脱することによって純粋清浄なる智慧が顕わとなるのである。

第四の「縁熏習鏡」は、覚真如としての仏陀が外から衆生に縁となって働きかけ、衆生に始覚を起こさせる、外縁の活動を謂う。法出離と縁熏習とは、出纏の本覚の体と相を示したものであり、前者が智浄相に対応していたのに対し、後者は不思議業相に相当する。

更に言えば、第二の因熏習鏡は真如の内熏を示し、第四の縁熏習鏡は真如の外熏を表わしてもいる。つまりこの二鏡は、真如がもつ根源的な働きを示したものであるのに対し、第一の如実空鏡と第三の法出離鏡とは、覚真如体相・性徳を示したものと言えよう。また前二者は在纏位の本覚を示し、後二者は出纏位の本覚を示したものである。

さて次は「不覚」であるが、不覚とは「如実ニ真如法ノ一ナルヲ知ラザル」こと、すなわち無始なる無明の妄念を謂うのであるが、この念も自相が無いので、「本覚ヲ離レザル」ものである。従って「本覚ニ依ルガ故ニ、シカモ不覚有リ」と言われる。また「不覚ニ依ルガ故ニ始覚有リ」と説かれるのは、不覚の妄念が実際にあればこそ、そこからの目覚めも起こってくるわけであり、「妄ニ起浄之功有リ」(33)という『義記』の説明もこの点を示すものであろう。このように不覚によって覚が顕われるのは、不覚が真如によって生起し、真如と別体ではないことによる。『義記』はこの消息を「初ニ覺ニ依リテ迷ヲ成シ、後ニ迷ニ依リテ覚ヲ顕ス」(34)と示している。

しかし、こうした不覚の現実から始まり、始覚を通じて本覚に目覚め、真如に帰入合体するといった時間的プロセスは、それ自体無時間的にして先時間的なる真如覚体の根源的動性に他ならないことはとくに銘記しておくべき点であろう。

さて、以上が『起信論』に於ける本覚に関する部分の概略であるが、後の検討に於いて欠くべからざる重要な個所として、「心真如門」の冒頭部分も挙げておきたい。

心眞如者即是一法界、大總相法門體。所レ謂心性不生不滅。一切諸法唯依二妄念一而有二差別一、若離二心念一則無二一切境界之相一。是故一切法、從レ本已來、離二言説相一、離二名字相一、離二心縁相一、畢竟平等。無レ有變異一、不レ可二破壞一、唯是一心、故名二眞如一。(35)　――（以下略）――

つきつめて言えば、『起信論』は煩悩の非本来性と、真如の体が無自性空であることを前提とし、煩悩に覆われた生滅心を透かして、それ自体不生不滅なる心の根本に目覚めることを促す自覚の思想であって、内容的には絶対的一元論の立場である。しかもその一元論が「真妄和合」「非一非異」といった、言うなれば矛盾的相即の論理、すなわち如来蔵的思惟を展開しているところにその哲学的特色が見られるのである。法蔵が『起信論義記』巻中で、「眞如有二義、一不變義、二随縁義。」[36]と述べた、真如の不変と随縁の考え方に、いわば存在論的な構造が看取されるのである。

ところで禅の語録には『起信論』に説かれる心真如が大きな役割を占めて導入されている。このことは誰もが認めるところであるが、殊に初期の禅思想では『起信論』のもつ本覚的、如来蔵的思惟が殆どそのままのかたちで取り込まれている。

十七

達磨に始まる禅は、心を凝らして瞑想し、乱れた心を鎮める方法ではなかった。本来乱れぬ自性に目覚めるところにその本領があった。彼の般若の智慧に立てば、初めから払拭すべき煩悩もなければ、帰すべき真理もないのである。心は虚空のようであって、客塵偽妄のよりつきようがないのである。彼のいう「壁観」とは、心を壁の如く保って、外的な妄想をよせつけず、真妄ともに脱落しきった本来清浄なる般若の智慧を発露させる瞑想法であった。ところが六祖慧能（六三八～七一三）の弟子、荷沢神会《かたくじんね》（六八〇～七六二）にいたって「見性」ということが打ち出されてくる。見性とは要するに自性を徹見すること、自性が自性に目覚めることである。「無念の体上に本知あり」と言われる如く、彼は達磨の壁観の背後に潜んでいた「知（＝見）」を表に際立たせたわけである。自性のうちにはつねに「知」が働いている。それはもはや目覚めるということすら必要のないほど明々たる「知」である。神会はそうした根本知を「明鏡」に例える。禅定の境地を鏡に例える発想は古くからある。とくに唯識学派の「大円鏡智」がそうである。また華厳教学の「海印三昧」も大海を鏡とする点で、そのうちの一つに数えられよう。また『六祖壇経』で、心を明鏡台になぞらえ、塵挨を払拭すべく努力せよと主張する神秀と、「明鏡は台に非ず、本来無一物」と断言して憚らない慧能との間のやり取りも周知のところであろう。しかし、神会の独創は、一言で言えば、ものを映さぬときの鏡こそ、鏡本来の優れた働きを発揮する（「萬像不現其中、此將爲妙」）、という発想であった。

『南陽和尚問答雑徴義・劉澄集』第八節に、神会と張燕公（六六七〜七三〇、開元初期、玄宗朝の優れた宰相で、神秀の碑銘を書いている）との間で交わされた次のような問答がある。


張燕公問、禅師（神会）日常無念ノ法ヲ説キ、人ニ勧メテ修学セシム、未審《イブカシ》、無念ノ法有カ無カ。

答曰、無念ノ法ハ有ト言ハズ、無ト言ハズ。

問、何ガ故ニ無念有トモ無トモ言ハザルカ。

答、若シ其レ有ナリト言フモ、即チ世ノ有トハ同ジカラズ、若シ其レ無ト言フモ、世ノ無ニ同ジカラズ。是ヲ以テ無念ハ有ニモ無ニモ同ゼズ。

問、喚ンデ是没物《ナニモノ》ト作《ナ》サンカ。

答、喚ンデ物《ナニモノ》トモ作サズ。

問、異没時作物生〔ソンナラ（ソレハ）ナンダ〕

答、不作物生〔ナニモノデモナイ〕。是ヲ以テ無念説クベカラズ。今言説スルノハ、問ニ対センガ為ノ故ナリ。若シ問ニ対セズンバ、終ニ言説スルトコロ無カラン。譬ヘバ明鏡ノ如シ。若シ像ニ対セズンバ、鏡中終ニ像ヲ現ゼズ。爾今《イマ》現像ト言フハ、物ニ対スルガ為ノ故ナリ。所以《ユエ》ニ像ヲ現ス。

問曰、若シ像ニ対セザレバ、照カ不照カ。

答曰、今対シテ照スト言フハ、対ト不対トヲ言ハズ、倶ニ常ニ照スナリ。

問、既ニ形像無ク、復タ言説無ク、一切ノ有無、皆立スベカラズトシテ、今照ラスト言フハ、復タ是レ何ノ照ゾ。

答曰、今照ト言フハ、鏡ハ明ナルヲ以テノ故ニ、此ノ性有り。若シ衆生心浄ナルヲ以テ、自然ニ大智慧光有リテ、無餘世界ヲ照ス。

問、既ニ若シ此ノ如クナラバ、作没生時《ナントシテカ》得ン。

答、但々無ヲ見ル。

問、既ニ無ナリ、是没《ナニ》ヲカ見ル。

答、見ルト雖《イヘド》モ、喚ンデ是物《ナニモノ》トモ作《ナ》サズ。

問、既ニ喚ンデ是物トモ作サザレバ、何ヲカ名ヅケテ見ト為ス。

答曰、見テ物無キ、即チ是レ真見ナリ、常見ナリ。

（『神会録』第八節[37]）

さて、ここで注目したいのは、鏡そのものが具えている「自性の照」、つまり物を映す映さぬに関わりなく、つねにそれ自らで照り輝いている働きである。更にもう一人、鏡について論じている人物を挙げておきたい。それは自ら神会の五世と名乗り、荷沢宗の最後を飾った華厳宗第五祖、圭峯宗密（七八〇～八四一）である。彼は神会の「知」の一字こそ「衆妙の門」と見なし、『中華伝心地禅門師資承襲図』の中で次のように述べている。

真心の本体に二種の用有り、一には自性の本用《ほんゆう》、二には随縁《ずいえん》の応用《おうゆう》なり。猶《な》お銅鏡の如し、銅の質は是れ自性の体、銅の明は是れ自性の用なり。明の現ずる所の影は、是れ随縁の用なり。影は即ち縁に対して方《まさ》に現わる、現わるに千差有るも、明は即ち自性にして常に明なり。明は唯だ一味のみなり、以て心の常に寂なるは是れ自性の体、心の常に知なるは是れ自性の用、此れ能く語言し能く分別し動作する等は、是れ随縁の応用なるに喩《たと》う。[38]

宗密は『大乗起信論』の「真如随縁」の思想を踏まえている。つまり心真如には不変と随縁の二面を併せ持ち、心真如そのものは不起不動の絶対静のあり方をしているが、その絶対静は随縁の起動を離れたものではない、という説である。言い換えれば、本来不起不動なるものが、どこまでもそのあり方を堅持しつつ、不断に起動発現してゆくこと、つまり自同的なるものが、その自同性を離れることなく、自己発展してゆくのである。『起信論』の水波の比喩で示せば、水はどこまでも水であることをやめずに、さまざまなかたちの波となって波立つのである。しかしここで重要なことは、宗密が「無念の体上に本知あり」とする神会の立場に依拠し、「随縁」をば対象との関わりにおける他律的な働きとだけみなすことによって、むしろそうした他律的な働き以前の次元で自性それ自身がもつ「体」と「用」の区別をしたことである。すなわち、鏡の本体と、映像の有無に関わりなく常に照らしている鏡自体の働きである。

何物も映さぬ先の、鏡自体がもつ「自性の照」、それは、言うなれば、鏡が鏡自身を映していると考えられよう。自ら何かを映そうという意図なく、映す主体《もの》なくして自らを映し出す。こうした鏡自身のおのずからなる照り輝きを曇らせぬためには、鏡が鏡自身の底へ底へと遡り深まりながら、不断に自らを照らし返していかなければならない。すなわち自性の自同性はどこまでも動的発展的なものであって、静的固定化を絶えず根底から打ち砕いていくためにも、照り返しの焦点への遡及的還帰運動が必要なのである。不断の照り返し（自性の用）があればこそ、鏡はどこまでも明鏡（自性の体）でありつづけるのである。鏡自身がもつこうした自己返照の動きは、要するに〈同じもの〉が〈同じもの〉に向かってという〈同〉の自己還帰運動であり、自己を否定的に差異化しつつそれ自体へと立ち戻ってゆく、言うなれば「非・自己同一性としての〈同〉」に他ならず、そこには〈差異化的自己同一化〉の動きが介在しているわけである。そうした意味で、自己返照とはつまるところ、差異化の反復に他ならず、差異が差異を差異化してゆくことと一つに、同じものを同じものとして現在化させているのである。反復はこのように同じものを与えるが、それはあくまでも差異化による不断の〈遠ざかり〉という仕方においてなのである。鏡に具わる「自性の照」とはこうした構造をもつ。これが神会の言う「知」であり、「自然知」である。ここにはいわゆる「即」の論理には収まりきれない、自己否定を介した「即＝非」の論理が打ち出されている。のちに宗密が「即心即仏」に代表される馬祖系の洪州禅を批判したのも、それが随縁の応用にのみ着目し、それがそのまま自性の本用であるかのように誤認したこと、言い換えれば、自性の本用に具わる「非」の契機、自己差異化（自己否定）の契機を無視してしまったことによる。

神会によって新しく標榜された「知」は、自性が自性に目覚めること、すなわち「見性」であった。それはすでに述べたように、否定的契機を内に含んだ即非的自己同一の「覚」であった。ところで、彼が、明鏡のもつ「自性の照」を「常照」であると言ったことを思い起こす時、覚が覚する働きは、つねに〈現在〉を離れないことが理解されよう。鏡の鏡自身への照り返り、覚が覚を覚する働きは、言うなれば、現在が現在を現在化させてゆく絶対現在の自己限定に他ならない。絶えず現在から現在へであり、このように現在が現在になりゆく不断の現在化は、横へ流れてゆく方向ではなく、いわば垂直的な自己湧出の運動であろう。

達摩より弘忍に至るまでは、このように心真如をいわゆる不変と随縁とに分けて考えることは殆ど無かったと言ってよい。勿論彼らは『起信論』に立脚しながら、心真如と心生滅の相即関係を踏まえ、真妄和合の構造を彼らなりに的確に捉えてそれぞれの禅法を打ち出してはいるが、「守一」といい、「守心」といい、どちらかと言えば、帰入合体すべき心の体の方に重点が置かれていた。ところが神秀に至ってはなる程「了心」を説く点からみて基本的には変わらないものの、心を二種に分け、いわば真如を不変と随縁とに分けて考える傾向が生まれて来た。それはやはり当時の教学思潮と無関係ではない。(39) 天台宗の荊渓湛然（七一一〜七八二）の『金錍論』にも、華厳経や起信論の影響が強く見られ、「萬法是眞如、由不變故、眞如是萬法、由随縁故。」（大正四六、七八二下）とあるように、真如と万法、不変と随縁との相即関係が簡潔に説かれている。これは『起信論』の心真如と心生滅の融即の関係、真妄和合の構造、つまり真如の体用関係の発展形態と言ってよく、七、八世紀には、それまでにも少なからず経論に取り入れられていた体用概念がそれまでにもまして広く瀰漫していたことが窺われる。また、『楞伽師資記』の神秀の條下に「我之道法、惣会帰体用両字[40]」とあるところからみても、このことは認められよう。

このように神秀がとくに体用の論理に精通していたことは、やはり敦煌資料『大乗無生方便門』の次の言葉にも看取できる。

體用分明。離念名レ體、見聞覺知是用。寂而常用、用而常寂。即用即寂。離レ相名レ寂、寂照照寂。寂照者因レ性起レ相、照寂者攝レ相歸レ性。舒則彌二淪法界一、巻則總在二於毛端一[41]。

因に、体用概念を寂と用の対概念で捉え、「即用即寂」とする理解は、ずっと古く僧肇（三七四～四一四）の時代にも見られた。湯用彤は「魏晋より南北朝を通じて、中國の學界には異説繁興、爭論雜出し、表面上複雑をきわめたが、要するにその争うところは體用觀念を離れなかった。玄學と佛學とはひとしく無を貴び有を賤む立場にたち、無を本とし萬有を末とした。本末とは體用の謂にほかならぬ。般若の七宗十二家は要するにみなこの問題を研究したのである」とし、「肇公の學は一言もって蔽えば即體即用にほかならぬ」ことを指摘しているが[42]、実際には『肇論』には体と用の対概念は見当たらず、『般若無知論』の「用即寂、寂即用、用寂體一、同出而異名」「言用即同而異、言寂即異而同[43]」とあるだけである。しかし当時、体と用の概念は使われていないものの、それに相当する思惟は既に現われていたのである[44]。

こうした真如と万法、理と事、真如の不変と随縁、一と多、体と用との相即関係の真相を具に見ようとするとき、ハイデガーの有の思索は、我々に多くの示唆を与えてくれるように思うのである。

【註】

（1）I.Kant : *Kritik der reinen Vernunft*, Felix Meiner Verlag 1956, A111.
（2）M. Heidegger: *Kant und das Problem der Metaphysik*, Dritte Auflage. Vittorio Klostermann, 1965［以下 KPM と略記する。］
（3）Ders.: *Sein und Zeit*, Elfte, unveränderte Auflage, Max Niemeyer Verlag, Tübingen 1969. S.1［以下、SZ と略記する。］
（4）『アリストテレス全集』第十二巻（岩波書店　一九七七年）五二〇頁解説参照。
（5）SZ. S.3
（6）ハイデガーのカント解釈に関する詳細は第一章を参照されたい。
（7）M. Heidegger: *Identität und Differenz*, 1957. S.11, GA11, S.34
（8）a.a.O., S.13, GA, a.a.o., S.36
（9）a.a.O., S.l6ff., GA, a.a.o., S.38f.
（10）a.a.O., S.19, GA, a.a.o., S.39f.
（11）a.a.O., S.24, GA, a.a.o., S.45
（12）Ders.: *Sein und Zed*. S.25, GA2, S.84
（13）Ders.: *Identität und Differenz*　S.56, GA11, S.71
（14）a.a.O., S.57, GA, ebenda.
（15）M.Heidegger: *Zur Sache des Denkens*, 1969. Max Niemeyer Verlag, Tübingen, S.12, GA14, S.16

(16) a.a.O., S.13, GA, a.a.o., S.17
(17) a.a.O., S.14, GA, a.a.o., S.18
(18) a.a.O., S.14, GA, a.a.o., S.17f.
(19) a.a.O., S.16, GA, a.a.o., S.20
(20) ebenda., GA, a.a.o., ebenda.
(21) ebenda., GA, a.a.o., ebenda.
(22) a.a.O., S.24f., GA, a.a.o., S.29f.
(23) a.a.O., S.22, GA, a.a.o., S.27
(24) a.a.O., S.23, GA, a.a.o., ebenda.
(25) ebenda, GA, a.a.o., S.28
(26) a.a.O., S.24, GA, a.a.o., S.29
(27) a.a.O., S.25, GA, a.a.o., ebenda.
(28) a.a.O., S.44, GA, a.a.o., S.50
(29) ebenda, GA, a.a.o., ebenda.
(30) Ders.: *Vom wesen der Wahrheit*, GA9, S.193f.
(31) 平川彰編『大乗起信論』(『佛典講座』22、大蔵出版、一九七三年)、九五頁、一〇二頁、及び一〇五頁以下
(32) 今津洪嶽編『佛教大系』(『佛教大系刊行会編、仏教書林中山書房、一九七七年』、一三三頁
(33) 同書、一五一頁
(34) 同書、同頁
(35) 平川『大乗起信論』(前掲書)、七一頁以下
(36) 今津、前掲書、九九頁
(37) 鈴木大拙『禅宗史研究第三』(『鈴木大拙全集』第三巻、岩波書店、一九八〇年)二五一頁。原漢文。同全集第一

巻（一九八〇年）一九三～一九四頁も参照。
胡適校敦煌唐寫本『神曾和尚遺集』（胡適記念館）四四三頁～四四六頁
(38) 鎌田茂雄編『禅源諸詮集都序』（『禅の語録9』、筑摩書房、一九七一年）、三三七頁
『神会の語録　壇語』（唐代語録研究班編・禅文化研究所、二〇〇六年）二〇〇～二〇四頁参照。
(39) 鎌田茂雄『宗密教學の思想史的研究』（東京大学出版会、一九七五年）四五八頁
(40) 柳田聖山編『初期の禅史I』（『禅の語録2』、筑摩書房、一九七一年）、三一一頁
(41) 宇井伯壽『禅宗史研究』（岩波書店、一九六六年）所収「第八、北宗残簡」、四五二頁。及び、鈴木、前掲書一七二頁
(42) 湯用彤撰『漢魏兩晉南北朝佛敎史』上冊（中華書局出版、一九五五年）、三三三頁
(43) 塚本書隆編『肇論研究』（法蔵館、一九八九年）、三五～三六頁
(44) 島田虔次「体用の歴史に寄せて」『中国思想史の研究』（京都大学学術出版会、二〇〇二年）所収、三一四頁（〈初出〉塚本博士頌壽記念『佛教史學論集』所収、同記念会刊行。一九七一年、四一六頁）

尚、本稿前半の中国仏教史及び華厳教学等の詳細に関しては、左記の文献から多くの教示と示唆を得たことを記しておきたい。

【参考文献】

（1）鎌田茂雄・上山春平『仏教の思想6　無限の世界観〈華厳〉』角川書店　一九七一年
（2）鎌田茂雄『中国華厳思想史の研究』東京大学出版会　一九七八年
（3）木村清孝『中国華厳思想史』平楽寺書店　一九七七年
（4）木村清孝『初期中国華厳思想の研究』春秋社　一九七七年
（5）木村清孝『中国仏教思想史』世界聖典刊行協会　一九九九年

(6) 吉津宜英『華厳禅の思想史的研究』大東出版社　一九八五年
(7) 吉津宜英『華厳一乗思想の研究』大東出版社　二〇〇三年
(8) 『講座・大乗仏教3　華厳思想』(編集　平川彰、梶山雄一、高崎直道) 春秋社　一九八三年
(9) 『講座・大乗仏教6　如来蔵思想』(編集、同右) 春秋社　一九八六年
(10) 上田義文『大乗仏教の思想』第三文明社　一九七七年
(11) 『岩波講座　東洋思想』第二巻「東アジアの仏教」岩波書店　一九九二年
(12) 『講座・仏教思想』第一巻「存在論・時間論」理想社　一九七四年
(13) 『講座・仏教思想』第五巻「宗教論、真理・価値論」理想社　一九八二年
(14) 平川彰編『如来蔵と大乗起信論』春秋社　一九九〇年
(15) 衛藤即応『大乗起信論講義』(復刻版四刷) 名著出版　一九八五年
(16) 竹村牧男『大乗起信論講釈』山喜房佛書林　一九八五年
(17) 『大乗仏典　中国・日本篇7　華厳五教章・原人論』中央公論社　一九八九年
(18) 『理想』第六〇六号「華厳の思想」理想社　一九八三年

第三章　明治期アカデミー哲学の系譜とハイデガーに於ける形而上学の問題
――如来蔵思想とユダヤ・ヘブライ的思惟の収斂点――

一　明治期アカデミー哲学の系譜

一ノ一

本章のテーマは、「近代日本哲学の系譜」と「ハイデガーにおける形而上学の問題」という、一見すると或る奇妙な、そしてかなり強引な仕方で結合される「と」ということの内実を究明することにある。日本に「哲学的伝統」が果たしてあるか否か。言うまでもなく所謂「哲学」という学問は日本に於いては明治以後始めて西洋から取り入れられた学問であり、日本では西洋的な「哲学」という学問の歴史は浅い。

明治十一年（一八七八）にアメリカから来朝したフェノロサ（E.F. Fenollosa 一八五三〜一九〇八）は、政治学、経済学の他、当時流行の進化論を講じたが、同時にそれをドイツ観念論と併せて講述し、とくにヘーゲル哲学を力説したと言われている(1)。明治一六年（一八八三）に公刊された井上哲次郎の『倫理新説』に於いては、しばしばカント、フィヒテ、シェリング、ヘーゲルの名が挙がっている。とは言え、ただ彼らの哲学の基本的枠組みのみが紹介されているに過ぎない。ただ注意すべきことは、ここでは、ドイツ観念論が既に東洋的形而上学と結びつけられ始めている点である。これについては、井上円了（一八五八〜一九一九）も同様である。彼は『仏教活論序論』（明治二〇年）の中で、仏教の「真如」とヘーゲルの絶対者とを同一のものと見做し、ヘーゲルがシェリングを批判して、「相絶両対不離なるゆえんを証」したと述べて、「仏教に立つるところのものはこの両体不離説にして、ヘーゲル氏の立つるところとすこしも異なることなし」と言う(2)。

明治十七年（一八八四）の一月、井上哲次郎や井上円了、三宅雪嶺（一八六〇〜一九四五）など東京大学哲学科の卒業生を中心に「哲学会」が結成され、後年のドイツ哲学中心の官学アカデミズムの出発点となる。明治二〇年以後になると、漸くドイツ観念論も詳細に紹介され、三〇年代には哲学界の主要勢力を形成するに至った。ただ、これら観念論の受容は、神秘的、宗教的な側面から捉えられつつも、ヨーロッパの科学理論にその支柱を見出そうとしている点に当時の哲学界の特異な側面がある。この領域で最も活躍したのは上記の井上哲次郎および井上円了である。彼らの哲学的立場は、一言で言えば「現象即実在論」にあった。すなわち真の「実在」は現象の背後にあるものではなく、現象の只中に内在するという考えである。これは大乗仏教思想および朱子学の根幹をなす「本体的一元論」、すなわち外に超越者を想定しない思考様式である。後述する重要な仏教論著『大乗起信論』のいわゆる「万法是真如真如是万法」という定式がこのことを表現している。

井上はアカデミー哲学創成期の哲学者として、「純正哲学」としての形而上学を提唱し、独自の「現象即実在論」という形而上学的一元論を説いたが、その目指すところは東西文化の哲学的総合であった。しかし彼の試みた総合は、所詮はヨーロッパ哲学の概念と仏教的概念との折衷・混同に終わったと評されても仕方のないものであった。

明治十七年（一八八四）に生まれた「哲学会」により、明治二〇年（一八八七）には「哲学会雑誌」が創刊され、それが明治二五年（一八九二）には「哲学雑誌」と改題されて、内容も次第に充実したものになっていった。

翌二六年（一八九三）には、ドイツ哲学の導入に大きな役割を果したブッセに代わってケーベル（一八四八〜一九二三）が来朝する。その初講義を聴くのは、哲学界の次の世代を担ういわゆる「秀才組」の桑木厳翼、姉崎正治、高山樗牛らであった。明治三〇年代以降、「純正哲学」（ドイツ観念論）の研究が本格化してゆく度合いに応じて、わが国の哲学がアカデミー哲学として確立されることになった。

一ノ二

さて、こうして井上哲次郎や井上円了らは西欧の哲学思想を受容していくなかで、次第に自分たちが伝統的に継承してきた東アジアの思想ないし宗教思想がきわめて優れた哲学体系を持っており、その内容も西洋哲学と比較しても決して遜色のないものであるばかりか、十分に形而上学的思考と言えるものであることを確信するにいたる。それは一言で言えば「本体的一元論」の思考様式であり、この東洋的一元論を世界に提示することで、従来の二元論的な西洋哲学的思考に対抗しようとしたのである。明治期に試みられた「日本独自の哲学思想」の最初の結実として、まず、東京大学第一期生である井上哲次郎の「現象即実在論」が指摘されなければならない。しかし、彼のこの発想は、じつは渡部清氏の指摘によれば、東京大学で曹洞宗僧侶の原坦山（一八一九〜一八九二）が担当した「仏書講義」の授業でテクストに選ばれた『大乗起信論』（以下『起信論』と略記）から発想を得たものなのである(3)。さらに彼は、そこにスペンサーの第一原理および不可知論をはじめとする西洋哲学と、そして当時の科学の用語や思考方法と論証形式を総合的に加味して成り立たせた思考形態を自ら「現象即実在論」と呼んだのである。

原坦山は明治十二年から二一年までの一〇年間、東京大学ではじめて開設された「仏書講義」（後に「印度哲学」と改称される）の初代講師を務め、好んでテクストとして『起信論』を採用していた。彼は仏教を「心性哲学」と呼んだが、西洋哲学の多くの理論と学説が概して二元論であるのにひきかえ、大乗仏教の哲学的思考様式は一元論である点に特徴がある。『起信論』で説かれる「真如」は我々の思議や言説を絶する無差別平等の真実在であり、それが自らを差別と生滅の次元へと自己内発的に起動発展していく消息が論理的に開陳されている。これは言うなれば、東洋の形而上学としても通用するものであった。

さて、井上哲次郎が大学時代に影響を受けた人物として、坦山以外には、前に触れた西洋哲学の教師、フェノロサも無視できない。明治一〇年（一八七七）に創立された直後の東京大学に於ける哲学専門研究はアメリカ人教師であるフェノロサを以って本格的に始まる。彼はカントをはじめとするドイツ哲学の他に、好んで進化論や当時のイギリスに於いて最大の哲学者と目されたスペンサーを取り上げ、とくに『第一原理』(*First Principles*, 1862）に基づいて哲学的・社会学的思想を主として講述した。

井上はそのフェノロサからスペンサーの哲学を学び、明治十六年に公刊した『倫理新説』の中で、とくに彼の「不可知者（The Unknowable)」の概念に着目して自己の哲学を展開している。この概念は、いわば形而上学的・超越的な神概念の哲学的表現であり、それはまた「定義しえない無限者」、「宇宙の第一原因」、「無限の絶対者」等々と呼ばれている。井上は、そうしたスペンサー哲学に倣って、感覚的経験の対象である現象と「実体」とを対比して考察し、「実体」は現象の裏面にあって、我々の感覚ではとうてい把握しえない幽奥なるものと説いている。[4]ところが、ここでとくに留意したいのは、「実体」という語に井上は「リアルチー」というルビを付し、すなわち英語の reality の訳語として「実体」を用いていることである。現代では reality は「実在」と訳されるのが普通である。これも渡部清氏の指摘によるのだが、[5]明治十四年に井上が中心となって編纂したわが国最初の哲学辞典『哲学字彙』でも、英語の reality は「実体」と訳されており、またそこに我々にとって大変興味深い説明を加えている。項目は簡単にこう記されている。「Reality　実体、真如、按、起信論、当知一切法不可説、不可念、故名為真如」。「按」とは「参照せよ」の意である。つまり、後には「実在」と訳されることになる英語の reality を彼は『大乗起信論』の「真如」に対応させて理解している。「真如」とは、ここに記されているように、まさに一切の言詮を絶する深遠にして超越的な真実在に他ならない。それはまたスペンサーの所謂「定義しえない無限者」、「不可知者」と符合していることは改めて言うまでもない。では『起信論』とはどういう内容をもつものなのか、次にそれを紹介しておきたい。

一ノ三

『大乗起信論』[6]によれば、我々の「衆生心」には「心真如」と「心生滅」との両面があって、互いに不即不離の関係をもっている。心の本性すなわち心真如は、それ自体清浄であり、心の生滅変化（時間）を超越し、不生不滅（無時間的、先時間的）でありながら、それが現実には煩悩に覆われて凡夫の心として生滅去来している。このように煩悩に覆われた真如が「如来蔵」と呼ばれるのである。従って如来蔵とはそれ自体清浄なる真如でありながらも、無明によってそのままのかたちでは現われていない「在纏《ざいでん》位《い》の真如」である。「不生不滅ト生滅ト和合シテ一ニモ非ズ異ニモ非ズ」とはこうした消息を謂う。ただし不生不滅（真如）と生滅（煩悩）という二者があって、それらが一つに和合するというのではない。煩悩に覆われながらも煩悩に染まることなく、自性清浄なる心性が如来蔵なのである。不生不滅が不生不滅でありつつそのまま生滅なのである。水波の比喩で言えば、水は外因である風（煩悩）によって波立つが、水はどこまでも水であること（湿性）に変わりなく、さまざまな波となって波立っているのであり、風が止めば波もなくなり、明鏡の如き水の本性に立ち戻る。しかし風によって波がいかように波立っていようとも（動）、水の水としての在り様（湿）は何等変わることはない。水の表面がどれほど大きく波立っていようとも、その同じ水の深底はどこまでも不動である。そうした意味で、水そのものはいかようの波の形をとろうとも、水の水としての自己同一性は維持されつつあらゆる波の形状を超越している。この超越的に一なる水そのものが、さまざまな波となって起動していくのである。要するに真如はいわば動静を絶する絶対静（水そのもの・湿）であって、それに対し、如来蔵はどこまでも動に対する静（波立つ水）であり、動を予想した静であるがゆえに、如来蔵の不生不滅は生滅と和合して非一非異となるのであり、これが「阿黎耶識」とも呼ばれ、「真妄和合識」とも称されるのである。

哲学的に敷衍して言えば、「真如」、すなわち本然的にあるがままの真実在は、全宇宙に遍在する個々の存在者を重々無尽に顕現せしめる不可分の全一態であって、それ自身本源的には絶対の〈無〉、〈空〉、すなわち絶対的覆蔵態に他ならない。つまり「真如」は、現象せる個々の存在者の形而上的本体として、それらの根底に伏在し、あらゆるものを根源的存在可能性において摂収しつつ、同時に個々のものを本然的にあるがままに開放するのである。換言すれば、現象せる個々の存在者は、どこまでも自らを顕現せしめた真如のうちに在り、逆に、個々のものの存在原因たる真如は、どこまでもそれらの本体として超越的に自己自身のうちに蔵身しつつ、同時に自ら顕現せしめたすべてのものの中に内在するのである。

このように「真如」は存在論的にはどこまでも背反する両面を持っていることが特徴である。したがって、一見「真如」とは正反対の、いわゆる「無明」（妄念）的事態も、存在論的には「真如」そのものに他ならない。「煩悩即菩提」「生死即涅槃」「色即是空、空即是色」とはこのことである。「真如」の覆蔵態と顕現態とは互いに鋭く対立し、相矛盾しながら同時に成立しているのである。したがって、妄念に支配された現象的世界は、一方では「真如」の本然性からの逸脱であると同時に、別の面から見れば、「真如」それ自体の自己展開に他ならないのである。「一切衆生、悉有仏性」、「草木国土、悉皆成仏」を標榜する本覚思想もこうした考えに由来することは論を俟たない。要するにそれは、「現象」がそのまま「真実在」の姿に他ならず、すなわち「現象即実在」

論なのである。

さて、以上のように、本体的一元論の立場は、超越といっても、「外」に超越したものではなく、水と波の関係のように、どこまでも「内在的超越」という構造を持つのである。敷衍して言えば、〈外在的〉ならぬ〈内在的原因〉たる超越的一なるものが自ら動いて自己展開していき、個々の存在者の中に分有化されていく運動、言うなれば覆蔵的なるもの（真如・真実在）の自己開顕、自己顕現化してゆく運動が説かれるのである。こうした考えは朱子学の程伊川（一〇三三〜一一〇七）に見られる理一元論的な発想、つまり超越的一たる理は、万事万物それぞれに分有され、それぞれの理となる時には、それぞれ特殊なあり方として己を顕してくるという「理一分殊」論、また中国の宋の時代に「看話禅」と共に一世を風靡し、朱子学にも少なからぬ影響を与えた華厳教学の「理事無礙・事事無礙」の考え方にも通底するものである。それは言葉を換えて言えば、言詮を絶する覆蔵的・超越的に一なる原理が自己抑制的にその超越性をどこまでも維持しながら、自己内発的に自己展開し、万物の中に自らを内在化させていく論理、一なる本体とそれが起動展開する派生態、つまり「体と用」の論理であり、「内在と超越」の論理であったと言っても過言ではない。これこそ、西方的二元論の思考様式とは異なる、まさに「東洋的」発想の根幹をなすものなのである。興味深いのは、このような「本体的一元論」の発想は、古代ギリシアの新プラトン主義の流出論に見る「発出論的一元論」と極めて類似していることである。キリスト教でも東方正教会はこの新プラトン主義の一元論に依拠したものであり、極めて形而上学的色彩の強いものであった。

ところで、こうした東洋的思惟がもつ〈本体論的一元論〉と対比されたかたちで示される西洋の二元論的発想の淵源はどこにその特質があるのであろうか。

一ノ四

西洋の形而上学の二元論的特質の淵源はもちろん古代ギリシアにまで遡る。古代ギリシアにおいて、哲学と科学の起こりを根源的に誘発したのは何よりもまず多様な現象の根底にある究極的な統一的原理、つまり「同一性」への希求であったと言ってよい。ギリシア人が世界に対して有していた精神的構えは、とりわけギリシア語の一語がそれを的確に表現している。それは「アレーテイア（ἀλήθεια）」という語である。通常は「真理」と翻訳されているこの語は、「隠れていないこと」、「覆われていないこと」を意味する。ギリシア人にとって真理とは物事の嘘偽りのないありのままの公開性、隠蔽性の排除なのであって、覆われたもの、隠れたもの、暗いものをすべて「光のもとに」もたらし、顕わならしめようとする気質が彼らの意識にはあり、この傾向はすでにこの「アレーテイア」という語のなかに含意されている。これこそが、ギリシア精神の本質を示す基本的特徴と言ってよい。更に敷衍して言えば、「隠れていないこと」という語に含まれる精神、言い換えれば未知の部分を残さずすべてを隈なく「見よう」とする意志、それが「テオーリア（θεωρία）」としての「観ること」であった。先に述べたように、古代ギリシアの哲学者たちの本来の主題は「同一性」の問題であった。つまり彼らは世界が我々に提示してくる多様な現象、およそ考えられうる多種多様な諸経験のなかに、それらを根本のところで統括している「同一的」なるもの、「統一的なるもの」を探究しようとしたのである。すべてのもののうちにひそむ究極的統一とは何なのか。ギリシア人の理解するところでは、すべての存在するものは、なにか目に見えるものなのであって、つまり我々がそれを聞いたり感じたりする場合でも、世界の明るみのなかに顕現してくるものなのである。彼らにとって世界における出来事は、或る隠れから光に歩み出て、そしてそれと同時に見られうるようになったものとして現れたのである。こうした意味で、彼らにとって世界への関係は、聞くことも感じることも、より広い意味で〈見ること〉、すなわち光のなかで自らを示すものに対して自らを打ち開くことであった。

ところが、見ることができるためには、見るものと見られるものとの間に〈空間〉、つまりそこで光が射し込む開けた空間が必要であろう。視覚とその対象との間の間隔があまりに狭ければ、何も見ることはできない。したがって、物が現れるためには、〈距離〉が必要なのである。距離は我々を事物から遠ざけ、事物どおしを互いに遠ざけ、あらゆるものがそこで一つとなっている近さを廃棄する。光は距離によってのみ可視性を作り出すのだ。(7)

プラトンのいわゆる「イデア（ἰδέα）」も、それは万物に〈かたち〉を与えるものであり、〈かたち〉に対する原型は聞いたり触れたりできるものではなく、「見える」ものであった。つまり「イデア」とは「イデイン」（ἰδεῖν（見る））と同属語で、一般的には「見え姿、かたち」を意味する。したがって、プラトン以後、イデアの領域についていつも繰り返し使用される比喩もまた、目に見えるものの領域から取ってこられる。すなわち太陽や光、輝きなどである。哲学史家が言うように、プラトン哲学は「光の形而上学」に他ならない。人間的生は、プラトンやアリストテレス、プロティノスやアウグスティヌスによれば、イデアを観ること、直観すること、神的な精神の光輝に没入することのうちに見出される。このようなことを意味するギリシア語が先に触れた「テオーリア」である。「セオリー（theory）」とはもともと眺めることを意味する。「テオーリア」のラテン語訳は contemplatio すなわち「観想」である。

では、時代が降って西欧の近代哲学はどうであったか。この「近代」を特色づける基本的な指標は、一言で言えば「分離的思考」であると言えよう。人間と自然との間の分離こそ近代を特徴づけるものであり、ここに近世における「科学」の成立があり、近世以降の世界は科学技術の文明によって最も特色づけられる。しかもこうした客観的・機械的自然の発見と同時に、それと相即するかたちで見出された認識主体は、人間的価値の自覚、また普遍的自我ないし精神の発見でもあった。つまり主観と客観を峻別し、外界の法則は認識主観によって構成されるとする思考様式である。こうした二項対立的な二元論的思考は、キリスト教でも同じである。

ふつう、我々日本人が伝統的に「キリスト教」として理解しているのは、そのすべてではないにせよ、大抵の場合、ローマ・カトリックもしくはプロテスタントのいわゆるラテン的西方のキリスト教であることは留意すべき点であろう。西方キリスト教が東方のそれと異なっている点は、まず使用言語の相違にあり、すなわちラテン語を使うローマ帝国の西部とギリシア語を話す東部とでは根本的に異なった世界観と意識のあり方を表現している。この根本的な相違は、政治的にはローマとビザンティンの分離というかたちで露顕することになる。ラテン的―西方的精神気質は、おそらくローマ帝国において最も顕著に現れている。第一に、ローマ人はギリシア人とは異なり、徹底した法律指向であったということであり、彼らの共同生活全体がしっかりとした法律関係の中で組織されていた。西方教会の祖として看做されるラテン教父テルトゥリアヌス（Tertullianus, 一六〇～二二五頃）はギリシア化した東方キリスト教に特有の「哲学」に対するむき出しの敵意を表し、「アテネ」（哲学）と「エルサレム」（信仰）とはなんの関係もない、とまで言い切っている。したがって、西方キリスト教の特質は、東方のそれのように神秘主義的・存在論的な、しかも興味深いことに、やはり〈本体的一元論〉の性格をもつ「哲学者の神」ではなく、あくまでも「聖書の神」、言い換えれば「アブラハムの神、イサクの神、ヤコブの神」を対峙させ、神人関係を、本来ユダヤ教の特質であった「契約」による父子関係として捉え、父たる神は裁きの神であり、赦しと愛の神であり、外に超越した人格的唯一神である。創造主たる神と被造物との間には絶対に越えることのできない断絶があり、神はどこまでも「外に」君臨し、万物を無から創造する超越的存在であった。したがって、契約の遵守こそが重要なのである。[8] これがヘレニズム化したキリスト教とは異なるユダヤ・ヘブライズムのキリスト教に他ならない。更に敷衍して言えば、古代ギリシアの精神が「見ること」を中心に置いていたのとは対照的に、ヘブライズムの特質は「聞く」ことであった。

一ノ五

さて、東洋的思惟の特質は上記のような二元論的思惟とはまったく異質な発想を持つものであった。すなわちそれは大乗仏教や朱子学に共通して見られる〈本体的一元論〉であり、これは東方正教会も同じなのである。つまり言詮を絶する覆蔵的・超越的に一なる原理がその超越性をどこまでも維持しながら、自己内発的に自己展開し、万物の中に自らを内在化させていく論理、一なる本体とそれが起動展開する派生態、つまり「体と用《ゆう》」の論理であり、「内在と超越」の論理であったと言っても過言ではない。西田幾多郎の『善の研究』に見られる「統一的或者の自発自展」もしくは「超越的に一なる理の体系的発展」という発想は、こうした東洋的思惟の論理に基づくものであろう。しかも重要な点は、超越といっても、西洋的思考のように、「外」に超越したものではなく、どこまでも「内在的超越」という構造を持つ。そうした意味でそれは「現象即実在」論なのである。かつて船山信一（一九〇七～一九九四）が『増補　明治哲学史研究』（一九六五年）のなかで、西田幾多郎は明治アカデミー哲学、とくに井上哲次郎が初めて提唱した「現象即実在論」を継承する者であり、それを彫琢することに一生を費やしたと言っていたが[9]、確かに、西田はこうした東洋独自の体用の論理を西洋哲学との格闘を通じて鮮明にしようとしたのであり、しかも西洋思想の根幹にあるキリスト教の神の理解も、自ずとこの体用の論理で捉えることになる。例えば彼は次のように言う。「神とはこの宇宙の根本をいふのである〔中略〕。余は神を宇宙の外に超越せる造物主とは見ずして、直にこの実在の根柢と考へるのである。神と宇宙との関係は芸術家とその作品との如き関係ではなく、本体と現象との関係である」と（一・一四二、一・一七八　傍点引用者）。ただ西田の場合、体用の論理といっても、体用相即というよりは、体用峻別、すなわち内在的超越のその超越性がつねに念頭にあったことは銘記しておかねばならない。つまり超越的なものは現象へと自らを展開しつつも、それ自身はその超越性を維持すべく、自己自身へと溯源的に翻る、つまり自己蔵身するのである。それはどこまでも覆蔵的なものなのである。超越的に無限なるものは、それ自身どこまでも隠れたもの、不在なるものであり、自らを覆蔵せるものとして超越的であり、自己を超えたものとして〈絶対的他者〉なのだという認識が根底にあったのである。

昭和九年（一九三四）の論文「弁証法的一般者としての世界」の中で、西田は次のように言う。「我々から絶対者に到る途はない。神は絶対に隠された神である」（六・三三三、七・四二七　傍点引用者）。さらに昭和二〇年（一九四五）に執筆された西田の最後の論文「場所的論理と宗教的世界観」では「逆対応」の論理が説かれる。それは一言で言えば、個的自己は絶対者と絶対に隔絶しつつ、それがそのまま一層深いリアリティにおいて一つに繋がっているという逆説的な事態を謂っている。単なる相即的・即応的融合ではなく、どこまでも絶対に隔絶していて、しかも両者が一つに繋がっているのである。それはどういうことか。留意すべきことは、西田の立場は単純な「本体的一元論」ではない、ということである。明治期アカデミー哲学が唱えた「現象即実在論」の本体的一元論に基づく形而上学を乗り越えるかたちで、彼は覆蔵的な〈超越的他者〉を想定する点に独自の優れた視点があると言えよう。

考えてみれば、『起信論』に見られる如来蔵思想において留意すべき点は「真如」が持つ覆蔵性の構造である。先述したように、それは超越的に一なる原理がその超越性をどこまでも維持しながら、自己内発的に自己展開してゆくということ、要するに一なるものは、自己展開しながらも、どこまでも自己蔵身することによってそれ自身に留まっているということである。言うなれば、ここには「自己抑制の現象学（die Phänomenologie des An-sich-haltens）」が垣間見られるということであり、ハイデガーの言葉を用いるならば、彼がAustrag（差異現成）とかZwiefalt（非一非異）と呼んだ事態がここに見られるのである。

西田はすでに『善の研究』でも「統一的或者の自発自展」ということを繰り返し述べているが、「自発自展」

という風に「自」の反復ということにおいて、統一的或者が自己発展しながら自己抑制的に自己内還帰していることを自ずから示している。如来蔵思想におけるこうした覆蔵的超越性、それは明治の「現象即実在」論者たちが決して見抜けなかった重要な側面である。

かくして、絶対はどこまでも対を絶するものとして、自己否定的に相対者から身を翻し、自己蔵身したものでなければならない。西田は言う、「神は絶対の自己否定として、逆対応的に自己自身に対し、自己自身の中に絶対的自己否定を含むものなるが故に、自己自身によつて有るものであるのであり、絶対の無なるが故に絶対の有であるのである。」（十・三一六、十一・三九八　傍点引用者）即ち神は絶対無として自己遡及的に翻転することによって覆蔵態に留まり、そうした意味でどこまでも超越的なものとして自己同一的に自己示現してくるということである。それはいわば滾々と湧き起こる垂直的な自己湧出の動きであろう。ちょうど渦巻がその見えざる中心から湧出しながら、同時にその中心へ向かって吸収されてゆくかのような、湧出と帰入との同時的動態がそこに見られていると言ってよい。いや、逆に、見えざる中心への遡及運動があればこそ、そこからの逆流的湧出が可能なのであって、不断の露現的湧出のうちには、同時にそこからの絶えざる覆蔵的還滅《げんめつ》ということが働いている。

西田はこの無の場所を、自ら無にして自己の中に自己の影を映す「鏡」に喩えている。すべてのものは真の無の場所たる「鏡」に映し出された影像であるということになる。しかし、ここでとくに留意したいのは、西田自身随処で強調するように、無の場所はあくまでも自己自身に同一なるもの、自己の中に自己の影を映すものなのであって、鏡はどこまでも「自己自身を照らす鏡」（三・四一九、四二九、四・二二三、二二六）である、という点である。つまり、すべての個物が影像として鏡の中に映現されてくることと一つに、鏡は鏡自身を無限に映じてゆくという鏡そのものの自己返照の働きに着目しなければならないということなのである。要するに、物を映し出すに先立って、明鏡はどこまでも明鏡でなければならないのである。西田の念頭からつねに離れなかったのは、物を映す働きの底にある鏡の本体そのものの構造、すなわち鏡自身がもつ自己遡源的翻転の動きではなかったであろうか。西田が「自ら照らす鏡」という言葉を使ったのも、物を映す映さぬにかかわりなく、つねにそれ自らで照り輝いている働き、いわば鏡そのものがもつ「自性の照」を想い浮かべていたからに相違ない。「自性の照」とは言うなれば、個々の物を映すに先立って、あるいは映し出すことと一つに鏡が鏡自身を無限に映してゆく働き、自ら何かを映そうという意図なく、映す主体《もの》なくして自らを映し出す働きであり、言い換えれば、鏡が鏡自身の底へ底へと遡源しつつ、不断に自らを照らし返してゆく営みに他ならない。先述のごとく、個々の物を映現するに先立って、鏡はどこまでも鏡であり続けていなければならないのである。そのためには、鏡は、本体としてどこまでも動的発展的に、いわば静的固定化を絶えず自己否定的に打ち砕きながら、その不断の照り返しの焦点へ遡及的に還帰し続けていなければならないのである。更に言えば、このような絶対否定的にして矛盾的自己同一的な不断の照り返しがあればこそ、鏡はどこまでも鏡であり続けるのである。鏡自身がもつこうした自己返照の動きは、要するに〈同じもの〉が〈同じもの〉に向かってという〈同〉の自己還帰運動であり、自己を否定的に差異化しつつそれ自体へと立ち戻ってゆく、言うなれば「非・自己同一性としての〈同〉」に他ならず、そこには〈差異化的自己同一化〉の動きがあるわけである。そうした意味で、自己返照とはつまるところ、差異化の反復に他ならず、差異が差異を差異化してゆくことと一つに、同じものを同じものとして現在化させているのである。反復はこのように同じものを与えるが、それはあくまでも差異化による不断の〈遠ざかり〉という仕方においてなのである。

フッサールの顰に倣って言えば、それは die strömend-stehende Gegenwart（流れつつ立ち止まる現在）といった意味内容が含まれていよう。あたかもそれは流出と帰入、露現と覆蔵との同時的動態がそこに見られていると言ってよい。いや、前述したように、見えざる中心への遡及動向があればこそ、そこからの逆流的湧出が可能なのであって、絶対現在の不断の露現的湧出のうちには、同時にそこからの絶えざる覆蔵的帰滅ということが働いている。そうした意味で、自ら照らす鏡は、鏡そのものとしてはどこまでも永遠の闇なのである。つまり、個物的多を個物的多として現前せしめながら、その不断の現前を可能にする場としての全体的一は、全体的一としてはどこまでも絶対的な隠れである。「一」の「一」自身への還滅《げんめつ》（Entzug）、自己覆蔵的な脱け去りによってはじめて「一」は「一」たりうるのであり、「一即一」として成り立つのである。こうした「一」の「一」自身への還滅即湧出、すなわち「即非的自己同一」こそ、西田が謂うところの「見るものなくして見るもの」、「自ら無にして自己の中に自己を映すもの」、すなわち「絶対無の場所」の正体であったはずである。因みに言えば、西田は初期の頃から「鏡」に対する思い入れがあったことは留意すべきであろう。すでに『善の研究』でも彼は「ベーメの語を想ひ起さずには居られない」として、「氏は対象なき意志ともいふべき発現以前の神が己自身を省みること即ち己自身を鏡となすことに由つて主観と客観とが分れ、之より神及世界が発展するといつて居る」と言う（一・一五二、一・一九一　傍点、引用者）唐突の誹りを恐れずに言えば、こうした発想は、スコトゥス・エリウゲナや、ユダヤ神秘主義のカバラーの、いわゆる「ツィムツーム（神の収縮）」の考えと極めて類似している。

一ノ六

G．ショーレムは「無からの創造と神の自己限定」（市川裕訳）のなかで、大略次のように説明している。(10)

スコトゥス・エリウゲナ（八七〇年頃）の主著『自然の区分について』によれば、万物の本来の始原とは、そこにおいて事物がその原型から展開されるところだが、神が事物の本来の始原へと下降することは、神自身の本来の無、そこからすべてが出現する無へと下降することである。この神が自身の本来の深みへと下降する原創造の行為は、この神の内部の活動性と活力を巨大な逆説的な姿で示しており、無からの創造とは、簡潔に言えば、神が始原において自身を創造する過程である。（八七 - 八八）

後期のカバラー神秘家の場合も同じような発想をもつ。それはイツハーク・ルーリアと彼の弟子たちが説いた「神の自己収縮（ツィムツーム）」という考えである。「ツィムツーム」とはヘブライ語で、字義どおりには「収縮」を意味する。ここでは、その表現によって、神の本質の自己集中が意味されている。それは、すなわち神自身が深淵へと下降すること、神の本質の自己限定であり、神の本質は、この理解の仕方に従ってのみ、無からの創造が起こるときのその内容を描くことができる。神が「自分自身から自分自身へ」退くときにのみ、神は、神の本質でも神の存在でもないものをもたらすことができる。したがって、この意味で、神が自分自身からなにかを収縮させる行為が存在する。このように神が自分の最初の行為を外に向かって行わず、むしろ自分自身の内に向けて行った、かの神の本質の自己限定において、無が姿を現わすのである。ここに我々は、無が出現する行為を持つのである。（一〇二 - 一〇四）こうして、創造とは、確かに各段階における発出であり放射なのであるが、同時にそれは、各段階においてつねに改められ、絶えず繰り返される神の自己への集中、神の自己への退出でもある。

さて、以上の説明からわかるように、このユダヤ神秘主義カバラーの「ツィムツーム」の発想は、上述した西田の「鏡」の自己返照の働き、「還滅」とか「自己蔵身」という言葉で説明してきた事態と極めて類似した側面があることがわかる。そして更に言えば、この「ツィムツーム」は、次に述べるハイデガーのいわゆる「脱け去り（Entzug）」と極めて類似していることにも改めて驚かされる。ともかく、西田は、「現象即実在論」における一元論的な形而上学を克服するにあたって、「絶対矛盾的自己同一」、もしくは「逆対応」の論理で以って、覆蔵せる〈超越的他者〉を自己の根底に捉えたことは、銘記すべきであろう。「自己は自己を超えたものに於て自己を持つ」のである。

二　ハイデガー於ける形而上学の問題

二ノ一

我々はハイデガーの思索の奥深く営まれる内面的な生成の過程を見ようとするとき、彼の思索をその根底から突き動かしている思索の端緒を忘れてはならないであろう。思索の端緒、あるいは思索の元初とは、思索の進行の最初の出発点であると同時に、思索のプロセス全体を統率し包容する場でもあるからである。彼にとって有の思索とは一体何であったのか。生涯に渉って彼の思索は有の根本経験に支えられていて、ひたすらこの捉え難き有を求めて試みられている。

彼は『日本人との対話』のなかで、「神学の由来がなければ、私は決して思索の道には到らなかったでしょう。しかし由来は常にまた将来に留まっているのです。」(GA12, S.91) と語ったことは夙に知られている。事実、一九〇九年にハイデガーはフライブルクの大学に入学し、最初の二年間はカトリック系神学部に在籍し、その後哲学部に転部したことは周知のところであろう。後年のハイデガーはその神学研究の時期について次のように回想している。「その当時、私はとくに聖書の言葉と神学的・思弁的思索との間の関わり合いの問いに引き回されていた」(GA12, S.91) と。彼はアリストテレスの哲学が重要な要素として入っているスコラ学の「神学的―思弁的な思考」に対抗して聖書の言葉を生きたものとして読み解こうという意図からディルタイやシュライエルマッハーの「解釈学」に接近する。(ibid., S.92) やがて彼はカトリシズムの体系との訣別を宣言するに至り、一九二

○年代前半の時期になると、ルターの研究に打ち込むことになる。彼はルターが「ハイデルベルク討論（Heidelberger Disputation）」（一五一八年）に於いて、アリストテレスと中世スコラ哲学の形而上学を批判していることから着想を得て、（GA60, S.281f）、そこから「現象学的解体（die phänomenologische Destruktion）」（GA60, S.78）という方法によって、「古代の学がキリスト教へ侵入したことによって歪められ埋め尽くされてしまった」（GA58, S.205）原始キリスト教に特有の事実的・歴史的な生を、「内的な経験と新しい生の立場」（GA58, S.61）として捉え返そうとしたのである。ところが、一九二三年の夏学期講義録『オントロギー（事実性の解釈学）』で、彼は次のように言う、「探究の同伴者は若きルターであり、模範はルターが嫌っていたアリストテレスであった。私に衝撃を与えたのはキルケゴールであり、私に見る目を養ってくれたのはフッサールであった。」（GA63, S.5）と。ここで疑問に思うのは、当時彼が探究の「同伴者」と看做していたルターが毛嫌いし、しかも彼自身も批判の対象としていたスコラ神学が依拠しているアリストテレスを、なぜ自らの思索の「模範」と考えていたのだろうか、という点である。彼はいわゆる形而上学を解体し、それを克服する意図のもとに、もはや形而上学ならざる仕方で、しかもやはりどこまでも「有」に固執し、新たな有論を構築しようとしたのではないだろうか。

二ノ二

振り返って考えてみると、ギムナジウムに通う青年ハイデガーがブレンターノの学位論文「アリストテレスに於ける有の多様な意義について」をきっかけにアリストテレスの哲学に関心を寄せ、それに長年取り組んだのは、アリストテレスの有を有として捉える考え方であった。彼が「私の思索の道を決定づけている問いは τὸ ὂν λέγεται πολλαχῶς（ト・オン・レゲタイ・ポラコース　有ハ様々ナ仕方デ語ラレル）の中に伏在している」[1]と言うとき、有がさまざまな仕方で語られ、顕わとなりながら、そのすべてを隈なく統率している有の単純な統一態、すなわち有そのものとは何なのか、つまり τὸ τί ἦν εἶναι（ト・ティ・エーン・エイナイ　元々スデニソレデアッタトコロノモノ）を究明しようとしていたのである。しかしその一方でつねに彼の胸間にあった「聖書の言葉」は、決して理論的・思弁的、すなわち形而上学的に思考されるべきものではなく、ひたすらそれに聴き従うことが要請されるような「呼び掛け」の言葉に他ならず、こうした自己に直接に呼び掛けてくる神の言葉、要するに十字架上のイエス・キリストに聴き従う信仰には、スコラ学の思弁的神学では届き得ない、或る根源的な「事実性」が伏在しているのである。

さて、伝統的な形而上学は、その名称のギリシア的由来、τὰ μετὰ τὰ φυσικά の示すように、ピュシス（φύσις 自然物）を有るものとして捉え、これを超えて（μετά）有を問うものであった。有を有として、言い換えれば有るものが有るという、まさにその限りにおいてその有を問うことであった。アリストテレスはそうした有るものの有を「実体（οὐσία）」と捉え、それを定義してト・ティ・エーン・エイナイであるとしたが（『形而上学』第一巻第三章983a20および第七巻第四章1029b1, b13）、普通これは「本質」とも訳され、ギリシア語をそのまま直訳すれば「既に有りしものが現に有るところのもの」「既にそれで有ったところの有るもの」であり、本来この原語は、一般に物事の「そもそもなにであるか」（すなわちその物事の「本質」）を表すためにその問いの形をそのまま名詞化したものであって、すなわちそれは「そもそもなにであるか」と問われている当のなにかで有るところの「なに」に相当するものである。[2] 因みにハイデガーは一九二四年夏学期講義において、アリストテレスの τὸ τί ἦν εἶναι を字義通りに「既にそれであったところのものであること（das »Sein«, und zwar das »Wassein, wie es schon war«）」として理解していることは注意されてよい。（vgl. GA18, 32/35）

しかし有を有として捉えるのは如何にして可能か。それはもちろん他の何らかの仕方で有る事物としてではなく、もっぱら有を有自身として規定するより他ではありえない。言い換えれば有を有として把握するのは「既に有りしものが現にあるところのもの」、「既にそれであったところの有るもの」として、つまり本来有の既にそのようなものとして有る、そういう有として把握することである。従ってそれは本来既に有りしがごとく、現にそのようで有り、ひいては将来もなんら変わることなく有るであろうところのものとして、過去・現在・未来の各時間的位相を通じて、そこに一貫して見出せるもの、つまりは有それ自体であった。過去に有ったものが現に有り、現在有るものが未来においても有るであろうことは、過去・現在・未来を通じてもっぱら有によって有そのものを規定することに他ならない。ト・ティ・エーン・エイナイは単なる有ではなく、いつも既にそのように有り続けていることそのこと、時間的流れのなかに有りつつ時間を超えて有りどおしであることそのことであり、過去・現在・未来を通じて有るものを有るものとして有らしめているところのものであり、一言で言えば有の有たるところ、その本質的なるもの、本来的な有とでも云えるものであった。すべての有るものが有るものとして成立すべき本質的な有るもの、それが有るもののト・ティ・エーン・エイナイと言われるのである。言うまでもなくプラトンであればそれはイデアであったが、アリストテレスにあっては有るものの外に、有るものを超越したところにその本質が想定されるのではなく、有るものが有る所以をなすものが有るものそのものにおいて考えられた。本質たる有と有るものとはもとより同一ではないが、本質は有るものを離れた或るものではなく、有るものがまさにそのように有るところのものとして、その有をなすところのもの、それがすなわちアリストテレスの考えの中心にあった。

　敷衍して言えば、アリストテレスにあって、さまざまな有るものが「一つのものとの関係において」一つであるとか、同じであるとかいう場合、それを「類比的の一（κατ᾽ ἀναλογίαν ἕν）」（『形而上学』第五巻第六章1016b33および『ニコマコス倫理学』第一巻第六章1096b27）として述べられ、こうした考えはアリストテレスの思考方法の根本的なものの一つに数えられており、中世哲学でいうanalogia entisの源泉となったものである。さまざまに〈有る〉と語られる有るものがその有において一つである場合、その有は当然類比的に一であるということになる。しかしそれはいわゆる類的普遍者を意味するものではない。ハイデガーは『有と時』（一九二七年刊）の冒頭部分で、有の普遍性について触れ、それが類と種との関係に従って概念的に分節されている有るものの全体、最上位の領域を示す、類的普遍概念ではないことを強調し、「有は類ではない（οὔτε τὸ ὂν γένος）」（『形而上学』第三巻第三章998b22）というアリストテレスの言葉を引用し、有の「普遍性」はあらゆる類的普遍性を「踏み越える（übersteigen）」ものであり、〈有〉は中世の存在論の呼び方によれば「超範疇（transcendens）」の一つであることを指摘する。こうした超越的普遍者をアリストテレスが既に「類比的の一」として認識していたことにも言及している。（GA2, S.4）

二ノ三

ところで、ここで翻って考えてみたいのは、ハイデガー自身がこのト・ティ・エーン・エイナイの内に読み込もうとしたHerkünfgkeit（GA18, 32）、すなわち〈既在性〉である。それは言い換えれば、あらゆる時間に先立って、いつも既に見出される〈本来的既在性〉であり、ハイデガーはそれを或る本質的な意味での覆蔵性として捉えていたのではないだろうか。有の有たる所以を示そうとして、それが「既に有りしものが現に有るところのもの」「既にそれで有ったところの有るもの」であるという規定のうちに含まれる既在性は、単に時間的経過のなかで既に過ぎ去ってしまった過去を謂うのではなく、いわば〈本来既にそれで有ったところのもの〉、要するに自らを閉ざして表には顕現せざる本来性ということが含意されているように思われる。云い換えれば過去・現在・未来の時間的位相を通じて、いわば同一の過程を反復・更新しつつ、自らを常に自己抑制的に維持しつづけている自己同一性である。先回りして言えば、それは現前者を絶えず現前させながら、現前それ自身は〈いつも既に〉という仕方で身を引き、常に現前者をその〈痕跡〉として現前化させながら、現前それ自身は自らの内へ退去し遠ざかる〈覆蔵性〉である。更に言えば、ト・ティ・エーン・エイナイが持つこうした〈あらゆる時間に先立って、いつも既に〉という構造は、それ自体においてあらゆる時間に先立つ〈既在性〉を特質として持ちながら、それをめぐって思索する我々にとっては、そのようなものとして将来してくるのであり、このように、〈先立って〉という規定は、後に触れるように、それ自身時間的な規定を持つものなのである。思うに、現有が自らの死の「先駆的覚悟性（vorlaufende Entschlossenheit）」において持つ「時間性（Zeitlichkeit）」に対して、有それ自身がそれにほかならぬ「とき性（Tempolarität）」とは、今述べたような、現有に向かって将来しつつ有るものを現前化させながら、そのことと一つに働いている既在的覆蔵性のことではなかったであろうか。

　ところが、ハイデガーが理解するところに従えば、一般に伝統的な形而上学の「主導的な問」（Leitfrage）である「有るものとは何か」（τί τὸ ὄν;）という問は、「実体とは何か」（τίς ἡ οὐσία;）という問に帰着し、多様な仕方で表現されている「有るもの」はすべて「実体」に関係づけられて理解されるのであり、形而上学の本質規定はアリストテレスに於ける第一哲学の規定すなわち「有るものを有るものとして観想する或る学」（ἐπιστήμη τις ἣ θεωρεῖ τὸ ὂν ᾗ ὄν）〔『形而上学』第三巻，1003 a 21〕から出立していて、「有るものを有るものとして」、すなわち「それの有に着目して」（das Seiende als das Seiende, d.h. hinsichtlich seines Seins）思索するのであって、従って形而上学においては「有」（Sein）は有るものの側から有るものに属する仕方で「有るものの有」（Sein *des* Seienden）、すなわち「有るもので有ること・有性（Seiendheit, οὐσία）として見られる。云い換えれば、形而上学は「有るものを有るものとして」、それの普遍性と全体性に関して、それの「根拠」（λόγος, Grund）としての有に着目して根拠づけるのである。すなわち形而上学は「有るものを普遍性において有るものとして」（das

Seiende als das Seiende im Allgemeinen）「根拠を究明する」（ergründen）というかたちを取り、ひいては、それは同時に、「有るものを全体として有るものとして」（das Seiende als das Seiende im Ganzen）有ること、要するに有るものの有性を最も完全に実現している確固不動の「自己原因」たる〈神〉において「根拠づける」（begründen）ことになる。かくして形而上学は「有論」（Ontologie）にして同時に「神論」（Theologie）すなわち「有‐神‐論」（Onto-Theologie, Onto-Theo-Logik）という「本質体制」（Wesensverfassung）を取るのである。(3)

このように、形而上学の有‐神‐論的体制は有を有るものの側から有るものの有にして且つ有るものの根拠として表象する形而上学的思惟に基づく。言い換えれば、形而上学的思惟はergründen, begründenという仕方での根拠付けの動向に貫徹された表象的思惟となり、このような思惟に基づいて形而上学の本質体制は有‐神‐論という形態を取るのである。したがって、「有」は有としての有、有それ自身すなわち有の真性ではなく、形而上学的思惟は「有の忘却」（Seinsvergessenheit）に支配されていることとなる。

二ノ四

さて、『有と時』の「序論」第二章に属する第六節は「有論の歴史の解体という課題」（Die Aufgabe einer Destruktion der Geschichte der Ontologie）と題されているのだが（GA2, S.27）、この節には『有と時』の第二部として予定されておりながら第一部第三編「時と有」と共に未発表のままに取り残されてしまった「とき性」（Temporalität）という問題点を手引きとする有論の歴史の現象学的解体の概要」（op.cit., S.53）と題される部門の梗概が述べられている。それは本章の表題となっている「有の問いを徹底的に仕上げることに於ける二重の課題」の内、その後半部分、つまり未発表の課題を我々に理解させるばかりではなく、総じて『有と時』が立脚している境域の打開とともに有の思索が始まることを示唆するものである。それはハイデガーの思索の道の発端を指し示すとともに、その後の彼の思索の展開を先取りしている点に於いて、この第六節はとりわけ重要な意義を持つように思う。

「有論の歴史の解体」とは「硬直化した伝統を解き弛めることと、その硬直化した伝統に依って成熟してしまった諸々の覆蔽を剝ぎ取ること」（*Sein und Zeit*. GA2, S.30）を謂う。形而上学的思惟が有を恒常的な有性として表象することは先述したが、このことは、形而上学がそれである有論の歴史では、現有は有を「直前性」（Vorhandenheit）として固定化し恒常化しこれに頽落的に依拠しながら関わるとともに、自己自身をも直前性として理解してしまうこととなる。総じて現有はその頽落的傾向に従って有を固定的恒常的な直前性として理解するのである。形而上学の歴史すなわち有論の歴史はこの硬直化した伝統の歴史であり、言い換えれば有の忘却が支配する歴史である。プラトン以来の形而上学はイデア、エイドスという言葉が示すように、精神的な眼差し、ノエイン（理性）によって本質的なものを見るというように、つねに精神もしくは理性の側から把握され、そうした意味で〈主体性の形而上学〉となる。それは中世のトマス・アクィナス、近世ではデカルト、カント、ヘーゲルを経て、キルケゴール、そしてニーチェに至るまで首尾一貫したかたちで、主体主義的・人間中心的形而上学となる。ハイデガーによれば、それは上述の有の忘却、言い換えれば有と有るものとの間にある〈有論的差異〉を忘却したところから生じる。すなわち、有るものを有らしめるのは、有るものの〈根拠〉として、イデアもしくはエイドス、更には神として理解されるが、要するにそれらは、最高の有るものに過ぎず、有るものを有らしめる働きを別の有るものによって基礎付けることになってしまい、「有る」という、いわば動詞としての働き、言い換えれば上述の如き有の自己覆蔵的既在化という時間的規定、すなわち有の「とき性（Temporalität）」を忘却しているのである。こうした有そのものの忘却の上に立って、もっぱら有るものの顕現的現前性、もしくは直前性にのみ着目するところに西洋の形而上学が構築されるのである。要するに、ハイデガーによれば、有るものが有るということにおいて、有は有るものをまさに有るものとして有らしめながら、そのように有らしめている働きである有そのものは、それ自身〈有るものに非ず〉という仕方で有るものから身を引く（entziehen）ところの覆蔵性である。

ハイデガーは、『有と時』の上記第六節で、「有と思惟」の自同性を語るパルメニデス命題を取り上げ、その命題の内に潜む「有」の恒常的実体性を、その原初的本源的に蔵されている真性に向かって解体することによって、『有と時』が立脚している境域を打開しようとする。彼は次の如く語る。

> λέγειν（話スコト）それ自身もしくはνοεῖν（思惟スルコト）―それは、或る直前的に有るものをそれの純粋な直前性に於いて端的に認取することであり、既にパルメニデスが有の解釈の手引きとして受け取っていたことであるが―それは、或るものを純粋に〈現前する〉というテンポラールな構造を持っている。したがって、現前することの内で且つ現前することへ向けてそれ自身を示す有るもの、しかも本来的に有るものとして理解されて有るもの、その有るものはそれの解釈を現・在へと顧ることの内で保持している。すなわち、それは現前性（οὐσία 有性）として概念的に把握されているのである。（GA2, S.34-S.35）

この引用文で留意すべき点は、第一に、ここで述べられている「思惟すること」は、上述の形而上学的思惟すなわち根拠付けによる表象的思惟を謂うのではなく、そこに「或るものを純粋に〈現前する〉というテンポラールな構造」（die temporale Struktur des reinen Gegenwärtigen von etwas）が看取されている、ということ。第二に、「有ること」は「現前することの内で且つ現前することへ向けてそれ自身を示す本来的に有るもの」もしくは「有性」とされていることである。この「それ自身を示す本来的に有るもの（τὸ ὂν τως ὄν, das eigentlich Seiende）」もしくは「有性」（ουσία, Seiendheit）は、ここではもはや形而上学の伝統に於いて規定されているような概念性、つまり「実体」（substantia, Substanz）という固定的恒常的な直前性として把捉される規定は解体されているのであって、「本来的に有るもの」もしくは「有性」の内に「有論的 - テンポラール」ontologisch-temporal）に「現 - 在」（Gegen-wart）としての「現前性」（Anwesenheit）が看取されている。ということは、それとりもなおさず、その現前性のうちに自己覆蔵的既在化を看取し、要するに、より一層正確に語るならば、それの内に、「現前 - 不現前」（Anwesen - Abwesen）の動向、別言すれば、現前化しつつ自己遡及的に既在化する露現と覆蔵の同時生起が看取され、且つこの根源的動向を貫徹する「現前性」の内に「現 - 在」すなわち「時」（Zeit）の或る特定の様態が垣間見られているのである。（Vgl.*Zeit und Sein*, In：ZSD, S.13-S.14）第三に、このように「思惟」と「有」の内にそれぞれ現前することと現前性という時的性格がともに看取されることに於いて、両者の「自同」すなわち「同一なること」すなわち「真性」の内にこれと共属する「時」が看取され、時から有が有として露開する故に、時は「有の真性」（die Wahrheit od. Unverborgenheit des Seins）と共属するのである。(4)

かくして、初期ハイデガーでは、有の働きを〈時〉として捉えることによって、従来の実体論的形而上学から脱却しようと試みたのだが、この〈時〉は、「有の真性」として捉え直され、この真性を露現性と覆蔵性との一にして一にあらざる（auseinander - zueinander）根源的生起、つまり有と有るものとの「非一非異（die Zwiefalt beider aus ihrer Einfalt）」（GA12, S.116）、或いは、有そのものの「露現しつつ - 覆蔵する隔差的異成（der entbergend-bergende Austrag）」（ID, S.57）として捉え直される。つまりハイデガーは有るものの有を決して実体として捉えるのではなく、有るものを有らしめる根源的な働きのうちに「脱け去り（Entzug）」を垣間見るという、もはや現前性の形而上学とは異なる仕方で「有」を理解しようとする。

二ノ五

『有と時』の時期では、有への問いが現有の実存論的構造を闡明し、そこを通路として有そのものへ向かうといった、どちらかといえば主体性の形而上学といった性向を残していたが、いわゆる思索の「転回（Kehre）」以降になると、人間の現有も有そのものの側から見られ、有と有るものとの有論的差異の生起と人間本質との連関という問題が前面に押し出されてくる。そこでは人間的現有はもはや実存論的超越論的な意味では考察されることはなく、言うなれば有論的差異が差異として現成してくる（つまり先の言葉で言えば、異成してくる）場として見られるようになる。もちろん有論的差異という事態は、前期ハイデガーにおいても考察されてはいたが、あくまで人間的現有における実存論的超越論的立場で取り扱われていたに過ぎず、有のそれ自体における覆蔵性、有の真性の覆蔵の覆蔵（das Bergen des Bergens）といった事態は、彼の後期の思索への転換期における諸著作において、次第に理論的な構築性において持ち出されてくる。後期においては、上で触れた有の有るものとの「異成」ということは、有が有るものにおいて露現すると同時にそのことと一つにそれ自身を覆蔵するという、有そのものの側からする有と有るものとの隔‐差の生起として考えられ、例えば『思索の事柄へ』に所載の「時と有」（一九六二年）と題する極めて重要な論文では、有るところの有るものに着目することなく、もっぱら有そのものの働きに焦点を据え、有の思索を展開しようと試みる。つまり有の有るものへの関係には顧慮することなく、どこまでも有そのものの固有性に見入りつつ、「性起（Ereignis）」から思索しようとする。

一九三六年から三八年にわたって書かれた膨大な量の覚書が『哲学への寄与』（*Beiträge zur Philosdophie*）というタイトルで一九八九年にようやく上梓されたが、その本来の標題は「性起について」であった（GA.65）。

しかしこの「性起」に関してハイデガーが明瞭に述べているのは、すでに公刊されていた『同一性と差異性』（ID）および論文「時と有」（ZSD所収）である。簡略に説明すればこうである。有と思索する人間とが相依相属し合うことのなかで、人間が有に自らを委ね任し（vereignet）、有が人間に委ね与えられる（zugeeignet）といった、相互の委ね合い（Eignen）から「性起」（Ereignis）が考えられていて、互いに委ね合うことで、両者は相互にその本来の所を得て適応帰属し合い、それらに固有の根源へと呼応し合うのである。このようなことから、「性起」の語は「委託的固有化」という意味をも持つ。そしてこうした有と人間との相即相入（das Zusammengehören）のあり方において、有そのものは「異成」として露現するのである。要するに、「性起（Ereignis）」と「異成（Austrag）」とは、ハイデガーにおいては端的に唯一的、等根源的な事柄として考えられている。従って現有としての人間は、有が「異成」してくる現場として、いわばそれの〈慧眼（Eräugen）〉として使用される「用（Brauch）」の場でもある。つまりEreignenとEräugenとは、有と有るものとの「相即（Zueinander）」と「対抗的隔たり（Auseinander）」とを同時に保持する「非一非異」（Zwiefalt）が、人間本質の性起（Ereignis）に関わる固有な仕方であり、換言すれば、かかる「非一非異」の「用」（Brauch）として使用されるところに、人間の本質があると言えよう。このように、有と有るものとの差異の生起が、有の露現と覆蔵との同時生起という構造において考察され、しかもその差異の生起（＝隔差異成）が、有が自らを覆蔵するという根源的出来事のうちに目撃されるのである。（GA12, S.119f）

さて、こうした有の内に覆蔵性を垣間見る見方は、もはや顕現性を主とするギリシア的形而上学とは異質であり、言うなれば、先述のユダヤ神秘主義における「ツィムツーム」の考えに符合する側面があるのは明らかであろう。とはいえ、ハイデガーが直接そこから影響を受けたということでは勿論ない。しかしどこまでもギリシア的に「有」の思索に固執しながらも、形而上学的ならざる思索を展開させるその性向は、明らかにユダヤ神秘主義のそれであろう。そして初期ハイデガーにあって、ウーシア（οὐσία）のうちに時間的構造を読み取り、そこに同時にパルーシア（παρουσία）を読み込もうとするのも、ヘブライズム的と看做されよう。

二ノ六

ハイデガーの時間論は、一般的理解に従えば、フッサール現象学の現在中心的な性向に対して、将来性の優位にその特色があるとして解釈される傾向が強いが、しかしここで特に留意したいのは、『有と時』第一八章にある「アプリオリ的完了（apriorisches Perfekt）」という概念である。そこでは現有が道具の道具性を可能ならしめる適所性の先行性を示しているのだが、後年になって付加されたこの語の欄外注記では、一般的に言って、「有るものの顕現を可能ならしむるために、有が先行的に解放されていること」として説明され、以下のように述べられている。

> この有論的な意味に於ける「先行的（Vorgängig）」とは、ラテン語でアプリオリ（a priori）、ギリシア語ではπρότερον τῇ φύσει（本性によってより先なるもの）を謂う。アリストテレス『自然学』A1を参照。更に明確なのは、『形而上学』E 1025 b 29で、τὸ τί ἦν εἶναι すなわち「既にあったところのもので－あること（das was schon war-sein）」、「その都度既に予め前もって現成しているもの（das jeweils schon voraus Wesende）」、既在（Gewesen）、完了（Perfekt）である。ギリシア語の動詞εἶναιは完了形を知らないので、ここではἦν εἶναι（有ったのである）という風に名指されている。有るものそのものを問うにあたって我々がそこへと遡って指示されるのは、有的に過ぎ去ったものではなく、その都度より先なるもの（das jeweils Frühere）である。アプリオリ的完了という呼び名に代わって、有論的完了、もしくは超越論的完了と呼ぶ

こともできよう。（カントの図式論を参照）（GA2, 114）

『有と時』刊行の翌年、すなわち一九二八年のマールブルクにおける夏学期の最終講義「ライプニッツを出発点とする論理学の形而上学的元初」のなかでは、いわゆる現有の時間性ではなく、有るものに対する有それ自身の優先的先行性が着目され、その先行性が持つ時間的性格を浮き彫りにしている。つまり、一般に有るものを把握する場合に、その把握に先立って（vorgängig）、いつも既に（im vorhinein schon）その有るものの有を理解しており、従って有は有るものに対してつねに「先立つもの（das Frühere）」であること、またそうした意味で「アプリオリ（a priori）」なものであることを指摘し、プラトンのイデア論を引き合いに出し、更にはアリストテレスのいわゆる「我々にとって先なるもの（πρότερον πρὸς ἡμᾶς）」と「それ自体において先なるもの（πρότερον τῇ φύσει）」との区別を手がかりとして論じている。そして有がそれ自体において「先立って（früher）」いるということは、取りも直さず有が或る根源的な意味で時間と関わっていることを示しており、そうした意味で「有と時」は根本問題であることを強調する。（GA26, S.182–S.189）

さて、このような人間的現有の全体構造から見る視点ではなく、有それ自体を思索する傾向がその後のハイデガーにおいて展開されていくのだが、いま触れた有それ自体の時間性が問題になる場合には、有るものに対する先行性が強調され、人間的現有の時間性がもつ「将来の優位」ではなく、むしろ本来的〈既在性〉が重要なものとなるのであり、それが彼の中期から後期にかけての有の思索に見られる傾向である。

ハイデガーの中期の講演『ニーチェ』第五講「ヨーロッパのニヒリズム」（一九四〇年）第二四章で言及されている「アプリオリとしての有」では、大略次のように論じられている。（GA6-2, S.190–S.199）彼はこの講演でも、有論的差異における有を〈アプリオリ〉、〈プリウス〉、すなわち「より先なるもの（das Frühe）」、「先立つもの（das Vorgängige）」として捉え、それをやはりアリストテレスのいわゆる「我々にとって先なるもの」と「それ自体において先なるもの」との区別を手がかりとして論じている。〈アプリオリ〉はやはり一つの卓抜した存在規定を持っている。有は、その最も本来的な本質から見て、我々人間がそれをいかに把握し、知覚するかに従ってではなく、有それ自体の内から、有自体によって規定されねばならない。我々にとっては、つまり我々が有るものへ向かうという点では、有るものがその都度前もって認識されたものであって、この意味で後からのものたる有よりも先にあるものである。ところが、我々にとってどうであるかを問わずに、有そのもの、つまりそれが有である限りにおいてどうであるかを問うとき、ギリシア人たちは有をまず始源的にピュシスとして、つまりそれ自体から自己を示現してくるもの、おのずから露現してくるものとして把握する。こうしたピュシスとしての有それ自体に鑑みて有を問うならば、その場合、有はピュシスによって（τῇ φύσει）有るものより以前にあるという意味で〈ヨリ先（πρότερον）〉であり、有るものが〈ヨリ後（ὕστερον）〉ということになる。以上のことから〈ヨリ先〉は二重の意味を持つ[29]。

（1）ワレワレニトッテ（πρὸς ἡμᾶς）我々が有るものをそれぞれ把握する時間的順序から云って。

（2）ピュシスニヨッテ（τῇ φύσει）有そのものが現成し、有るものの有として現前する順序の上で。

このことから考えられることは、覆蔵的な〈既在的先行性〉という特質を持つ「有」そのものを問うに当たって、『有と時』の時期における、現有から有へと向かう「基礎的有論」の立場は（1）に相当し、「転回(Kehre)」以降の有の思索は（2）に相当すると看做されるのでないだろうか。つまり、これまで普通一般には、ハイデガーの思索の「転回」について、「転回」以前、それ以後というように、彼の思索を時期的・時間的に位置づけ、現有からする有の問いの「挫折」による立場変更といったふうに解される嫌いあったが、彼の「有」に向かう姿勢は当初から一貫していて、「基礎的有論」から「メタ有論」への転回は「挫折」でも何でもなく、ただ上記のような視点の（1）から（2）への「転回」を行い、思索を深めていったに過ぎないのではないだろうか。

それはともかく、ハイデガーは、こうした意味での、つまり「ピュシスによって、より先なるもの」としての「アプリオリ」のドイツ語訳として das Vor-herige（先 - 来的なもの）という言葉を採用する。（a.a.O., S.195）Vor とは〈予め前もって〉を意味し、herig とはおのずから発現して来て我々に向かって到来してくることを意味する。このようにピュシスによって〈ヨリ先〉の本来の意味、つまりアプリオリを vor - herig なものとして思索するとき、いわゆる通念的な時間的継起の順序として理解されてはならないことは論を俟たない。しかしある意味では、時の根源的な姿がそこに言い表されていることも否定できない。

二ノ七

さて、以上のことから推察されることは、有それ自身が有るものに対してどこまでもアプリオリなものとして、常にその有るものに先立つもの（das Vor-herige）であることが指摘されたわけだが、この〈ヨリ先〉というのは、言い換えれば、いつも既に、いついかなる場合でも、より先立っているということだが、なぜこのような〈より先なるもの〉がいつも既にというように〈既在性〉の様相を呈するのか。それはこうした先行性がいつも既に先んじてしまっているとでも言える仕方を持つからである。先述したように、この先行性は時間的継起の順序における〈より先〉ではなく、あらゆる時間的位相を超えて一貫して見出される本来的元初という意味での〈既在性〉に他ならない。〈有論的差異〉において、有るものから区別される有それ自体とはこうした先行的既在性を持つ。有は現前するものを現在という様相において不断に現前させながら、それ自身はその現前者のなかに身を隠し、自身のなかに退去する、言うなれば、有はそれ自身現前者として一度たりとも現前したことのない〈絶対的過去〉である。この自己抑制的な〈絶対的過去〉が現前するものを思索する人間に向けて〈将来〉してくるのである。すなわち有は現前者を絶えず現前化させながら、そのことと一つに自らを脱け去らしめ、留保し、自己抑制する仕方で既在性のうちへと自らを匿うのであって、そういう意味から現前の現前性は、つねに〈痕跡〉という様相を帯びてこざるを得ない。

以上のように、アリストテレスの実体（ウーシア）の定義、「既に有りしもの」が現に有るところのもの〈ト・ティ・エーン・エイナイ〉」における「既に有りしもの」というのは決して時間の経過のなかで過ぎ去ってしまった、ずっと以前の過去という意味ではなく、繰り返し述べてきたように過去・現在・未来を貫いてそこに一貫して見出される、表には現れてこない本来的あり方を謂うのであり、そもそも本来的にそれであったところのもの、したがって現在も、やがて来る未来もなんら変わることのない、いつも既にそれであり続けている永続性を意味していることは言うまでもない。こうしたウーシアとしての有そのものを、つまり「類比的一」もしくは「超範疇（transcendens）」たる有そのものを、有るものの「不覆蔵性の内への現前性」に潜む、有るものからの〈脱け去り〉、すなわち有そのものの秘匿的先行性、もしくは本来的・既在的覆蔵性として捉え返したハイデガーは、まさに有を有として思索する道を、どこまでも有の事柄に忠実に思索し抜いた哲学者であったと言えよう。

ところでハイデガーは、アリストテレスによって有の問いに導かれ、現象学的眼差しを通してギリシア哲学に誘われていったが、〈ト・ティ・エーン・エイナイ〉をめぐる彼の有の思索を絶えず根底から突き動かしていたもの、それはやはり西欧ヨーロッパの伝統として彼の血肉に浸透しているキリスト教ではなかったであろうか。『出エジプト記』によれば、モーゼがイスラエルの民を率いてエジプトを出奔し、カナンの地に帰還しようとする途次、神に逢ってその名を問うたときの神の答えは「我は有りて在るものなり」（『出エジプト記』3, 14）であった。神は「存在」であった、存在は神の名であるのみでなく、神そのものであったのである。神は有りて在るものであり、存在するもののすべてであり、有るというより他に言い得ぬものであった。存在そのものたる神は「有りて在る」という仕方で、自らの存在を反復強調することにおいて、もっぱら存在を存在自らとして規定しており、それは言い換えれば既に有りしものが現に有るところのものとして、また将来もあるであろうところのものとして、アリストテレスのト・ティ・エーン・エイナイの意味を持ったものであった。ところが、そうした存在そのものとしての神は、過去・現在・未来の時間的位相を通してそこに一貫して見出される恒常不変の実体的根拠（ウーシア）として理解されることによって、いわゆる形而上学的な「有・神・論」を形成することになるのである。しかし、ユダヤ・ヘブライズムにおける神ヤハウェは、決してそのような神であったのではなかった。

二ノ八

神の山ホレブにおいて、燃える芝の中からモーセに語りかける神ヤハウェ（YHWH）は、上述のように、自らの名を'ehyeh 'ᵃsher 'ehyeh（エヒイエ・アシェル・エヒイエ）と告げ知らせる。しかし、ヘブライ語の'ehyeh は、単に「有りて在る」ということに尽きるものではなく、英語の be, become, happen,（有・生成・生起）のいずれをも意味しうる動詞 hāyāh（ハーヤー）の一人称単数未完了形である。すなわち'ehyeh は、「わたしは有る（成る・起こる）〔であろう〕」を意味する。この神は、或る時は灼熱の荒漠たる砂漠にあって民を導く雲として、また或る時は巻き起こる疾風や砂塵として、或いはまた山々の頂を越えて万軍を導く火として、いたるところでイスラエルの民の前に現れる神なのである。この世界が存在するのは「ハーヤー」の生成力によってすでに成ったものであり、それに対して、神の「ハーヤー」は常にダイナミックに働きつづける創造力、救済力そのものである。更に言えば、「エヒイエ」が第一人称単数形であることは、神が絶対主体として働くものであることを指示していよう。主体がまず実体的に確固不動のものとして存在し、それが事後的に働く、というのではなく、むしろ働くことのうちに主体が自らを啓示するのである。このようなダイナミックな「エヒイエ」が二度繰り返され、「アシェル」で結ばれているのだが、ヘブライ語では言葉が二度繰り返されるのは、しばしば人智を遥かに超えたものを指示するために用いられるようであり、上述の神の言葉の場合、最も動的な動詞「エヒイエ」が二度繰り返されているのも、人間理性を絶対的に超越した神の存在のダイナミックなあり方を殊更に指示しようとしていることは論を俟たない。

　このように、ヘブライ的思惟の特質は「動き」にある。ヘブライ人にとって、動くことのない固定した存在は実在性を持たないのである。「ハーヤー」としての神は、つねに流動的、主体的なものであり、まず何よりも、人格存在として把握される(5)。

　したがって、ヤハウェは、イスラエルの民の意識の深層にあっては、必ずしも恒常不変の単なる「有りて在る者」ではなかった。ところが聖書のギリシア語訳『セプトゥアギンタ』（七十人訳聖書）に於いては、上述のモーセに対する神の自己啓示 'ehyeh 'ᵃsher 'ehyeh は、"Ἐγώ εἰμι ὁ ὤν「わたしは有りて在る者である」と訳されている。つまり存在を意味するギリシア語の男性分詞形 ὁ ὤν（有る者）と訳され、いわば後になって実体論的な恒常不変の「存在」のカテゴリーにおいて神を理解する道がここに開かれたと言ってよい。更に言えば、今もし、この ὁ ὤν（有る者）が τὸ ὄν（有るもの）に読みかえられるとすれば、イスラエルの神はギリシア人たちの形而上学的思考に接続させられることになるだろう。実際、イエスやパウロと同時代人であるアレクサンドリアのピロン（Philon, c.25 B.C. - c.50）は、イスラエルの神を真の「有るもの（τὸ ὄν）」と解し、ギリシア哲学（とりわけプラトン哲学）の諸概念を用いて律法を解釈しようとした。彼はまた、「創世記」第一章―第二章第五節を対象とした『世界の創造』の中で、創造神に対して、プラトンの『ティマイオス』に見られる宇宙の形成神の名「デーミウルゴス（δημιουργός　製作者）」を用いている。この語の用例は、『セプトゥアギンタ』には見られないが、このことは彼が聖書の「創世記」をプラトンの同書を下敷きとして解読したことを示している。そして有と生成の区別は、「創造者」と「被造物」の区別に対応してくるのである。(5)

かくして、ピロンはヘレニズム化した世界にあって、『セプトゥアギンタ』における ὁ ὤν（有る者）を τὸ ὄν（有るもの）と解することによって、キリスト教をギリシア哲学の衣に包み、そのことによってキリスト教を形而上学化したのである。

さて、しかし、ὁ ὤν（有る者）は τὸ ὄν（有るもの）とは異なる。前者は主体的・人格的存在であるのに対し、後者は非人格的な事物的存在である。ヤハウェはイスラエルの民にとっては、かりそめにも「それ」と指示されるような「何物か」（something、etwas）ではなく、「主よ」と呼びかけられるべき「何者か」（somebody, Jemand）であった。「アダムよ、汝は何処にいるのか」（創世記3,9）という神の呼び声は、原人アダムを、神の前から逃亡せる隠れ場から、その本来あるべき、生きるべき場所に召喚する呼び声であったし、「アブラハムよ」という神の呼びかけに対し「はい、ここに」という応答がなされ（創世記22）、また「イスラエルよ、聞け。われわれの神、主は唯一の主である」（『申命記』6,4）と宣布されるとき、その「唯一の主」なる神は、例えばエレアのパルメニデス（Parmenides, 前515年頃〜?）の「τὸ ἐόν（エオン）」だとかプロティノスの「τὸ Ἕν（ト・ヘン　一者）」、更には Λόγος（ロゴス）といった〈非人格的存在〉では決してなかった。要するに重要なことは、イスラエルの神は、元来、その民を選別し、これと契約を結んで啓示を下すところの人格神、「アブラハムの神、イサクの神、ヤコブの神」であって、決して「哲学者の神」ではなかったということをしっかりと銘記しておかなければならないことである。

したがって、キリスト教に哲学があるとすれば、それはすぐれて実存的な刻印を有する哲学であろう。〈わたし〉として呼びかけてくる神に対し、「神の像（imago Dei）」であるわたしは〈汝〉として呼び返す、この応答のうちにあらゆる緊張が生まれるのである。聖書における言葉はつねに誰かに宛てられた言葉なのであり、誰かによって受け取られることを望んでいる言葉なのであって、呼びかけと聴取が基本となる。したがって神が話すとき、神はつねに命令法や希求法を用いる。これは〈契約〉の観念に先立って〈啓示〉の観念が証示していることである。

『使徒行伝』一七章によれば、使徒パウロは宣教のため、アテネに赴き、アレオパゴスの丘において、エピクロス学派やストア学派の哲学者たちを前に「不可知なる神」について演説をした。当時、ローマの支配下にあって迫害されていた初期キリスト教徒たちは、異教徒たちや時の権力者たちに自らの立場を理解してもらうべく、自らの思想を、単に伝統的な律法の言葉、預言者のカテゴリーやメシア伝承などによってだけではなく、ヘレニズム化された地中海周辺諸都市のギリシア語を話す人々の心に届くような仕方で宣べ伝えたのである。ところがその当時、初期キリスト教の宣教者たちがその活動を始めた頃には、すでにパレスチナのユダヤ人たちでさえ、かなりの程度ヘレニズム化されていて、また地中海周辺諸都市に散在していたユダヤ人たちの間にもヘレニズムは充分浸透していたのであって、彼らの用いる旧約聖書はヘブライ語の原典ではなくギリシア語の七十人訳聖書『セプトゥアギンタ』だったのである。(7)

かくして、ヘレニズム世界におけるキリスト教の宣教活動にあっては、ギリシア語が、そしてギリシア哲学の種々の常套的論法が使われた。そのことはしかし、一方ではキリスト教の教理を「形而上学」化することにもつながった。例えば、プロティノス（二〇五頃〜二七〇）の説く「一者（ト・ヘン）」は我々の思議を絶し、言説を超えた超越的なものだが、それ自体に内在する根源的・全一的意志によって、あらゆる存在者を現出させる可能性を秘めている。言い換えれば、存在を超越する「一者」はそれ自身のうちに自己内発的顕現化の志向性、他のものを可能にするための威力を持っている。一者は溢れんばかりに充溢するその力、尽きることのない力に基づいて自分自身に叡智を与え、宇宙霊へと展開し、万物に形象を与え、それらの存在根拠として内在化していくのである。東方のギリシア教父たちは、こうした新プラトン主義がもつ「本体的一元論」の思想を土台にキリスト教の理解を深めたのであり、「位格（ヒュポスタシス）」の階層構造における超越と内在の論理が、「三位一体論」へと展開していくのである。因みに言えば、「自己原因（causa sui）」たる神的実体を「外在的」なものとしてではなく「内在的」なものと捉え、〈生れた自然（natura naturata）〉を「様態」とし、そこに内在する〈生む自然（natura naturans）〉を神（本体）と捉え、一元論的汎神論を説いたスピノザ（一六三二～一六七七）の哲学は、きわめて東方的であったということである。

二ノ九

ハイデガーに従えば、形而上学は「一般的で第一義的なものとしての有るもの（das Seiende als solches im Allgemeinen und Ersten）」を、「至上のものでかつ究極的なものであるような有るもの（das Seiende als solchem im Höchsten und Letzten）」と「一つに合一させて（*in Einem mit*）」しまった（ID, S.52）がゆえに、形而上学はその構造からして有‐神‐論（Ont-Theo-Logik）となるのである。したがってキリスト教神学がギリシア哲学の有論の諸観念を援用するとき、神学は形而上学へのその根本的な帰属を自ら明かしているに過ぎないとも言えよう。しかしそうした帰属ゆえに、神学がそれに最も固有な対象、すなわち〈生きた神〉を取り逃してしまうことになる。神を「最高存在者」に変容することで、神学は神を根底的な仕方で非‐神格化し、「哲学者たちの神」たらしめてしまうのである。「自己原因」たる存在（ens causa sui）は、哲学にとっての神のためにあるような事象に相応しい名に過ぎず、それはキリスト教徒たちの神ではもはやなく、どこまでも哲学者たちの神なのである。ハイデガーは後年、次のように言い切っている。「この種の神に対しては、人間は祈ることも犠牲を捧げることもできない。自己原因を前にして、人間が胸一杯の畏怖の念とともに跪くことはありえない。同様に、かかる神を前にして人間が音楽を奏でたり踊ったりすることもありえない」と。(ID, S.64)

改めて指摘するまでもなく、ハイデガーは、有を形而上学ならぬ仕方で思索するきっかけを、キリスト教的信から教わろうとしたことは、やはり無視できないように思われる。つまり若きハイデガーは有についての思索が原始キリスト教的信仰経験に決定的な仕方で導かれていたことは明らかで、第一次世界大戦直後の時期の講義では、ハイデガーはスコラ学の思弁的・神学的思考から原始キリスト教的信の経験へと遡っているのだが、それは、有の思索に関して信仰から何かを教わるためであったのだ。つまりハイデガーは、原始キリスト教の営みにおける信仰経験をめぐる新たな省察を起点として、有についての形而上学的な考え方、特にアリストテレス的な考え方を問題化するよう導かれたのである。

ハイデガーがパウロやルターといったキリスト教の信仰に生きた証人たちを援用しつつアリストテレスを別の仕方で読み直そうとしていたのだとすれば、それはどういうことを意味するのだろうか。彼は、いわゆる「信仰」に生きるのでもなければ、かといって新しい「神学」を樹立するのでもなく、どこまでも「哲学」としての立場を維持すべくギリシア的思惟に固執し、「有」の思索を深めていこうとしたのであり、そこに残された道は、もはや有を〈現前性〉として見るのではなく、むしろその〈覆蔵性〉に着目し、しかもどこまでもアリストテレスの哲学を「模範」と看做し、それに付き従う仕方でそれを遂行するとすれば、「現前性の形而上学」を排斥するのではなく、その根底に帰りゆくという仕方で形而上学が思索しないままに留まった有の覆蔵性を、アリストテレスの哲学のなかに読み込もうとすることになる。それが上述したト・ティ・エーン・エイナイの解釈へと繋がるのは論を俟たない。しかしこうした視線は、ルターや、原始キリスト教の教えとはまったく無関係であるなどとは断言できないであろう。そして更に敷衍して言えば、それは「不可知なる神の自己顕現化」を強調し、

「光の形而上学」に基づくギリシア・ヘレニズム化された東方正教会のキリスト教ではなく、神をどこまでも「不可知なる神」、「隠れたる神」として看做し、本来のユダヤ・ヘブライズムの伝統に根差した西方キリスト教の立場であったことは留意されてよい。

二ノ一〇

ハイデガーは、「宗教現象学入門」（一九二〇～一九二一冬学期）のなかで、パウロ書簡「テサロニケの信徒への手紙一」、および「テサロニケの信徒への手紙二」そして「コリントの信徒への手紙」の三つを取り上げ、解読している。そこで重要視されるのは、原始キリスト教の信仰における事実的・歴史的生とその時間性、すなわちカイロス（καιρός）である。彼は事実的生について三つの分析を行う。先ず第一に、テサロニケの人々が「既在存在（Gewordensein）」の知を経験していたことをパウロが取り上げていることに注目する。この既在存在の経験は神との作用連関において現われ、困窮のなかで神のみ言葉を受容することである。（GA60, S.93f.）第二は、「コリントの信徒への手紙二」に見られる「肉のとげ」（12, 7）という表現である。ハイデガーは、これを主の降臨、すなわちパルーシア（παρουσία）から理解する。パルーシアの経験は、絶対的な苦悩の只中にあって、生の困窮に耐え忍ぶことにおいてのみ、神との関わりを持つとし、その中でこそ真の喜びが見出せるとする見解を示す。（GA60, 98）第三に、ハイデッガーは、「テサロニケの信徒への手紙一」を取り上げ、そこから主にカイロスの概念を学び取っている。パウロによって論じられているのは主の降臨（パルーシア）をめぐる問題である。弟子たちを「無知のなかに」（4, 13）打ち捨てないようにという願いを語ったあと、パウロは「その時と時期について」（5, 1）知らされる必要はないと付け加える。ハイデガーは、パウロがいかなる時間的な指示も、具体的な内容も与えてないことに注意を促し、むしろパウロが強調しているのは「盗人が夜やってくるように主の日は訪れる（Wie ein Dieb in der Nacht, so kommt der Tag des Herrn.）」（5, 2）という主の降臨の様相だけであり、その「突如性（die Plötzlichkeit）」に注目する。主の日の到来の突如性に対する人間の態度として、「冷静な覚醒（das nüchterne Wachen）」が対応している（5, 5-8）。つまりハイデガーの関心を引いたのは、このような「冷静な覚醒」と「待機性」という、「クロノロジック（chronologisch）」ならざる「カイロロジック（kairologisch）」な時間の特殊な規定、すなわち実存的規定をそこに見ているのである。（GA60, S.102-S.105）

こうしたパウロの経験に見る時間性は、予見不能な突如性という脅威のもとに置かれるのだが、カイロスは待望されている（erwartet）のでもなく、把握される（ergriffen）のでもない。こうした未来から訪れる脅威は現在を決断の瞬間たらしめずにはおかない。そこには何一つ計量可能なクロノロジックな時間はない。そうした意味で、原始キリスト教的信仰は、生を事実性において経験するが、それはどこまでも歴史的（geschichtlich）なのである。事実的生経験は単に時間のなかで生きるのではなく、時間そのものを生きているのである。ヘブライ的世界においては、歴史こそが生き生きとした現実なのであり、しかも重要なことは、歴史は未来によって全面的に規定されているということである。こうした歴史感覚は、時間についての特殊なアプローチによって可能なのだが、ギリシア思想にはこうした歴史感覚はない。つまりヘブライ的時間は、「突然生じるもの」と解された出来事を起点として理解されるもので、時間はこのような出来事と不可分なものなのだ。ということは、時間が出来事から切り離されて、「クロノロジック」な時間の規則的で単に量的な運動と化すことはありえない。換言すれば、現在において、如何ともしがたい未知性がその突如性によって顕われる。ここにいう現在は単なる今とは異なり、いわば時間の全体が統一的な様相で私に差し向けられるような場所なのである。このことはヘブライ語が「瞬間」を表現する仕方から、この点を判断することができる。T・ボーマンの説明によれば、ヘブライ語の最も短い時間感情は「レェガァ（rĕgaʿ）」であり、「打つこと」、つまり時間の脈動を意味する。それは例えば

「瞬きの瞬間」のような、どちらかと言えば視覚的な表象が伴うドイツ語のAugenblickとはまったく異なり、「レェガァ」はむしろ、脈動、心臓の鼓動、睫毛の痙攣といった肉体的な感覚を表わす語であって、点（Punkt）でも、合い間（Strecke）でも長さ（Dauer）でもなく、むしろ「拍子（Schlag）」であると言う（因みにフランス語表記ではcoup、pulsationであろう）。またこの語の同義語として「ペェタァ（pătaʾ）」があり、それもレェガァと同様、「突発性」を表わすが、区別するとすれば、レェガァは「一層急速な、力強い、奔流のような速度で遂行されること」を表わし、ペェタァは「気づかないうちに急激に出来事が生ずること、眼をあけると思いがけず突然存在していることを示す」ということである(8)。ここで私が特に留意したいのは、このペェタァについての説明である。つまりそれは、未知なる未来が「突如性」として到来してくるのだが、到来して思わず気がつくと、それはどこまでも「既在的」なものであったという時間感覚、簡潔に言えば、現在において突如として将来してくるのは、どこまでも既在的なものである、といった時間構造がヘブライ的時間の特質としてある、というこの一事である。この時間感覚に従えば、パウロが述べ伝えたカイロスとしての時間も、そうした意味で、現在に向けて将来してくるのはどこまでも超越的な「既在性」ではないか、ということにある。〈それ自体において先なるもの〉としての「既在的・本来的なるもの」は、どこまでも、現在のこの瞬間において冷静な覚醒を以って待機している〈我々にとって先なるもの〉として、我々に向けて将来してくるのである。ハイデガーに即して見た場合、このような歴史感覚に裏打ちされたカイロス的時間が刻印されているのは初期ハイデガーにおける実存論的分析論だけではない。いわゆる「転回」以後でも、「命運（Geschick）」の観念や、「放下（Gelassenheit）」のうちに、ひいては「耐えて待つ心、高邁なる心（Langmut，Großmut）」（GA13, S.81）のうちに、そして最終的には「性起（Ereignis）」という観念のうちに、言うなれば終末論的カイロスの刻印を見分けることができるのではないであろうか。

前述したように、有の真性の露現と覆蔵との動態は、それが開演される場として、「現有」としての人間の思索を必要とするのであって、この有と思索との相依相属関係を彼は「性起」という言葉で捉えていた。そして有の開けに身を委ねた本来の思索のなかへ、有そのものも自らを委ね与える仕方でその固有の領域から、あらゆる現前に先んじて元初的に性起する。しかもこの元初は、先述の如く非一非異として異成し、己を明らめつつ、同時にそれがどこまでも根源的由来でありつづけるべく、自己を抑制し、自らのもとに留まるのである。言い換えれば、有は〈我々にとって先なる者〉として現有へ向けて将来的に現前する仕方で〈性起〉しながら、しかし有そのものはどこまでも〈それ自体において先なるもの〉として「脱去（Enteignis）」し、本来的既在性に留まるのである。ハイデガーは、こうした本来的既在性を「別の元初（der andere Anfang）」、「最古のもの（das Älteste）」、「始源（der Anbeginn）」という言葉で繰り返し強調している。二、三例を挙げたい。

元初的なものは、一切の来たりつつあるものに先んじて性起し、そのために覆蔵された儘ではあるが、純粋な到来として歴史的人間のもとへと来たる。それは決して過ぎ去ることなく、決して過去のものではない。それゆえ我々は、元初的なものを……たゞもっぱら追想的思索のなかに、すなわち〈現成しつつある既在（das Gewesende）〉と、贈り届けられてきた有の真性をひとつに思索する追想的思索のなかにのみ見出すのである。（*Nietsche II.*, GA6-2, S.439-S.440.）

古きものの最古のものが、我々の思索のうちに我々の背後から到来し、我々に向かって来る。それゆえ思索は、既在するものの到来に身を委ね、それはいわば追想することである。（*Aus der Erfahrung des Denkens*, GA13, S.82.）

始源は、より早く先んずるものとして終わりを既に追い越している。こうした先んずるものこそ、今なお覆蔵されているところの、時の根源的本質（現成）を守蔵しているのである。（*Die Sprache im Gedicht*, GA12, S.53）

真の時間とは既に有りしものの到来である。この既在せるものとは過ぎ去ってしまった過去ではなく、むしろ一切の到来に先んじて現成しているものの集摂態である。同時に真の時間は、このような集摂態として、常により早きものの中へと自らを戻し匿うのである。（*ibid.*）

要するに、パウロ的カイロスの経験、「冷静なる覚醒」と「待機性」という実存的態度が、こういう仕方で後期ハイデガーの有の思索にも浸透していることは注意されてよい。

ただ、ザラデルが指摘しているように、ハイデガーは『新約聖書』しか考慮していず、あたかも新約の文章群が一切の開始を成し、福音のギリシア語が旧約のヘブライ語とは無関係であるかのように『新約』のテクスト群を捉えているが、しかし旧約と新約を切り離して考えることは不可能であって、ハイデガーの選択は奇異としか思えないのも確かである。(9) しかし、上述のパウロ的な意味でのカイロスという措辞は、時間についてのヘブライ的な考え方の埒外では理解不能なものである。(10) 時間についての、ひいては有そのものについてのハイデガーの考え方の全体に、カイロスの観念は刻み込まれている。ハイデガーは「有」をもはやギリシア的形而上学ならざる仕方で捉えるにあたって、それを時間に還元して捉えようとする意図のうちには、原始キリスト教的信に見るカイロスの経験があったことは銘記すべきところであろう。ハイデガーがパウロ的なカイロスの経験から着想を得たのはまさに、時間の本質的な内実を思考するためであったのだが、奇妙なことに、旧約のヘブライ的思考をその源泉とすることはなかった。時間のカイロロジックな本質はハイデガーの仕事のなかに入り込んで、ついにはハイデガーの考え方の核心にまで至るのだが、この本質がそこに至るのは出自を除去されたうえでのことでしかないのである。(11) したがって、ザラデルも言うように、ハイデガーの思索がヘブライ的伝統から直接的に着想を得たということはありえないが、それがヘブライ的伝統の考えに依存することなく発展したということもありえない。ヘブライ的伝統とハイデガーの思索との隣接は極めて大きく、このアポリアを解消するためには、ハイデガー自身、まったく気がつかないでいたヘブライ的伝統の遺産から知らず知らずのうちにその着想を汲んでいたことを容認することであろう。(12)「由来〔既在性〕は常に将来に留まっている」とする時間感覚、歴史感覚は、けっしてギリシア的な発想ではなく、どこまでもヘブライ的なものなのである。

【註】

★本文中の西田からの引用は、『西田幾多郎全集』の最新版〔竹田篤司、クラウス・リーゼンフーバー、小坂国継、藤田正勝編、岩波書店　二〇〇三年刊〕および旧版（一九六〇年代刊）に基づき、最新版と旧版の順序で、各巻の号数と頁数を記した。

（1）井上哲次郎『明治哲学界の回顧』、岩波講座『哲学』一九三二年、七〇頁

（2）『井上円了選集』第三巻所載、一九八七年、東洋大学発行、三六九～三七〇頁

（3）渡部清「仏教哲学者としての原坦山と『現象即実在論』との関係」（上智大学『哲学科紀要』第二四号所載、一九九八年）および「井上哲次郎の哲学体系と仏教の哲理」（同『紀要』第二五号所載、一九九九年）参照。

（4）『倫理新説』（明治一六年）『明治文化全集』第二三巻「思想編」所収。日本評論社、一九六七年、四一九頁

（5）渡部、前掲論文（一九九九年）七五～七六頁参照。

（6）『大乗起信論』については、以下の諸著作を参照。
平川彰『大乗起信論』（『仏典講座22』）大蔵出版、一九七三年
衛藤即応『大蔵経講座　大乗起信論講義』名著出版、一九八五年
竹村牧男『大乗起信論講釈』山喜房佛書林、一九八五年
久松真一『起信の課題』（『増補　久松真一著作集』第六巻「経録抄」、法藏館　一九九四年所収）
井筒俊彦『意識の形而上学―「大乗起信論」の哲学』中央公論新社、二〇〇一年
なお、仏教学に留まらず、広い視野に立った研究として、以下の著書も参看願いたい。
井上克人編著『「大乗起信論」の研究』（関西大学東西学術研究所研究叢刊一五）関西大学出版部、二〇〇〇年

（7）Vgl. Klaus Held:*Treffpunkt Platon — Philosophischer Reiseführer durch die Länder des Mittelmeers*, Philipp Reclam jun. Stuttgart, 1990, I, V-VII, XXIII
邦訳：K・ヘルト『地中海哲学紀行』（井上克人・國方栄二監訳、晃洋書房、一九九八年）、上巻第一章、第五〜七章、および同書下巻、第一一章を参照。

（8）Vgl. Ders. XIX, 邦訳同書下巻、第七章を参照。

（9）『舩山信一著作集』第六巻、「明治哲学史研究」こぶし書房、一九九九年、六〇頁

（10）Gショーレム「無からの創造と神の自己限定」（市川裕訳）（A・ポルトマン、G・ショーレム、H・コルバン著（日本語版監修：井筒俊彦、上田閑照、河合隼雄）『一なるものと多なるもの』エラノス会議編。桂芳樹、市川裕、神谷幹夫訳、所収、平凡社）

本文中括弧内の数字は本書の頁数を示す。

Ⅱ

※本文および注におけるハイデガー全集および各著作の省略記号は以下のとおりである。

GA:　Martin Heidegger Gesamtausgabe, Vittorio Klostermann, Frankfurt am Main.

ZSD:　*Zur Sache des Denkens*, Max　Niemeyer Verlag Tübingen. 1969

ID:　*Identität und Differenz* (vierte, unveränderte Auflage), Verlag Günther Neske in Pfullingen. 1957

なお、ハイデガー全集各巻の引用は、全集の略号 GA の後に巻数と頁数を付加した。巻数の各タイトルを表記しておく。

GA2:　*Sein und Zeit*

GA5:　*Holzwege*

GA6-2: *Nietzsche II*

GA9:　*Wegmarken*

GA12:　*Unterwegs zur Sprache*

GA13:　*Aus der Erfahrung des Denkens*

GA18:　*Grundbegriff der aristotelischen Philosophie*

GA26:　*Metaphysische Anfangsgründe der Logik*

GA58:　*Grundproblem der Phänomenologie (1919/20)*

GA60:　*Phänomenologie des religiösen Lebens*

GA63:　*Ontologie*（*Hermeneutik der Faktizität*）

GA65:　*Beiträge zur Philosophie (Vom Ereignis)*

（1）W. J.Richardson: *Heidegger Through Phenomenology to Thought.* Martinus Nijhoff Den Hague, S. XI

（2）『アリストテレス全集』第十二巻（岩波書店　一九七七年）五二〇頁解説参照。

（3）*Die seinsgeschichtliche Bestimmung des Nihilismus*（1944/46）, In: *Nietzsche* Ⅱ, In: GA6-2, S.312-S.315

Einleitung zu: „Was ist Metaphysik?“, In: GA9, S.378-S.380

Die onto-theo-logische Verfassung der Metaphysik, In: ID, S.51, S.54-S.56

Kants These über das Sein. In: GA5, S.449-S.450

（4）詳細は、白井成道『ハイデッガー研究—思惟の道』（法政大学出版局、1992年）を参照。なお、ハイデッガーのパルメニデス命題をめぐる解釈については、本書から多大の示唆を得た。

（5）「ハーヤー」の思想およびヘブライ的思惟については、以下の諸著作から多大の示唆を得た。T. Boman, *Das hebräische Denken im Vergleich nit dem griechischen*, Göttingen, Vandenhoeck und Ruprecht, 1952（邦訳T．ボーマン『ヘブライ人とギリシャ人の思惟』（植田重雄訳、新教出版社、一九七二年）有賀鐵太郎『キリスト教思想における存在論の問題』（創元社、一九六九年、一七七頁～二〇〇頁、および三五頁～一〇九頁）参照。

（6）町野啓「アレクサンドリアの神学」参照。中川純男責任編集『哲学の歴史3　神との対話　中世・信仰と知の調和』中央公論新社、二〇〇八年所収）町野啓『初期クリスト教とギリシア哲学』（創文社、一九七二年）参照。

（7）山川偉也「「権威と信仰」のもとで」参照。（飛田就一編著『知性の探究』法律文化社、一九七九年、所収）

（8）T. Boman, 前掲書 S.116-S.117, 邦訳、前掲書、二二〇頁～二二一頁

（9）Marl ène Zarader : *La Dette Impensée Heidegger et L'héritage Hébraïque*, Éditions du Seuil, pp.172-173, 邦訳『ハイデガーとヘブライの遺産—思考されざる債務』（合田正人訳、法政大学出版局、一九九五年）二三七頁

（10）ibid. pp.176-177, 邦訳二四二頁

（11）ibid. p.172, 邦訳二三五頁

（12）ibid. p.164, 邦訳二二四頁

【その他の参考資料】

（1）Otto Pöggeler : *Der Denkweg Martin Heidegger*, Verlag Günter Neske, Pfullingen, 1963

（2）Ders.: *Heidegger und die Hermeneutische Philosophie*, Verlag Karl Alber GmbH, 1983

（3）Karl Lehmann : Christliche Geschichtserfahrung und ontologische Frage beim jungen Heidegger, In : *Heidegger*

(Hrg. von Otto Pöggeler) Kiepenheuer & Witsch, Köln Berlin, 1969

（4）Helmut Franz : Das Denken Heideggers und die Theologie, In : *Heidegger* (a.a.O.)

（5）*Heidegger et la question de Dieu*, Bernard Grasset, Paris. 1980

第四章　永遠とイマージュ――直接性と媒介性――

序

古代から現代にいたるまで、どの民族も何らかのかたちで宗教に関わっている。宗教とまったく無縁な生活などいずれの民族にもありえない。しかも人間がいだく宗教経験には常に何らかのかたちで〈イメージ〉と結びついている。宗教現象はいずれも、人間を超えるものに対する畏怖と依存の感情を表現しており、原初的な宗教感情は、大いなるものへの畏怖と帰一の感情に他ならない。原初の人間が大いなるものへの畏怖の中で、頭上に限りなく広がる天空に見たものは、何より崇高さであった。無限に高いものは、人間を超える偉大な力を持つと想像された。天空は無限性と超越性、至上性と永遠性の象徴であった。天空はまた認識をも意味した。太陽の輝く明るい空、月や星のまたたく夜空のなかに、原初の人は、認識の象徴を見、やがてそこにすべてを知る至高神を見た。天空神がその後天上の主権者、宇宙の秩序の守護者、地上の法や契約の制定者となっていったのは、天空が認識の象徴だったからであろう。さらに、天空の神は、大地に雨を降らせ、植物や穀物を育てる繁殖者、生殖者ともなり、それらは多くの場合、天父としてイメージされた。太陽は、原初の人間にとって世界を明るくし、生きとし生けるものの命を養う生命力の源泉として観念された。太陽も認識と生命力の象徴であった。太陽神はやがて天空神にとってかわって天空の最高存在者となっていく。そして人間社会の最高統率者を太陽神の子として崇拝されるようになる。月は時を測定して人に知らせ、月日の区切りを教えた。また月の満ち欠けは死と再生を表し、生命の永遠を象徴するものとなった。原初の人間が目前に広がる大地に見たものは、植物や動物を育む無尽蔵な産出力であった。大地はこの無限の産出力ゆえに崇拝され、母なる大地というイメージにつながっていく。

さて、本章で触れたいのは、宗教経験における「個」の自覚と普遍性の問題だが、「個」の自覚の最もリアルな直接性の経験が、じつは自己を超えた絶対他者の媒介性を通じて初めてリアルになってくるということ、しかもその際、自己の直接性における永遠普遍的なるものの媒介性はイメージもしくは「イマージュ」としてリアライズしてくるのである。それを以下では、キリスト教のビザンティン美術におけるイコンに焦点をあてて考察してみたい。

一

キリスト教美術は二世紀から三世紀にかけて古代ローマ世界各地のヘレニズム文化が深く根付いた諸都市で誕生したが、超越的で神聖なる存在を眼に見える形や色彩で表現し得るのかという大きな課題を背負って出発した。ユダヤ教の伝統に従えば、神はどこまでも不可視・不可知の存在であって、それを視覚芸術で表現することへの根本的な問いかけである。そこにはまず断固とした偶像崇拝への禁忌があり、更には古代キリスト教会を揺るがしたイエス・キリストの神性・人性をめぐる論争の複雑な展開が横たわる。

旧約聖書の「出エジプト記」で神はモーセに告げる。「あなたには、わたしをおいてほかに神があってはならない。あなたはいかなる像も造ってはならない。上は天にあり、下は地にあり、また地の下の水の中にある、いかなるものの形も造ってはならない。あなたはそれらに向かってひれ伏したり、それらに仕えたりしてはならない。わたしは主、あなたの神」（20・3-5）。このほかにも旧約聖書は繰り返し偶像崇拝を戒め、警告する（『申命記』4・14-40、『エレミア書』10・3-5、外典『智恵の書』14-16など）。そしてそれと同時に旧約聖書は、偶像を刻んで礼拝する誘惑が古代イスラエルの民には常にあって、事実それが存在したことを語っている（『出エジプト記』32・1-6の「雄牛の鋳像」、『民数記』21・7-9の「蛇の青銅」、『列王記上』12・28-32の「二体の金の子牛」など）。

形あるものへの礼拝の禁忌を新約聖書の中に求めると、『ヨハネによる福音書』におけるイエスとサマリアの女との問答にそれが見られる。「神は霊である。だから、神を礼拝する者は、霊と真理をもって礼拝しなければならない」（4・24）。

かくして、古代地中海世界へ進出してきたキリスト教は、当時のローマやエジプトの異教の神々の偶像崇拝に対抗して、物質的な材料で不可視の神の霊性を表現することの不可能性を自覚し、石や木に刻んだ聖像を礼拝することを強く戒めたのである。ところがその一方で、キリスト教会は、実際には、信徒たちの教化や徳の養成のために美術を積極的に利用しようとする姿勢を推進させてゆく。とくにキリスト教がローマ帝国内で合法的な宗教となった四世紀以降、聖地巡礼や殉教聖者崇敬が急速に高まり、それに促されて地中海世界の各都市はおしなべてキリスト教都市と化し、その整備のため聖堂建築やその壁画装飾を中心とした古代キリスト教美術は一大飛躍をとげることとなる(1)。それでもなおキリスト教会側は美術に対する警戒心を決して緩めることはなく、その結果として、後述するように、東方の中世ローマ（ビザンティン）帝国のキリスト教会におけるイコノクラスム

〈聖画像破壊運動〉が起こる。

二

さて、本章の意図は、こうした不可視なる神、超越的一なるものの自己覆蔵的顕現は、人間の自己の内なる「情意」と結びついた〈イマージュ〉として顕われるということを示すことである。つまり自己の内なる超越なるものとの関わりが中心的なテーマとなる。超越的に無限なるものは、それ自身どこまでも隠れたもの、不可知にして不可視なるものであり、自らを覆蔵せるものとして超越的であり、自己を超えたものとして〈絶対的他者〉なのだが、しかしまさにそういうものとしてそれが自己示現するときはどこまでも〈イマージュ〉として自己の情意のなかに顕現するのである。しかも留意したいのは、超越的一なるものの絶対的他者性、言い換えれば超越的覆蔵性の不可逆的構造が、自己の宗教経験の「直接性」のなかに「媒介的」なるものとして垣間見られることである。

有限な存在にすぎない人間はいかにして無限なるものに関わり、それに触れることができるのだろうか。人間は超絶的な無限に対して無媒介的・直接的な仕方では触れることはできない。我々が無限なるものに触れるのは、無限がいわば我々にもっとも身近な情意の次元にまで降りて来てそこに映るのでなければならない。それは無限がイマージュとなることである。我々はイマージュにおいて無限を生きることができるのである。イマージュは、不可視にして不可知なる超越的世界を情意の世界に映し、それを呼吸することを可能にする。そのようなものとして、イマージュは人間において最も直接的で原初的な知なのであり、超越的なものと触れる〈媒体〉なのである。

ところが、この超越的なるものとイマージュの関係は、西洋の精神史に於いて、その根幹にある重要な哲学的問題であったことは改めて指摘するまでもないであろう。「神の像（imago Dei）」の問題がそれである。「像（eicon, imago, Bild, image）」とは、常にそれが指し示す或るものの「似像」に過ぎず、それ自身単独では存立しえない。そこには、規範である原型との類似と同時に差異も示され、原型はそのままの形では顕現してこない。しかしながら、原型が他ならぬ規範として顕わとなるのは「像」を通してなのである。ではその場合の本来的な像とはそもそも何なのか、この問いは、じつは長い間西洋の精神史において根本的な問題であった。

西欧世界の精神史における〈像〉概念の系譜を遡ってゆくと、「神は御自分にかたどって人を創造された」（「創世記」1･27）という旧約聖書中にある言葉に行き当たる。人間は神の像（imago Dei）であるという考えが及ぼした影響は測り知れないほど大きいものであった。像は規範たる原型に基づいて形造られながら、同時に原型との間には絶対的な〈隔たり〉を有している。したがって「像」は本質的に原型に依存するものであって、決してそれ自身として絶対化されてはならないのである。このことがここでは人間の有限性の自覚として明確に指摘されている。また同じ旧約聖書中に、先に引用した次のような言葉がある。「あなたには、わたしをおいてほかに神があってはならない。あなたはいかなる像も造ってはならない」（「出エジプト記」20･3-4）、「あなたはいかなる像も造ってはならない」（「申命記」5･8）という戒めである。ここには原型たる神への絶対依存の関係を見失って、自らが作った偶像を崇拝するならば、それは重大な転倒になるという認識が表明されている。こうした原型と像との間にまつわる問題こそ、西洋精神史を形成してきた原動力であったと言っても過言ではない。一言で言えば、〈像〉における神の内在と超越の問題である。

さて、この問題は原始キリスト教時代になると、パウロやヨハネにとって重要なモチーフとなった。イエス・キリストこそ「神の似姿」（「コリントの信徒への手紙二」4･4）、「見えない神の姿」（「コロサイの信徒への手紙」1・15）なのであって、万物はこのロゴスであるキリストによって成る（「ヨハネによる福音書」1・3）。かくして、人間が神の似像であるということは、神の子キリストの受肉によって示されている。ただ、ここで重要なのは、神の子キリストは、父なる神に由来する以上、父なる神とは異なるにも拘らず、父なる神と内的に一致しており、しかもそのような神の全き像として自らを人間に対して示していることである。それは『ヨハネによる福音書』の中の「はっきり言っておく。子は、父のなさることを見なければ、自分からは何事もできない。父がなさることはなんでも、子もそのとおりにする。」（5・19）という言葉によって示されているし、また同じく、「わたしは道であり、真理であり、命である。わたしを通らなければ、だれも父のもとに行くことができない。あなたがたがわたしを知っているなら、わたしの父をも知ることになる。」（14・6–7）という言葉には、次のような重要な考えが表明されている。すなわち、像が像であることを示すことのできるものは像それ自身のほかになく、また同時に、像がまさにその像であるところの原型が原型として自らを示し得るのは、他ならぬその像によってのみであるということである。(2)つまり像が像でしかないという自己示現を通して、それ自身としては不可視の覆蔵的・超越的原型が開示されるという、この考えは、以後の西洋精神史にあって途絶えることなく命脈を保ち続けていく。

三

肉眼で捉えられるものはいずれも不可視のイデアの似像であるとするプラトン主義と、人間は神の像であるとするヘブライズムとが結びつくことによって、やがて三位一体論に代表されるキリスト教の中心的教義が形成されていく。最初にギリシア哲学、とくに新プラトン主義の思想を土台にキリスト教の理解を深めたのは、東方のギリシア教父たちであった。そこで次に、西方と東方のキリスト教の相違について若干触れておきたい。

　西方キリスト教が東方のそれと異なっている点は、まず使用言語の相違にあり、すなわちラテン語を使うローマ帝国の西部とギリシア語を話す東部とでは根本的に異なった世界観と意識のあり方を表現している。この根本的な相違は、政治的にはローマとビザンティンの分離というかたちで露顕することになるのだが、ラテン的・西方的精神気質は、おそらくローマ帝国に於いてはっきりと現れている。第一に、ローマ人はギリシア人とは異なり、徹底した法律指向であったということであり、彼らの共同生活全体がしっかりとした法律関係のなかで組織されていた。したがって、西方キリスト教の特質は、東方のそれのように存在論的に理解された「哲学者の神」ではなく、あくまでも「聖書の神」を対峙させ、神人関係を、本来ユダヤ教の特質であった「契約」による父子関係として捉え、父たる神は裁きの神であり、赦しと愛の神であり、外に超越した人格的唯一神である。創造主たる神と被造物との間には絶対に越えることのできない断絶があり、神はどこまでも外に君臨し、万物を無から創造する超越的存在であった。したがって、契約の遵守こそが重要なのである。

　それにひきかえ、東方のギリシア教父たちは、最初にギリシア哲学、とくに新プラトン主義の思想を土台にキリスト教の理解を深めた。東方正教会の神学的中心概念は「テオーシス（θέωσις）」つまり「神化」である。人間の霊魂の内には神的なものが内在しており、その霊性によって、自らの魂を肉体の牢獄から解放する禁欲的自己浄化の過程で、自分自身を、神的なるものの光明を内的に顕現せしめる一つの像にすることができるのである。プラトンも、対話篇『テアイテトス』（176b）のなかで、ある一つの概念をそれに当てている。それは「ホモイオーシス　テオー（ὁμοίωσις θεῷ）」つまり「神への類似」である。こうした「人間の神化」ということが東方正教会の特質をなすものであった。「神が人と成ったのは、人が神に成るためである。」[3]（四世紀のギリシア教父、アレクサンドリア司教アタナシオスの言葉）つまり神は有限な人間存在の内に「像」として内在しており、その意味で、人間と断絶して外に独立しているわけではなく、どこまでも人間存在に内在するものとして考えられている。

敷衍して言えば、東方キリスト教の特質は、神の超越といっても、「外」に独立して超越したものではなく、どこまでも「内在的超越」という構造を持ち、それは新プラトン主義の発出論的一元論に起源を持っている。そこでは超越的に一なるものが自ら動いて自己展開していき、個々の存在者の中に内在化していく運動、言うなれば超越的・覆蔵的なるものの自己開顕、自己顕在化していく運動が説かれるのであり、その意味で本体論的一元論の構造をもっている。つまり超越的一なるものは、現象せる個々の存在者の形而上的本体として、それらの根底に伏在し、あらゆるものを根源的存在可能性に於いて自らのうちに摂収しつつ、同時に個々のものを本然的にあるがままに開放するのである。換言すれば、現象せる個々の存在者は、どこまでも自らを顕現せしめた超越的一のうちに在り、逆に、個々のものの存在原因たる超越的一は、どこまでもそれらの本体として自己自身のうちに蔵身しつつ、同時に自ら顕現せしめたすべてのものの中に内在するのである。それは言葉を換えて言えば〈内在的超越〉の論理に他ならない。つまり超越的なものは現象へと自らを展開しつつも、それ自身はその超越性を維持すべく、自己自身へと溯源的に引きこもる、つまり自己蔵身するのである。それはどこまでも覆蔵的なものなのである。要するに、神はその本質（ουσία）としては、我々の感覚・思惟・直観などいかなる把握能力をも超越しており、我々にとってはあくまで不可知の闇に留まると言わざるをえない。こうしてギリシア教父たちは、不可知の神への探求の可能性を原理的に問い求めていく過程で不可欠の手がかりとされたのが、像の概念であった。

四

ニカイアにおける第一回全地公会（三二五年）で、神の子は父なる神と〈同一実体 ὁμο-ούσιος ホモウーシオス〉であることが定められ、ついでコンスタンティノープルの第二回全地公会で、アレクサンドリアのアタナシウス（二九六頃～三七三）とカッパドキア派の三教父、すなわち、カイサレアのバシリウス（三三〇頃～三七九）、その友人であるナジアンズス司教グレゴリウス（三二九～三八九〔三九〇〕）、バシリウスの弟でニュッサ司教のグレゴリウス（三三五～三九四）が長年説いてきた教説が正統と認可され、父・子・聖霊の三位は絶対的な統一体（ウーシア οὐσία）であり、父・子・聖霊はそれぞれ別々のヒュポスタシス（ὑπόστασις 位格）、あるいはペルソナ（persona）であるが、神性の根源である父はつねに子と聖霊とともに同格的にあるとされたのである。

こうした三位一体（Αγία Τριάδα、Trinitas）をめぐる論争の背景には、ニカイアに於ける全地公会当時、最も影響力の大きかったアレクサンドリアの教父アリウス（二五〇～三三六）学派の教義があった。それによれば、キリストは神の像であるどころか、神による被造物でしかなく、神とは同質（ホモウーシオス ὁμο-ούσιος）ではなく類似している（ホモイウーシオス、ὁμοιούσιος）に過ぎず、他の被造物と同じく、神の意志によって無から創造されたものであるから、神的でも永遠でもないと主張し、三位一体説に真っ向から反対したのである。このアリウス説をめぐる論争で問題となったのは、キリスト教信仰における一なる神がいかにしてイエスの父たる本質、イエス自身、聖霊の三様に経験されるのか、ということであった。ヒュポスタシス（ὑπόστασις 位格）とは新プラトン派の用語で、隠れた一者（神）が実存するものとして顕現してくる存在の仕方である。

　プロティノス（二〇五頃～二七〇）は人間を霊魂として見る。その霊魂は他の一切の存在者と同じく、父たる「根源的一者（τὸ ἕν　ト・ヘン）」から流出してきたものである。「一者」は我々の思議を絶し、言説を超えた超越的なものであるが、一切万物を自らのうちに包蔵し、それ自体に内在する根源的・全一的意志によって、あらゆる存在者を現出させる可能性を秘めている。言い換えれば、存在を超越する「一者」はそれ自身のうちに自己内発的顕在化の志向性、他のものを可能にするための威力、力、能力を持っている。一者は溢れんばかりに充溢するその力、尽きることのない力に基づいて自分自身に叡智を与え、宇宙霊へと展開し、万物に形象を与え、それらの存在根拠として内在化していくのである。こうしてプロティノスにあっては叡智から質料的物質にいたるまで、すべてが一者からの流出であり、しかもその霊性（光）は段階ごとに稀薄になっていく。一者は光輝く善そのものであるのに対して、質料はその全き欠如、すなわち闇であり悪である。物質はなお形相をもつ限りにおいて善を分有し、悪の一歩手前であるが、質料は悪そのものである。人間の霊魂はかくの如くにして根源的一者から発出してきたものであって、一者から流出してきたものはそれぞれに理性・霊魂・質料というふうに、ヒュポスタシス（位格・階位）をもち、同時にそれらは一者へと帰還してゆく傾向性も併せもつ。

　さて、以上のように新プラトン派にあってはこれらの位格は同等の位を持っているわけではない。したがってアリウスが「子は一つの位格であるとしても、子は父と同じ位にあることはできず、父の下に位置していなければならない」と主張したことは、まったく論理にかなった考えであった。ところが第二回全地公会までの四世紀にわたる教義の展開の中で問題になったことは、こういうアリウスの考えに対して、神的位格の同等階位性を際立たせることであった。それをまた新プラトン主義的に説くのである。すなわち、子は父がもつ光源の極度の明るさと比べて光度が弱いわけではなく、父と同じ階位に位置しているのであって、子は「光からの光」なのである。父と子と聖霊の同等階位性とは、それらが同じ存在（光）を共有しているということを意味している。「存在」はギリシア語では οὐσία（ウーシア）である。このウーシアの通例の翻訳語は「実体」もしくは「本質」だが、基本的には「存在」を意味している。カッパドキア派の教父たちにとって問題となったのは、存在の、もしくは本質の同等性、すなわち「同一のウーシア（ὁμο-οὐσία）」がいかにして神の三位一体において理解されうるのか、ということであった。キリスト教の神はどこまでも唯一神である。したがってこの神は、その唯一性において第一位に位置する存在という意味のウーシアでなければならない。カッパドキア派の教父たちによれば、神は三つの位格、三つの存在様相における一なるウーシア、一なる存在だ、ということである。つまりそれは「三つのペルソナの内なる一本質」というかたちで知られ、今日でもこの定式が通用している。(4) 言い換えれば、どこまでも超越的一なる神は、その超越性を失うことなく、三つのペルソナに内在している、ということ、すなわち「内在的超越」ということに他ならない。

五

さて、こうした東方キリスト教における「神との合致」もしくは「神との類似」といった方向に対して、西方のラテン教父、とくにアウグスティヌス（三五四～四三〇）の場合はどうであろうか。彼は周知のように新プラトン主義の影響を受けており、「内面の道」を説く。彼は自己の精神の内に神を見るというが、それは我々の精神がそのまま神であるということでは勿論ない。精神の根底深く降りてゆくと、その内奥に、つまり精神を超えたところにおいて神に出会うのである。こうした「内なる超越」は『告白』の「記憶」論に現れ、また後年の『三位一体論』にも説かれる。我々が精神の内奥に三位一体の類似性を探し求め、ついに精神を超えたところに於いて三位一体なる神に触れるというところまで思索が展開してゆくのである。したがって彼の謂う「内面の道」「内なる超越」というのは、知性に従って神へと近づいてゆくといった、精神から神への連続的な道ではない。精神は直接神へと向かうのではなく、神に出会う前に、精神と神とを無限に隔てる無底の深淵に突き当たるのである。つまり我々の感覚的経験によってはまったく不可知な神と出会うためには、有限的精神たる人間自身に依存することはできず、神が予め精神に先立つものとして、精神の内奥にすでに現前していればこそ、無限なる神への探求が可能となるのである。こうした精神における神の自己示現という考えが、後期の三位一体なる神の像としての人間という教義の光に照らされて、詳細な哲学的考察が展開される。

トマス・アクィナス（一二二五頃～一二七四）の場合、アリストテレスのいわゆる実体と偶有、原因と結果、現実態と可能態といった概念を駆使し、それをプラトン的な分有の概念と結合させながら、新プラトン主義的な体系的理論を構築した。被造物は存在そのものとしての神から存在を与えられた存在者であり、存在を与えた根拠である神をその必然的な原因として保持しており、したがってそれは有限的な存在であるにも拘らず、神を分有しているため、被造物の認識はそのままで神認識を内包するとともに、神認識への媒介になり得るのである。こうして、神と被造物との間には絶対的な隔たりがあるにも拘らず、すべてのものについて「存在する」と語られるという「存在の類比（analogia entis）」が主張されることになる。したがって有限的存在者の認識においても存在そのものが精神に対して自らを示すのであり、こうしたことから、人間は知性認識を遂行している限り、神の像と見なし得ると語られる。つまり知性的被造物である人間こそが神の像と言われるのである。

六

さて、八世紀の東方では、神の像の問題が、宗教芸術の存在意味への問いとして展開されるようになる。いわゆるイコノクラスム（聖画像破壊運動）である。聖画像崇拝は、精神史的に見れば、ギリシア的・プラトン的遺産なしには理解できない。「イコン icon」とは古代ギリシア語 εἰκών が語源である。このエイコーンはすでにプラトンによって哲学的に意味を持つようになり、彼の対話篇『ティマイオス』の中に登場する。そこでは宇宙の「製作者（Δημιουργός デーミウールゴス）」たる神がテーマとなる。神は宇宙を次のような仕方で製作する。宇宙に遍在するすべてのものは、肉眼では見えない原像、すなわちイデアの模写つまり「似像」—ギリシア語の εἰκών—であるという具合に。我々の感覚では捉えられない精神的なイデアは、それゆえ「像」として現われ、つまり視覚に現れてくるのである。なぜならイデアは形を与えるものであり、形に対する原型は聞いたり触れたりできるものではなく、「見えるもの」だからである。イデアとは「見相」のことである。目に見える世界とは光の領域、明るみの領域であり、そうした意味で、プラトン哲学は光の形而上学である。

東方正教会のモザイク、フレスコ画、油絵の祭式の画像、すなわち「イコン」は、光の形而上学が芸術となって現れたものであり、信者たちにとっては光輝に満ちた彼岸を見るための窓のような似像である。神の超現世的な光、プロティノス風に言えば光明は、写像となってモザイクの金地の光沢の中に反射する。完全に二次元的平面となった画像は、永遠がその上に輝き出るスクリーンのようなものである。画像による表現では、遠近法的・身体的ないかなる三次元的奥行きは許されない。聖なる次元、つまり永遠性の光輝を完全に洞見するようになるためには、画像がそれ自身奥行きのないものでなければならない。モザイクやイコンによる表現にはシンボル的要素がある。シンボルとは合図であり、我々の直接的な感覚に向かうのではなく、〈イマージュ〉という媒体を介した思惟と直観による理解に向けられる。かくしてモザイクやイコンの平面性や象徴的意味が補足される。こうした仕方でプラトン的な光の形而上学や、原像・似像関係の精神が〈イマージュ〉としての画像に刻み込まれ、この画像が、聖画像崇拝の対象となる。(5)

彩色ガラス片や金箔を焼き付けられたガラス片で構成されたモザイク壁画は、窓から入る自然光をいったん受け止め、それを乱反射させて教会堂を照らす。そしてそこに生まれる光はもはや自然のものではなく、神の栄光の反映としての光であり、その光の中に迎え入れられた聖人たちは壁画となって教会堂を照らす。ガラス片という物質たるモザイクは自然の陽光を介して輝くが、その光は、超絶的な真の光の映像となる。

モザイク献堂銘文は、祭壇上にあるアプシス（後陣）の下辺部に記された詩だが、それは上に描かれたキリストや聖人像の説明的役割を超えて、言葉とイマージュがアプシスという空間内で融合しつつ展開し、その余韻に堂内は満たされることになるのだが、銘文には必ずと言ってよいほど光の言及があることは注目に値する。(6)そもそもモザイク芸術が担った役割とは、モザイク壁画で覆われた教会堂の中で、そこに集う信徒たちを神性の神秘へと誘うこと、要するにイマージュ（画像）とテキスト（言葉）の向こう側に信徒たちを導き入れることにあったと言えるのではなかろうか。

教会堂の聖なる空間内で人は移動しながら壁画を追いかけ、そこに描かれた壁画を眺める。したがってキリスト教会堂のように緊密な秩序を持つ閉鎖的な空間とその壁画はおのずと人の身体の移動を考慮に入れたものにならざるを得ない。モザイク壁画に描かれた聖人像の眼には、いわく言い難いほどの〈同化の力〉が宿っている。描かれた聖人は観者との直接的な接触を要求するかのように観者に迫ってくる。観者をじっと凝視する聖人の眼に対峙していると、やはり肖像画がもつ〈同化の力〉を思い知らされるのである。それは単なる肖像画であるにも拘らず、なにかそこに命が宿っているように見えるのである。例えば、時代は少し降るがドイツ中世末期の哲学者ニコラウス・クザーヌス（一四〇一〜一四六四）は「神のイコン」と名付けている絵について、こんなことを言っている。

兄弟たちよ、その絵をどこかに、例えば北側の窓に掛けて、〔皆が〕それから等しい距離だけ離れて、それを注視するがよい。するとあなた方のいかなる者がいかなる場所からそれを注視しても、あたかも自分だけがその人物像によって見つめられているような経験をするであろう。・・・さらにたとえ彼がその人物像に自分の眼差しを固定しながら西から東に歩いて行ったとしても、その像の眼差しがたえず彼と共に移動して来ることを経験するであろう。また、彼が東から西へ引き返したとしても、同様にこの眼差しは彼を見放すことがないのである。・・・つまり彼は、動かない顔が東に向かってと同時に西に向かっても動き、さらに、北に向かってと同時に南に向かっても動くことを経験するのである。また同様にそれが、一つの場所と同時にあらゆる場所をも注視するものであり、一つの動くものと同時に、すべての動くものをも注視するものであることを経験するのである。・・・その眼差しによって見つめられていることを経験している人は、その眼差しがあたかも自分だけについて心を込めて配慮してくれていて、他の人を配慮することはないと思われるほどの仕方で、〔実は〕全ての人を配慮しているのであり、その結果、その眼差しによって見つめられている人は、それが他の人に対しても〔同様に〕配慮しているのだとは、とても理解できないのである。(7)

ここで留意したいのは、モザイク壁画によって醸し出され、そこに居合わせる人々を一つの聖なる空間へと誘う〈イマージュ〉の力である。同化の力とはモザイク壁画に描かれたイコンとそれに魅入られる自己の、いわば両者の媒体となってはたらく〈イマージュ〉に他ならない。したがって、そこには偶像崇拝の危険は大いにあり、それがイコノクラスムを誘発したのも当然のなりゆきであった。

七

イコノクラスムは八世紀（七二六～七七五、八一五～八四二）に起こり、それは皇帝が替わるごとにイコノクラスムとイコノデュール（聖画像擁護）とが交代する極めて政治的な出来事であった。[8]この破壊論者の画像蔑視の背景にもプラトン的な思考が深く関わっている。ここに、旧約聖書の神の偶像禁止と新プラトン主義の一者についての見方が遭遇する。イデアもしくは根源的一者はあくまでも彼岸にあるものであり、したがってそれはいかなる「見る」作用からも遠く隔たっている。それは絶対的に単一なるものであるから、そこには見るもの見られるもののいかなる区別もないからである。それゆえ見るという概念は排斥される。一者はいかなる対象化によっても近づきえないものなのである。したがって新プラトン主義の精神のうちに、画像を否定し、嫌悪することの論拠を示すことができる。

こうした異議に対して、八世紀の聖画像擁護者たちは、再び新プラトン主義の思想を手懸りとして反論する。彼らは父なる神、つまりプロティノスの場合には一者だが、それは実際すべての現象やすべての画像的表現から身を隠していることから出発する。したがって東方正教会の画像表現の枠内における父なる神は間接的に姿を現してきているのである。つまり神の本質は覆蔵されたままに、父として存在しているということである。本質は、それがあくまでも覆蔵されたままである限り、ギリシア哲学では、その初期から φύσις（ピュシス）と呼ばれる。聖画像擁護者は次のように論証する。神的なもの、聖なるもののピュシスは画像の中には顕現してはこない。信仰している崇拝者に向かって画像のなかに現前してくるのは、ピュシス、つまり覆蔵されていて近づきえない神の深奥なる本質ではないのである。しかしながら、そうであるにも拘らず、この、新プラトン主義が語るところの覆蔵的超越者は、我々に向かって存在へと歩み出てくるのである。先述したように根源的一者には必然的に自己内発的顕在化への意志が見て取れるのである。キリスト教であれば、我々にも認識できる実存、つまり神の御子イエス・キリストというかたちをとって受肉した。本来は覆蔵されているもの、不可視・不可知なる神が現実に存在するようになり認識できるようになること、それは新プラトン主義の用語によれば、先述のように「ヒュポスタシス（位格）」と呼ばれる。したがって聖画像擁護者の決定的な論拠はこうである。神的なもの、聖なるものは、確かにそのピュシスにおいては現前してこないが「位格的に」顕現してくるのであり、不可知の神も神の御子として受肉し、人間となって顕現したのだ、と。旧約聖書では神は不可視であり、神と人との間には越え難い断絶があって、原罪とはそのことであった。しかし新約の世界は違う。神は受肉し、人となった神は人類のために死んだ。それによって神と世界は和解した。これが「福音」すなわち「よき音信（おとずれ）」に他ならない。旧約聖書の禁忌的ペシミズムは克服されたのである。

イコンを弁証し、イコノクラスムの克服に大きな役割を果たした教父はヨハンネス・ダマスケノス（六七五頃〜七五〇頃）とストゥディオス修道院のテオドロス（七五九〜八二六）であった。彼らの考えはこうである。神は受肉して人となった、だから描くことができ、神の似姿（イコン）は許容されるのである。しかし描かれた画像はもちろん神そのものではなく、神の写しでしかない。それを混同してはならない。神への崇敬は「λατρεία ラトレイア（絶対的な崇敬）」であり、イコンへの崇敬は「προσκύνησις プロスキュネーシス（相対的な崇敬）」でなければならない。イコンに対してラトレイアの崇敬を抱くことは偶像崇拝になるのである。

ストゥディオス修道院の聖テオドロス（七五九〜八二六）も、ディオニシオス・アレオパギテスの著作を引用しながら次のように書いている。「ディオニシオスが言うように、人間の手になるすべての画像は写しであり、模倣によってモデルを描いている。真実は写しの中にあり、モデルは画像の中にある。しかしモデルと画像は本質が異なっている。だから画像を崇敬する人はそこに描かれたモデルを崇敬しているのであって、画像の本質（である物質）を崇敬しているのではない」〔「プラトーンへの手紙」Cyril Mango, *The Art of Byzantine Empire 312-1453*, Sources & Documents, New Jersey, 1972, p.173〕[9]。

写像に対しては、あくまで写像にふさわしい崇敬をせねばならない。つまり絶対的なものには絶対的に関わり、相対的なものには相対的に関わるということである。そしてその絶対的なものと相対的なものとの関係についてヨハンネスはこう書く。「見えるものは見えないものについての大体の理解を与える。」「我々は高いものに直接思いを向けることはできないので、我々に親しい日常のメディアによって、形のないものに、それにふさわしい形を与え、描けないものを見えるようにし、我々にも理解可能なアナロギーを形成する」（聖像画論一・一一）。すなわち我々は相対的なものからのアナロギー関係でもって絶対的なものを把握できるのである[10]。それは言い換えれば、我々は相対的な写像をもってしか、絶対超越的なものは把握できない、ということである。アナロギー関係は、あくまでも類似をいうのであって、同一をいうのではない。聖画像はそれを描く顔料によって神や聖人を表現しているが、しかし顔料による聖画像がそのまま神や聖人そのものではない。聖画像は恩寵によって神とのアナロギー関係をもつことができるようになったが、顔料による聖画像と神あるいはキリストとの断絶はなくならない。断絶はどこまでもあるのであって、言い換えれば神の覆蔵的超越性はどこまでも維持されているのである。しかしながら、考えてみればすぐにわかることだが、いったい誰が聖画像を顔料の固まりと見て、それを崇拝するだろうか。カエサリアの大バシレイオス（三二九〔三三〇〕～三七九）が語った「イコンに捧げられた崇敬は原型に至る」という言葉は重要である。「イコンに捧げられた崇敬」とは、まさにイマージュとして現前している原型そのものへの崇敬に他ならないのではないか。それは取りも直さず「ラトレイア（神への崇敬）」に他ならない。極論すれば、イコン（顔料としての聖画像）への崇敬つまり「プロスキュネーシス」などありえず、人々はイコンというイマージュを媒体として、結局のところ「ラトレイア（神への崇敬）」を行っているのではないか。言い換えれば「プロスキュネーシス」と「ラトレイア」の二つの崇敬が二者択一的に存在するのではなく、つまるところ「ラトレイア」は「プロスキュネーシス」を媒介として初めて成り立つのであろう。それは「祈り」というかたちをとって、まさにイマージュという媒体を通して不可視の神そのもの、イエスその人に触れているのである。

以上のように、キリスト教は神の受肉を根拠に、聖画像忌避を乗り越えて、神の画像を肯定したのである。この聖画像肯定の結論は全く新しいものであった。こうしてキリストが完全な人であることの帰結として、聖画像は全く新しい根拠のもとに、否定を踏まえたうえで肯定されたのであった。〈イコンの弁証〉はこれで完成したのである。

八

こうして、聖画像は東方教会のみならず、西方教会でも重要な宗教美術となって展開してゆく。中世の後半になると、西欧ではキリスト伝の個々の事跡や受難の場面を追想する祈念が、個人の宗教実践の場で重要な意味を占めるようになる。こうした祈念のために十三世紀以降に登場するのが聖書の記述の時間的な流れから特定の像や群像を取り出して単独像として表現した「祈念像」と呼ばれる聖像絵画であり、祈念像の代表的な主題としては、最後の晩餐の際のキリストとヨハネ、十字架から降架されたキリストを膝に抱く聖母（ピエタ）、磔の際の

〔図版１〕ディルク・バウツ（派）　悲しみの聖母［左］　荊冠のキリスト［右］
15世紀後半　油絵、板（国立西洋美術館所蔵）

傷（聖痕）を露わに示すキリスト（「悲しみのキリスト」）などを挙げることができる。十五世紀アルプス以北の地方では、祈念像がしばしば小寸の二連作として描かれ〔図版１〕、時にはそれを礼拝する寄進者の肖像と組み合わされるようになる。(11) いずれの画像も個人の情感に訴えるような叙情性が溢れた具体的な表題と特徴を示すものであり、個人はその聖画像を通してそこに描かれた聖人やその事跡を追想しつつ、それが「祈り」のかたちとなってゆく。カトリックの祭壇画は「祈り」という精神活動と密接に結びついて、大切な役割を果たした。祭壇とは礼拝用の道具を置く四角い台のことで、祭壇画はその台の奥まったところに衝立のように設置されるのだが、それらはおおむね主祭壇に置かれる公的な祭壇画と、私的な祈りのための小型の祭壇画の二種類に大別される。注文主が画中に描きこまれることも多く、なかでも中型の三連祭壇画などは、おそらく教会か私邸の個人礼拝堂の祭壇に置かれたものであろう(12)〔図版２〕。ともかくここで留意したいことは、言うまでもなく、そうした祭壇画を前に

〔図版２〕ヨース・ファン・クレーフェ作の中型の三連祭壇画（国立西洋美術館所蔵）

しての個人の「祈り」のかたちには、個人における「個」の自覚と永遠普遍なものとの接触の感覚があり、そこには紛れもなく敬虔な宗教経験が現れているということである。

九

以上、西洋精神史における〈像〉概念の変遷を縷々たどってきたが、そこに見られるのは、やはり像、すなわちイマージュにおける神の内在とその覆蔵的超越性の構造である。超越的一者は、自らの超越性を失うことなく、それを維持したまま、自己展開していくのである。一者は自らが展開していったすべての存在者の超越的原因に留まるかぎり、それはどこまでも〈絶対的他者〉である。超越的一者は、自己内発的に自らを湧出させていく力を必然的に持ちつつ、どこまでもそれ自身を超越的原因として自己内還帰的に固持するため、それ自身を〈像〉として、イマージュとして顕現させつつ、自らイマージュの内奥に身を隠すのである。有限な存在者である人間は、そのイマージュの〈像〉の中に、イマージュを媒体として、絶対的他者たる超越者の、いわば〈痕跡〉を見るということになろう。

想像力が対象の不在においてそれを表象する能力であることは、想像力が対象への固着から離れ、対象から距離をとり、対象を自らのうちに映し出しうるような自由で透明な空間を心の底に開く能力でもあることを示す。

想像力がそのような透明な空間を人間の心の底に開く働きであることは、それが人間の自由や超越の働きと切り離しがたく結びついていることを意味している。「imago Dei イマゴ・デイ（神の似像）」とは神が我々のうちに像イマージュとなって映っていることである。このように神が像となることによって我々と神との繋がりが生じ、救いの成立が可能となる。超越的なものが内在的なものに映ること、彼岸が此岸に映ることである。そのような見えない次元をイマージュ化する働きが想像力である。

想像力（イマージュ）の世界は我々に最も直接的で真に実在的な世界であり、宗教的対象が我々にリアルに現れるとき、それはどこまでも自己を超えたものとしてである。しかしそれは自己の外において自己を超えたものではなく、「自己において」自己を超えたものである。それゆえ、宗教的世界は、「対象的超越」の方向ではなく、「内在的超越」の方向に捉えられなければならない。イマージュの世界、情意の次元に於いては、対象は外側からではなく、内側から知られてくるのである。

宗教経験における「個の自覚」は、自己の底に自己を超えた永遠無限なるものに触れるところから生じてくる。それは自己の情意におけるイマージュとして顕現してくるのではないだろうか。自己の内奥に超越的な絶対他者がイマージュとして映ることで自己に内在すること、自覚とはそうした目覚めの感覚に他ならない。そうした内在と超越の関係が宗教的自覚なのであろう。永遠無限なるものは絶対的な〈隔たり〉として現れる。しかしその〈隔たり〉はどこまでも内在的なものである。そうした自己の内なる他が自己に向かって呼びかけてくる。私が真の自己自身となりうるのは、私を超えた他者に呼びかけられることに於いてである。他者の呼びかけに応答するところに、自己の自覚が成立するのである。私は自己の根底に私を超えた他者である「無限」をもつことによって、初めて真の私なのである。自己の有限性の徹底した自覚は、自己が自己の根底に於いて自己を超えたものに触れているということに他ならない。自己の根底にいわば垂直に切り込んでくるものがあるのである。言い換えるならば、自覚はその構造のうちに超越の問題を含んでいるということである。すなわち、人間はこちらから無限に近づいてゆくことはできず、むしろ無限と断絶し、隔たった関係にある。無限はそれ自体、覆い隠されて見えない。しかしそれは自己の内なるイマージュとなって顕現してくるのである。こうした有限性の自覚は、自己の底にイマージュとして沈み込んできた永遠の汝によって内から照らされて、それが「祈り」となって、徹底した無我の形式となる。そうした意味で、それは「覚醒（回心）」と結びつく。そのようなものとして、自己の根底に開かれる根源的イマージュは永遠の汝との遭遇の場所を形成するものとなるのである。

【註】

（1）名取四郎『地中海都市紀行—古代キリスト教美術を訪ねて—』（岩波書店二〇〇五年）二一～三頁参照。

（2）丹木博一「〈像〉概念の系譜」〔『上智哲学誌』第六号　特集「Bild」所収、一九九三年〕参照。

（3）小高毅訳『中世思想原典集成2　盛期ギリシア教父』一九九二年、上智大学中世思想研究所、一三四頁

（4）Klaus Held : *Treffpunkt Platon — Philosophischer Reiseführer durch die Länder des Mittelmeers*, Philipp Reclam jun. Stuttgart, 1990〔K・ヘルト著『地中海哲学紀行』下巻（井上克人・國方栄二監訳、晃洋書房、一九九八年）、第七章参照。〕

（5）ローマのサンティ・コスマ・エ・ダミアーノ教会のアプシスに描かれたモザイク壁画の最下辺部には二行にわたって献堂銘文がモザイクで記されており、そこには次のような言葉が刻まれている。「神の館はもっとも気高い金属の光で輝き、信仰の光がさらなる輝きでそこを満たす。医療聖人たる殉教聖人が人の救済を確かなものとし、聖なる誉れがこの場所に与えられた。教皇フェリクスは天上の館に生きることができるようにと、彼に相応しい贈り物を主に捧げた。」

サンタニェーゼ・フオリ・レ・ムーラ教会のアプシス・モザイク下辺部に記された献堂銘文は次のようにある。

「小さく刻まれた金属が黄金色に輝く絵を生み出し、そこに、陽の光はつつみ込まれ、閉じ込められている。澄んだ泉から露となって集められた雲が耕地を潤しつつ、暁の光がのぼると、また、孔雀の羽の色に彩られたその光が、星々のあいだに虹を生むと、汝は信じているかもしれない。昼と夜に終わりを告げる混沌（カオス）は、殉教聖女を墓から連れ出した。あらゆる方角からみえる高みのひとつの徴《しるし》に向かって、教皇ホノリウスは願いを届けさせた。彼の装いと行為はそれを表し、容貌はその純粋な心を想わせる。」

サンティ・プリモ・エ・フェリチアーノ礼拝堂にも献堂銘文があって、以下のように記されている。「汝は見る、星がちりばめられた頂が黄金に輝くこの場所を、光のごとくに明るくきらめくその聖なる様を。」ここでも星や黄金、光などの言葉を使って、モザイク壁画のある教会堂内部の空間が明るく光輝に満ちていることが謳われている。六世紀前半のサンティ・コスマ・エ・ダミアーノ教会の銘文では冒頭に「神の館はもっとも気高い金属の光で輝き、信仰の光がさらなる輝きでそこを満たす」と記されていた。「神の館」とは教会堂を指しており、「気高い金属の光」とはモザイク壁画が発する光を指す。そしてその教会堂を一層明るくするのはそこに集う信徒が放つ「信仰の光」であると謳っている。七世紀初頭のサンタニェーゼ教会の銘文は、同じく冒頭部分で、「小さく刻まれた金属が黄金色に輝く絵を生み出し、そこに、陽の光はつつみ込まれ、閉じ込められている」と語り、モザイク壁画がもつ光の効果をもっと具体的に説明している。（以上、名取四郎、前掲書による。六一頁、六四頁、六六頁参照。）

（6）名取四郎、前掲書六七頁参照。

（7）クザーヌス『神を観ることについて』（八巻和彦訳）岩波文庫、二〇〇一年、一四～一六頁

（8）七二六年の夏、エーゲ海で海底爆発があり、皇帝レオンⅢ世はこれを神の怒りと見なし、その原因はイコン崇拝であると考えた。そしてコンスタンティノープルの宮廷への中央入口であるカルケー門に掲げてあったキリスト像の取り払いを命じ、七五四年には公会議が召集され、イコノクラスムを決議する。しかし七八〇年にレオンⅣ世が没し、未亡人イレーネが幼い皇帝コンスタンティノスⅥ世の摂政となると、イレーネはイコン崇敬を復活させた。そして七八七年に再びニカイアで公会議が開催され、イコン崇拝を正当化した。しかし揺り返しが再度起こる。八一三年に即位したレオンⅤ世は単性論（キリストの神性を強調、アポリナリウスやエウテュケス）を支持するアル

メニア出身でもあって、聖像に否定的であり、再びイコノクラスムに戻った。八四二年に皇帝テオフィロスが没し、未亡人のテオドラが幼い皇帝ミカエルⅢ世の摂政となり、再び未亡人がイコン崇敬を復活させ、翌八四三年、ここにイコノクラスムが終結したのであった。〔*Iconoclasm*, Birgingham Symposium, 1977, pp.1-6, 鐸木道剛・定村忠士『イコン―ビザンティン世界からロシア、日本へ』毎日新聞社、一九九三年、三五頁参照。〕

（9）鐸木道剛・定村忠士、前掲書、三六頁参照。

10同書、三六～三七頁参照。

11国立西洋美術館・本館二階展示品　解説より。

12『国立西洋美術館・公式ガイドブック』淡交社、二〇〇九年所収、「壁に飾られない絵もあった」（解説・高梨光正）参照。なお、図版はいずれも本書から転載させていただいたことをお断りしておきたい。

【本文中の引用文献以外の参考資料】

（1）長谷正當『心に映る無限―空のイマージュ化』法藏館、二〇〇五年
（2）高橋保行『ギリシア正教』講談社学術文庫、一九九三年
（3）落合仁司『地中海の無限者―東西キリスト教の神‐人間論』勁草書房、一九九五年
（4）同『ギリシャ正教　無限の神』講談社選書メチエ221、二〇〇一年
（5）V・ロースキィ『キリスト教東方の神秘思想』勁草書房、二〇〇四年
（6）O・クレマン『東方正教会』（冷牟田修二・白石治朗共訳）白水社、一九九三年
（7）名取四郎『キリスト教美術の源流を訪ねて1　イタリア編』教文館、二〇〇六年
（8）同『キリスト教美術の源流を訪ねて2　地中海都市編』教文館、二〇〇六年
（9）赤松章（写真）・益田朋幸（文）『ビザンティン美術への旅』、平凡社、一九九五年

第二篇

西田哲学の論理的基盤

第一章　『善の研究』という書物——著者・西田幾多郎の位相——

一

「結局のところ、世界は一冊の美しい書物へと到るために作られているのです。」マラルメ（一八四二〜一八九八）のこの有名な言葉は、一八九一年三月に『エコー・ド・パリ』紙上で連載が始まった、探訪記者ジュール・ユレによる一連の会見記「文学の進化についてのアンケート」のなかの、マラルメ会見記の結びの言葉である。マラルメ自身、この会見記に満足していたようだが、この発言はもちろんマラルメ自身のものではない。思うに「美しい」という形容詞は余計な語であろう。それから四年後に発表したエセー『書物、精神の楽器』では、マラルメ自身、次のように表現している。「この世界において、すべては、一巻の書物に帰着するために存在する」と。[1] ともかく、このマラルメの言語至上主義はハイデガー（一八八九〜一九七六）の「有の家としての言葉」という発想に通じる。「有は、自らを明るくしながら、言葉へと到来します。有は、絶えず言葉への途上にあるのです。・・・かくして言葉はそれ自身、有の開かれた明るみのなかへと高められるのです。[2]」つまり、ハイデガーによれば、言葉とは人間が自由に駆使する所有物ではなく、むしろ「有の家（das Haus des Seins）」なのであって、人間は〈言葉〉という有の家に住みながら、有の真理を見守りつつ、有の真理に属しており、かくして人間は脱自的に有る（ek-sistiert）のである。[3]つまり語るのは、人間ではなく、「言葉が語る（Die *Sprache spricht.*）」[4]のである。言葉は人間存在の根源的地平であり、私たちの経験は言葉というエレメント、言うなれば〈言葉の海〉の中にあって、そこから出ることはない。私たちの世界経験とは要するに言語的経験に他ならない。言葉のあるところにのみ世界はあるのである。しかもそうした私たちの経験の深層的地平である言葉には、言葉自身の意味の深みへと垂直的に関わってゆく自覚的・翻転的な方向があるのであって、それが、「言葉が語る」ということに他ならない。そうした言葉の語りに聴き入ることとそのことが人間の〈語る〉という行為、また〈書く〉という行為へとつながってゆくのである。ハイデガーは言う、「いかなる時、いかなる仕方で人間が語っても、人間が語るのは、ただ前もって彼がすでに言葉に耳を傾けているということによってのみである。」[5]「本来、語るのは言葉であって人間ではない。人間は、彼がその都度言葉に応えつつ - 語る（ent-sprechen）限りに於いてはじめて、語るのである」[6]と。

マラルメも同様、彼にとって世界は書かれるべき一冊の書物なのであり、書くという行為によってのみその存在意味を付与されるのである。マラルメは、〈書物〉を個人の署名を離れた、いわば非人称の〈開かれた書物〉として想い描いていた。書物という言語構造体は結局ひとつの場に他ならず、読書という営みを通じてその場の上に生起する〈イデー〉にこそ〈書物〉の核心を眺めたのである。ヴェルレーヌ宛の書簡体自叙伝（一八八五年十一月十六日）の中でも、自分の個人的な仕事は無名のものとなり、〈テクスト〉がそこで、自ら自身を、作者の声なしに、語り出すのだ、と書いている。[7]

ところで、読書という営みにとって、一冊の書物とはすでに汲みつくしえぬ対象である。私たちは自己の歴史、経験の総体、言語意識をもりこみながら書物を紐解いてゆく。かくして一冊の書物は、或るとき、誰か一人の読者によって読み返され、そのたびに修正を受け、書物＝テクストは、その読者の個別性と、その時々の読書の時間と空間から切り離しえぬ作品へと変わってゆく。作品とは読むという地平で活字から立ち現われてくるものである以上、作品の示す時間性もそうした地平に於いて捉えられねばならぬはずであろう。一冊の書物が与えてくれる時間感覚は、どことなく夢に似ているのではないだろうか。夢とは言葉へと分節される以前の何ものかなのだが、結局は言語へと変貌させられた夢、つまり作品を読むという行為は、ひとつの夢を追う営みに似ていよう。夢と、それを読む行為との隠れた基層部には、共通のエネルギー源として〈エロス〉があるだろう。レヴィナス（一九〇六〜一九九五）の顰に倣って言えば、一冊の書物を読むという行為は、どこか《神秘＝女性的なるもの＝他者》との「愛撫（la caresse）」に似て、それはいわば「遁れゆく何ものかとの戯れ（un jeu avec quelque chose qui se dérobe）」であり、そこに切迫した生き生きとした時間が流れている。(8)

二

マラルメはまた、次のように語る。「人間はだれしも自己のうちに〈秘密〉を持っているものだが、多くの者はそれを見出さずに死んでゆき、発見せずじまいとなるだろう。死ねば、その当人もそうだが、その〈秘密〉ももう存在しなくなってしまうのだから。(9)」しかし、西田幾多郎（一八七〇〜一九四五）は、その秘密の鉱脈を探り当てたのである。それが「純粋経験」と呼ばれる「真実在」であった。しかしその西田は昭和二〇年、敗戦間近の六月七日に急逝して、もはやこの世にはいない。当然のことなのだが、もはや著者は不在でありつつも、彼が発見した〈秘密〉は、言葉となって紡ぎ出され、作品として残されている。著者はいまや非人称となり、かつて「西田幾多郎」と名づけられていた哲学者を通して、〈真実在〉が自己を開き明らめつつ言葉となり、一冊の

「書物」へと至ったのである。西田もまた、そうした根源的出来事のひとつの場でしかなかったのかもしれない。『善の研究』という一冊の書物の内側、黒い活字のヴェールの奥に秘密の暗闇が秘められている。「西田幾多郎」という一人の哲学者の思索の跡が、そこにうやうやしく秘蔵されているという意味で、それはまさしく〈魂の墓場〉であろう。しかし書物は読まれなければならぬ。読者となって、書物を読むという行為そのものが、すでに「純粋経験」であり、私たちはすでに純粋経験の真只中に誘われているのであって、そこは同時に西田の思索の現場に他ならず、私たちはそれに立ち会うことになるのである。そこはいったい何処なのか。真実在が自己顕現している現場！

しかしながら、〈テクスト〉を通じて自らを語りだす〈真実在＝純粋経験〉は、その直接性のゆえに、絶えず思索から遁れゆくものでしかない。哲学的思索の営みは、結局のところ、絶えず遁れゆくものとの関係に他ならない。「純粋経験を唯一の実在としてすべてを説明してみたい」という意図のもとに思索を展開する西田自身の純粋経験と、そのテクストを読んでいく私たちの純粋経験とが、〈現在〉という時間に於いて重なり合う。そこは〈真実在〉が著者と私たちの思索へ向けて自らを顕わならしめながら、自らを覆蔵し遁れゆく現場である。『善の研究』という書物は百年という歴史的時間を超えて、いつもこの〈現場〉に在り続け、常に現在してやまない〈出来事〉である。

書物には確かにそれが書かれ、読まれるべき主題として、〈中心〉がある。中心は、絶えず私たちに語りかけ、思索を促してくる。著者はそれを狙って執筆してゆく。『善の研究』の〈中心〉は、著者西田によって主客未分の「純粋経験」として捉えられた〈真実在〉である。しかし大切なことは、その経験の主客未分ということが抑々どのような経験なのかを追跡することであるよりは、そうした直接的経験の中にこそ露堂々として顕現している「統一的或者」そのもの、そしてやがては西田によって自覚の「場所」、「絶対矛盾的自己同一」、「逆対応」

の論理として、その正体が顕わになってくる〈真実在〉そのものを究明することではないだろうか。私たちが一冊の書物に対するとき、その中心的主題への接近を企てなければならないのだが、著者自身に関する研究は、その限りに於いてのみ、有益であるかも知れない。著者の身辺を洗い、日記や書簡にまで研究を及ぼし、著者の生きた時代精神をも知っておく必要もあろう。しかしこのようなテーマの迂回は著者がその著書に於いて何を中心としたかという中心設定の事実確認のための参考資料とはなりえても、それ以上には出ない。重要なのは、私たちがその書物の中心的主題にどこまで肉薄し接近しうるか、ということであろう。しかし留意すべきことは、著者が何を自分の著書の中心としていたかが仮に明らかになったとしても、それは必ずしもその書物そのものが開示しようとする〈中心〉に於いて妥当するとは言えない、ということである。著者の力点はあったであろうが、しかし、書物はそれ自体、その著者の狙いとは別にその中心を持っていることもありうるのである。言い換えれば、著者から見直す研究がその著書の解釈にとっての正統的研究であるとは必ずしも言えないのである。著者から独立してすでに「作品」として成立している存在者に対して、私たちは、著者とともに、その主題とされている中心へ向かって接近してゆかねばならない。ディルタイ（一八三三～一九一一）が言っていたように、「私たちはしばしば作者の意図以上のものを作品に於いて汲み出さなければならない」のである。それが彼の解釈学の理念であった。

三

万象にはそれらをそう在らしめている統一的原理があって、そうした究極的原理に遡り、そこから演繹的に存在を根拠付けて論証してゆくところに「形而上学」の成立があった。しかしその一方で、そうした万象を存在せしめている究極的な原理そのものは、いかなる言葉で以ってしても届き得ない或る超越性をもっている。哲学の営みがすべてを根拠付けて語ることにあるとするならば、その「語る」ということはどういうことなのか。語りえざるものを語ることは不可能なのではないか。それ自身語りえざる究極のものは、しかしどこまでも語りえぬものとしての超越性を保ちつつも、同時に自らをまさにそのようなものとして、いわば〈沈黙の言葉〉として自らを開示し、私たちに語りかけてくる自己内発的な性向をも併せもつものなのではないだろうか。語りえざるものは、それ自身のうちに自らを言葉として紡ぎ出す自ずからなる力がこめられているのであり、それが私たちをして哲学的思索へと駆り立てるのである。思うに、沈黙ほど饒舌なものはないのかもしれない。言葉が果つるところ、そこに真の言葉が生れるということの不思議さ。真の実在はそこにこそ打ち開かれてくるのであり、言葉が真の言葉として自らを語り出すのはこうした〈意味の深さの次元〉に於いてであろう。西洋では、すべての事象を思考の対象として、それを実体論的に根拠づけて把握する様式を特色としてもち、それが「形而上学」へと展開させていった。しかしながら、それとは別の仕方で、語りえざるものを、語りえざるものとしてその覆蔵的超越性を留めておきながら、いわば「沈黙と測り合える」ような仕方でそれを際立たせ、真の言葉へともたらす哲学的方法があるのではないだろうか。

「言葉へもたらす」という言い回しを、じつはハイデガー自身も zur Sprache bringen という風に使っている[10]。ハイデガーにあって、言葉の本質は〈語る〉ことによって有を顕わにすることにあった。だが有は〈語りつくされるもの〉ではなく、どこまでも〈語られぬままに留まらざるを得ぬもの〉なのである。したがって語ることは、そうした〈語られざるもの〉を基盤にして、その領域内に於いてのみ可能なのである。語ることと語られざることとはどこまでも内面的な一つの関係を有している。人間は、有そのものによって、有の真理のなかへと投げ入れられている。それは、人間がそのようにして、脱自的に有へと身を開き、そこへと出で立ちながら、有の真理を損なわれないように見守るためなのであり、こうしてその結果、有の光の中で、有るものが、それがそれである有るものとして〈有るがままに〉現出してくるようになるためなのである[11]。

「有りの儘」こそ真の実在だとする西田幾多郎にとっても、哲学的思索とはそういう有るがままの真実在を究明していく営みであり、また彼の哲学そのものがその道を辿っていった軌跡だったのではなかったであろうか。西田は、すべてを対象的に見る西洋の表象定立的な形而上学とは別の「思惟」を模索し、語りえぬ〈真実在〉をまさに語りえぬものとして示しつつ、私たちに哲学的思索を促してくる真実在の論理を究明しようとしたのではなかったであろうか。西田における「純粋経験」に基づく「思惟」と、ハイデガーのいわゆる「思索の経験（die Erfahrung des Denkens）」とは、ひとつに繋がるところがあるのではないであろうか。

四

真の実在を究明すること、それは真実在が有るがままに立ち現れるような仕方でなくてはならない。真実在の如実なる現前、それをそのまま捉えようとする思惟は、ハイデガーの「思索の経験」と照らし合わせて見るとき、真実在のおのずからなる現前と、それが反省的思惟の対象として、つまり思惟されるべき事柄としての現前との、一にして一に非ざる「二重襞（die Zwiefalt beider aus ihrer Einfalt）[12]」に関わる仕方で進められねばならない。この端的如実なる現前は、思惟されるべき事柄としての現前となるに及んで、それ自身はその背後に身を閉ざし引きこもる。こうした露現と覆蔵との二重襞への関連、それは真実在からの呼びかけ、思惟への促しを、それとして守り続ける「道」としての性格をもっていよう。この真実在の非一非異なる二重襞としての現前が、西田をして「自覚における直観と反省」という思惟の道へと誘った当のものであった。つまり直観と反省的思惟との間の「と」にこの二重襞が集約され、それが「自覚」という場において開演されるのである。後になって、『働くものから見るものへ』（一九二七年）後編の「場所」論文執筆の頃、初期ハイデガーに「有論的差異（die ontologische Differenz）」の考えに影響を与えたエミール・ラスク（一八七五〜一九一五）の判断論、すなわち判断以前の、いわば主客未分の「超対立的原形象（ein übergegensätzliches Urbild）」と、それが判断的思考の内における論理的妥当性の衣を纏った対象との区別に西田が着目したのも故無しとしない[13]。

更に言えば、西田は『働くものから見るものへ』の「序」の最後で、東洋文化の根柢には「形なきものの形を見、声なきものの声を聞く」（三・二五五、四・六、傍点引用者）といったことが潜んでおり、そこに自らの哲学的根拠を置きたいと語っていたが、今かりに傍点を付した「の」のところ、すなわち目撃されている「形」、聴取されている「声」のなかに、こうした非一非異なる〈二重襞〉が見て取られるのであり、一言で言えば〈露現と覆蔵との同時生起〉が看取されるのである。これこそ西田が晩年に言葉として表現した「逆対応」の論理、言い換えれば〈内在的超越・超越的内在〉の論理であったと言っても過言ではない。

ともかく、『善の研究』のなかで、最も直接的な主客未分の純粋経験として捉えられた〈真実在〉は、私たちの自己にとって原初から親密なるものであり、自己の〈今・此処〉の経験として端的に現前していながら、それはまた親密であるがゆえに、却って「密有必ずしも現成に非ざる」（道元『正法眼蔵』「現成公案」）仕方で、それはどこまでも「何必《かひつ》」（同）として覆蔵されたものなのである。

五

では、『善の研究』で説かれる「純粋経験」は、どのような特質をもつのであろうか。西田自身の説明に即しながら以下に列挙してみよう。

（1）現在意識

「純粋経験」とは、「未だ主もなく客もない、知識と其対象とが全く合一して居る」（一・九、一・九、以下、新旧『全集』第一巻につき、ページ数のみを記す。）最も直接的な意識であって、それは「現在意識」として特徴づけられ、すべての精神現象がこの形において現われることが強調される。過去の記憶も、一般概念の現前も、快・不快の感情もすべてが「現在意識」でないものはない。「純粋経験はいかに複雑であつても、その瞬間に於ては、いつも単純なる一事実である。たとひ過去の意識の再現であつても、現在の意識中に統一せられ」（一〇、一一）ており、「意識上の事実としての現在にはいくらかの時間的継続がなければならぬ」（一一、一二）のである。「我々が幾日にも亙りて或一の問題を考へ、又は一の事実を計画するといふ場合には、明に同一の意識が連続的に働くと見ることができる」（六〇、七三）のであって、「意識の根柢には時間の外に超越せる不変的或者がある」（六〇、七四）のである。「時間の経過とは此発展に伴ふ統一的中心点が変じてゆくのである、此中心点がいつでも〈今〉である」（六一、七四）。

（2）直接性―具体的意識としての無意識

したがって、純粋経験の直接性は「具体的意識の厳密なる統一」にあるのである。それは元来「一の体系」を成しており、この中より多様な種々の意識状態が分化発展して来るのである。こうした意識の体系は「有機物のやうに、統一的或者が秩序的に分化発展し、其全体を実現する」（一一、一四）のだが、統一が厳密である間は、この作用は「無意識」である。彼は言う、「統一作用が現実に働きつゝある間は無意識でなければならぬ。」（一八、二二）たとえそれが「思惟であつても、そが自由に活動し発展する時には殆ど無意識的注意の下に於て行はれるのである」（一八、二〇）と。要するに、「我々が自己の好む所に熱中する時は殆ど無意識」であって、「自己を忘れ、唯自己以上の不可思議力が独り堂々として働いて居る」（一五七、一九八）のである。

（3）差別相の内在

純粋経験が「具体的」意識統一である以上、それが無意識であるといっても、渾沌無差別の状態ではなく、そこには自ら既に差別相を具えている。種々の意味とか判断とかいうのは、純粋経験の内に既に伏在する差別相、つまり具体的な意味内実があってこそ、事後的にそれらが生じ起こってくるのである。青いものを見て、それを「青」と判定できるのは、その判定に先立ったアプリオリな次元で、青と青ならぬ他の色との比較・区別が既になされていてこそ可能なのである。つまり「意味或いは判断の中に現はれたる者は原経験より抽象せられたるその一部」（一四、一五）に過ぎず、「意味とか判断とかいふ如き関係の意識の背後には、此関係を成立せしむる統一的意識がなければならぬ」（一五、一六）のである。要するに、事後的に分化発展するものは、それに先立つ直接性の中に既に内在しているのであって、「知の直接性」は、その自己展開に先立った次元で常に既に様々な分化発展の契機を内に持っているのであり、逆に云えば、こうした内在的契機が原初の直接性として既に何らかの意味で存しなければ、事後の展開それ自身が成り立つことはないのではなかろうか。

（4）主意的性格―動的時間的な無限の発展

純粋経験が主客未分なる意識の根源的統一であるということは、決してそれが受動的であることを意味せず。むしろそれは潜勢的一者が己れ自身を発展させてゆく独立自全の活動であって、つねに能動的であり、衝動をもってはじまり意志をもって終わる。まさに意志こそが純粋経験の事実であり、真の実在である。「我々に最も直接なる意識現象はいかに簡単であつても意志の形を成して居る。即ち意志が純粋経験の事実である。」（四九、五九）つまるところ、西田にとって純粋経験における意識の統一力というのは意志の統一力に他ならない。「純粋経験の事実としては意志と知識との区別はない、共に一般的或者が体系的に自己を実現する過程であって、その統一の極致が真理であり兼ねてまた実行である。」したがって、いわば知即行としての純粋経験がもつ根源的統一性は、一なるものの時間的動性として無限の発展性をもったダイナミックな実在であり、そこに不断に種々なる体系の分化と衝突とを蔵し、これがより大きな統一へと進んでいくのである。

（5）超個人的・客観的性格

西田によれば純粋経験の世界は単に個人的・主観的なものではなく、一般的普遍的性格を持った客観的実在の世界である。第一編第二章の「思惟」では、我々の思惟の進行が我々の個人的・主観的遂行によって行われるものではなく、思惟が思惟として己自身を発展せしめてゆくものであることが明らかにされている。我々の思惟が真に客観的思惟として発揮しうるためには、「我々が全く自己を棄て、思惟の対象即ち問題に純一となり、・・・自己をその中に没する」（一八、二〇）のでなければならない。思惟には自ら思惟の法則があって自ら活動するのであり、それは単に個人的意識上の事実ではなくて客観的意味を持つ。それは唯一実在たる純粋経験の自発自展的な分化として我々の意識体系の中に一定の必然的位置を占めているからである。西田は言う、「我々の純粋経験は体系的発展であるから、その根柢に働きつ、ある統一力は直に概念の一般性其者でなければならぬ、経験の発展は直に思惟の進行となる、即ち純粋経験の事実とは所謂一般なる者が己自身を実現するのである。・・・その背後に潜在的統一作用が働いて居る。」（二二、二六）

六

ところで、ここで念頭に入れておきたいのは次のことである。すなわち「意識の本来は体系的発展であつて、此の統一が厳密で、意識が自ら発展する間は、我々は純粋経験の立脚地を失はぬ」（一二、一三）ということ、つまり純粋経験と言っても、とかくよく誤解されるような反省以前・分別以前の単に知覚的意識だけを指すのではなく、「反省的意識の背後にも統一があって、反省的意識は之に由つて成立する」のであり、「即ちこれも亦一種の純粋経験」なのであり、したがって「我々の意識の根柢にはいかなる場合にも純粋経験の統一があつて、我々はこの外に跳出することはできぬ」（一四八、一八六）という点である。「馬が走る」という判断は「走る馬」という一表象を分析するように「判断の背後にはいつでも純粋経験の事実がある」（一六、一八）のであり、「思惟の作用も純粋経験の一種である。」（一七、一九）要するに「純粋経験と思惟とは元来同一事実の見方を異にした者であり」（二一、二五）、「純粋経験は直に思惟である。」（二一、二五）

　更にもう一つ問題にしたいのは、西田が「意識は一面に於て統一性を有すると共に、又一方には分化発展の方面がなければならぬ」（一五、一七）とか、「唯一実在は、・・・一方に於ては無限の対立衝突であると共に、一方に於ては無限の統一である」（七八、九六）と言っている点である。換言すれば、純粋経験がもつ不変的自己同一的な統一性の保持の側面と、思惟や判断の分化発展の方向との関係である。つまり自発自展的にいわばそこからそこへと垂直的に湧出してやまない純粋経験の自同的な絶対現在的性格と、更に矛盾・対立を媒介としてより大なる統一へ向けて時間的・過程的に自己展開していく側面との関係である。見る主観もなければ見られる客観もない独立自全の最も直接的な純粋経験にあっては、真実在の統一性は〈顕在的〉に現前しているのに対し、それが反省的思惟や判断へ移行すると、その顕在的統一は隠れて潜在的となり、その思惟や判断を含めたすべての経験を可能にするアプリオリな潜勢力となる。このように真実在としての純粋経験は脱自的発展の方向と同時に、いわば自己内還帰的に翻り、自らを覆蔵する二つの方向があるのである。

七

さて、西田は『善の研究』の序で「純粋経験を唯一の実在としてすべてを説明してみたい」と述べているが、ここで留意したいことは、彼の「説明」がどこでなされているのか、ということである。本書に頻繁に出てくる「純粋経験の立脚地より見れば」とか「純粋経験の立場より見れば」という表現からもわかるように、西田は自らどこまでも「純粋経験」に立脚しながら、彼独自の思索を展開させている。つまり西田は「純粋経験」の外に立って、それを対象的に捉えて論述しているのではないということである。西田は「思索の時は一身に汗流るる事がある」と語っていたそうだが[14]、それほどまでに思索に没入していることそのことが、すでに主客合一の純粋経験に他ならず、西田はそうした純粋経験の真只中で、まさに他ならぬ純粋経験としての〈真実在〉を自らの思惟の事柄とし、それを説明しようとする。いわば純粋経験そのものが純粋経験しつつ純粋経験を語ろうとしているのである。それは純粋経験そのものの自覚的反省に他ならず、それは彼の謂う「知的直観」の立場に立ってそれが営まれるのである。それはどういうことなのか。

西田によれば、「知的直観」とは我々の純粋経験の状態を一層深く大きくしたものであり、「意識体系の発展上に於ける大なる統一の発現をいふ」（三四、四二）。「真の知的直観とは純粋経験に於ける統一作用其者」であり、「生命の補捉」（三五、四三）である。例えば「技術の骨」のようなものであり、画家の創作活動のように、「主客合一、知意融合」の状態である。「物我相忘じ、物が我を動かすのでもなく、我が物を動かすのでもない、たゞ一の世界、一の光景あるのみ」（三五、四三）である。とはいえ、「知的直観」は何か意識を超越したものを直観する神秘的能力を謂うわけではない。むしろ意識の無限な統一機能そのものを認識せんとする〈自覚〉の最高形態なのである。言い換えれば、それは主客合一した無意識の境地であると同時に、またそれは高度に目覚めた行為なのであって、そのことに没入しつつもそれを絶えず意識化することによって、そのこと自体に刺激を受けて、一層、主客合一的な行為に没入していくことができるのである。すべて熟練した人、練達の士の行為はこのような特質をもつ。「知的直観」に基づく西田の思惟も事情は同じであって、西田は「思惟」について次のように述べる。「思惟の根柢には知的直観なる者の横はつて居ることは明である。思惟は一種の体系である、体系の根柢には統一の直覚がなければならぬ。」（三五―三六、四三―四四）そして「説明」というのは、西田によれば、「根本的なる直覚に摂帰し得る」（三六、四四）という意味だと言うのである。

八

では、ここで、西田が「根本的なる直覚に摂帰し得る」と言う場合の「摂帰」とはどういうことなのか。説明するとは、その語り出し叙述することそのことへの自己内反省に於いてなされるものであることは注意されてよい。直接的な純粋経験のうちに顕在し、その分化発展においてはその全過程のアプリオリな根柢をなすものとして潜在的なかたちでそれを可能にする〈統一的或者〉を、決して対象論理的にではなく、どこまでも自らに対して、自ら自身の根柢として対自化し、それを「自らのもの」としてゆく反省的思惟こそ、西田の企図する「説明」に他ならなかったのではないか。そして、このような「知的直観」に基づく自覚的説明を通じて、真実在は初めてそのようなものとして、自らを示現してくるのではないであろうか。しかもこうした自覚的説明における直覚への「摂帰」と、真実在そのものの対自化的自己示現とは、何か継起的に起こる二つの運動ではなく、それらはそのまま一つのことなのである。

　そしてここで私たちにとって決定的に重要であるのは、西田の遡行的思惟が問題にした「そのまま」ということ、すなわち純粋経験の「直接性」ということの正確な把握である。しかもそれは自覚的思惟における自己関係性、再帰性というものの把握と一つに連なる問題である。問わねばならないのは、直接的な真実在へ遡行的に立ち帰ってゆく哲学的思惟の営みそのものが、じつは真実在の覆蔵的統一的な「超越性」を証している、という構造である。こうした自覚的思惟の遡行的自己内反省が、取りも直さず真実在そのものの実在的自覚、つまりその超越的な覆蔵的自己内還帰と一つにつながっているのである。

　かくして、哲学的思惟の自覚的反省のプロセスは、常に既にその底に働いている潜在的統一力としての純粋経験の直観に基づきながら、純粋経験そのもの、すなわち〈真実在〉は、絶えず反省的思惟から遁れ去るものとして超越的に覆蔵されてしまう。説明するということ、書くということは、じつはそうした遁れゆくものとの戯れでありまた格闘であり、隠れたる〈真実在〉をまさにそのようなものとして顕わならしめる高度に目覚めた〈意識化〉の営みなのではないだろうか。そしてまた、それが思惟をますます促してくるのである。〈事実そのまま〉という真実在がもつ直接性は、このように、遡行的思惟に対して、常に既に先んじているのであり、そうした意味で思惟に対してどこまでも超越的なものなのであって、その絶えざる現前は、思惟にとってはいつも既にその「痕跡」でしかない。それがまた更なる思索へと促すものとなるのである。次にこの点について、更に突っ込んで考察してみたい。

九

　そこでまず注目しておきたいのは、純粋経験の直接性それ自身がもつ〈既在性〉である。真実在の覆蔵的自己内還帰と言っても、それは反省的思惟や判断の過程、プロセスを経た後の還帰ではなく、そうしたプロセスそのものに常に統一的全体として内在する可能根拠としての自身への翻りであり、つまり外化してゆくプロセスが同時に自己内還帰に他ならない、ということである。純粋経験が脱自的に分化発展してゆくその進行の端緒において常に既に自らのうちへと翻り、還帰する方向があるのである。つまり事実そのままを知る直接的な純粋経験にあっては顕在的な統一作用であったものが、それが次位的に思惟や判断へと発展してゆくそのプロセスにあっては常に「潜勢的な」統一作用となって働くのである。それは外化してゆく過程を経て、どこかの折り返し点で自己還帰するのではない。上述したように純粋経験は絶えず「現在意識」なのであって、常に一へと統べる営みであることに変わりはない。それは、言うなれば間断なき流動的発展と一つになって生起し、その流動性をまさに間断なきものとして可能にすべく、自らの内に引きこもる覆蔵的契機として考えられるべきものであろう。それはあたかも渦巻がその見えざる中心から湧出してくるその動きが、同時に、その見えざる中心へ向かって吸収され帰入してゆくごとき同時的な動性なのである。

したがって純粋経験のもつ直接性は、自らが自ら自身であるということのいわば原初的直接性であり、「自発自展」と言われる如く、それがそれへと展開する運動として、既にそれ自身の内に立ち帰ってしまっている直接性、単純性という契機を内に含んでおり、次位的展開もまたそれを前提している、とでも言えよう。すなわち純粋経験の原初的直接性は〈自ら運動する自己同一性〉として先取的に既に自己同一を保持していなければならないのである。

しかもこのような〈脱自的統一〉とでも言うべき自己同一性は、「無限の統一力」として、すべてを一に統べる根源的働きであり、言い換えれば決してそれ自身〈統一せられた対象〉とはならず、常に既にその手前で現前しているものであって、事後的に分化発展してきたものに対しては常にそれに先んずるものとしてどこまでも超越的であり、時間的経過の中では常に既に過ぎ去ってしまっている。つまり直覚に基づく反省的思惟にあって、常に既に潜在的・覆蔵的な仕方で現前してしまっている純粋経験の統一性は、思惟を可能ならしめながらもそれ自身思惟の統一の対象にはならずに自ら覆蔵し、そうした意味では、現在意識である純粋経験は、言うなれば絶えずその直接性を〈痕跡〉としてしか与えない〈絶対的過去〉として既在的自己同一的な性格をもっていると言えよう。

したがって、そうした純粋経験を唯一の実在として「説明する」という哲学的営みは、どこまでも純粋経験の現在に立脚しながら、それを反省的思惟そのものに既在的に潜在する覆蔵的な〈含蓄〉として捉え、それを将来へ向けて遡行的に開陳してゆくことになる。

一〇

そもそも哲学の前提の一つは、探究されるべき目標である究極的なものが、〈既に現にある〉ということであり、もしそうでないなら、それはどのようにして探究せられるであろうか。西田の場合、哲学的要求として掲げられた「真実在」は、第一に純粋経験の「そのまま」という直接性に内在する「自己同一」の構造として、「既に現にあるそのもの」であり、第二に、かかる有機的全体としてどこまでも自己同一を保持する「統一的或者」である。この「統一的或者」は、私たちの多様な意識現象に先立ち、それらを可能にする超越的でアプリオリな存在としてどこまでも「既に現にある」のである。それ故に、反省的思惟の営みとしての「哲学」は常に己の根拠に向かう自覚的な運動たらざるを得ない。つまり思惟は純粋経験に於ける統一的或者によって、そのつど己の存立を支えられつつも、その直接性からいわばいつも既に歩み出てしまっており、己の存立の根拠を常に己の外に持たざるを得ないのである。言うなれば、純粋経験の直接的な現在意識は、既に現にあるものとして自らを立ち遅らせ、そうした時間的隔‐差の〈差異化〉が自覚的反省を促し、思惟に対してどこまでも超越的なものとして将来的に現前しているとでも言えるのではないだろうか。純粋経験のもつ「直接性」とは、こうした時間的構造をもつ。

現象学が強調する「志向性（Intentionalität）」の概念が、自己を超えて他なるものへと向かう意識のダイナミックな運動だとすると、「純粋経験」、すなわちそれぞれのものがそれ自身においてあるような〈あるがままの真実在〉の真只中に私たちは常に既に居ながら、自己を超えてその根底へと向かって行く思索の関係構造は、どこまでも超越論的志向性という性格をもっていよう。こうした、純粋経験のなかに居ながら、その根源へ向かってその構造を究明するということ、言い換えれば、〈のなかの存在〉と〈への存在〉とのダイナミックな関係は、要するに、哲学的思惟を営む私たちの全実存は、自己の内なる超越的他者への移行であって、自己が常に於いてある自己の根底にある自己を超えた〈他なるもの〉に対して常に志向的に方向づけられているということであり、要する場所に居ながらも、その根源へと向かう姿勢において、それはどこまでも超越論的である。

敷衍して言えば、こうした超越的他者への関係こそ「時間」であると言っても過言ではない。それは、レヴィナスの言葉を借用すれば、一つの全体化しえない「隔‐時性（dia-chronie）」であり、それに追いつき、合致することはありえない。時間が意味するのは、他者が永遠に自己の彼方にあり、〈同じもの〉の共時性には還元されえない、ということである。「・・・に向かって（towards, à）」という前置詞に含意された関係は、時間から派生した一つの関係に他ならない。〈絶対他者〉に対する関係は相互対応的関係に還元することはできず、どこまでも隔時的な特質をもっている。それが、西田にあっては、晩年の「逆対応」の論理へと展開してゆくことになる。

二

『善の研究』という書物の内に書かれている事柄はすべて一貫して、〈思惟の経験〉より理解され、解釈されねばならない。西田幾多郎が自らの思惟の何を語るにしても、結局それは彼の思惟の経験から語られる言葉に他ならない。では、彼は自らの思惟の経験からいったい何を語ろうとしているのか、いや、逆にいったい〈何〉が西田にそのような思惟を促しているのか。私たちは、その何（Was）にひたすら聴従する「道」を西田とともに彼独自の思惟の経験から読み取らねばならない。「思惟の経験」と言われた場合の「経験」も「思惟」も、通常の意味のそれではない。「経験」は、いわゆる経験主義の謂う経験、つまり感覚的知覚に基づく個物についての印象と観念ではないし、「思惟」は事物を自己の前に且つ自己の方へ向けて立てる表象定立的な理性的思考ではない。「思惟の経験」は、それぞれの有り方が根本から変えられつつ、一に合する如き仕方で思惟され経験されていなければならない。それは、語り尽くせざる〈真実在〉と言葉となって紡ぎ出される〈真実在〉との一にして一に非ざる「二重襞」を最後まで耐えて持ちこたえてゆくような思惟、言い換えれば「純粋経験」としての〈真実在〉がもつ有論的差異を差異として耐え忍ぶ姿勢が要請されるであろう。

「純粋経験」に於いて現前する個々のものを、一つの全体に取りまとめている〈統一的或者〉、それは個々のものを一つの風景として取りまとめつつ顕わならしめ現前させている当のものとして、それは根源的な〈時〉である。この〈統一的或者〉そのものの、叙述を絶する如き仕方での現前は、その真実に於いて覆蔵されてある存在の現前にほかならないのだが、思惟が既在せる本来的なる〈真実在〉をまさにそのようなものとして将来へ向けて現前化＝現在化させる営みであるならば、思惟もまた〈時〉的性格をもっていよう。もしそうであるならば、こうした思索へと促す〈真実在〉からの呼びかけと思惟の応答とを区別し両者をそれぞれで有らしめつつ、両者を一つに繋いでいるもの、それはつまるところ、〈時〉である。

『善の研究』というテクストは、一つの〈時〉を打ち開いているのだ。西田の執筆における思惟の経験と、私たちの読書による思惟の経験とが、〈時〉において重なっている。上梓されて以後百年という時を隔てて、今なお、それは一つの〈時〉を開示している。

一二

二〇一一年、『善の研究』が刊行されて百周年を迎え、それを記念する会が種々開催されたが、しかしいったい何を私たちは記念するというのか。記念とは、過ぎ去りしものを懐かしく回顧することではない。それは、ハイデガーの顰に倣って言えば、思いを致すこと、思い回らすこと、すなわち「回想（Andenken）」ということでなければならない。回顧とか想起ということが、過去の事物を現在のうちに対象として立てる限り、それは対象化的思考の一つの様相にすぎない。それに対して、「回想」とはそういう主観的な自己を中心とした対象化的思考が翻され、転回されるところに於いて初めて成立する思惟である。それは〈呼びかけ（Ansprechen）〉という仕方での〈既在的なものの到来（die Ankunft des Gewesen）[15]〉に〈聴き入る〉如き思惟である。要するに、西田が発掘した〈秘密〉、すなわち既在せる〈真実在〉からの呼びかけに耳を傾け、将来へ向けて聴き入るということでなければならない。「由来は常に将来に留まる（Herkunft bleibt stets Zukunft.）[16]」のである。

最も直接的にして純粋なる原初的経験＝真実在は、万象を滾々と湧出させる源泉であるがゆえに、それはどこまでも根源として、必然的にまず自らを閉ざすという風にして到来する。なぜなら、源泉は先ず自らを顕現しつつも、そこに顕現させてくるものそのものにおいて自らを示さずに、それの出現する背後に自らを隠し遠ざけるという風にして、顕現したものを己れから去らせてしまう。直接的なる経験＝真実在は私たちそれぞれの自己にとって最も親密なものであろう。しかしその親密なるもの、親密性は、一切に先んじて最初のものであり、かつ一切を自らのうちに保留するものである。そうした意味で諸々の時間よりも古いものである。即ち原初的なものはどこまでも原初的なものとして自らの内に留保されてある〈絶対的過去〉に他ならない。原初にして直接的なる純粋経験＝真実在にとって、その「自発自展」は決してその純粋性の喪失、もしくは逸脱ではない。それはいよいよもって原初の到来なのである。テクストを読む「今」とはこうしたものの到来の時間である。真実在は自らを照らしつつ自己自身のもとに翻り、自己を隠すことによって真実在はまさに自己の因ってくる所以のもの〈来歴〉を却って逆に告げ知らせるということになる。留まるもの、立ち去らないものこそ不滅である。消え失せないがゆえに留まるのである。不滅なるものは、常に存続するもの（das Immerwährende）として顕現する。留まることとは永続的な現前という意味での持続において成立するのである。そうした意味で、『善の研究』という書物に込められた言説は留まるもの、不滅なるものであろう。たとえそれが「電子書籍」となって時空を飛び交うものとなっても、そして今それを読む私たちが、やがてこの世から居なくなり、そして今まだ生れていない未来世代の人々の世の中になろうとも、この『善の研究』という書物は、「永遠なる記憶」として、未来永劫にわたってここにあり、原初の〈時〉を開示していることに変わりはない。

【註】

（1）『マラルメ全集』Ⅱ「ディヴァガシオン他」所収二六三頁、筑摩書房、一九八九年
『同全集』Ⅲ別冊「解題・註解」所収、清水徹「〈書物〉について」筑摩書房、一九九八年、三六六〜三六七頁
清水徹『書物の夢 夢の書物』所収「マラルメと書物」筑摩書房、一九八四年、五〜四二頁参照。

（2）*Brief über den Humanismus*, GA. Bd.9, S.361-362

（3）ibid. S.333

（4）*Der Weg zur Sprache*, GA. Bd.12, S.243

（5）*Hebel — Der Hausfreund*, in: *Aus der Erfahrung des Denkens*, GA.Bd.13. S.148

（6）ebenda.

（7）『マラルメ全集』Ⅲ「言語・書物・最新流行」筑摩書房、一九九八年、三八七頁

（8）Emmanuel Levinas : *Le temps et l'autre* , p.82, Quadrige/Presses Universitaires de France, 1979　邦訳：『時間と他者』（原田佳彦訳）法政大学出版局、一九八六年、九一頁

（9）テオドール・オーバネル宛書簡。一八六六年七月一六日、『マラルメ全集』Ⅳ「書簡Ⅰ」筑摩書房、一九九一年、二九五頁

（10）*Brief über den Humanismus*, GA. Bd.9, S.361
Der Weg zur Sprache, in: *Unterwegs zur Sprache*, GA.Bd.12, S.230
Hebel / Der Hausfreund, in: *Aus der Erfahrung des Denkens*, GA.Bd.13. S.147

（11）*Brief über den Humanismus*, GA.9, S.330

（12）*Aus einem Gespräche von der Sprache*, GA.12, S.116

（13）Emil Lask; Gesammelte Schriften. Bd.2. (Hrsg. E. Herrigel), Verlag von J.C.B.Mohr (Paul Siebeck) Tübingen, 1923

（14）狩野直喜『讀書籑餘』みすず書房、一九八〇年、一九四頁

（15）　*Aus einem Gespräche von der Sprache*, GA.12, S.146

（16）　ibid., S.91

★以下第二篇全体にわたって、西田幾多郎の文章の引用は、最新版『西田幾多郎全集』（編集：竹田篤司、クラウス・リーゼンフーバー、小坂国継、藤田正勝、岩波書店、二〇〇三年刊）および旧版『西田幾多郎全集』（岩波書店一九六〇年代刊）に基づき、最新版と旧版の順序で、各巻の号数と頁数を記す。

第二章　純粋経験の論理――〈統一的或者〉が意味するもの――

序

西田哲学の中心問題は、その思索の発展の全プロセスを通じて〈真実在〉であったと言っても過言ではない。言葉を換えて言えば、「それ自身に於てあり、自己自身によって動く」絶対的実在の世界である。明治四十四年に初めて刊行された『善の研究』では、主客未分の「純粋経験」がそのまま生きた真実在に他ならず、しかもそこに「無限の統一力」、「統一的或者」が看取され、含蓄的（implicit）な潜勢的一者が己自身を発展させてゆく、生きた全体として見られている。

つまり、その最も直接的な主客未分の意識状態から思惟あるいは判断へと分化し分裂してゆくが、それは純粋経験そのものの深化発展のプロセスに過ぎず、純粋経験はそのプロセスを通じてどこまでも自発自展する一つの体系を保持しているのである。しかし、このような真実在の生きた体系の構造を叙述するのに、いわゆる「純粋経験」という概念で以ってしては包み切れない問題が生じてくる。昭和十一年、『善の研究』の版を新たにするに際して、彼は、本書の立場が意識の立場を出でず、心理主義的色彩の強い性格をもっていたことを認めつつ、当時自分の考えの奥底には単にそれだけに尽きない問題が本書執筆の頃にも既に潜んでいたことを述懐している。彼の考えの奥底に潜むもの、それはいったい何だったのだろうか。それは、一言で言えば〈超越〉への志向ではなかったであろうか。

明治三十八年三月八日付け山本良吉宛書簡において、彼は次のように書いている。

　倫理の書も講義の必要上ありふれたる有名なる者は一通讀みたり。併しどうも余はメタフィヂックスよりせざれば充分なる満足を得ず。近頃は又哲學史、知識論の研究を始めたるなり。倫理學には必しも此の如き研究を要せざるべし。而も余はどうも metaphysical doubt を脱する能はざるなり。（十九・七四、十八・六六）

こうした形而上学的な疑問、つまり現象を超えた超越的なものへの憧憬が、若い頃から彼を深く捉えて離さなかったのである。では、この西田の言うメタフィヂックスとはどういうものだったのか。

二年前の明治三十六年夏、当時ひたすら禅に打ち込んでいた西田は既に京都の大徳寺孤蓬庵で公案を透過していた。しかしそれは「豁然大悟」といったものではなかったらしく、その日の日記には「余甚だ悦ばず」と記し、その前年には「和尚公案を許したりとて、自分にて不満足なれば何の功なし」と述懐している。推察するに、彼は「即心即仏」や「平常心是道」といった言葉に代表される「覚」の一元論、つまり「即」の論理に満足できず、やはり「超越的なもの」への志向が根強くあったのではなかったか（このことが後年、西田をして「即」の論理ならぬ「即非」の論理とつながっていくことになる）。見性とは言うなればすべての〈超越的他者〉を撥無し、自他不二の「覚」の一元論に帰着する経験であろう。西田は終生、宗教の本質、神の問題に触れないことはなかった。高坂正顕が指摘していたように、(1)当時の日記を見ると、彼の読書はシュライエルマッハーやアウグスティヌスの著作に専念していたことがわかる。それは紛れもなく〈超越的他者〉である神をどう捉えるか、ということに尽きよう。彼が禅の見性に欣喜雀躍したのであれば、いわば「即無的実存」(久松真一の境涯)を貫き、徹底した「無神論」の立場を全うしたであろうし、もはや〈超越的他者〉の問題など、胸間に掛在することはなかったはずである。

西田が禅に打ち込んだのは、禅者になるためではなく、明治初年に生まれ育ち、明治後期に活躍した思想家たちの殆どが共通に持っていた精神、すなわち徳川期以来、連綿と受け継がれてきた朱子学的「居敬」精神によるものであり、それは一言で言えば「至誠」を求めて自己の内面性の確立を目指すことそのことであった。明治三十年の秋、親友山本良吉に宛てた書簡(十九・四七、十八・四四)の中で、西田は『新約聖書』の「マタイ伝」第六章を読んで深く感動し、精神的転換を覚えた旨を伝えているが、彼がそこに読み込んだものは、自己の肉身に根ざす欲心から自由になって「真正の己」を実現しようとすることであった。要するにそれは朱子学で説くところの「已発の心」を正して私欲を去り、「明徳」を明らかにせんとする宋学的真摯さ、つまり「居敬」の精神に他ならなかったのである。

一

ところで、周知のごとく、西田の純粋経験の立場は自覚の体系へと深められ、それがやがて「場所」の立場に至りつくことによって、彼の考えを論理化する端緒を得るのだが、その「場所」も次第に「弁証法的一般者」として具体的に捉え直され、「純粋経験」と言われていたものが、晩年には歴史的実在の世界を生きる「行為的直観」の立場として直接化されてくる。しかしながら、このような発展過程を通じて西田哲学の根本的な基調になっているのは、やはり弁証法的一般者の自覚的限定ということ、言葉を換えて言えば、絶対否定を媒介とした実在の実在自身への自覚の深まりということが言えるのではないだろうか。つまり、それ自身に於いてあり、それ自身によって動く絶対的実在の世界は、「自ら照らす鏡」として自己の中に自己を映す自覚的体系の根本動性として見て取られるのである。真実在を知るとは、我々が外からそれを認識することではない。実在の無限性は自己の自覚の無限の深まりにつながり、そのことが、ひいては実在が実在自身を知ること、すなわち実在が実在自身の底へ底へと無限に深まりゆくこと、つまり実在が実在自身を自覚してゆくことなのである。

さて、『善の研究』を一貫する基本概念は「純粋経験」であることは言うまでもない。それは「未だ主もなく客もない、知識とその対象とが全く合一している」（一・九、一・九、以下、『全集』第一巻に限り、新版、旧版の順序で各巻のページ数のみを記す。）最も直接的な現在意識である。しかしここで特に留意しておきたいのは、西田がこの「純粋経験」ということでいったい何を問題にしようとしたのか、という点である。いかなる哲学者であれ、その思索の根底には、絶えずその思索を動機づけ、常にそこからそこへ向けて展開されてゆく根本経験があって、思索は常にそうした言語以前のリアリティに立脚しながら、言葉へと紡ぎだされることは論を俟たない。西田にあっては「純粋経験」がまさにそれであった。こうした言語以前の直接経験に立脚し、そこからそれを唯一実在の世界として捉え、さらにそれを言葉へと紡ぎだすことによって「すべてを説明する」、そうした西田の「純粋経験」がもつ三段階の経緯と機微について深い思索を展開されているのは、周知のごとく上田閑照氏だが、以下の論及ではそうした純粋経験の機微には直接言及せず、むしろそれを括弧に入れるかたちで、どこまでも西田の西田自身による純粋経験の「説明」に従って解釈することにしたい。

そこでまず、念頭に入れておきたいのは、西田が本書ですべてをそこから説明しようとする主客未分の「純粋経験」とは、たとえば仏教で言われる分別以前の「無分別智」、もしくは禅の見性体験そのものを必ずしも意味しないという点である。「純粋経験を唯一の実在としてすべてを説明してみたい」（六、四）と彼が言う時、それはそうした悟りの境涯がもついわば言語以前の内実を体験的に叙述するということを意味するのではない。むしろ西田はどこまでも哲学的に説明しようとしたのであって、おそらくそこで問題としたかったのは、そうした直接経験にこそ見られる意識の統一、知情意の統一であり、次にその超越的特性であったのではなかったか。すなわち「物我相忘じ、物が我を動かすのでもなく、我が物を動かすのでもない、ただ一の世界、一の光景あるのみ」（三五、四三）と言われる場合の「一」の体系、そしてその体系的発展であり、「純粋経験は個人の上に超越することができる。個人あって経験あるのではなく、経験あって個人あるのである」（二四、二八）と言われるような、純粋経験のもつ超越的性格である。

本書全体にわたって繰り返し表れるのは、いわゆる「純粋経験」の語よりもむしろ「統一」「統一力」「統一的或者」「一般的なるもの」といった語である。またそれと同時に「理」という語も頻繁に使用されている。「人は皆宇宙に一定不変の理なる者あって、万物はこれに由りて成立すると信じている。この理とは万物の統一力であって兼ねて又意識内面の統一力である、理は物や心に由って所持せられるのではなく、理が物心を成立せしむるのである。」（六一、七四〜七五）「客観的世界の統一力と主観的意識の統一力とは同一である、即ちいわゆる客観的世界も意識も同一の理に由って成立するものである。この故に人は自己の中にある理に由って宇宙成立の原理を理会することができるのである。」（六二、七六）このように西田は「理」を主観・客観の根底に潜む一般的なるもの、統一的なるものとして捉え、それは「個体的実現の背後における潜勢力」であり、「個体の中にありてこれを発展せしむる力である」（二二、二六）と言う。このようにして西田は個人の内に働く統一力が超個人的なものに由来することを論じようとする。

二

さて、こうした理一元論的な発想、つまり一なるものの体系的発展といった発想は、朱子学に見られる理一元論、つまり万物の淵源である大極を「理」と捉え、その超越的で一なる理は、万事万物それぞれに分有され、それぞれの理となる時には、それぞれ特殊なあり方として己を顕してくるという「理一分殊」論の発想、そしてまた中国の宋の時代に「看話禅」と共に一世を風靡し、朱子学にも少なからぬ影響を与えた華厳教学の「理事無礙・事事無礙」の考え方に通底するものであり、それは言葉を換えて言えば「体・用」の論理、すなわち〈内在的超越〉の論理に他ならない。

「体・用」というのは、例えば朱熹が『中庸章句』第一章に「大本ナル者ハ道ノ体ナリ、達道ナル者ハ道ノ用ナリ」と述べ、また『朱子語類』巻一の第一條に「陰陽ニ在ツテ言エバ、用、陽ニアリ、体、陰ニアリ、然カモ動静無端、陰陽無始、先後ヲ分カツ可カラズ」と述べ、あるいは性は体、情は用などと言われるところのものである。しかしこの体・用の概念は『大乗起信論』をはじめ、元来仏教でよく使われたものである。この観念そのものは遡れば僧肇（三七四~四一四）の『肇論』に行き着くが、因みに湯用彤は「魏晋より南北朝を通じて、中国の学界には異説繁興、争論雑出し、表面上複雑をきわめたが、要するにその争うところは体用観念を離れなかった」と言う(2)。

従来、西田哲学の成立に関連して「禅体験に基づく」ことが喧伝され、専ら「禅」の立場から解釈されて、西田を語りつつ禅体験を語っているといった風潮があったが、肝心なことは、果たしてその場合の「禅」とはそもそもどのような内実と論理を持っていたか、ということであろう。西田の哲学的思惟の特質である〈超越的一なるものの体系的発展〉といった発想は、例えば「万法は一に帰す、一は何処にか帰する」という問いに対して、趙州が「我れ青州に在りて、一領の布衫《ふさん》を作る。重きこと七斤。」（『碧巌録』巻五、第四十五則）と答えるごとき禅の発想とは些か異なっている。要するに、西田の哲学的思惟様式とは、禅の思想にも反映されてはいるが、それだけに限らず更に広く中国仏教思想全般、更には宋学の形而上学にも通底し、その根幹をなすところの「体・用」の論理、すなわち「内在的超越」の論理であったといっても過言ではない。

ところで、馬鳴造、真諦訳とされる『大乗起信論』は五、六世紀に成立し、サンスクリット原本がないことから中国撰述説もある大乗仏教の哲学論書だが、いわゆる如来蔵思想を「真如随縁」というかたちで捉え、その体・用の関係を水と波の比喩で説明する。すなわち体用とは因果に対していう言葉であり、水波の比喩で説明すれば、因果の関係が風と波との関係であるのに対し、体用の関係は水と波との関係をいう。体とは根本的なもの、自体的なもの、用とは派生的なもの、その働きを意味し、本体とその作用、実体とその現象の関係をいう。因果の関係はいわゆる因果別体、つまり因と果は風と波のように互いに別個のものであるのに対し、体用の関係は殆ど「体用一致」とか「体即用、用即体」と論じられるのが特徴である。水と波とが別物ではないように、体と用とは不可分の関係にある。しかしながら水が大波小波いかようの波の姿をとろうとも、水そのもの、即ち水の本体（湿）は常にすべての波の形状を超えて、水そのものの自己同一性を保持している。更に敷衍して言えば、水（体）はあらゆるものを濡らす働き（用）がある。濡らすという働きを離れて水はありえない。しかし水の自性に即して見れば、水はあらゆるものを濡らしながら、水そのものは濡らさないという仕方で水の水としての自己同一性が維持されているのであり、まさに自らを濡らさない水であればこそ、すべてのものを濡らす水でありえているのである。このように体はあらゆる用を一貫する「統一的或者」として自己同一性を堅持しており、体は用と「非一非異」の関係にあって、本体としてはどこまでも超越を保っているのである。したがって超越といっても水が波を離れないように、外在的超越ではなく、どこまでも内在的な超越なのである。それ自身超越的なものがその本体的な自己同一性を保ちながら、さまざまな用（はたらき）として自己展開していき、あらゆる現象のなかに内在するのである。これこそまさに「一」なるものの体系的発展に他ならない。体用の論理が「内在的超越」であると言ったのはこのことである。

ところでこうした体用の観念が仏教に由来するものか、それとも儒教に本来あった考え方なのかは明確に限定できないようで、島田虔次氏によると、体用は実在の外に超越的な造物主を想定しない中国的思考様式にきわめて馴染みやすいものであって、中国的発想は本来的に、あるいは潜在的に体用思想であったと言う(3)。

さて西田が西洋哲学との格闘を通じて、より鮮明にしようとしたのは、こうした東洋独自の思考法、すなわち体用の論理であったといっても過言ではない。といってもそれは彼の思想にそのような観念が固定観念としてははじめから前提されていたということを意味しない。むしろ西洋哲学のいわば演繹的思考法に基づく実体論的同一性論理、つまり彼のいわゆる「主語的論理」を究明しそれと格闘していくなかで、おのずから呼び覚まされてきた東洋の論理が体用の論理であったということであろう。しかし、西田の場合、とくに留意すべき点は、体用の論理といっても絶えず「内在的超越」のその超越性がつねに念頭にあったということである。「自己は自己を超えたものに於いて自己をもつ」という発想が若い頃から彼の思索に一貫してあったことからも推察されるように、西田哲学の西田哲学たる最も基本的な特質は〈超越的なもの〉への志向であったことは特に留意する必要がある。こうした意味で、西田が処女作『善の研究』でいわゆる「純粋経験」を唯一の実在と見なしたのは、先述したように、そうした主客未分の経験にこそ「一」なる体系が見られるからであり、同時にまた、その純粋経験が「個人の上に超越することができる」からである。要するに西田にあっては、先述のごとく、超越的「一」なるものの体系的発展ということこそ彼の思索の根底にあったものであったと言ってよい。じじつ、純粋経験の自発自展と言われるときの「自」という語の反復表現は、統一的或者が絶えず分化発展しつつも、どこまでもそれ自身に同じものとして自己同一を保つということに他ならず、そこには、絶対的実在のそれ自身に於いて有り、それ自身によって動く運動、言い換えれば超越的に一なるものがどこまでもその超越性を保持しつつ自らを展開させてゆく、いわば自己内還帰的な動性が見られる。こうした西田哲学の根幹に潜む論理の視点から翻って、以下では初期西田における「純粋経験」のもつ意味と特質を再検討してみたい。

三

そこでまず、『善の研究』に於ける純粋経験の特質を西田自身の説明に即しながら以下に列挙してみよう。

（1）現在意識

周知のように、本書の第一編第一章「純粋経験」は次のような文章ではじまる。

> 経験するというのは事実其侭に知るの意である。全く自己の細工を棄てて、事実に従うて知るのである。・・・毫も思慮分別を加えない、真に経験其侭の状態をいうのである。たとえば、色を見、音を聞く刹那、未だこれが外物の作用であるとか、我がこれを感じているとかいうような考えのないのみならず、この色、この音は何であるという判断すら加わる前をいうのである。それで純粋経験は直接経験と同一である。自己の意識状態を直下に経験した時、未だ主もなく客もない、知識とその対象とが全く合一している。これが経験の最醇なる者である。（九、九）

そして、こうした事実そのままの直接的な意識は「現在意識」として特徴づけられ、すべての精神現象がこの形において現われることを強調する。過去の記憶も、一般概念の現前も、快・不快の感情もすべてが「現在意識」でないものはない。「純粋経験はいかに複雑であっても、その瞬間においては、いつも単純なる一事実である。たとい過去の意識の再現であっても、現在の意識中に統一せられて」（一〇、一一）いる。それゆえ「純粋経験の現在は、現在について考うる時、已に現在にあらずというような思想上の現在ではない」のであって、意識上の事実としての現在には「時間的継続」（一一、一二）がなければならないのである。「我々が幾日にも亙りて或一の問題を考え、または一の事実を計画するという場合には、明に同一の意識が連続的に働くと見ることができる」（六〇、七三）のであって、「意識の根柢には時間の外に超越せる不変的或者がある」（六〇、七四）のである。「時間の経過とはこの発展に伴う統一的中心点が変じてゆくのである、この中心点がいつでも〈今〉である」（六一、七四）。こうした純粋経験における〈今〉は、時間の経過と共に流れてゆきながらも、常に〈統一的或者〉として同じ所に留まっている〈静止せる今（nunc stans）〉であり、フッサールの現象学の顰に倣って言えば「立ち留まりつつ - 流れる現在（die stehend-strömende Gegenwart）」と見なすことができよう。

（2）直接性─具体的意識としての無意識

　したがって西田自身が強調するように、純粋経験の直接性は、ただ単に単一であるとか、分析できぬとか、瞬間的であるとかいうことにあるのではなく、却って「具体的意識の厳密なる統一」にあるのである。それは精神的要素の結合よりなるものではなく、元来「一の体系」を成しており、この中より多様な種々の意識状態が分化発展して来るのである。

　こうした意識の体系は「有機物のように、統一的或者が秩序的に分化発展し、その全体を実現する」のだが、統一が厳密である間は、この作用は「無意識」（一二～一三、一四）である。彼は言う、「統一作用が現実に働きつつある間は無意識でなければならぬ。」（一八、二一）たとえそれが「思惟であってもそ（れ）が自由に活動し発展する時には殆ど無意識的注意の下において行われるのである」（一八、二〇）と。要するに、「我々が自己の好む所に熱中する時は殆ど無意識」であって、「自己を忘れ、唯自己以上の不可思議力が独り堂々として働いて居る」（一五七、一九八）のである。したがって、主客未分の純粋経験とは、何か特別な神秘的体験といったようなものではなく、思惟であれ、行動であれ、普段我々が日常生活において、その事柄に無心で取り組み、そのことに純一に専念し、そのことに「なりきった」ところでは、そこに意味的統一があり、一つの体系が働いているわけであって、何かに夢中に取り組んでいるその〈何〉が「意味的統一体」に他ならない。こう見てくれば我々は常に既にいたるところで純粋経験を営んでいるのであって、殊更「霊雲桃花」や「香厳撃竹」に代表される禅の見性体験やその境涯を俟つまでもないのである。

（3）差別相の内在

したがって純粋経験が「具体的」意識統一である以上、それが無意識であるといっても、渾沌無差別の状態であることではない。そこには自ら既に差別相を具えているのである。種々の意味とか判断とかいうのは、純粋経験の内に既に伏在する差別相、つまり具体的な意味内実があってこそ、事後的にそれらが生じ起こってくるのである。青いものを見て、それを「青」と判定できるのは、その判定に先立ったアプリオリな次元で、青と青ならぬ他の色との比較・区別が既になされていてこそ可能なのである。つまり「意味或いは判断の中に現われたる者は原経験より抽象せられたるその一部」（一四、一五）に過ぎない。要するに「意味とか判断とかいう如き関係の意識の背後には、この関係を成立せしむる統一的意識がなければならぬ」（一五、一六）のである。

要するに、事後的に分化発展するものは、それに先立つ直接性の中に既に内在しているのである。「知の直接性」は、それ自身いわば自らの背後にその前史として、あらゆる自己展開に先立った次元で常に既に、様々な分化発展の契機を内に持っているのであり、逆に言えば、こうした内在的契機が原初の直接性として既に何らかの意味で存しなければ、事後の展開それ自身が成り立つことはないのではなかろうか。

(4) 主意的性格―動的時間的な無限の発展

純粋経験が主客未分なる意識の根源的統一であるということは、単にそれが受動的なものであることを意味しない。むしろそれは潜勢的一者が己れ自身を発展させてゆく独立自全の活動であって、したがってそれはつねに能動的であり、衝動をもってはじまり意志をもって終わる。まさに意志こそが純粋経験の事実であり、真の実在である。「我々に最も直接なる意識現象はいかに簡単であっても意志の形を成している。即ち意志が純粋経験の事実である。」(四九、五九)

つまるところ、西田にとって純粋経験に於ける意識の統一力というのは意志の統一力に他ならない。「純粋経験の事実としては意志と知識との区別はない、共に一般的或者が体系的に自己を実現する過程であって、その統一の極致が真理であり兼ねてまた実行である。」したがって、いわば知即行としての純粋経験がもつ根源的統一性は、透明な静的空間の統一であるよりは、むしろ一なるものの時間的動性として無限の発展性をもったダイナミックな実在であり、そこに不断に種々なる体系の分化と衝突とを蔵し、これがより大きな統一へと進んでいくのである。要するに意志とは分裂より統一に達せんとする能動性に他ならない。意識の動的統一としての純粋経験は根源的には一の意志的統一であり、統一作用における時間的動性の中心となるものである。独立自全の純粋活動とは、対立・矛盾を克服止揚して一層高き統一に向かって進んでいく自発自展的な実在の統一力なのである。

（5）超個人的・客観的性格

真実在の統一作用は、個人個人の小なる意識を超えて普遍的な統一性を持っている。西田によれば純粋経験の世界は単に個人的・主観的なものと見ないで、すべての個人的意識がそれに於いてあり、そこに自己の存在の基盤をもつところの、より一般的普遍的性格を持った客観的実在の世界である。第一編第二章の「思惟」について見ると、我々の思惟の進行が我々の個人的・主観的遂行によって行われるものではなく、思惟が思惟として己自身を発展せしめてゆくものであることが明らかにされている。我々の思惟が真に客観的思惟として発揮しうるためには、「我々が全く自己を棄て、思惟の対象即ち問題に純一となり、・・・自己をその中に没する」（一八、二〇）のでなければならない。思惟には自ら思惟の法則があって自ら活動するのであり、それは単に個人的意識上の事実ではなくて客観的意味を持つ。それは唯一実在たる純粋経験の自発自展的な分化として我々の意識体系の中に一定の必然的位置を占めているからである。西田は言う、「我々の純粋経験は体系的発展であるから、その根柢に働きつつある統一力は直に概念の一般性その者でなければならぬ。経験の発展は直に思惟の進行となる。即ち純粋経験の事実とはいわゆる一般なる者が己自身を実現するのである。・・・その背後に潜在的統一作用が働いている。」（二二、二六）要するに、自然を研究してその本性を知るということは、自己の主観的臆断を捨てて自然の本性と合一するということである。認識主観のアプリオリは同時に客観そのもののアプリオリでもなければならない。

因みに、後年、西田が「物の真実に行く」とか、「何処までも物となって考え、物となって行う」、或いは「自己が客観に照らされる」といった表現を用い、そこに科学的精神の真髄があると主張するが、こうした「物に成りきる」思惟、すなわち西田が自ら呼称する「徹底的客観主義者」（十二・二九八、九・一九）とは、遡れば朱子学が標榜する学問的立場であり、即ち「格物窮理」の姿勢を踏襲していることは留意しておくべきであろう。

じじつ西田は『哲学論文集第四』所収論文「ポイエシスとプラクシス」の最後で、朱熹が最重視した『大学』の有名な「三綱領八条目」を引用し、次のように語っている。「私は格物をやはり朱子の如く物に格（いた）ると読みたい。そしてそれは何処までも物となつて考へ物となつて行ふと云ふ意に解したい。真の客観的営為は、此から出て来るのである」（九・二三〇、十・一七五）と。因みに『哲学論文集第五』所収論文「知識の客観性について」の中の「物来つて我を照らす」（九・四二六、十・四二七）という表現は、推察するに、「格物」を「物キタル」と読みかえた荻生徂徠の学問観に淵源を持つものであろう。

四

西田は本書第二編第四章の冒頭で、唯一実在から如何にして差別的知識が発生してくるかをテーマとして挙げ、「真実在は常に同一の形式を有つて居る」として、次のように述べる。

独立自全なる真実在の成立する方式を考へて見ると、皆同一の形式に由つて成立するのである。・・・先づ全体が含蓄的 implicit に現はれる、それより其内容が分化発展する、而して此の分化発展が終つた時実在の全体が実現せられ完成せられるのである。一言にていへば、一つの者が自分自身にて発展完成するのである。（五二、六二）

そして更にもう一つここで念頭に入れておきたいのは次のことである。すなわち「意識の本来は体系的発展であつて、此の統一が厳密で、意識が自ら発展する間は、我々は純粋経験の立脚地を失はぬ」（一二、一三）ということ、つまり純粋経験といっても単に直接的な知覚的意識だけを指すのではなく、「反省的意識の背後にも統一があって、反省的意識はこれに由って成立する」のであり、「即ちこれもまた一種の純粋経験」であり、したがって「我々の意識の根柢にはいかなる場合にも純粋経験の統一があつて、我々はこの外に跳出することはできぬ」（一四八、一八六）という点である。「馬が走る」という判断は「走る馬」という一表象を分析するように「判断の背後にはいつでも純粋経験の事実がある」（一六、一八）のであり、「思惟の作用も純粋経験の一種である。」（一七、一九）要するに「純粋経験と思惟とは元来同一事実の見方を異にした者であり」（二二、二五）、「純粋経験は直に思惟である。」（二二、二五）一言で言えば「純粋経験の事実は我々の思想のアルファでありまたオメガである」（二二、二五）のである。

さて、そこで問題にしたいのは、西田が「意識は一面に於て統一性を有すると共に、又一方には分化発展の方面がなければならぬ」（一五、一七）とか、「唯一実在は、・・・一方に於ては無限の対立衝突であると共に、一方に於ては無限の統一である」（七八、九六）と言っている点である。換言すれば、純粋経験がもつ不変的自己同一的な統一性の保持の側面と、思惟や判断の分化発展の方向との関係である。つまり自発自展的にいわばそこから、そこへと垂直的に湧出してやまない純粋経験の自同的な絶対現在的性格と、更に矛盾・対立を媒介としてより大なる統一へ向けて時間的・過程的に自己展開していく側面との関係である。見る主観もなければ見られる客観もない独立自全の最も直接的な純粋経験にあっては、真実在の統一性は〈顕在的〉に現前しているのに対し、それが反省的思惟や判断へ移行すると、その顕在的統一は隠れて潜在的となり、その思惟や判断を含めたすべての経験を可能にするアプリオリな潜勢力となる。このように真実在としての純粋経験は脱自的発展の方向と同時に、いわば自己内還帰的に翻り、自らを覆蔵するのである。

ところで、西田は『善の研究』の序で「純粋経験を唯一の実在としてすべてを説明してみたい」と述べているが、ここで留意したいことは、彼の「説明」がどこでなされているのか、という一点である。本書に頻繁に出てくる「純粋経験の立脚地より見れば」とか「純粋経験の立場より見れば」という表現からもわかるように、西田は自らどこまでも「純粋経験」に立脚しながら、彼独自の思索を展開させているのである。つまり彼は「純粋経験」の外に立って、それを対象的に捉えて論述しているのではなく、換言すれば、彼の言う「知的直観」の立場に立って説明がなされているのである。それはどういうことなのか。

西田によれば、「知的直観」とは我々の純粋経験の状態を一層深く大きくしたものであり、「意識体系の発展上に於ける大なる統一の発現をいう」（三四、四二）。「真の知的直観とは純粋経験に於ける統一作用其者」であり、「生命の補捉」（三五、四三）である。例えば「技術の骨」のようなものであり、画家の創作活動のように、「主客合一、知意融合」の状態である。「物我相忘じ、物が我を動かすのでもなく、我が物を動かすのでもない、たゞ一の世界、一の光景あるのみ」（三五、四三）である。とはいえ、「知的直観」は何か意識を超越したものを直観する神秘的能力を謂うわけではない。むしろ意識の無限な統一機能そのものを認識せんとする〈自覚〉の最高形態なのである。じじつ、西田は「思惟」について次のように述べる。「思惟の根柢には知的直観なる者の横はつて居ることは明である。思惟は一種の体系である。体系の根柢には統一の直覚がなければならぬ。」（三五～三六、四三～四四）そして「説明」というのは、西田によれば、「根本的なる直覚に摂帰し得る」（三六、四四）という意味であり、そしてこの統一的直覚こそ「真の自己」だと言うのである。

ここで、西田がさりげなく言葉にした「摂帰」という語に注目してみたい。説明するとは、その語り出し、叙述することとそのことへの自己内反省に於いてなされるものであることは注意されてよい。西田が学生の頃、金沢の街を歩きながら夢見る如く考えに耽った現実そのままの「実在」とは、彼自らがそれを言い表し叙述することを離れては、その存在の場を持ち得ないものであったと言える。じじつ「哲学」が「学」である以上、叙述し、説明するということを抜きにしては成り立ちえない。したがって「真実在」も、単にそれが言語によって叙述され、認識される以前に、予め実体的に存在する記述対象としてあるのではない。むしろ叙述し、認識することそれ自身がはじめて成立しうるところ、つまり言語的分節化に於いてのみ「真実在」はそれ自身にとって顕わとなる。真の実在が何であるかは、このように実在がそれ自身にとって顕わであり、いわばそれが自らを言語へと対自化し、それ自身のうちに映し出しているという仕方に於いてのみ明確なものとなる。つまり叙述され、説明されることに於いてこそ、真実在は自らに立ち帰り、自らを自ら自身のうちに映し出すことになるのである。

直接的な純粋経験のうちに顕在し、その分化発展に於いてはその全過程のアプリオリな根柢をなすものとして潜在的なかたちでそれを可能にする〈統一的或者〉を、決して対象論理的にではなく、どこまでも自らに対して、自ら自身の根柢として対自化し、それを「自らのもの」としてゆく反省的思惟こそ、西田の企図する「説明」に他ならなかったのではないか。そして、このような「知的直観」に基づく自覚的説明を通じて、真実在ははじめてそのようなものとして、自らのうちに立ち帰り、自らを自ら自身のうちに映し出すことになるのである。

ここで注意されるべきは、こうした自覚的説明における直覚への「摂帰」と、真実在そのものの対自化とが、何か継起的に起こる二つの運動ではない、ということ、すなわちそれらは、そのまま一つのことだということである。つまり説明によって語り出し、叙述するということは、そのまま内省的に反問しつつ再確認してゆく営みであり、すなわち外へと表現することが、そのまま内へと取り戻すことであるということである。とはいっても語り出すことは何かそれ以前の「語りえないもの」を言葉に託して外へ送り出すということでは決してない。またそれは両者の継起的な先後関係でないことも、改めて言うまでもない。語り出し、外に表すということと、内へと取り戻すという二つのことは、そのまま同時に一つのことなのである。

そしてここで我々にとって決定的に重要であり、しかも決定的に困難であるのは、西田の遡行的思惟が問題にした「そのまま」ということ、すなわち純粋経験の「直接性」ということの正確な把握である。しかもそれは自覚的思惟に於ける自己関係性、再帰性というものの把握と一つに連なる問題である。問わねばならないのは、直接的な真実在へ遡行的に立ち帰ってゆく哲学的思惟の営みそのものが、覆蔵的統一的な真実在の「超越性」を証し、それがまた「真の自己」そのものを証する当のものである、という構造である。こうした自覚的思惟の遡行的自己内反省が、取りも直さず、真実在そのものの実在的自覚つまり覆蔵的自己内還帰と一つにつながり、そのことが真実在が自己を自己自身のうちに映し出すことに他ならないという構造の正確な把握なくして「真実在」とは何かという問いには近づきえないであろう。「真の自己」と「真実在」とは一つのことなのである。

ところで、〈事実そのまま〉という直接性は、このように、遡行的思惟に対して、常に既に先んじているのであり、そうした意味で思惟に対してどこまでも超越的なものなのである。次にこの点について、更に突っ込んで考察してみたい。

五

そこでまず注目しておきたいのは、純粋経験の直接性それ自身がもつ〈既在性〉である。真実在の覆蔵的自己内還帰といっても、それは反省的思惟や判断の過程、プロセスを経た後の還帰ではなく、そうしたプロセスそのものに常に統一的全体として内在する可能根拠としての自身への翻りであり、つまり外化してゆくプロセスが同時に自己内還帰に他ならない、ということである。純粋経験が脱自的に分化発展してゆくその進行の端緒において常に既に自らのうちへと翻り、還帰する方向があるのである。つまり事実そのままを知る直接的な純粋経験にあっては顕在的な統一作用であったものが、それが次位的に思惟や判断へと発展してゆくそのプロセスにあっては常に「潜勢的な」統一作用となって働くのである。それは外化してゆく過程を経て、どこかの折り返し点で自己還帰するのではない。上述したように純粋経験は絶えず「現在意識」なのであって、常に一へと統べる営みであることに変わりはない。それは、言うなれば間断なき流動的発展と一つになって生起し、その流動性をまさに間断なきものとして可能にすべく、自らの内に引きこもる覆蔵的契機として考えられるべきものであろう。それはあたかも渦巻がその見えざる中心から湧出してくるその動きが、同時に、その見えざる中心へ向かって吸収され帰入してゆくごとき同時的な動性なのである。

したがって純粋経験のもつ直接性は、自らが自ら自身であるということのいわば原初的直接性であり、「自発自展」と言われる如く、それがそれへと展開する運動として、既にそれ自身の内に立ち帰ってしまっている直接性、単純性という契機を内に含んでおり、次位的展開もまたそれを前提している、とでも言えよう。すなわち純粋経験の原初的直接性は〈自ら運動する自己同一性〉として先取的に既に自己同一を保持していなければならないのである。

しかもこのような〈脱自的統一〉とでも言うべき自己同一性は、「無限の統一力」として、すべてを一に統べる根源的働きであり、言い換えれば決してそれ自身〈統一せられた対象〉とはならず、常に既にその手前で現前しているものであって、事後的に分化発展してきたものに対しては常にそれに先んずるものとしてどこまでも超越的であり、時間的経過の中では常に既に過ぎ去ってしまっている。つまり直覚に基づく反省的思惟にあって、常に既に潜在的・覆蔵的な仕方で現前してしまっている純粋経験の統一性は、思惟を可能ならしめながらもそれ自身思惟の統一の対象にはならずに自ら覆蔵し、そうした意味では、現在意識である純粋経験は、言うなれば絶えずその直接性を〈痕跡〉としてしか与えない〈絶対的過去〉として既在的自己同一的な性格をもっていると言えよう。

したがって、そうした純粋経験を唯一の実在として「説明する」という哲学的営みは、どこまでも純粋経験の現在に立脚しながら、それを反省的思惟そのものに既在的に潜在する覆蔵的な〈含蓄〉として捉え、それを遡行的に開陳することになる。

そもそも哲学の前提の一つは、探究されるべき目標である究極的なものが、〈既に現にある〉ということであり、もしそうでないなら、それはどのようにして探究せられるであろうか。西田の場合、哲学的要求として掲げられた「真実在」は、第一に純粋経験の「そのまま」と言う直接性に内在する「自己同一」の構造として、「既に現にあるそのもの」であり、第二に、かかる有機的全体としてどこまでも自己同一を保持する「統一的或者」である。

この「統一的或者」は、我々の多様な意識現象に先立ち、それらを可能にする超越的でアプリオリな存在としてどこまでも「既に現にある」のである。それ故に、反省的思惟の営みとしての「哲学」は常に己の根拠に向かう自覚的な運動たらざるを得ない。つまり思惟は純粋経験における統一的或者によって、そのつど己の存立を支えられつつも、その直接性からいわばいつも既に歩み出てしまっており、己の存立の根拠を常に己の外に持たざるを得ないのである。言うなれば、純粋経験の直接的な現在意識は、既に現にあるものとして自らを立ち遅らせ、そうした〈差異化〉が自覚的反省を促し、思惟に対してどこまでも超越的なものとして将来的に現前しているとでも言えるのではないだろうか。

純粋経験のもつ「直接性」とは、こうした時間的構造をもつ。西田の思索を絶えず根柢から突き動かしている〈真実在〉の当体は、このように、既在的に自己内還帰する超越的現在として、差異的に将来する〈統一的或者〉に他ならなかった。それがやがては自覚を通して〈見るもの〉としての〈場所〉へと深まっていくのである。

【註】

（1）「西田幾多郎先生の生涯と思想」『高坂正顕著作集』第八巻所収、理想社、一九六五年、三八～三九頁

（2）湯用彤撰『漢魏兩晉南北朝佛敎史』上冊、中華書局出版、一九五五年、三三三頁、および島田虔次「体用の歴史に寄せて」『中国思想史の研究』京都大学学術出版会、二〇〇二年、三〇三頁参照。

（3）島田虔次『朱子学と陽明学』岩波新書、二〇一三年、五頁

第三章　形なきものの形、声なきものの声

序

かつて中江兆民は「日本に哲学なし」と猛語したが、西洋の哲学は体系性にその特色をもつ。万象にはそれらをそう在らしめている統一的原理があって、そうした究極的原理に遡り、そこから演繹的に存在を根拠付けて論証してゆくところに「形而上学」の成立があったのである。しかしその一方で、そうした万象を存在せしめている究極的な原理そのものは、いかなる言葉で以ってしても届き得ない或る超越性をもっている。哲学の営みがすべてを根拠付けて語ることにあるとするならば、その「語る」ということはどういうことなのか。語りえざるものを語ることは不可能なのか、ただ黙秘するしかないのであろうか。もしそうであるならば、これまでいかなる哲学も成立してこなかったであろう。それ自身語りえざる究極のものは、しかしどこまでも語りえぬものとしての超越性を保ちつつも、同時に自らをまさにそのようなものとして開示しようとする自己内発的な性向をも併せもつものなのではないだろうか。それが我々をして哲学的な思索へと駆り立てるのである。西田幾多郎にとって、哲学とはそういう方法を模索していく営みであり、また彼の哲学そのものがその道を辿っていった軌跡だったの

ではなかったであろうか。西田は、すべてを対象的に見る西洋の表象定立的な形而上学とは別の思惟を模索し、語りえぬものがまさに語りえぬものとして自らを示し、我々に哲学的思索を促してくるその論理を究明しようとしたのではなかったであろうか。

一　現象即実在論

昭和十一年十月、西田幾多郎は彼の最初の著作『善の研究』の版を新たにするに当たって、次のように述べている。「私は何の影響によつたかは知らないが、早くから実在は現実そのまゝのものでなければならない、所謂物質の世界といふ如きものは此から考へられたものに過ぎないといふ考を有つていた。まだ高等学校の学生であつた頃、金沢の街を歩きながら、夢みる如くかゝる考に耽つたことが今も思ひ出される」（一・四、一・七、傍点引用者）と。この「実在は現実そのままのものでなければならない」という信念の淵源はどこに由来するのか、そして西田にあって、真の「実在」はどのようなものとして捉えられていたのか。

『善の研究』は明治四四年一月に一冊の本として上梓されたが、その中の第二編に該当する部分は、明治四〇年の『哲学雑誌』（第二十二巻第二四一号）に「実在に就いて」と題する論文として発表され、かなりの反響を呼んだ。翌月の『哲学雑誌』（同巻第二四二号）に、紀平正美がその紹介文を書き、次のように述べている。「余輩は本誌の前号において西田氏の実在論を登載し得たる事を非常に栄誉と感ずるのである。その理由は即ち斯様である。余輩の拝読した所では氏の実在論は最もよくヘーゲルと近時八ヶ間敷い純粋経験説、換言すれば主知説と主意説とを調和せられた者と思ふ。此の両説は言はゞ古来の大問題で、・・・この両者が完全に調和せらるれば哲学の任務は全く終るものと言ふてよい程のものである。勿論氏の実在論が完全だと評するのではないが、余輩は実際言はんと欲して言ひ能はざりしものを何の苦もなく言明せられた手際に於ては仲々立派なもので、如何に造詣の深きかを察し得られるものである」と。明治四〇年当時、わが国では「実在論」の研究が盛んに行われ、そうした実在論を歓迎する風潮の中で西田幾多郎が注目を引くようになったのである。そこでまず、西田自身が青春時代を過ごし、呼吸していた明治期の思潮の動向を見ておかねばならない。とくに当時のアカデミー哲学の状況は、彼の思惟を追跡するにあたって、不可欠のものだからである。というのは、舩山信一（一九〇七～一九九四）が『増補　明治哲学史研究』（昭和四〇年）の中で指摘していたように、西田幾多郎は明治アカデミー哲学、とくに井上哲次郎（一八五五～一九四四）が初めて提唱した「現象即実在論」を継承する者であり、それを彫琢することに一生を費やしたと言ってよいからである(1)。

ところで、この「現象即実在論」というのは、真の「実在」は現象の背後にあるものではなく現象の只中に内在するという考えである。これは大乗仏教思想の根幹をなす「本体的一元論」、すなわち外に超越者を想定しない思考様式である。後述する重要な仏教論著『大乗起信論』（以下『起信論』と略記）のいわゆる「万法是真如真如是万法」という定式がこのことを表現している。因みに、日本仏教における天台本覚思想もその淵源はこの『起信論』にあるのだが、明治二〇年代には日本人独自の考え、しかも仏教的な哲学として人々に夙に知れ渡っていた。とくに、明治期の哲学界に於けるもう一人の鬼才、井上円了（一八五九～一九一九）は明治十九年の『哲学一夕話』以降、「現象即実在論」と呼べる論文をいくつも発表しており、その影響は無視できない。じじつこの『哲学一夕話』は西田の若い頃の愛読書の一冊に数えられている(2)。更に清澤満之（一八六三～一九〇三）の『純正哲学』（明治二十四年）がその後に続き、そういった仏教系の哲学者とならんで東京大学の哲学教授の井上哲次郎が、「現象即実在論」を提唱していたのである。

明治期に於けるわが国の西洋哲学受容の歴史は単なる受容と紹介に終始するものではなく、同時に日本独自の哲学を新たに創造する試みの歴史でもあったことは忘れられてはならない。井上哲次郎や井上円了らは西欧の哲学思想を受容していくなかで、次第に自分たちが伝統的に継承してきた東アジアの思想ないし宗教思想がきわめて優れた哲学体系を持っており、その内容も西洋哲学と比較しても決して遜色のないものであるばかりか、十分に形而上学的思考と言えるものであることを確信するにいたる。それは一言で言えば「本体的一元論」の思考様式であり、この東洋的一元論を世界に提示することで、従来の二元論的な西洋哲学的思考に対抗しようとしたのである。

二　西洋的二元論の特質

さて、西洋の形而上学の二元論的特質の淵源はもちろん古代ギリシアにまで遡る。古代ギリシアにおいて、哲学と科学の起こりを根源的に誘発したのは何よりもまず「同一性への希求」であったと言ってよい。ギリシア人が世界に対して有していた精神的構えは、とりわけギリシア語の一語がそれを的確に表現している。それは「アレーテイア（ἀλήθεια）」という語である。通常は「真理」と翻訳されているこの語は、「隠れていないこと」、「覆われていないこと」を意味する。ギリシア人にとって真理とは物事の嘘偽りのないありのままの公開性、隠蔽性の排除なのであって、覆われたもの、隠れたもの、暗いものをすべて「光のもとに」もたらし、顕わならしめようとする気質が彼らの意識にはあり、この傾向はすでにこの「アレーテイア」という語のなかに含意されている。これこそが、ギリシア精神の本質を示す基本的特徴と言ってよい。更に敷衍して言えば、「隠れていないこと」という語に含まれる精神、言い換えれば未知の部分を残さずすべてを隈なく「見よう」とする意志、それが「テオーリア（θεωρία）」としての「観ること」であった。先に述べたように、古代ギリシアの哲学者たちの本来の主題は「同一性」の問題であった。つまり彼らは世界が我々に提示してくる多様な現象、およそ考えられうる多種多様な諸経験のなかに、それらを根本のところで統括している「同一的」なるもの、「統一的なるもの」を探究しようとしたのである。すべてのもののうちにひそむ究極的統一とは何なのか。ギリシア人の理解するところでは、すべての存在するものは、なにか目に見えるものなのであって、つまり我々がそれを聞いたり感じたりする場合でも、世界の明るみのなかに顕現してくるものなのである。彼らにとって世界における出来事は、或る隠れた状態から光の中へ歩み出て、そしてそれと同時に見られうるようになったものとして現れたのである。こうした意味で、彼らにとって世界への関係は、聞くことも感じることも、より広い意味で〈見ること〉、すなわち光の中で自らを示すものに対して自らを打ち開くことであった。

　ところが、見ることができるためには、見るものと見られるものとの間に〈空間〉、つまりそこへ光が射し込む開けた空間が必要であろう。視覚とその対象との間の間隔があまりに狭ければ、何も見ることはできない。したがって、物が現れるためには、〈距離〉が必要なのである。距離は我々を事物から遠ざけ、事物どおしを互いに遠ざけ、あらゆるものがそこで一つとなっている近さを廃棄する。光は距離によってのみ可視性を作り出すのだ[3]。

　プラトンのいわゆる「イデア（ἰδέα）」も、それは万物に〈かたち〉を与えるものであり、〈かたち〉に対する原型は聞いたり触れたりできるものではなく、「見える」ものであった。つまり「イデア」とは「イデイン」（ἰδεῖν〔見る〕）と同属語で、一般的には「見え姿、かたち」を意味する。したがって、プラトン以後、イデアの領域についていつも繰り返し使用される比喩もまた、目に見えるものの領域から取ってこられる。すなわち太陽や光、輝きなどである。哲学史家が言うように、プラトン哲学は「光の形而上学」に他ならない。人間的生は、プラトンやアリストテレス、プロティノスやアウグスティヌスによれば、イデアを観ること、直観すること、神的な精神の光輝に没入することのうちに見出される。このようなことを意味するギリシア語が先に触れた「テオーリア」である。「セオリー（theory）」とはもともと眺めることを意味する。「テオーリア」のラテン語訳は contemplatio すなわち「観想」である。

では、時代が降って西欧の近代哲学はどうであったか。この「近代」を特色づける基本的な指標は、一言で言えば「分離的思考」であると言えよう。人間と自然との間の分離こそ近代を特徴づけるものであり、ここに近世における「科学」の成立があり、近世以降の世界は科学技術の文明によって最も特色づけられる。しかもこうした客観的・機械的自然の発見と同時に、それと相即するかたちで見出された認識主体は、人間的価値の自覚、また普遍的自我ないし精神の発見でもあった。つまり主観と客観を峻別し、外界の法則は認識主観によって与えられるとする思考様式である。こうした二項対立的な二元論的思考は、キリスト教でも同じである。

ふつう、我々日本人が伝統的に「キリスト教」として理解しているのは、そのすべてではないにせよ、大抵の場合、ローマ・カトリックもしくはプロテスタントのいわゆるラテン的西方のキリスト教であることは留意すべき点であろう。西方キリスト教が東方のそれと異なっている点は、まず使用言語の相違にあり、すなわちラテン語を使うローマ帝国の西部とギリシア語を話す東部とでは根本的に異なった世界観と意識のあり方を表現している。この根本的な相違は、政治的にはローマとビザンティンの分離というかたちで露顕することになる。ラテン的—西方的精神気質は、おそらくローマ帝国において最も顕著に現れている。第一に、ローマ人はギリシア人とは異なり、徹底した法律指向であったということであり、彼らの共同生活全体がしっかりとした法律関係のなかで組織されていた。したがって、西方キリスト教の特質は、東方のそれのように神秘主義的・存在論的な、しかも興味深いことに、やはり〈本体的一元論〉の性格をもつ「哲学者の神」ではなく、あくまでも「聖書の神」を対峙させ、神人関係を、本来ユダヤ教の特質であった「契約」による父子関係として捉え、父たる神は裁きの神であり、赦しと愛の神であり、外に超越した人格的唯一神である。創造主たる神と被造物との間には絶対に越えることのできない断絶があり、神はどこまでも「外に」君臨し、万物を無から創造する超越的存在であった。したがって、契約の遵守こそが重要なのである(4)。

三　東洋的一元論―体・用の論理

ところが、東洋的思惟の特質は上記のような二元論的思惟とはまったく異質な発想を持つものであった。すなわちそれは大乗仏教や朱子学に共通して見られる〈本体的一元論〉であり、これは東方正教会も同じなのである。つまり言詮を絶する覆蔵的・超越的に一なる原理がその超越性をどこまでも維持しながら、自己内発的に自己展開し、万物の中に自らを内在化させていく論理、一なる本体とそれが起動展開する派生態、つまり「体と用《ゆう》」の論理であり、「内在と超越」の論理であったと言っても過言ではない。因みに西田幾多郎の『善の研究』に見られる「統一的或者の自発自展」もしくは「超越的に一なる理の体系的発展」という発想は、こうした東洋的思惟の論理に基づくものであろう。しかも重要な点は、超越といっても、西洋的思考のように、「外」に超越したものではなく、どこまでも「内在的超越」という構造を持つ。超越的に一なるものが自ら動いて自発自展していき、個々の存在者の中に内在化していく運動が説かれるのである。これは例えば『大乗起信論』でいわゆる「心真如」が自らの清浄心を失うことなく「心生滅」へと転成してゆく「真如随縁」の発想である。ここで少し『起信論』の内容に触れておきたい。

『起信論』によれば、「衆生心」には「心真如」と「心生滅」との両面があり、互いに不即不離の関係をもっている。心真如は、それ自体清浄であり、心の生滅変化（時間）を超越し、不生不滅（無時間的、先時間的）でありながら、それが現実には煩悩に覆われて凡夫の心として生滅去来している。このように煩悩に覆われた真如が「如来蔵」と呼ばれる。「不生不滅ト生滅ト和合シテ一ニモ非ズ異ニモ非ズ」とはこうした消息を謂う。ただし不生不滅（真如）と生滅（煩悩）という二者があって、それらが一つに和合するというのではない。煩悩に覆われながらも煩悩に染まることなく、自性清浄なる心性が如来蔵なのである。不生不滅が不生不滅でありつつそのまま生滅なのである。水波の比喩で言えば、水は外因である風（煩悩）によって波立つが、水はどこまでも水であること（湿性）に変わりなく、さまざまな波となって波立っているのであり、風が止めば波もなくなり、明鏡の如き水の本性に立ち戻る。しかし風によって波がいかように波立っていようとも（動）、水の水としての在り様（湿）は何等変わることはない。水の表面がどれほど大きく波立っていようとも、その同じ水の深底はどこまでも不動である。そうした意味で、水そのものはいかようの波の形をとろうとも、水の水としての自己同一性は維持されつつあらゆる波の形状を超越している。この超越的に一なる水そのものが、さまざまな波となって起動していくのである。要するに真如はいわば動静を絶する絶対静（水そのもの・湿）であって、それに対し、如来蔵はどこまでも動に対する静（波立つ水）であり、動を予想した静であるがゆえに、如来蔵の不生不滅は生滅と和合して非一非異となるのであり、これが「阿黎耶識」とも呼ばれ、「真妄和合識」とも称されるのである。

要するに、「真如」、すなわち本然的にあるがままの真実在は、全宇宙に遍在する個々の存在者を重々無尽に顕現せしめる不可分の全一態であって、それ自身本源的には絶対の〈無〉、〈空〉、すなわち絶対的覆蔵態に他ならない。つまり「真如」は、現象せる個々の存在者の形而上的本体として、それらの根底に伏在し、あらゆるものを根源的存在可能性において摂収しつつ、同時に個々のものを本然的にあるがままに開放するのである。換言すれば、現象せる個々の存在者は、どこまでも自らを顕現せしめた真如のうちに在り、逆に、個々のものの存在原因たる真如は、どこまでもそれらの本体として超越的に自己自身のうちに蔵身しつつ、同時に自ら顕現せしめたすべてのものの中に内在するのである。したがって、妄念に支配された現象的世界は、一方では「真如」の本然性からの逸脱であると同時に、別の面から見れば、「真如」それ自体の自己展開に他ならないのである。「一切衆生、悉有仏性」、「草木国土、悉皆成仏」を標榜する本覚思想もこうした考えに由来することは論を俟たない。要するにそれは、「現象」がそのまま「真実在」の姿に他ならず、すなわち「現象即実在」論なのである。[5]

こうした考え方は、朱子学の程伊川（一〇三三～一一〇七）や朱熹（一一三〇～一二〇〇）に見られる理一元論的な発想、つまり超越的一たる理は、その超越性をどこまでも維持しながら、万事万物それぞれに分有され、それぞれの理となる時には、それぞれ特殊なあり方として己を顕してくるという「理一分殊」論、また中国の宋の時代に「看話禅」と共に一世を風靡し、朱子学にも少なからぬ影響を与えた華厳教学の「理事無礙・事事無礙」の考え方にも通底するものであり、それは言葉を換えて言えば「体・用」（本体とその作用）の論理、すなわち〈内在的超越〉の論理に他ならない。これこそ、西洋の二元論的思考様式とは異なる、まさに「東洋的」発想の根幹をなすものなのである。

西田はこうした東洋独自の体用の論理を西洋哲学との格闘を通じて鮮明にしようとしたのであり、しかも西洋思想の根幹にあるキリスト教の神の理解も、自ずとこの体用の論理で捉えることになる。例えば彼は次のように言う。「神とはこの宇宙の根本をいふのである。・・・余は神を宇宙の外に超越せる造物主とは見ずして、直にこの実在の根柢と考へるのである。神と宇宙との関係は芸術家とその作品との如き関係ではなく、本体と現象との関係である」（一・一四二、一・一七八、傍点引用者）と。ただ西田の場合、体用の論理と言っても、体用相即というよりは、体用峻別、すなわち内在的超越のその超越性がつねに念頭にあったことは銘記しておかねばならない。その意味からすれば、西田哲学は宋学の立場から見て、「理先気後」の存在論的順序を固持し、「理」の超越性を強調した程伊川や朱熹の立場に最も近いと言えよう。つまり超越的なものは現象へと自らを展開しつつも、それ自身はその超越性を維持すべく自己自身へと溯源的に翻る、つまり自己蔵身するのである。それはどこまでも覆蔵的なものなのである。

四　東洋的形而上学――「格義」の伝統

さて、話をもどそう。先に述べたように、明治期に試みられた「日本独自の哲学思想」の最初の結実として、まず、東京大学第一期生である井上哲次郎の「現象即実在論」が指摘されなければならないのだが、彼のこの発想は、じつは渡部清氏の指摘によれば、東京大学で初めて開設された「仏書講義」（後に「印度哲学」と改称される）の授業で、それを担当した曹洞宗僧侶の原坦山（一八一九〜一八九二）がテクストとして採択した『起信論』から得たものなのである。(6) 原坦山は明治十二年から二十一年までの十年間、この「仏書講義」の初代講師を務め、好んでテクストとして『起信論』を採用していた。「仏書講義」という科目名は明治十五年から「印度哲学」と改められて現代に及ぶが、坦山は仏教を西洋的な意味での「宗教（re-ligio）」、すなわち人格的な超越的絶対者との結合とは考えず、むしろ「印度哲学」ないしは「心性哲学」と看做すことによって、一なる衆生心の変容に応じた存在理解の様相を理解・解釈することを以て仏教の考究課題としたのである。したがって彼が最も好んでテクストとして採用したのは『起信論』であったことは至極当然であったと言える。井上哲次郎は東京大学文学部一期生であり、明治十三年（一八八〇）に卒業している。彼は晩年に記した回顧録のなかで学生時代の教員であった坦山について次のように語っている。「又面白いことには講師として原坦山といふ禅僧が大学に来て、仏典（大乗起信論その他）を講義することになった。それで自分は原坦山に就いて仏典講義を聴き、始めて大乗仏教の哲学の妙味を知った。それが縁となって其後仏教とは絶つに絶たれぬ関係が出来、今日に至っても大乗仏教の哲学を研究し、之に対して多大の興味も感じて居る次第である。」[7]

ここでとくに紹介したいのは、これも渡部清氏の指摘によるのだが[8]、明治十四年に井上が中心となって編纂したわが国最初の哲学辞典『哲学字彙』で、英語の reality が「実体」と訳されており、大変興味深い説明を加えている。項目は簡単にこう記されている。「Reality　実体、真如、按、起信論、当知一切法不可説、不可念、故名為真如」。「按」とは「参照せよ」の意である。つまり、後には「実在」と訳されることになる英語の reality を井上は『大乗起信論』の「真如」に対応させて理解している。「真如」とは、ここに記されているように、まさに一切の言詮を絶する深遠にして超越的な真実在に他ならない。それは字義通りには、〈本然的にあるがまま〉を意味する。「真」は虚妄性の否定、「如」は無差別平等の自己同一を指している。元サンスクリット語の tathatā の漢訳で、言語的にも、真にあるがまま、一点一画たりとも増減なき真実在を意味する。

ところで、こうした本体的一元論は、どこにその淵源があるのだろうか。付言すれば、北伝の大乗仏教の根幹にはすべてこの一元論的発想があり、それは、一言で言えば、まさに中国仏教の発想、すなわち「格義仏教」なのである。中国に仏教が伝えられたのは後漢代のこととされるが、中国での仏教解釈は、いわゆる「格義」と呼ばれるものであった。「格義」とは、中国人がインドの仏教を受容するに際し、中国土着の思想、とくに老・荘思想に基づいて解釈したことを指す。それは伊藤隆寿氏によれば[9]、従来一般には、中国への仏教伝来から魏晋期に見られた特殊現象であると理解されているが、じつは鳩摩羅什以後禅宗の人々に至るまで、すべて格義仏教から脱却していないと言う。結局のところ、中国仏教はインド仏教とは異質なものなのである。羅什の弟子の中でも解空第一と称された僧肇は、『肇論』の「涅槃無名論」の中で次のように述べている。

然れば則ち玄道は妙悟に在り、妙悟は即真に在る。真に即すれば、即ち有と無と斉観され、斉観すれば即ち

彼と己と二つ莫し。所以に天地と我と同根にして、万物と我と一体なり。（妙存第七）[10]（原文漢文）

「玄道」は涅槃を指す。彼はそれを、言詮思義を絶する玄妙なる存在（「妙存」）と看做す。しかもその涅槃を説明するにあたって、それを『老子』や『荘子』の「道」に準えており、文章は格義そのものとなっている。「道」とは唯一絶対にして恒常不変的な根源的実在を指す言葉である。僧肇は言う、玄道すなわち涅槃の体得は妙悟にあり、妙悟は真理と一体となることだ、と。「真」とは万物に内在し、それらすべてを統括する普遍的なものである。しかも「真」と一体化すれば、有無・自他・主客などの区別は消滅してすべて斉しく観られる。その「斉観」は『荘子』の「斉物」に基づくであろうことは容易に推察されよう。「斉物」というのは『荘子』の斉物篇や天下篇などに説かれるが、それは要するに万物のすべてを有るがままに容認することである。それは、ただ忘我無心になって万物の根源たる「道」と一体となることとされ、つまるところ「自然に帰る」ということに他ならない。かくて「天地と我と同根、万物と我と一体」とされるのである。因みにインドの仏教は、もっぱら「縁起」を説き、「無常」「無我」を説くものである。縁起説は、十二支縁起によって説明されるように、あらゆるものが因果によって成立するのみであることを示し、したがって、万物の根源とか、恒常不変的で唯一絶対の存在とかを認めない思想なのである。「無常」とは、すべては変化し時間的であるという意味であって、「無我」は「我の否定」つまりインド土着の実在論の否定と考えることができる。[11]

以上のように、自己と万物との一体観、自己と真理との一体化に象徴される僧肇の思想は、インドならぬ中国の仏教や禅の底流を形成しているのであって、日本の仏教にも大きな影響を与え、そして日本人の仏教観にも深い影を落としていると思われる。

要するに、インド仏教における「無自性空」が中国語訳されて格義仏教になったということ、すなわち「無」

を母胎として本体論的な理解になったということは、それ自身非形而上学的な「空」が、存在母胎、存在根拠として実体論的に表象され、本体論的に形而上学化されたと言えるのではないだろうか。

五　W・ジェイムズへの共感

さて、西田だが、先に指摘したように、彼は「現象即実在論」の系譜を引くことは確かなのだが、しかし明治アカデミー哲学の哲学者たちとは一線を画する独自の優れた視点が彼にはあった。つまり西田の優れた独創性は、当時一世を風靡していた心理学的知見を咀嚼しつつ、実在と現象の不即不離の関係を「一なるものの自発自展」として体系的に深めていったことと相俟って、まさに『起信論』に見る「本然的に有るがまま」を意味する「真如」、すなわち「真実在」を、我々の意識にとって最も直接的な「純粋経験」として捉え直したことであろう。この言葉自体は、既述の、西田を紹介した紀平正美の引用文で「近時八ヶ間敷い純粋経験説」と言っていたように、当時流行のE・マッハ、W・ジェイムズ、W・ヴントらの実証主義・経験主義・心理主義の哲学に由来するものである。

W・ジェイムス（一八四二～一九一〇）といえば、哲学史のなかではJ・デューイ（一八五九～一九五二）とともに「アメリカ哲学」であるプラグマティズムに数え上げられる一人だが、彼が『プラグマティズム』を出版したのは一九〇七年（明治四〇）、ちょうど日露戦争が終った二年後のことである。当時の日本哲学界の指導的人物であった東大教授の桑木厳翼（一八七四～一九四六）は、論文「プラグマティズムに就て」（『哲学雑誌』一九〇五年一月～二月）を発表し、当時の大多数のアカデミー哲学者たちと同様、ドイツ観念論哲学こそは哲学の典型であるとする立場から、「プラグマティズムは哲学の趣味を解せざる哲学研究者の唱導した偽哲学」であり、哲学衰退の産物以外の何ものでもないとして排斥したが、当時、金沢の四高にいた西田幾多郎はジェイムズの哲学思想に関心を寄せ、そこに新たな哲学の生命を感じ取っていた。当時の彼の日記にはこうある。「ゼームスの Varieties of rel. Experiences（『宗教経験の諸相』）といふ書物を借りてよみ始めた。」（明治三七年一月八日、一七・一三二、一七・一二三）「ゼームス氏か哲学研究に転したりときく　この人哲学を研究せは定めて面白からんと信す。」（明治三八年七月三日、一七・一五六、一七・一四七）「午後、ゼームスをよむ。心理を之によりて講せんと思ふ。」（明治三八年十月四日、一七・一六四、一七・一五五）

これらの日記の書かれた一九〇四、五年は、ジェイムズが『根本的経験論』（一九一二年刊行）に収録された諸論文を執筆していた頃である。それから二、三年後に『プラグマティズム』（一九〇七年）が刊行され、一九〇九年の三月ころから遺稿『哲学の根本問題』の執筆がはじまる。明治四〇年（一九〇七）七月、西田は、当時在米中の親友鈴木大拙に宛てて、次のような書簡を送っている。「近来 W. James 氏などの Pure experience（純粋経験）の説は余程面白いと思ふ。氏は Metaphysics をかくといふがまだ出来上らぬか。・・・ゼームス氏の論文手に入ったら送つてくれ玉へ。」（一九・一〇七〜一〇八、旧版には無し）

既に述べたように、その翌年の明治四〇年（一九〇七）に、『善の研究』の中心をなす「実在に就いて」という論文が『哲学雑誌』（第二四一号）に掲載され、西田の存在がはじめて日本哲学界の注目をあびる。そして明治四十一年（一九〇八）には同書の第一編をなす「純粋経験と思惟、意志、及び知的直観」という論文が同じく『哲学雑誌』に発表され、西田はそこでしばしばジェイムズに言及している。

六　豊饒なる実在把握の方法

ところで、ジェイムズは、プラグマティストとしてデューイと並び称せられるにしては、かなり宗教的神秘主義の側面があって、自己と全実在との神秘的な一体感、つまり精神が自我の堅い殻から解き放たれて全実在と一体になる感じを、純粋経験とか純粋持続と称して、哲学的思索の中核に据えている。彼は、『哲学の根本問題』の中で、英国のヘーゲル学派に属し、新理想主義を標榜したことで著名なブラッドリ（一八四六～一九二四）の考えを取り上げ、凡そ次のようなことを述べている。

ブラッドリによれば、我々のなまの感覚がもつ本来の総体性、つまり感覚が与える多即一という調和のとれた相互浸透は、観念による概念操作ではそのまま把握できず、感覚がもつ総体性の隠れた秘密を失ってしまい、「実在」に代わって観念的な「真理」が置き換えられるとき、「実在」の真の本性は消滅する。それを受けてジェイムズはこう敷衍する。こうした欠陥はまったく概念の形式に基づいており、それは知覚の形式よりも劣っているのだが、哲学者たるものは、やはりこの概念の形式でものを考えざるをえない。そこで当然のことながら、哲学のために両方の形式を救おうとすることを期待するようになる。そのためには、両者の活動範囲に限界をもうけ、経験に於いて見られるような両者の相補的関係を示す必要がある。これこそベルクソン氏の方法に他ならない、と。ところがブラッドリによれば、実在の内奥にひそむ統一性を開示するものとして感覚をしっかりと把握してはいるものの、哲学の任務は実在を「観念的に」、つまり概念によって限定することに他ならず、直接感覚にかかずらわることではないと断言し、しかも「観念」はつぎはぎ細工しか与えず、生き生きした知覚が与えるような統一は示さない、とその限界性を示すのみである。このように、ジェイムズはブラッドリの考えのいわばマイナス面を示しながらも、次のような積極的な視点を評価している。つまりそれは、ブラッドリはそうしたあらゆる概念的展望の消え去る地点（透視法の消尽点）のかなたに、一つの「絶対的」な実在を想定しており、この実在においては感覚の統一と知的理想の完全さとが言葉に言い表せない仕方で結びついているとし、こうした絶対の全即一 totality-in-unity は存在しうるし、存在しなければならないし、存在すべきだし、存在している、と考えている点である。

ジェイムズは、このような実在をまさしく知覚的な形で、まるのまま完全に哲学の中に取り入れることを試みようと企てる。本源的な感覚の流れは量的な点でつまずくにすぎない。そこには常に多即一 much-at-once がある。しかし与えられた感覚の流れだけでは不十分であり、他の部分がほしくなる。知覚的実在の全貌を我々はありのままに捉えることは到底できないのだが、たとえそれが知覚的実在の奇妙な要約であっても、いろいろな概念体系に置き換えるという方法しかない。これこそ、本源的にいって、ベルクソンの見解であったことを示唆する。

そしてジェイムズは上記の考察の結論を簡単に要約して、次のように述べる。すなわち「哲学の目標が、精神によって全実在を完全に支配する点にあるのならば、直接の知覚的経験の総体こそまさに哲学の主題となりうるだろう。なぜなら、そうした知覚的経験においてのみ実在は深くかつ具体的に捉えられるから」と。哲学者は有限な存在に過ぎないから、こうした知覚的経験のわずかな瞬間しか捉えることができないけれども、その他の瞬間に関する観念的シンボルを用いることによって、こうしたわずかな瞬間を超えてその知識を拡張することができるのだ、と。そしてこの部分に原注を付与して、こう述べる。「哲学者は、神秘的方法によって、科学的な精神にたいしてふつう開かれているよりも広い知覚的展望をもつようになるかも知れない。ベルグソンはこういった考えが好きなのではあるまいか」と。

このようにして、哲学者は直接の知覚的経験の範囲外にある無数の知覚を、シンボルという代用物を介して支配する。しかし、代用物としての概念は知覚から抽出された貧弱な抽出物であり、つねに不充分な知覚の代理にすぎない。「実在のより深い姿は知覚的経験のうちにのみ見出されるのである。我々は知覚的経験においてのみ連続（あるものの他のものへの浸透）というものに親しく接し、自己に接し、実体に接し、性質に接し、種々の活動性に接し、時間に接し、原因に接し、変化に接し、新しさに接し、傾向に接し、自由に接する。」(12)

要するに、ジェイムズは―ベルクソンもそうなのだが―西洋の形而上学の伝統である「見る」「見られる」というもっぱら視覚的な〈距離〉を介在させた表象定立的見方を乗り越えようとしたのであり、そうした前立表象的、対象論理的な思惟の、いわばその「手前」にある生き生きとした実在、しかも〈距離〉を置くのではなく、自らもその真只中にある実在をそのまま把握する方法を模索していたのである。

ジェイムズはまた、同書のなかで、次のようなことを論じている。「知覚と概念の重要な相違点は、知覚が連続的で、概念が不連続的だという点である。（中略）もしいまただちに概念的な見方をすっかり捨て去って、むき出しの感覚的生活に逆戻りすることが首尾よくできるならば、〈百花繚乱のなかを昆虫がぶんぶん飛び交っている状態を大規模にしたような混乱状態〉と誰かが形容したような光景があらわれるだろう。この多即一(much-at-onceness)においては、矛盾はなく、すべてのものが生き生きとしていて、しかも明瞭な姿で存在する。」(13)ここに「知覚の流れ」とか「多即一」とかいう表現で示される、概念的分析が加えられる以前の最も直接的な経験を哲学の出発点と見なすジェイムズは、自らの立場を「徹底的経験論」と名づけるのだが、西田は、先述した仏教用語の「真如《タタター》」、すなわち「あるがままの真実在」をジェイムズのこの「純粋経験」と重ね合わせ、思惟や判断による抽象化以前の、知覚における具体的で生き生きとした、ありのままの経験に深い共感を持ったのである。彼は『善の研究』の「序」で、「純粋経験を唯一の実在としてすべてを説明して見たい」（一・六、一・四）と語っていたが、ジェイムズ同様に西田は西田なりにそれを哲学的に論理化する方法を模索していたということなのであろう。

彼は同書の「版を新たにするに当たって」の中で、物理学者フェヒナーの例を挙げて次のように述べている。「フェヒネルは或朝ライプチヒのローゼンタールの腰掛に休らひながら、日麗に花薫り鳥歌ひ蝶舞ふ春の牧場を眺め、色もなく音もなき自然科学的な夜の見方に反して、ありの儘が真である昼の見方に耽つたと自ら云つて居る」（一・三〜四、一・七）と。ジェイムズも『根本的経験論』および『多元的宇宙』の中で、十九世紀の心理学者フェヒナーを取り上げている。フェヒナーは心理学の領域では「精神物理学」を創唱し、外界の刺激に対する感覚の強さを数学的に測定する方法を研究し、実験心理学の基礎を築いたことで著名だが、同様に「実験美学」の提唱者としても知られ、哲学者としては汎心論的一元論の立場を取った。彼には世界を極めて生き生きとした豊饒性において捉える視点があって、生きた目的論的なものとしての「昼の相」（Tagesansicht）と、機械的で無生物的な世界を「夜の相」（Nachtsansicht）として区別し、後者の物理学的視線は、あくまで実在のもつ多様で豊饒なる内容の一面にしか過ぎず、しかもそうした面も一つの相として内に含んだ立体的な次元こそが真の実在の全体なのだと考えていた。実在にはそうした汲み尽くしえない無限の厚みと深さが具わっているのである。(14)

七　実在の自覚の深まり

『善の研究』以後、『自覚に於ける直観と反省』（一九一七年）を契機として、真実在は「自覚」の立場から考えられてゆくことになる。『善の研究』の時期では自覚の立場は表面には現われず、主客未分の「純粋経験」がそのまま生きた真実在に他ならず、あるいは真実在に直に触れる契機とみなされている。そこでは、真実在は「無限の統一力」、「統一的或者」と呼ばれ、含蓄的（implicit）な状態から顕現的（explicit）な状態へと自発自展してゆく生きた全体として見られている。こうした真実在の動性を内容とする純粋経験も、主客未分の原初的状態から思惟あるいは反省へと分化し分裂してゆくが、それは純粋経験そのものの深化発展のプロセスに過ぎず、純粋経験はそのプロセスを通じてどこまでも自発自展する一つの体系を維持しているのである。しかし、このような生きた体系の構造を叙述するのに、いわゆる「純粋経験」という概念で以ってしては包み切れない問題が生じてくる。昭和十一年（一九三六）、『善の研究』の版を新たにするに際して、彼は、本書の立場が意識の立場を出でず、心理主義的色彩の強い性格をもっていたことを認めつつも、自分の考えの奥底には単にそれだけに尽きない問題が本書執筆の頃にもすでに潜んでいたことを述懐している（一・三、一・六）。彼の考えの奥底に潜むもの、それはいったい何だったのだろうか。

先に述べたように、西田の純粋経験の立場は自覚の体系へと深められる。純粋経験のうちに感得される実在の汲み尽くしえない厚みと深さは、同時に自覚の深まりとして捉えなおされてくる。自覚は無限に底へ底へと深まっていくのである。例えば、西田は「真善美の合一点」（『藝術と道徳』所収）という論文のなかで、次のように述べる。

我々が実在に対して感ずる無限の大さ、無限の深さは自己自身の深さの射影に過ぎない。果なき蒼空に対する畏敬の念は無限なる空間に対する畏敬の念であり、空間の無限に対する畏敬の念は自己の中に自己を写す自覚作用に対する不可思議の感に外ならない。我々の知識は無限に自己の中に進むのである、此方向に於て我々は無限なる客観的実在を見る。（三・九七、三・三五七～三五八）

西田はこうした自覚の方向を深めてゆき、我々の自覚の無限の深底に「絶対無の場所」を認め、そこにおのずからあるがままに顕現する真実在を見ようとする。このように、西田の脳裏にはつねに「無限の深さ」という観念が浸透していて、それは生涯変わることはなかった。

八　自覚の動的発展

先述したように、西田の根本テーマは「真実在」であったが、『善の研究』では、それを主客未分の「純粋経験」にもとめ、この直接経験に見られる「統一的或者の自発自展」といった考えが、やがて「自覚」の過程として捉え直されてくるのだが、彼は、『自覚に於ける直観と反省』（一九一七年）へ向けて自分の考えを導いた論文と看做す「論理の理解と数理の理解」（一九一二年）の中で、「論理的理解の真の形式は一般的なるものが無限の系列に於て己自身を発展し限定し行くことである」（一・二〇九、一・二五九）とし、「すべて判断の根柢には直観的統一があつて」（一・二一〇、一・二六一）、「動的一般者の発展の過程は先づ全体が含蓄的に現はれ、之より分裂対峙の状態に移り、復、元の全体に還り来つて、此処に其具体的真相を明にするのである」（一・二一一、一・二六二）と言う。そして彼は、こうした反省的思惟の無限的統一の真相を究明するにあたって、デデキント（一八三一～一九一六）の「或体系が自分の中に自分を写し得る時に無限である（Ein System S heißt unendlich, wenn es einem echten Teile seiner selbst ähnlich ist）」（一・二一三、一・二六四）という考え、或いはまたロイス（一八五五～一九一六）のいわゆる「自己代表的体系（selfrepresentative system）が無限である」（新旧同巻・同頁）とする考えを取り入れ、自己が自己を反省する自覚の体系を、自己が自己の中に自己を写す自己代表的体系と捉え、次のように述べるにいたる。「思惟の統一の真相は、自覚の統一に於ての様に、自己の中に自己を写す自己代表的体系の統一であつて、即ち自己の中に変化の動機を蔵し己自身にて無限に進み行く動的統一である」（一・二一四、一・二六五〜二六六）と。すなわち、我々が考えるというのは、或る事柄を思惟の対象とすることだが、その思惟を発展進行させていくことは、取りも直さず、その思惟作用そのものを、より深い次元から思惟の対象としていくことに他ならず、かくして無限に思惟が展開し深まっていくのだが、こうした思惟の無限遡及の根底には動的一般者の自己限定が働いているのである。彼は言う、「すべて我々の思惟作用といふのは動的一般者が己自身を発展する過程であつて、此発展の進行が即ち我々の理解となる」と（一・二一五、一・二六六）。

ところで、「場所の論理」というのは、上記の自己代表的な自覚の体系を前提としながら、主語と述語との包摂関係を弁証法的な実在の論理として捉え返し、一般者の自己限定の過程の中に形式論理的な包摂関係を包みこむことによって成立したものであった。自覚とは、自己が自己自身を反省し、自己自身を知るという働きなのだが、それがそのまま自己の内的発展の過程であり、直接の経験としての直観に他ならなかった。こうした自覚の立場から見れば、形式論理的な包摂関係というのは、主語（特殊なるもの）が述語（一般的なるもの）に包まれるという形を取るが、これは一般的なるものが特殊なるものへと分化発展する過程を前提としており、しかもこうした一般的なるものが自発自展する過程は、自己が自己自身を反省し、自己が自己のうちに自己を写す自己代表的過程に他ならない。したがって、「SはPである」という形式によって表現される判断において想定される包摂関係、つまり「SがPに包まれる」という関係は、その背後に、自己が自己自身を写す自覚の過程を前提していると考えられる。

例えば、「馬が走る」という言明は、「馬」という主語について、それを「走る」として述語化（カテゴライズ）することなのだが、しかしこの言明の根底には、主語を先ず挙げ、それに「走る」という述語で陳述する、その言表のプロセスを通じて、しかもその言明にアプリオリに先立って、今現に走っている馬の全体表象の「直覚」が働いていなければならない。しかも今まさにありありと現前している直覚の内容を言表化する営みは、その直覚を反省しつつ内側から照らし返していく作用に他ならず、西田はそれを「動的一般者の自発自展」として捉えるのである。

九　無の場所―自己自身を照らす鏡

さて、『自覚に於ける直観と反省』（一九一七年）では、自覚的体系の底に「絶対自由の意志」を看取し、主意主義の立場に立って考えられていた。それが『芸術と道徳』（一九二三年）を書き終え、「宗教について考えて見ようと思ふに至つて」、そうした意志（働くもの）の根底に直観（見るもの）があることに気づかれてくる。実在の自覚の無限遡及の根底に、つねにそれを見るものがあると言うのである。以後、それがますます彼の思索を駆り立ててゆくことになるのだが、こうした宗教的要求に駆られて最初に書いたと言う「直接に与へられるもの」（一九二三年）という論文には、「測り知ることのできない奥院」、「実在の深き底」、「反省によって達することのできない奥底」といった表現が頻繁に繰り返される。そしてそれが、見るものなくして見るもの、すなわち自ら無にして自己の中に自己を映す「絶対無の場所」として捉えられてくる。ここには、西洋形而上学の淵源にあった古代ギリシア人の精神的構え、すなわちものをよく見るために〈距離〉を置き、すべてを「見るもの」に対する「見られるもの」として表象定立し、個々のものを主語的基体として実体的に対象化して見る見方とはまったく異質な見方がある。「見るものなくして見る」ところの、この「無の場所」というのは、個々の物が、いわゆる述語的一般者の自己限定によって同類なものの一例として特殊化されただけの主語的基体としての在り方ではなく、そうした在り方が突破され、個物が他ならぬこの個物として自らを限定するような場である。一々のものが真にそれ自身のもとに在り、それ自身に同じものとして現前してくるような場、逆に言えば、一々のものを個々円成させつつ、重々無尽に自らのもとに摂取する境域である。西田はこの無の場所を、自ら無にして自己の中に自己の影を映す「鏡」に喩えている。すべてのものは真の無の場所たる「鏡」に映し出された影像であるということになる（三・四二九、三・二二六）。

しかし、ここでとくに留意したいのは、西田自身随処で強調するように、無の場所はあくまでも自己自身に同一なるもの、自己の中に自己の影を映すものなのであって、鏡はどこまでも「自己自身を照らす鏡」である、という点である（新旧同巻・同頁）。つまり、すべての個物が影像として鏡の中に映現されてくることと一つに、鏡は鏡自身を無限に映じてゆくという鏡そのものの自己返照の働きに着目しなければならないということなのである。見るものなくして見るとは、そういうことである。要するに、物を映し出すに先立って、明鏡はどこまでも明鏡でなければならないのである。西田の念頭から常に離れなかったのは、物を映す働きの底にある鏡の本体そのものの構造、すなわち鏡自身がもつ自己遡源的翻転の動きではなかったであろうか。

西田は「自己自身を照らす鏡」という言葉を使うが、それは言うなれば、個々の物を映すに先立って、あるいは映し出すことと一つに鏡が鏡自身を無限に映してゆく働き、自ら何かを映そうという意図なく、映す主体なくして自らを映し出す働きであり、言い換えれば、鏡が鏡自身の底へ底へと遡源しつつ、不断に自らを照らし返してゆく自己返照の営みに他ならない。先述のごとく、個々の物を映現するに先立って、明鏡はどこまでも明鏡であり続けていなければならないのである。そのためには、明鏡は、本体としてどこまでも動的発展的に、いわば静的固定化を絶えず自己否定的に打ち砕きながら、その不断の照り返しの焦点へ遡及的に還帰し続けていなければならないのである。西田が晩年、絶対矛盾的自己同一としての場所について、それが何処までも「自己に於て自己を映し」、「自己の中に自己焦点を含み、動的焦点を中軸として、無限に自己自身を限定して行く」（十・二九八、十一・三七五）とか、「絶対現在の自己限定として、自己の中に焦点を有ち、動的焦点を中心として自己自身を形成して行く」（十・三〇〇、十一・三七八）と言うのは、おそらくこうした消息を謂うのであろう。更に言えば、このような自己遡源的な不断の照り返しがあればこそ、明鏡はどこまでも明鏡であり続けるのである。鏡の鏡自身への照り返りは、現在が現在を現在化させてゆく絶対現在の自己限定に他ならない。絶えず現在から現在へであり、こうした絶対現在の不断の露現的湧出のうちには、同時にそこからの絶えざる覆蔵的帰滅ということが働いている。そうした意味で、自ら照らす鏡は、鏡そのものとしてはどこまでも永遠の「闇」なのである。西田が「絶対矛盾的自己同一」という表現のうちに看取していた「自己同一」とは、こうした自己隠蔽的な絶対的覆蔵態ではなかったか。つまり、個物的多を個物的多として現前せしめながら、その不断の現前を可能にする場としての全体的一は、全体的一としてはどこまでも絶対的な〈隠れ〉である。「一」の「一」自身への還滅《げんめつ》、自己蔵身によってはじめて「一」は「一」たりうるのであり、「一即一」として成り立つのである。こうした「一」の「一」自身への還滅即湧出、すなわち「即非的自己同一」こそ、西田が謂うところの「見るものなくして見るもの」、「自ら無にして自己の中に自己を映すもの」、すなわち「絶対無の場所」の正体であったはずである。

一〇　東洋文化の根底にあるもの

さて、こうした自己同一がもつ絶対的覆蔵性は、上述した古代ギリシア哲学において追求された「同一性」、多様な諸現象のうちにある統一的原理、つまり光の顕現性のもとに「見えるもの」として立ち現れてくる「同一性」とは、まったくその趣が異なる。西田が理解する限りの東洋的思惟における「自己同一」はそれ自身矛盾を孕む絶対的否定態として、あくまで「絶対の他」であり、どこまでも超越的なものとしてあることは論を俟たない。ことにそれが宗教の問題ともなれば、このことは顕著に示されてくる。

昭和九年（一九三四）の論文「弁証法的一般者としての世界」の中で、西田は次のように言う。「我々から絶対者に到る途はない。神は絶対に隠された神である」と（六・三三三、七・四二七、傍点引用者）。さらに昭和二〇年（一九四五）に執筆された西田の最後の論文「場所的論理と宗教的世界観」では「逆対応」の論理が説かれる。それは一言で言えば、個的自己は絶対者と絶対に隔絶しつつ、それがそのまま一層深いリアリティにおいて一つに繋がっているという逆説的な事態を謂っている。単なる相即的・即応的融合ではなく、どこまでも絶対に隔絶していて、しかも両者が一つに繋がっているのである。それはどういうことか。留意すべきことは、西田の立場は単純な「本体的一元論」ではない、ということである。絶対はどこまでも対を絶するものとして、自己否定的に相対者から身を翻し、自己蔵身したものでなければならない。西田は言う、「神は絶対の自己否定として、逆対応的に自己自身に対し、自己自身の中に絶対的自己否定を含むものなるが故に、自己自身によって有るものであり、絶対の無なるが故に絶対の有なのである。」（十・三一六、十一・三九八、傍点引用者）即ち神は絶対無として自己遡及的に翻転することによって覆蔵態に留まり、そうした意味でどこまでも超越的なものとして自己同一的に自己示現してくるということである。それはいわば滾々と湧き起こる垂直的な自己湧出の動きであろう。しかも先述したように、不断の露現的湧出のうちには、同時にそこからの絶えざる覆蔵的還滅ということが働いている。

西田は『働くものから見るものへ』（一九二七）の「序」の最後で、東洋文化の根柢には「形なきものの形を見、声なきものの声を聞く」（三・二五五、四・六、傍点引用者）といったことが潜んでおり、そこに自らの哲学的根拠を置きたいと語っていたが、今かりに傍点を付した「の」のところ、すなわち目撃されている「形」、聴取されている「声」のなかに、顕現と同時に翻転する絶対無の〈差異性〉の生起、「即非」的否定性の機能が見て取られるのであり、一言で言えば〈露現と覆蔵との同時生起〉が看取されるのである。これこそ西田が晩年に言葉として表現した「逆対応」の論理であったと言っても過言ではない。

　西洋哲学が「光の形而上学」であるのに対して、西田が自らの哲学的根拠を置きたいという「東洋的なもの」とは、ものの顕現には同時に覆蔵性が纏わりついているということ、言い換えれば、顕現、現前とともにその「由来領域、本質由来」として「覆蔵性」がそこに共現前している、という点に特質がある。M・ハイデガー（一八八九―一九七六）は古代ギリシア語の「アレーテイア」、すなわち「隠れていないこと」、「不覆蔵性（Un-verborgenheit）」のうちにその「本質由来」として根源的な「隠れ」を看取し、露現と覆蔵の同時的な根本動向に、いわゆる「存在者」ではない「存在」の「真理」のテンポラリテート（とき性）を垣間見、すべてを前立表象的に「見る」西洋形而上学の超克を企図したが、西田も「現象即実在論」、言うなれば現象的存在と超越的なるものとをひとつらなりに見る「本体的一元論」の形而上学に対して、超越的なるもののもつ覆蔵的「他者性」に着目し、それを乗り越えようとした点で、ハイデガーと重なるところがあったように思えるのである。

　西洋の形而上学が「光」を主体としていたのとは対照的に、西田は東洋的思惟の根底にいわば「闇」を、すなわち「輝ける闇」を見たのかもしれない。前者は「見るもの」「見られるもの」の間に「距離」を必要とし、その空間に光によって顕現してきた「見られるもの」に即してその究極的根拠を追求する方向に思考が推し進められていったのであり、それが形而上学という体系へと発展した。西田はそうした主語的・実体論的な思考をその根底から支えるような思惟の方法を模索し、それが「述語の論理」、「自覚の論理」として捉えられ、やがては「場所の論理」として完成するにいたるのである。

【註】

（1）『舩山信一著作集』第六巻、「明治哲学史研究」こぶし書房、一九九九年、六〇頁

（2）高坂正顕は『西田幾多郎先生の生涯と思想』の中で、「先生にどのような哲学書を読まれたのですかと伺ったら、「井上円了の『哲学一夕話』というものがある。君達は無論知らないだろうが、それを読んで感銘を受けたことがある。」と答えられたことがあった。」ということを伝えている。『高坂正顕著作集』第八巻、理想社、一九六五年、二二頁

（3）K・ヘルト著『地中海哲学紀行』上巻（井上克人・國方栄二監訳、晃洋書房、一九九八年）、第一章及び第五～第七章、下巻、第十一章を参照。〔原著：Klaus Held: *Treffpunkt Platon — Philosophischer Reiseführer durch die Länder des Mittelmeers*, Philipp Reclam jun. Stuttgart, 1990〕

（4）同書、下巻、第七章を参照。

（5）『大乗起信論』については、平川彰著『大乗起信論』（『佛典講座22』）大蔵出版、一九七三年を参照。

（6）原坦山と井上哲次郎および「現象即実在論」の関係については、上智大学教授、渡部清氏の左記の論文から多大の示唆を得た。記して感謝の意を表したい。
　渡部清「仏教哲学者としての原坦山と『現象即実在論』との関係」（上智大学『哲学科紀要』第二四号所載、一九九八年）および「井上哲次郎の哲学体系と仏教の哲理」（同紀要、第二五号所載、一九九九年）

（7）「八十八年を顧みて」（『懐舊録』所収）、シリーズ日本の宗教家②『井上哲次郎集』（島薗進監修）第八巻、クレス出版、二〇〇三年、二九三～二九四頁

（8）渡部、前掲論文（一九九九）七五～七六頁参照。

（9）伊藤隆寿「中国仏教の底流―天地と我と同根」、『大乗仏典』〈中国・日本編〉2「肇論・三論玄義」付録月報より。一九九〇年九月。

（10）塚本善隆編『肇論研究』法蔵館、一九八九年、七四頁

（11）前掲書（注8）、伊藤隆寿の月報による。

（12）以上、『プラグマティズム』世界思想教養全集14、河出書房新社、一九六三年、一三八―一四一頁を参照。
（13）同書、一一二―一一三頁。また『世界の名著』48巻「パース・ジェイムズ・デューイ」、中央公論社、一九七二年、二九一―二九二頁
（14）Fechner, G.T. *Die Tagesansicht gegenüber der Nachtsansicht*. Leipzig, Breitkopf & Härtel, 1919

第四章　西田哲学に於ける実在の論理

一

昭和二年、『働くものから見るものへ』の序のなかで、西田幾多郎は東洋文化の特質に触れて次のように述べている。

形相を有となし形成を善となす泰西文化の絢爛たる発展には、尚ぶべきもの、学ぶべきものの許多なるは云ふまでもないが、幾千年来我等の祖先を孚み来つた東洋文化の根柢には、形なきものの形を見、声なきものの声を聞くと云つた様なものが潜んで居るのではなからうか。我々の心は此の如きものを求めて已まない、私はかゝる要求に哲学的根拠を与へて見たいと思ふのである。（三・二五五、四・六）

よく引かれる有名な言葉だが、ここで西田が自らの哲学的根拠を与えたいという「形なきものの形を見、声なきものの声を聞く」とはどのようなことなのだろうか。西田は、たとえば日本文化の性格についてその「情的」性格、「リズミカル」な性格を、エセーや各論文で指摘している。二、三例を挙げれば「書の美」（昭和五年）、「形而上学的立場から見た東西古代の文化形態」（昭和九年）、そして昭和十三年、四月・五月の京大における月曜講義「日本文化の問題」がそうである。とくに「形而上学的立場から見た東西古代の文化形態」の中で、西田は古代ギリシアの文化が時を超えた永遠なるもの（イデア）を知的対象とする「ヌースの文化」であると捉え、それに対して日本の文化は「情的文化」であって、外に永遠なるものを見るのではなく、内に物から物へ移って行く、時を超えるのではなく、時の中に動いて行く、要するに日本民族の文化はどこまでも時間的であり、時間的推移にこそ情意はあるのだと語る。かくして彼は次のような省察を下すのである。

情的文化は形なき形、声なき声である。それは時の如く形なき統一である、象徴的である。形なき情の文化は時の如くに生成的であり、生命の如くに発展的である。それは種々なる形を受容すると共に、之に一種の形を与へ行くのである。時といふものは、単に流れ去るものではない。単に流れ去るものならば、時といふ統一も成立せない。時は私が屢云ふ如く限定なき限定である、形なき形である。時に於ては、形なきものが形あるものを限定するのである。・・・絶対の無の自己限定として時が成立するといふ所以である。（六・三四七、七・四四五）

つまり「形なき形、声なき声」とは情的性格を意味し、それは時の如く形なきものが形を与えてゆく「形なき統一」である。こうした時の統一作用がもつ絶えず生成的で躍動的な運動、それは言うなれば、絶えず流れ去りながら、そうした流れを貫いて全体として常に統一をもったものとして自己自身のうちへと収束している現在だということになろう。

振り返ってみれば、日本文化の根底にあるとする時間的性格、すなわちその統一力と、情的性格は、すでに『善の研究』で触れられている「純粋経験」の特質でもあった。純粋経験とは「統一的或者の自発自展」であり、「動的一般者」として無限の統一力であり、またそれは情意的な現在意識であることが指摘されている。純粋経験そのものは主客未分の直接経験なのだが、それは同時に無限に分化発展してゆくプロセスをもち、しかもその根底にあって、それを統一しているものでもあった。西田は純粋ということを「意識の統一性」に見て取り、次のように語る。「純粋意識の直接にして純粋なる所以は、・・・具体的意識の厳密なる統一にあり」（一・一一、一・一二）、そしてこの「統一作用が働いて居る間は全体が現実であり純粋経験である」（一・一三、一・一四）と。要するに統一とは、いわゆる未だ主もなく客もない直接的な純粋意識という意味だけに留まらず、むしろ分化発展の進行の背後にある潜在的統一作用の運動のことである。つまり、実在の統一とは、「先づ全体が含蓄的 implicit に現はれる、それより其内容が分化発展する、而して此の分化発展が終つた時実在の全体が実現せられ完成せられるのである。一言にていへば、一つの者が自分自身にて発展完成するのである。」（一・五二、一・六三）と語られているところからすれば、動的に多様な相に分かれて展開してゆくのだが、それが「自発自展」という言葉が幾度となく使用され、しかも「自」という語の反復使用が示唆するように、絶えず自己同一的に自己自身へと自己還帰的に収斂しつつ進むのであって、それが全体として自らを実現してゆく自己統一性のことであるように思われる。そして、そういう自己同一性を維持しつつ自ら発展してゆく純粋経験に現在意識としての時間を見ていることになる。

やがて西田の時間概念は、「無の自覚的限定」にいたると、事実が事実を限定するという立場から、現在が現在自身を限定し、「非連続の連続」ということが語られるようになる。現在の底には捉え得るものは何もなく、現在は無にして自己を限定するのである。時は現在が現在自身を限定するところから始まる。時は刻々に消えゆくものであり、また同時に生まれくるもの、生れてはまた死するもの、常に生じ常に滅してゆくものである。そのように捉えようとして捉えられないところに現在があると言える。一つの瞬間が滅することが一つの瞬間が生ずることとして、それはどこまでも非連続の連続であろう。

西田のこうした「現在」を中心とした時間観念は晩年にいたるまで変わることはなかった。彼のいわゆる「絶対現在」とは、永遠の今の自己限定として、刻々に現在から現在へ、そこからそこへと移りゆくのだが、一方では常に新たに生じ、直線的に進み行くと共に、他方あくまでも自己同一的に変化せず、常に自己自身に還って来る、すなわち円環的である。絶対現在とは無限に新たであると同時に無限に変わらず、直線的にして且つ円環的なのであり、そうした意味で自己矛盾的自己同一なのである。

ところでしかし、時間のこうした論理、すなわち自己同一をどこまでも維持することによってその統一性を保ちながら、無限に流れてゆく時の推移が、どうして「情的」なものとつながっているのだろうか。問題としたいのはその点である。

二

西田哲学の中心問題は、一貫して〈真実在〉であったと言っても過言ではない。昭和十一年十月、西田は彼の最初の著作『善の研究』の版を新たにするに当たって、次のように述べている。「私は何の影響によつたかは知らないが、早くから実在は現実そのまゝのものでなければならない、所謂物質の世界といふ如きものは此から考へられたものに過ぎないといふ考を有つてゐた。まだ高等学校の学生であつた頃、金沢の街を歩きながら、夢みる如くかゝる考に耽つたことが今も思ひ出される」（一・四、一・七、傍点引用者）と。『善の研究』は明治四四年一月に一冊の本として上梓されたが、その中の第二編に該当する部分は、明治四〇年の『哲学雑誌』（第二十二巻第二四一号）に「実在に就いて」と題する論文として発表され、かなりの反響を呼んだ。明治四〇年当時、わが国では「実在論」の研究が盛んに行われ、そうした実在論を歓迎する風潮の中で西田幾多郎が注目を引くようになったのである。彼は本書の「序」で、「純粋経験を唯一の実在としてすべてを説明してみたい」と語り、

第二編第一章の冒頭部分で、「深く考へる人、真摯なる人は必ず知識と情意との一致を求むる様になる。我々は何を為すべきか、何処に安心すべきかの問題を論ずる前に、先づ天地人生の真相は如何なる者であるか、真の実在とは如何なる者なるかを明にせねばならぬ」（一・三九、一・四六、傍点引用者）と言う。このさりげない言葉に秘められているのは、どこまでも深く真摯に考える姿勢を持とうとする西田にあって、真の実在を追究することが、とりもなおさず「情意」と結びついたものであったということである。では、西田にあって、「情意」とはいったい何であったのか。西田をして、深く真摯な哲学的思索へと誘う「内的な促し」とはいったい何であったのか。

「哲学は我々の自己の自己矛盾の事実より始まるのである。哲学の動機は「驚き」ではなくして深い人生の悲哀でなければならない」（五・九二、六・一一六）と言う。よく引用される言葉だが、西田の哲学の底に根本基調としてあるのは、この「悲哀」の感情であった。周知のように、西田は、若い頃から、肉親だけでなく、兄弟姉妹、妻、子供との度重なる死別があった。いわゆる「二人称の死」である。自分にとって最愛の、かけがえのない者の死に遭遇し、その悲痛と慟哭はいかばかりであったかは、「『国文学史講話』の序」（『思索と体験』所収、一・三二九〜三三四、一・四一四〜四二〇）をはじめ、日記や書簡に示されている。

二人称の死とは何か。自分にとってかけがえのない人、最愛の人の死。それは人がこの世に生きているかぎり、誰もが遭遇する不幸であり、誰もが避けてとおることのできない深い哀しみである。もはやこの世では二度と会うことのできない喪失感、どう足掻いてみても、埋めることのできない心の空隙。失ってしまったものへの哀悼、それは絶えず遁れ去ってゆくもの、取り返しがつかないもの、今となってはどうしようもないという痛恨の思いであり、それは言うなれば〈距離〉の感覚、〈乖離〉の感受性に他ならない。

考えてみれば、人間生活は決して均質的な物理的時間・空間の中に生きているわけではなく、生きた具体的・

現実的な歴史的時空に於いてあるものであって、人との出会いも歴史的時間の流れのなかに於ける出来事である。人との別れは、それまでの生きたつながりが過去となって去りゆくことであると同時に、もはや現在とはならないという〈時の不可逆性〉によって、それが懐旧の思いとなって、一層深く別れた人への思いが強くなってゆく。逝ける者は、まさに遠くに去ってしまったがゆえに、いっそう慕わしさ、愛おしさ、懐かしさを伴って、残された私たちの心に蘇ってくるのではないだろうか。

そうした感受性は、いわば根源へ遡る想起の営みでもあるのだ。最愛の人との死別となれば、懐旧の思いは一層強く心に迫ってくるものである。ベンヤミンに倣って言えば、〈失われた過去〉、つまり本来そうあるべきであったにも拘わらず、今となっては取り返しのつかない、そうした過去への〈痛み〉に満ちた追憶、もしくは悔恨であろう。そこに現在における〈乖離〉の感覚が鮮明になり、と同時にそうした乖離によって始めて露現してくる〈真実在〉への郷愁が促されてくるのではないだろうか。経験の深まりによって見えてくるリアリティとは、そうした〈滅びと衰亡〉という、それ自身覆蔵的な歴史的イメージをとおして見えてくる真理（ロゴス）であり、しかもそれは〈乖離〉の感覚によって「聖化」されてくるように思えてならない。悲痛・慟哭の感情がやがては「諦念」となって深まり、移りゆくものは移りゆくままに、それが永遠の影として、永遠の姿として甦ってくる。西田の「悲哀」には今述べたような懐旧の思いがあって、それは「遁れゆくもの」への愛惜にほかならない。万有のうちにある「寂寥」、洞然として、宇宙が寂寥をきわめてそこにあるのだ。万有のかなしみ、存在のかなしみ、それは人間が抱く主観的な無常感であると同時に、自己の置かれた世界そのものの姿でもある。そこに、自ずから永遠なるもの、超越的なるものへの郷愁が「哀愁」となって立ち昇ってくる。そこにはエロティシズムがあるとも言えよう。遁れゆくものは、それが捉えどころなく遁れゆくがゆえに、どこまでも〈超越的他者〉として形而上学的に聖化されるのである。悲哀はそういう「存在論的性質」をもつものであろう。大峯顯氏がいみじくも言うように、西田は悲哀をいわば宇宙そのものの根本構造として経験している。[1] しかし同時に、そこには、つねに自己ひとりが置き去りにされているという〈孤愁〉の感覚も潜んでいよう。自分というものを支えるものが何もないこと、すべて自分の手のうちから遁れ去ってゆくこと、その後に自分一人が宇宙に置き去りにされ、そしてそれでもいずれ自己自身もその宇宙から消えゆくことを思う。人はいずこより来たりいずこへ去るのか、人間は誕生と死とのあいだの短い間《あわい》のなかで何を行い、何を作り出さねばならないか、西田の「悲哀」には、そうした〈寂寥〉と〈孤愁〉という存在感覚があって、それが彼の尽きぬ哲学思索と繋がっているように思われる。やはり大峯氏も指摘しているように、悲哀の情はその極限において悲哀を一つの慰安へと転ずる不思議さをもっている。深い悲哀のなかにあることは確かなのだが、その無常の底を突き抜けて開かれてくる明透さ、暖かさ、慰みにも似たものが現われてくる。いわば心は哀しみを突き抜けて逆に癒されるのであって、その悲哀の情動がそれ自身の内に一種の自己超越の運動を含んでいる、つまり悲哀という情動に固有の根源的な治癒力があるのである。[2] 真実在への哲学的思索の営みは、言うなれば情意的なものが、それを超越してゆく、自己超越の動力となっていると言ってよい。また浅見洋氏は、西田の哲学的思索は、「二人称の死」に遭遇したことによる「グリーフ・ワーク」、すなわち「悲嘆の癒し」に他ならないことを指摘している。[3]

以上のように、〈真実在〉とは、つねに「遁れゆくもの」として覆蔵的であり、そうなればこそ、それはまたどこまでも超越的、永遠的なものとして郷愁をそそるものとなり、それを追求すべく「未来」へ向けて思索を内的に促すものとなるのである。哲学的営みが「物語る」ことであるとするならば、そうしたどこまでも超越的に覆蔵的な〈真実在〉、絶えず「遁れゆくもの」として常に「痕跡」しか与えることのない既在的な〈真実在〉を、内的な促しによって、未来へ向けて思索してゆくことなのかも知れない。そして「物語る」ことによって、〈真実在〉はまさにどこまでも遁れゆくもの、隠れたるもの、永遠なるものとして自らの姿を顕わにするのではない超越的なるものに身をゆだねたかたちで自己を自覚することであったと言えよう。絶えず、「自己は自己を超えたものにおいて自己を持つ」という、絶えず、
のだろうか。西田の思索の根底にあったのは、「自己は自己を超えたものにおいて自己を持つ」という、

三

さて、上で引用したように、西田は『善の研究』の序で「純粋経験を唯一の実在としてすべてを説明して見たい」（一・六、一・四）と述べているが、ここで留意したいことは、「純粋経験の立脚地より見れば」とか「純粋経験の立場より見れば」という表現からもわかるように、西田は自らどこまでも「純粋経験」に立脚しながら、彼独自の思索を展開させているという点である。しかし西田が「真実在」をこの「純粋経験」の内に見るということでいったい何を問題にしようとしたのだろうか。いかなる哲学者であれ、その思索の根底には、絶えずその思索を動機づけ、つねにそこからそこへ向けて展開されてゆく根本経験があって、思索は常にそうした言語以前のリアリティに立脚しながら、言葉へと紡ぎだされることは論を俟たない。西田にあっては「純粋経験」がまさにそれであった。

周知のように、『善の研究』の第一編第一章「純粋経験」は次のような文章ではじまる。

経験するといふのは事実其儘に知るの意である。全く自己の細工を棄てゝ、事実に従うて知るのである。・・・毫も思慮分別を加へない、真に経験其儘の状態をいふのである。例へば、色を見、音を聞く刹那、未だ之が外物の作用であるとか、我が之を感じて居るとかいふやうな考のないのみならず、此色、此音は何であるという判断すら加はらない前をいふのである。それで純粋経験は直接経験と同一である。自己の意識状態を直下に経験した時、未だ主もなく客もない、知識と其対象とが全く合一している。これが経験の最醇

なる者である。(一・九、一・九)

そして、こうした事実そのままの直接的な意識は「現在意識」として特徴づけられ、すべての精神現象がこの形において現われることを強調する。普段我々はいつもすでに現在を生き、現在を呼吸して生きている。ただ、そのようにして毎日を生きていることに、ひょっとすれば事実そのままの現在意識としての純粋経験があるのかもしれない。例えばここに吉田健一の次のような文章がある。

冬の朝が晴れてゐれば起きて木の枝の枯れ葉が朝日といふ水のやうに流れるものに洗はれてゐるのを見てゐるうちに時間がたつて行く、どの位の時間がたつかといふのでなくてただ確実にたつて行くので長いのでも短いのでもなくてそれが時間といふものなのである。(『時間』新潮社、一九七六年刊、三頁)

時間は流れるというのが普通の時間観念であろう。だが、時間が過ぎ行くものとして実感するのはどういう時であろうか。我々はどうしてこの捉えどころのない見えないものが流れるのを知りうるのか。春、若葉が萌え出し、それがやがて緑濃い樹冠の茂みをつくり、夏の烈日に耐えたのち秋風と共に葉は紅葉して散ってゆくというふうに、自然の推移を思い起こし、そして今この季《とき》を迎えてここにある自己を意識したときにしか、時間は見えてこない。このように推移し、変化し、消滅し、再び発生してくるもの、そして先に触れたような懐旧の思い、時間の流れはそうした状況に置かれてはじめてそれとして意識されるのではないだろうか。しかし普段は、我々はいつもすでに現在を生き、現在を呼吸してそこに根差しながら日々の生活を営んでいる。吉田健一の時間論は汎現在主義として夙に知られているが、彼にとって「いまを生きる」とは、「刻々にたつて行く時間の意識」であって、時間が刻々とたってゆくと意識するということは、時計を眺めて秒針が一秒また一秒と刻み、その度に一秒前が過去へと変わってゆくのを意識するようなことを意味してはいない。先に引用した文章からもわかるように、時間とともに生きながら意識はまぎれもなく現在時そのもののなかに浸っており、眼前に朝の光景が繰りひろげられてゆくのに対応して意識は充実する。そういう現在時が刻々に流れていっても、意識は刻々にたってゆく時間を少しの遅滞もなく呼吸しつづける。そのとき、我々は間断なく現在時のなかに浸りつづけ、そうした現在時はどこにも切れ目がなくしなやかに先へ先へと延びてゆく。そしてあるとき、「ただ　死を迎へて時間の意識も途切れる」のである（同書一五〇頁）。つまり吉田にとっては、刻々にたって行く時間をその通りにあるがままに意識することが現在なのである。まさにそれは純粋経験における現在意識であろう。しかし、その現在は、刻々と過ぎ行きながらも、単なる刹那の瞬間ではなく、ある幅をもっているのも事実であって、過ぎ越し方を記憶のなかに〈包蔵〉し、なおかつ未来も現在のなかに〈胚胎〉している。そしてそのような現在が推移していくのであって、現在は絶えず、捉えられぬままにつねに新たな現在になりながら直進的に進み行き、同時にその流れの全体を包み込むようにして記憶のなかに包蔵されてゆく。

ところで、興味深いことに、吉田は、今ここに生きてあることの充溢した現在意識の例証として、西田の『善の研究』（一・二、一・二）に言及し、その中で述べられている熟練した登山家とピアニストの例を取り上げている（『時間』、八～九頁）。吉田が指摘しているように、登山家もピアニストも時間、呼吸、拍子を無視しては出来ないことであって、これは「知覚の連続」すなわち人間の意識の上で時間と一体となった典型的な例である。しかしながら考えてみれば、ピアノ演奏、登山家の登攀は、その熟練した習慣性において、いわば高次の無意識（主客合一の純粋経験）に根ざしながら、一方、絶えずそれを意識化し、その意識化によって無意識を強化するという矛盾をも含んでいる。言い換えれば、それは主客合一した境地であると同時に、高度に目覚めた行為なのであって、そのことに没入しつつもそれを絶えず意識化することによって、そのこと自体に刺激を受けて、一層、主客合一的な行為に没入していくことができるのである。すべて熟練した人、練達の士の行為はこのような特質をもつ。「知的直観」に基づく西田の思惟も事情は同じであって、その哲学的思惟の自覚的反省のプロセスは、常にすでにその底に働いている潜在的統一力としての純粋経験の直観に基づきながら、純粋経験そのもの、すなわち〈真実在〉は、絶えず反省的思惟から遁れ去るものとして超越的に覆蔵されてしまう。要するに「純粋経験」も絶えず遁れゆくものなのであり、言うなれば「隠れることを好む」のがその本質なのではあるまいか。説明するということ、書くということ、物語るということは、じつはそうした遁れゆくものとの戯れでありまた格闘であり、隠れたる〈真実在〉をまさにそのようなものとして顕わならしめる高度に目覚めた「意識化」の営みなのではないだろうか。そしてまた、それが思索をますます促してくるのである。

つまり西田は「純粋経験」の外に立って、それを対象的に捉えて論述しているのではないということである。西田は「思索の時は一身に汗流るる事がある」と語っていたそうだが（狩野直喜『讀書籑餘』みすず書房、一九八〇年、一九四頁）、それほどまでに思索に没入していることそのことが、すでに主客合一の純粋経験に他ならず、西田はそうした純粋経験の真只中で、まさに他ならぬ純粋経験としての〈真実在〉を自らの思索の事柄とし、それを説明し、物語ろうとする。いわば純粋経験そのものが純粋経験しつつ純粋経験を語ろうとしているのである。それは純粋経験そのものの自覚的反省に他ならず、それは彼の言う「知的直観」の立場に立ってそれが営まれるのである。それはどういうことなのか。西田によれば、「知的直観」とは「純粋経験における統一作用其者」であり、「生命の補捉」（一・三五、一・四三）である。例えば「技術の骨」のようなものであって、画家の創作活動のように、「主客合一、知意融合」の状態である。「物我相忘じ、物が我を動かすのでもなく、我が物を動かすのでもない、たゞ一の世界、一の光景あるのみ」（同所）である。とはいえ、「知的直観」は何か意識を超越したものを直観する神秘的能力を謂うわけではない。むしろ意識の無限な統一機能そのものを認識せんとする〈自覚〉の最高形態なのである。じじつ、西田は「思惟」について次のように述べる。「思惟の根柢には知的直観なる者の横はつて居ることは明である。思惟は一種の体系である、体系の根柢には統一の直覚がなければならぬ。」（同巻・三五～三六、同巻・四三～四四）そして「説明」というのは、西田によれば、「根本的なる直覚に摂帰し得る」（同巻・三六、同巻・四四）という意味だと言う。

つまり「説明する」とは、その語り出し、物語ることそのことへの自己内反省に於いてなされるものであることは注意されてよい。西田が学生の頃、金沢の街を歩きながら夢見る如く考えに耽った現実そのままの「実在」とは、彼自らがそれを物語り説明することを離れては、その存在の場を持ち得ないものであったと言える。つまり「真実在」は、それが物語るという行為によってはじめてそれ自身にとって顕わとなる。真の実在が何であるかは、このように実在がそれ自身にとって顕わであり、いわばそれが自らを言語へと対自化し、それ自身のうちに映し出しているという仕方に於いてのみ明確なものとなる。つまり叙述され、説明されることに於いてこそ、真実在は自らに立ち帰り、自らを自ら自身のうちに映し出すことになるのである。言い換えれば、哲学的思索における自覚的反省が、じつは真実在そのものの自覚、実在の実在自身による自覚となるのである。ところが、〈事実そのまま〉という真実在がもつ直接性は、このように、遡行的思惟に対して、常に既に先んじているのであり、そうした意味で思惟に対してどこまでも超越的なものなのであって、その絶えざる現前は、思惟にとってはいつもすでにその「痕跡」でしかない。それがまた更なる思索へと促すものとなるのである。次にこの点について、更に突っ込んで考察してみたい。

四

上記のように、「純粋経験」としての〈真実在〉は絶えず遁れゆき、隠れるものとしてどこまでも〈超越的他者〉であった。しかしそれに加えて注目しておきたいのは、純粋経験の直接性それ自身がもつ〈既在性〉である。

真実在の覆蔵的自己内還帰といっても、それは反省的思惟や判断の過程、プロセスを経た後の還帰ではなく、そうしたプロセスそのものに常に統一的全体として内在する可能根拠としての自身への翻りであり、つまり外化し脱自化してゆくプロセスが同時に自己内還帰に他ならない、ということである。直接的な純粋経験が脱自的に分化発展してゆくその進行の端緒において常に既に自らのうちへと翻り、還帰する方向があるのである。つまり事実そのままを知る直接的な純粋経験にあっては顕在的な統一作用であったものが、それが次位的に思惟や判断へと発展してゆくそのプロセスにあっては常に潜勢的な統一作用となって働くのである。それは外化してゆく過程を経て、どこかの折り返し点で自己還帰するのではない。上述したように純粋経験は絶えず「現在意識」なのであって、常に一へと統べる営みであることに変わりはない。それは、言うなれば間断なき流動的発展と一つになって生起し、その流動性をまさに間断なきものとして可能にすべく、自らの内に退去する覆蔵的契機として考えられるべきものであろう。したがって純粋経験のもつ直接性は、自らが自ら自身であるということのいわば原初的直接性であり、「自発自展」と言われる如く、そこからそこへと展開する運動として、既にそれ自身の内に立ち帰ってしまっている直接性、単純性という契機を内に含んでおり、次位的展開もまたそれを前提している、とでも言えよう。すなわち純粋経験の原初的直接性は〈自ら運動する自己同一性〉として先取的に既に自己同一を保持していなければならないのである。

しかもこのような〈脱自的統一〉とでも言うべき自己同一性は、「無限の統一力」として、すべてを一に統べる根源的働きであり、言い換えれば決してそれ自身〈統一せられた対象〉とはならず、常に既にその手前で現前しているものであって、事後的に分化発展してきたものに対しては常にそれに先んずるものとしてどこまでも超越的であり、時間的経過の中では常に既に過ぎ去ってしまっている。つまり直覚に基づく反省的思惟にあって、常に既に潜在的・覆蔵的な仕方で現前してしまっている純粋経験の統一性は、思惟を可能ならしめながらもそれ自身思惟の統一の対象にはならずに自ら覆蔵し、そうした意味では、現在意識である純粋経験は、言うなれば絶えずその直接性を〈痕跡〉としてしか与えない〈絶対的過去〉として既在的自己同一的な性格をもっていると言えよう。

つまり、純粋経験としての〈真実在〉は、それ自身がすでに「差異化」の働きに他ならず、常にそれは起源の退却なのである。したがってそれは、はじめから「痕跡」としてしか与えられないのではないのだろうか。西田が『善の研究』第一章冒頭で、「純粋経験というのは・・・」と説明し始めるとき、西田はどこに立って説明をしているのか。そのように言説化して説明する段階で、そのように説明されている当の「純粋経験」としての真実在は既に退去しており、その痕跡にすぎないのではないのか。要するに、そこでは原初の退却が常に反復されているのだ。

したがって、そうした純粋経験を唯一の実在として物語り、説明するという哲学的営為は、どこまでも純粋経験の現在に立脚しながら、それを反省的思惟そのものに既在的に潜在する覆蔵的な〈含蓄〉として捉え、それを遡行的に開陳することになる。

この「統一的或者」は、我々の多様な意識現象に先立ち、それらを可能にする超越的でアプリオリな存在としてどこまでも「既に現にある」のである。それ故に、反省的思惟の営みとしての「哲学」は常に己の根拠に向かう自覚的な運動たらざるを得ない。つまり思惟は純粋経験に於ける統一的或者によって、そのつど己の存立を支えられつつも、その直接性からいわばいつも既に歩み出てしまっており、己の存立の根拠を常に己の外に持たざるを得ないのである。言うなれば、純粋経験の直接的な現在意識は、既に現にあるものとして自らを立ち遅らせ、そうした〈差異化〉が自覚的反省を促し、思惟に対してどこまでも超越的なものとして将来的に現前していると でも言えるのではないだろうか。現在意識としての純粋経験が本質としてもつ「直接性」、「非連続の連続」、「永遠の今の自己限定」、「直進的且つ円環的」な「絶対現在」とは、このように、どこまでも既在的に留まりつつ将来的なものとして現在するといった時間的構造をもつ。

五

さて、西田が「高等学校の学生であった頃、金沢の街を歩きながら、夢みる如くかかる考に耽った」とする「実在は現実そのままのものでなければならない」という信念はそもそもどこにその淵源があるのだろうか。それは、一言で言えば、明治期アカデミー哲学が「現象即実在論」として、日本および東洋独自の哲学として標榜していた本体的一元論である。船山信一（一九〇七～一九九四）は『増補　明治哲学史研究』（昭和四十年）のなかで、西田は明治アカデミー哲学、とくに井上哲次郎（一八五五～一九四四）が初めて提唱した「現象即実在論」を継承する者であり、それを彫琢することに一生を費やしたと言ってよい、と語っているが[4]、更に敷衍して言えば、わが国の大乗仏教の基礎をなす天台本覚思想がその思想的論拠を置いている『大乗起信論』（以下『起信論』と略記）の論理にまで遡ることができる。

井上哲次郎や井上円了らは西欧の哲学思想を受容していくなかで、次第に自分たちが伝統的に継承してきた東アジアの思想ないし宗教思想がきわめて優れた哲学体系を持っており、その内容も西洋哲学と比較しても決して遜色のないものであるばかりか、十分に形而上学的思考と言えるものであることを確信するにいたるのだが、それは一言で言えば「本体的一元論」の思考様式であり、この東洋的一元論を「現象即実在論」と銘打って世界に提示することで、従来の二元論的な西洋哲学的思考に対抗しようとしたのである。

しかし、この発想は、じつは渡部清氏の指摘によれば[5]、東京大学で曹洞宗僧侶の原坦山（一八一九～一八九二）が担当した「仏書講義」の授業でテクストに選ばれた『起信論』から得たものである。原坦山は明治十二年から二十一年までの十年間、東京大学ではじめて開設された「仏書講義」（後に「印度哲学」と改称される）の初代講師を務め、好んでテクストとして『起信論』を採用していた。彼は仏教を「心性哲学」と呼んだが、西洋哲学の多くの理論と学説が概して二元論であるのにひきかえ、大乗仏教の哲学的思考様式は一元論である点に特徴がある。本書で説かれる「真如」は我々の思議や言説を絶する無差別平等の真実在であり、それが自らを差別と生滅の次元へと自己内発的に起動発展していく消息が論理的に開陳されている。これは言うなれば、東洋の形而上学としても通用するものであった。それは言詮を絶する覆蔵的・超越的に一なる「真如」がその超越性をどこまでも維持しながら、自己内発的に自己展開し、万物の中に自らを内在化させてゆく論理、一なる本体とそれが起動展開する派生態、つまり「体と用《ゆう》」の論理であり、「内在と超越」の論理であったと言っても過言ではない。西田幾多郎が『善の研究』の中で強調した「統一的或者の自発自展」という発想、「超越的に一なる理の体系的発展」といった考えは、言うまでもなくこの東洋的思惟の特質である本体的一元論の論理に基づくものであろう。

　ところで、この本体的一元論に於ける〈超越的一〉は、超越といっても、ラテン的西洋思想に於いて特筆される「外」に超越したものではなく、どこまでも「内在的超越」という構造を持つ。これは、例えば『起信論』が説く、自性清浄にして不生不滅、不起不動なる「心真如」が自らその自体相を失うことなく（任持自性）、しかも起動流転してやまない煩悩に覆われた「心生滅」へと転成していく「真如随縁」の思想のうちに典型的に見られる特質である。[6]『起信論』では、そうした消息を水波の比喩で説明する。すなわち、因果の関係が風と波との関係であるのに対し、体用の関係は水と波との関係をいう。体とは根本的なもの、自体的なもの、用とは派生的なもの、その働きを意味し、本体とその作用、実体とその現象の関係をいう。因果の関係はいわゆる因果別体、つまり因と果は風と波のように互いに別個のものであるのに対し、体用の関係は殆ど「体用一致」とか「体即用、用即体」と論じられるのが特徴である。水と波とが別物ではないように、体と用とは不可分の関係にある。しかし風によって波がどのように波立っていようとも、水の水としての在り様（湿）は何等変わることはない。水の表面がどれほど大きく波立っていようとも、その同じ水の深底はどこまでも不動である。そうした意味で、水そのものはいかようの波の形をとろうとも、水の水としての自己同一性は維持されつつあらゆる波の形状を超越している。この超越的に一なる水そのものが、さまざまな波となって起動していくのである。このように体はあらゆる用（働き）を一貫する「統一的或者」として自己同一性を堅持しており、体は用と「非一非異」の関係にあって、本体としてはどこまでも超越を保っているのである。したがって超越といっても水が波を離れないように、外在的超越ではなく、どこまでも内在的な超越なのである。それ自身超越的なものがその本体的な自己同一性を保ちながら、さまざまな用として自己展開していき、あらゆる現象のなかに内在するのである。体用の論理が「内在的超越」であると言ったのはこのことである。

要するに、「真如」、すなわち本然的にあるがままの真実在は、全宇宙に遍在する個々の存在者を重々無尽に顕現せしめる不可分の全一態であって、それ自身本源的には絶対の〈無〉にして〈空〉、すなわち絶対的覆蔵態（約体絶相）に他ならない。つまり「真如」は、現象せる個々の存在者の形而上的本体として、それらの根底に伏在し、あらゆるものを根源的存在可能性において摂収しつつ、同時に個々のものを本然的にあるがままに開放するのである。換言すれば、現象せる個々の存在者は、どこまでも自らを顕現せしめた真如のうちに在り、逆に、個々のものの存在原因たる真如は、どこまでもそれらの本体として超越的に自己自身のうちに蔵身しつつ、同時に自らが顕現せしめたすべてのものの中に内在するのである。要するに現象の世界は「真如」それ自体の自己展開に他ならないのであって、「一切衆生、悉有仏性」、「草木国土、悉皆成仏」を標榜する本覚思想もこうした考えに由来することは論を俟たない。要するにそれは、「現象」がそのまま「真実在」の姿に他ならず、すなわち「現象即実在」論なのである。

　ところで、これも渡部清氏の指摘によるのだが、[7] 明治十四年に井上が中心となって編纂したわが国最初の哲学辞典『哲学字彙』でも、英語の reality は「実体」と訳されており、またそこに我々にとって、大変興味深い説明を加えている。項目は簡単にこう記されている。「Reality　実体、真如、按、起信論、当知一切法不可説、不可念、故名為真如」。「按」とは「参照せよ」の意である。つまり、後には「実在」と訳されることになる英語の reality を彼は『大乗起信論』の「真如」に対応させて理解している。「真如」とは、ここに記されているように、まさに一切の言詮を絶する深遠にして超越的な真実在に他ならない。因みに言えば、いわゆる明治期アカデミー哲学が標榜した「現象即実在論」が、どちらかといえば、東西の思想の単なる表層的な折衷に終ったのにひきかえ、[8] 西田の独創性は、仏教用語であるこの「真如《タタター》」、すなわち「あるがままの真実在」をジェイムズの「純粋経験」と重ね合わせ、思惟や判断による抽象化以前の、具体的で生き生きとした、ありのままの経験に見たことにあり、更にはその如来蔵思想の本体的一元論に伏在している内在的超越の論理およびその覆蔵的超越性がもつ〈他者性〉を浮き彫りにして「逆対応」の論理にまで深化徹底させたことであろう。

　敷衍して言えば、西田はこうした東洋独自の体用の論理、すなわち「内在的超越」の論理を西洋哲学との格闘を通じて鮮明にしようとしたのであり、しかもラテン的西方のキリスト教の特徴をなす外在的超越的な創造主たる人格神に対して、西田の神の理解も、自ずと「体用の論理」で捉えることになる。例えば彼は次のように言う。「神とはこの宇宙の根本をいふのである〔中略〕。余は神を宇宙の外に超越せる造物者とは見ずして、直にこの実在の根柢と考へるのである。神と宇宙との関係は芸術家とその作品との如き関係ではなく、本体と現象との関係である」と（一・一四二、一・一七八、傍点引用者）。ただ先に述べたように、西田の場合、体用の論理と言っても、体用相即というよりは、体用峻別、すなわち内在的超越のその超越性が常に念頭にあったことは銘記しておかねばならない。つまり超越的なものは現象へと自らを展開しつつも、それ自身はその超越性を維持すべく自己自身へと溯源的に翻り、つまり自己蔵身することによって、どこまでも覆蔵的な〈超越的他者〉なのである。そこがまた、単純なる本体的一元論とは異なるところでもあろう。それが「即の論理」ならぬ「即非の論理」となり、彼のいわゆる「逆対応」の論理にもなるのである。

六

周知のごとく、西田の純粋経験の立場は自覚の体系へと深められ、それがやがて「場所」の立場に至りつくことによって、彼の考えを論理化する端緒を得るのだが、その「場所」も次第に「弁証法的一般者」として具体的に捉え直され、「純粋経験」と言われていたものが、晩年には歴史的実在の世界を生きる「行為的直観」の立場として直接化されてくる。しかしながら、このような発展過程を通じて西田哲学の根本的な基調になっているのは、やはり弁証法的一般者の自覚的限定ということ、言葉を換えて言えば、絶対否定を媒介とした実在の実在自身への自覚の深まりということが言えるのではないだろうか。つまり、「それ自身によつて有り、自己自身によつて動く」（「デカルト哲学について」、『哲学論文集第六』所収、新十、旧十一）絶対的実在の世界は、自己の中に自己を映す自覚的体系の根本動性として見て取られるのである。真実在を知るとは、我々が外からそれを認識することではない。実在の無限性は自己の自覚の無限の深まりにつながり、そのことが、ひいては実在が実在自身を知ること、すなわち実在が実在自身の底へ底へと無限に深まりゆくこと、つまり実在が実在自身を自覚してゆくことなのである。

しかしやがて西田は、実在の実在的自覚の深まりゆく底に、つねにそれを見るものがあることに気づくようになる。以後、それがますます彼の思索を駆り立ててゆくことになるのだが、こうした実在の深き底、反省によって達することのできない奥底に彼の思索の焦点が移ってゆき、それが、見るものなくして見るもの、すなわち自ら無にして自己の中に自己を映す「絶対無の場所」として捉えられてくる。この無の場所というのは、個物を個物として有機的統一のなかに位置づけ、それぞれの個物をあるがままにあらしめ生かす、いわば無限に開かれた虚空の如き場所なのである。そこでは、個々の物が、いわゆる述語的一般者の自己限定によって特殊化されただけの主語的基体としての在り方に留まらず、言い換えれば、或るものを同類なものの一例として取り扱うという類型的一般化の方向ではなくして、そうした在り方がさらに突破され、個物が他ならぬその個物として自らを示してくるような場である。一々のものが真にそれ自身のもとに在り（物皆自得）、それ自身に同じものとして現前してくるような場、一々のものを重々無尽に個々円成させつつ、同時にそれらを自らのもとに摂取する〈虚空の場〉である。西田はこの無の場所を、自ら無にして自己の中に自己の影を映す「鏡」に喩えている。すべてのものは真の無の場所たる「鏡」に映し出された影像であるということになる（「場所」、『働くものから見るものへ』所収、三・四四五、四・二四八）。

しかし、ここでとくに留意したいのは、西田自身随処で強調するように、無の場所はあくまでも自己自身に同一なるもの、自己の中に自己の影を映すものなのであって、鏡はどこまでも「自己自身を照らす鏡」である、という点である（三・四二九、四・二二六）。つまり、すべての個物が影像として鏡の中に映現されてくることと一つに、鏡は鏡自身を無限に映じてゆくという鏡そのものの自己返照の働きに着目しなければならないということなのである。要するに、物を映し出すに先立って、明鏡はどこまでも明鏡でなければならないのである。西田の念頭からつねに離れなかったのは、物を映す働きの底にある鏡の本体そのものの構造、すなわち鏡自身がもつ自己遡源的翻転の動きではなかったであろうか。

ここで想い起こされるのは、いわゆる南宗禅を宣揚した荷沢神会《かたくじんね》（六八〇～七六二年）のいわゆる「空寂の知」である。彼は、神秀（?～七〇六）一派の北宗の漸修的禅法を排撃し、頓悟的見性を重んじる慧能（六三八～七一三年）を六祖として称揚したことで夙に知られているが、彼は『神会録』第八節で、張燕公（六六七～七三〇、開元初期、玄宗朝の優れた宰相で、神秀の碑銘を書いている）との間で交わされた問答のなかで、「無念」（根本知）を鏡に喩えて説いている。[9] この神会の「知」の立場は、西田の「見るもの」、すなわち「絶対無の場所」を考える上で非常に大きな示唆を与えてくれる。仏教で謂う「自性清浄心」を明鏡に喩える例は多いが、神会の独創は、物を映さぬ先の鏡こそ鏡本来のすぐれた働きを発揮する（「萬像不現其中、此将為妙」）という点にある。すなわち、鏡が物を映すのは、物に向かっているときと向かわぬときとを問わず、いつも映している（「今言照者、不言対与不対、倶常照」）のであって、それは鏡そのものがもともとつねに物を映すという、それ自身の本質的な働き（自性照）をもつからだと言う。物を映す映さぬにかかわりなく、つねにそれ自らで照り輝いている働き（常照）、何物も映さぬ先の、鏡そのものがもつ「自性の照」、これこそ西田の強靱な思索を絶えず駆り立て、彼の念頭から常に離れなかったものではなかったか。彼が「自ら照らす鏡」という言葉を使ったのも、おそらくこうしたことを想い浮かべていたからに相違ない。「自性の照」とは言うなれば、個々の物を映すに先立って、あるいは映し出すことと一つに鏡が鏡自身を無限に映してゆく働き、自ら何かを映そうという意図なく、映す主体《もの》なくして自らを映し出す働きであり、言い換えれば、鏡が鏡自身の底へ底へと遡源しつつ、不断に自らを照らし返してゆく営みに他ならない。先述のごとく、個々の物を映現するに先立って、明鏡はどこまでも明鏡であり続けていなければならないのである。そのためには、明鏡は、本体としてどこまでも動的発展的に、いわば静的固定化による実体化を絶えず自己否定的に打ち砕きながら、その不断の照り返しの焦点へ遡及的に還帰し続けていなければならないのである。西田が晩年、絶対矛盾的自己同一としての場所について、それが「何処までも自己の中に自己を映す、自己の中に自己焦点を有つ。かゝる動的焦点を中軸として、何処までも自己自身を形成して行く」(「場所的論理と宗教的世界観」、『哲学論文集第七』所収、十・三二〇、十一・四〇三)とか、「自己が自己に自己否定的に一」(同巻・三〇三、同巻・三八二)であるとか言うのは、おそらくこうした消息を謂うのであろう。更に言えば、このような自己内還帰的な不断の照り返しがあればこそ、明鏡はどこまでも明鏡であり続けるのである。しかも神会によって打ち出された「知」は、自己遡及的・自己否定的契機を内に含んだ即非的自己同一の「覚」であり、ひいては、そうした明鏡のもつ「自性の照」が「常照」であることから分かるように、それはつねに「現在」を離れないことは容易に見て取れよう。鏡の鏡自身への照り返りは、現在が現在を現在化させてゆく絶対現在の自己限定に他ならない。絶えず現在から現在へであり、しかもそれは横へ横へと流れてゆく方向ではなく、いわば滾々と湧き起こる垂直的な自己湧出の動きであろう。ここにはソレ自体ニ於イテ先ナルモノ、真如そのものの性起の働きが見事に説示されている。先述のごとく、西田はしきりに「自己同一的に自己自身を限定する」とか「真に自己自身に同一なるもの」というように強調するが、それは、決して単にスタティックな nunc stans(止《とど》まれる今)を意味するものではなく、フッサールの現象学の顰に倣って言えば、「流れつつ留まる現在(die strömende-stehende Gegenwart)」といった意味内容が含まれていよう。西田が「絶対矛盾的自己同一」という表現のうちに看取していた「自己同一」とは、こうした自己隠蔽的な絶対的覆蔵態ではなかったか。つまり、個物的多を個物的多として現前せしめながら、その不断の現前を可能にする場としての全体的一は、全体的一としてはどこまでも絶対的な隠れである。「一」の「一」自身への還滅《げんめつ》、自己隠蔽的な脱去(ハイデガーの所謂 Entzug)によってはじめて「一」は「一」たりうるのであり、「一即一」として成り立つのである。こうした「一」の「一」自身への還滅即湧出、すなわち「即非的自己同一」こそ、西田が謂うところの「見るものなくして見るもの」、「自ら無にして自己の中に自己を映すもの」、すなわち「絶対無の場所」の正体であったはずである。『善の研究』に於ける、純粋経験の自発自展と言われるときの「自」の反復表現は、統一的或者が絶えず分化発展しつつも、どこまでもそれ自身に同じものとして自己同一を保つということに他ならず、絶対的実在のそれ自身に於いて有り、それ自身によって動く「性起」としての在り方も、やはり、自己否定的に自らを覆蔵しつつ自らを発現させる即非的自己同一の運動として見られなければならない。

さて、こうした自己同一がもつ絶対的覆蔵性は、それ自身矛盾を孕む絶対的否定態として、あくまで「絶対の他」であり、どこまでも超越的なものとして出会われてくることは論を俟たない。ことにそれが宗教の問題ともなれば、このことは顕著に示されてくる。

七

西田は晩年、「逆対応」という言葉を使うようになる。これは彼の最晩年の論文「場所的論理と宗教的世界観」（一九四五年）において、長年の懸案であった宗教の問題が主題とされるに及んではじめて打ち出された表現であるが、「絶対矛盾的自己同一」という弁証法的存在構造を、絶対者と個としての自己との間に伏在する存在論的関係構造として、より鮮明なかたちで表現された論理である。その詳細な説明は控えるが、突きつめて言えば個的自己は絶対者と絶対に隔絶しつつ、それがそのまま一層深いリアリティにおいて一つにつながっているという逆説的な事態をいっている。この消息を示すのに西田がよく引証するのは、大燈国師の「億劫相別、而須臾不離、尽日相対、而刹那不対（億劫相別れて、須臾も離れず、尽日相対して刹那も対せず）」（十・三一七及び三二五、十一・三九九及び四〇九）という言葉である。しかしこの語は、人間の側から解している西田の意に反して、どちらかと言えば絶対の側から見られた表詮なのであって、絶対が自己否定的に相対へと翻る内在的方向と、どこまでも超越的なものとして絶対に翻らぬ自己覆蔵性をも意味している。したがって逆対応を考える場合、個的実存と絶対者との関係として捉えるだけにとどまらず、その関係の底に、その関係を関係たらしめている絶対者の絶対者自身への翻り、つまり先述した鏡の自己返照の働き、場所が場所自身を映してゆく自己内還帰、還滅即湧出の根源的動性をも念頭に入れておく必要があるのではないかと思われる。

ただ、ここで留意しておきたいのは、〈真実在〉が「性起」してやまない「絶対現在」としてのありようもこの言葉に含まれていることである。西田は「逆対応」について次のように言う。

神は絶対の自己否定として、逆対応的に自己自身に対し、自己自身の中に絶対的自己否定を含むものなるが故に、自己自身によつて有るものであるのであり、絶対の無なるが故に絶対の有であるのである。（同巻・三一六、同巻・三九八、傍点引用者）

ここで言われる「逆対応」は、あくまでも「自己自身に対し」ていることに留意したい。絶対がどこまでも絶対であり続けるという絶対の自己湧出が、同時に、その湧出とは逆方向に絶対の絶対自身への還滅であるという、絶対それ自体の「逆対応」があってこそ、それがそのまま相対的なるものへの自己否定的翻りとなって創造的に働くのである。「逆対応」の論理には、じつはこうした重層的存在構造があることにわれわれは留意しなければならない。かくして、絶対者の絶対者自身への翻転的覆蔵が自体的順序として、いわゆる個的実存の自覚的順序に先立っている以上、絶対者と個的自己との逆対応関係は、どこまでも「不可逆的」な構造をもつことになる。不可逆とは、内在的超越ということがあくまでも超越的内在であるということ、超越はどこまでも超越でなければならないということに他ならないからである。

神と人間との対立は、何処までも逆対応的であるのである。故に我々の宗教心と云ふのは、我々の自己から起るのではなくして、神又は仏の呼声である。神又は仏の働きである、自己成立の根源からである。（同巻・三二五、同巻・四〇九～四一〇）

この西田の文章には、「逆対応」が不可逆的でなければならない理由がおのずと示されている。要するに、西田にあっては、あくまで絶対の絶対自身への関係が常に彼の念頭にあったということである。こうした絶対の絶対自身への自己否定的な遡源動向こそ、絶対が絶対でありえている根拠となっている消息を示すものである。つまり、絶対的一の一自身への翻り、言い換えれば、一即一、全即全、絶対即絶対でありうるための条件たる即非的自己同一、いわば絶対の自己覆蔵的動向が念頭に置かれていると言ってよい。したがって、「絶対現在の自己限定」も、そうした存在構造をもつことは論を俟たない。時は絶えず流れ去り、遁れゆくものであり、どこまでも「不可逆的」なものである。しかしその不可逆性は、絶対現在が常に既に取り戻しえない「痕跡」というかたちでしか自らを与えることができない差異化的現前化に他ならず、すなわち「超越的既在性」をその特質としてもつことを示している。そうした意味で絶対現在はどこまでも統一的或者として自己還帰的に自己同一を保つ超越的なものであって、それは〈寂寥〉と〈孤愁〉という〈悲哀〉の情意の内にこそ打ち開かれてくる「永遠の今」ということの真相なのであろう。

【註】

（1）大峯顕「悲哀と意識」（『西田哲学への問い』岩波書店、一九九〇年、所収）、一〇八頁

（2）同書、一一〇頁

（3）浅見洋『二人称の死─西田・大拙・西谷の思想をめぐって』春風社、二〇〇三年

（4）『舩山信一著作集』第六巻、「明治哲学史研究」こぶし書房、一九九九年、六〇頁その他

（5）渡部清「仏教哲学者としての原坦山と『現象即実在論』との関係」（上智大学『哲学科紀要』第二四号所載、一九九八年）および「井上哲次郎の哲学体系と仏教の哲理」（同『紀要』第二五号所載、一九九九年）参照。

（6）『大乗起信論』については、以下の諸著書を参照されたい。
①平川彰著『大乗起信論』（『仏典講座22』）大蔵出版、一九七三年
②衛藤即応『大乗起信論講義』名著出版、一九八五年
③竹村牧男『大乗起信論読釈』山喜房佛書林、一九八五年
④井筒俊彦『意識の形而上学─「大乗起信論」の哲学』（中公文庫、二〇〇一年）

（7）渡部、前掲論文（一九九九年）七五〜七六頁参照。

（8）例えば明治十六年に公刊された井上哲次郎の『倫理新説』に於いては、しばしばカント、フィヒテ、シェリング、ヘーゲルの名が挙がっているが、ただ彼らの原理のみが紹介されているに過ぎない。カントの「物自体」、シェリングの「絶対者」、ヘーゲルの「理念」は、荘周の「無々」、列子の「疑独」、釈迦の「如来蔵」と同一系列に置かれて、いずれも「人力の管内」に入り難きものとして説明されている（『明治文化全集』第二十三巻「思想篇」所載、日本評論社、一九六七年、四二二頁）。ただ注意すべきことは、ここでは、ドイツ観念論の神秘的側面が既に東洋的形而上学と結びつけられ始めているということである。この点については、井上円了も同様である。彼は『仏教活論序論』（明治二〇年）の中で、仏教の「真如」とヘーゲルの絶対者とを同一視している。彼はヘーゲルがシェリングを批判して、「相絶両対不離なるゆえんを証」したと述べて、「仏教に立つるところのものはこの両体不離説にして、ヘーゲル氏の立つるところとすこしも異なることなし」と言っている（『井上円了選集』第三巻所載、

一九八七年、東洋大学発行、三六九～三七〇頁）

（9）『神会録』第八節、『鈴木大拙全集』第三巻〔岩波書店、一九八〇年〕所収。石井本、二五〇～二五二頁上段参照。

なお、同全集第一巻　一九三～一九四頁、および胡適校敦煌唐寫本『神曾和尚遺集』（胡適記念館）四四三頁～四四六頁参照。『神会の語録　壇語』（唐代語録研究班編・禅文化研究所、二〇〇六年）二〇〇～二〇四頁参照。

因みに、一九三二年、鈴木大拙の解説付きで、石井光雄が家蔵本を影印出版した『敦煌出土神会録』〔非売品〕の第一題簽および扉の揮毫は西田自身のものである。以下、参考までに原文を掲げる。

「張燕公問、禪師日常説無念法、勸人修學、未審無念法有無。答曰、無念法不言有、不言無。問、何故無念不言有無。答、若言其有者、即不同世有。若言其無者、不同世無。是以無念不言有無。問、喚作是沒物。答、不喚作勿。問、異沒時作勿生。答、亦不作一物。是以無念不可説。今言説者、爲對問故。若不對問、終無言説。譬如明鏡、若不對像、鏡中終不現像。爾今言現像者、爲對物故。所以現像。問曰、若不對像、照不照。答曰、今言對照者、不言對與不對、倶常照。問、既無形像、復無言説、一切有無皆不可立。今言照者、復是何照。答曰、今言照者、以鏡明故、有自性照。若以衆生心淨、自然有大智慧光、照無餘世界。問、既若如此、作沒生時得。答、但見無。問、既無、見是物。答、雖見不喚作是物。問、既不喚作是物、何名爲見。答曰、見無物、即是眞見、常見。」

第五章　西田哲学に見る禅仏教の特質

一　西田幾多郎の禅に寄せる宋学的動機

公表された西田幾多郎（一八七〇～一九四五）の日記によると、明治三十年から明治三十八年に及ぶこの時期、西田の胸中にあったのは真摯な宗教的関心であり、後になるほど哲学への関心が高まってくる。周知のように、この時期、西田は憑かれたように坐禅に打ち込むようになる。明治三十年の初めから、雪門禅師を訪問していることが記載され、明治三十八年の日記にも、「打坐」の語が見える。しかし最も熱心に禅に打ち込んだのは、恩師北条時敬の誘いで明治三十年九月より奉職していた山口高等学校時代から数年の時期であろう。しかしその一方で、学問への思いも強烈にあったことは無視できない。明治三十二年二月二十三日の日記には「雨　暁起打坐。学問ヲセネバナラヌト云フ念ニ妨ゲラルヽ事多シ。徳山ノ事ヲ思フテ戒ムベシ」（十七・四二、十七・三六）とある。そして明治三十四年五月十三日には、「余は禅を始めてより数年一進一退何の得るなし、実に満面の慙惶。」（同巻・六七、同巻・五八）と書き、また明治三十六年七月二十三日の日記には「余は禅を学の為になすは誤なり　余が心の為め生命の為になすへし　見性までは宗教や哲学の事を考へす」（同巻・一二六、同巻・一一七）と自らを戒めてはいるが、それは逆に見れば、西田にあって、それだけ一層、哲学への思いが強烈にあったことの証左であったと見るべきであろう。

さて、ここでとくに問題としたいのは、明治三十六年八月三日、当時ひたすら禅に打ち込んでいた西田が京都の大徳寺孤蓬庵で、『無門関』第一則「趙州無字」の公案を透過したにも拘らず、その日の日記には「余甚た悦はす」（同巻・一二八、同巻・一一九）と記している点である。その前年の十月二十七日、西田は鈴木大拙に宛てて「和尚公案を許したりとて自分にて不満足なれは何の功もなし　余は今の禅学者が余輩などの如き下根の者と違ひドン／＼公案を透過し参玄の上士を以て居る人を見れとも、とうも日常の行事や言語の上に於て甚感服せす」（十九・六四、十八・六〇～六一）とも書き記していた。考えられることは、西田が傾倒していた禅門は、臨済・白隠系統のものであったということである。この禅法は古則公案の拈提を通して見性することを旨とし、その禅門は遡れば馬祖道一（七〇九～七八八）に淵源をもつ洪州禅であって、その特質は日常茶飯の具体的現実に仏性の全体作用を見ようとする点にあった。『馬祖語録』から拾ってみると、

一切の衆生は、無量劫従り来《この》かた、法性三昧を出でず、長《つね》に法性三昧の中に在りて著衣喫飯、言談祇対す。六根の運用、一切の施為は、尽く是れ法性なり。[1]

道は修するを用いず、・・・平常心是れ道なり。何をか平常心と謂う。造作無く、是非無く、取捨無く、断常無く、凡無く聖無し。只だ如今の行住坐臥、応機接物、尽く是れ道なり。道は即ち是れ法界なり。[2]

臨済（?～八六六）の「一無位の真人」はこれを受けたものである。いわく、

心法は形無くして、十方に通貫す。眼《まなこ》に在っては見《けん》と曰《い》い、耳に在っては聞《もん》と曰い、鼻に在っては香《か》を齅《か》ぎ、

口に在っては談論し、手に在っては執捉《しっそく》し、足に在っては運奔《うんぽん》す。[3]（『臨済録』「示衆一」）

仏法は用功《ゆうこう》の処無し。祇《た》だ是れ平常無事《びょうじょうぶじ》、屙屎送尿《あしそうにょう》、著衣喫飯《じゃくえきっぱん》、困《つか》れ来たれば即ち臥《ふ》す。[4]（同、「示衆四」）。

ところが、西田はそうした禅には、どこか飽き足りない思いがあったのではないだろうか。たしかに「見性」をもとめて真摯に禅に打ち込みはしたものの、彼にはこうした「即心即仏」を標榜する禅門に欠落している「超越的なもの」への志向が根強くあったのではなかったか（このことが後年、西田をして「即」の論理ならぬ「即非」の論理とつながっていくことになる）。洪州系の禅は、言うなれば、すべての〈超越的他者〉を撥無し、自他不二の「覚」の一元論に帰着する経験であったと見てよい。公案の拈提によって大疑団に陥り、大死一番、絶後に蘇ったあかつきには、大抵の場合は欣喜雀躍するであろうし、いわば「無相の自己」として「即無的実存」（久松真一の境涯）を貫き、「殺仏殺祖」、徹底した「無神論」の立場を全うして、もはや〈超越的他者〉の問題など、胸間に掛在することはなかったはずである。そうした意味からすれば、西田はどこまでも形而上学的であったと見てよい。

更に、もう一つ念頭に入れておくべきことは、西田が禅に打ち込んだ、その動機である。それは明治初年に生まれ育ち、明治後期に活躍した思想家たちの殆どが共通に持っていた精神、すなわち徳川期以来、連綿と受け継がれてきた朱子学的「居敬」の精神によるものであり、一言で言えば「至誠」を求めて自己の内面性の確立を目指すことであった。明治人であればこそ持ち合わせていた宋学的倫理観の根柢にあるのは、己を厳しく律し、あるべき自己の確立をめざす凛乎とした自己超越の精神であり、同時にまた「格物窮理」の精神であった。知情意の統一を己に課し、絶えず自己を超えたもの、超越的なものへの志向が深く、そこから自己の在り方を問う姿勢が西田には濃厚に見られるのである。

恐らく明治三十八年から三十九年にかけて執筆されたものと看做される初期の草稿「倫理學草案第二」の最後の方で、西田は、自己滅却こそが自己実現の最たる姿であって、そこに「物我一致の境界」が開け、道徳の極致はここにあると強調し、それに続けて次のように述べているのは注目に値する。

然らばいかなる場合に於て吾人が此の無我の真境に達することができるか。唯私欲を去りて本来の至誠に合するにあるのである。之を真の修養といふ。（中略）真の至誠は吾人が修養の結果自ら現じ来る・・・精神上の事実である。（中略）至誠の境界を明に自覚し自由に之に出入せんとする〔には〕、是非一たび凡ての欲望を消滅し精神上全く死せる場合を自得せねばならぬ。即真の無我を自知せねばならぬ。（中略）禅の如きは之の如き修養である。・・・真に一たび私欲を絶滅し真正なる無我の境界を体得し得たる時至誠のなんたる〔か〕を知ることができる。（十四・六二七～六二八、十六・二五五～二五六）

つまり、禅に打ち込む彼の胸裏にあったのはどこまでも「至誠」ということであったのである。最後に彼は次のように締めくくっている。「無我も至誠も同一」であり、「我々のつとむべき途は唯一つ」、すなわち「至誠の一言に尽きて居る」と。要するに当時の西田にあって、〈禅〉とは宋儒学が説く居敬精神に則り、「至誠」を自知し自覚するための唯一にして最捷径の修養であったということである。

更に敷衍して言えば、後年、西田が「物の真実に行く」とか、「何処までも物となって考え、物となって行う」、或いは「自己が客観に照らされる」といった表現を用い、そこに科学的精神の真髄があると主張するが、こうした「物に成りきる」思惟、すなわち西田のいわゆる「徹底的客観主義」（九・一一九、十二・二九八）は、遡れば朱子学が標榜する学問的立場、即ち「格物窮理」の姿勢を踏襲していることは留意しておくべきであろう。じじつ西田は『哲学論文集第四』所収論文「ポイエシスとプラクシス」の最後で、朱熹が最重要視した『大学』の有名な「三綱領八条目」を引用し、次のように語っている。「私は格物をやはり朱子の如く物に格（いた）ると読みたい。そしてそれは何処までも物となって考え、物となって行うという意に解したい。真の客観的営為は、此から出て来るのである」（九・一三〇、十・一七五）と。

二　〈超越的一〉への志向と無の体用論

以上のように、自己を超えたもの、超越的なものへの志向を伴った彼の形而上学的性向は、当然、禅に於いても、そのような特質を持ったものにならざるをえない。言い換えれば、西田の場合、例えば「万法は一に帰す、一は何処《いずく》にか帰する」という問いに対して、趙州（七七八〜八九七）が「我れ青州に在りて、一領の布衫《ふさん》を作る。重きこと七斤」(5)（『碧巌録』巻五、第四十五則）と答えるごとき禅の発想とはまったく異なっている。むしろ、その「超越的一」なるものの形而上学的な究明にこそ関心があったのである。

明治四十四年に上梓された『善の研究』を一貫する基本概念は「純粋経験」であることは言うまでもない。それは「未だ主もなく客もない、知識と其対象とが全く合一して居る」（一・九、一・九）最も直接的な主客未分の現在意識である。しかし西田が問題にしたかったのは、まずそうした直接経験にこそ見られる意識の統一、知情意の統一であり、次にその超越的特性である。すなわち「物我相忘じ、物が我を動かすのでもなく、我が物を動かすのでもない、たゞ一の世界、一の光景あるのみ」（一・三五、一・四三）と言われる場合の「一」の体系、そしてその体系的発展であり、「純粋経験は個人の上に超越することができる。個人あって経験あるのではなく、経験あって個人あるのである」（同巻・一二三～一二四、同巻・一二八）と言われるような、純粋経験のもつ超越的性格である。

本書全体にわたって繰り返し表れるのは「統一」「統一力」「統一的或者」「一般的なるもの」といった語である。またそれと同時に「理」という語も頻繁に使用されている。「人は皆宇宙に不変の理なる者あって、萬物は之に由りて成立すると信じて居る。此理とは萬物の統一力であつて兼ねて又意識内面の統一力である、理は物や心に由つて所持せられるのではなく、理が物心を成立せしむるのである。」（同巻・六一、同巻・七四～七五）「客観的世界の統一力と主観的意識の統一力とは同一である、即ち所謂客観的世界も意識も同一の理に由つて成立するものである。此故に人は自己の中にある理に由つて宇宙成立の原理を理会することができるのである。」（同巻・六二、同巻・七六）このように西田は「理」を主観・客観の根底に潜む一般的なるもの、統一的なるものとして捉え、それは「個体的実現の背後に於ける潜勢力」であり、「個体の中にありて之を発展せしむる力である」（同巻・一二二、同巻・一二六）と言う。このようにして西田は個人の内に働く統一力が超個人的なものに由来することを論じようとする。

ところで、このような超越的一なる「理」とその起動展開といった〈本体論的一元論〉は、―勿論これは後述の『大乗起信論』の体用論に遡ることができるのだが―周濂渓（一〇一七～一〇七三）の「太極図説」に基づく宋学の形而上学の特質である。ただ、ここでとくに留意したいのは、朱熹（一一三〇～一二〇〇）が「格物致知」を提唱し、王陽明（一四七二～一五二八）も「致良知」を強調するように、宋学には「知」への重視が看取される点である。その淵源として見做されるのは、「無念の体上に本知有り」とする荷沢神会《かたくじんね》（六七〇～七六二）、そしてその系譜をひき、「知之一字衆妙之門」と唱える圭峯宗密（七八〇～八四一）の、いわゆる荷沢宗の禅門である。

中国の仏教は般若の空を縁起と看做すインド仏教から見れば、明らかにその逸脱であったと言える。その屈折した理解を決定的なものとしたのは、老荘の無の哲学を強調した魏晋時代の「玄学」である。玄学はインドの般若思想と触れ合うことによって、まったく新しい形而上学の思索と実践の工夫を構築したのである。我々は、そうした中国的な仏教思想、謂うところの「格義仏教」の最も基本的な概念を、僧肇（三七四〜四一四）に於ける「体用《たいゆう》」の論理に発見することができる。

彼は、体用概念を寂と用の対概念で捉え、「即用即寂」として理解する。「体用」というのは、超越的一なる本体とそれがその超越性を維持しつつ起動展開してゆく働きを示す。したがって、超越といっても、その〈一なるもの〉は起動展開する現象の外に静止した実在としてあるのではなく、どこまでも現象に内在しているのである。更に、僧肇はインド的なニルヴァーナの瞑想を「天地我と同根、万物我と一体」といった、いわば老荘的な境涯として捉え直し、彼の「肇論」全体を通じて、インド的な涅槃や般若ハラミツの内容が、老荘的な「無」にすりかえられてしまうのである。それは要するに、中国的に主体的な〈無の体用論〉、もしくは無の本体論的一元論に他ならない。主体的な無は、無といっても主体であるがゆえに、つねに失われることがないのであり、しかもこの本体としての無が、常に有の世界にはたらくのである。したがって〈体〉と〈用〉は不一不異の関係にあり、それがやがて絶対的な一者の生成発展、統一的或者の自発自展といった本体論的一元論の形而上学へと発展する。

三　『大乗起信論』と初期禅宗——神会における〈本知〉の立場——

この〈無の体用論〉は、六世紀、六朝末の『大乗起信論』の出現に至って、真如の体・相・用という三大の論理構造として、一層鮮明なかたちで論述される。唐代の華厳の哲学者たちは、これを現象世界の根源にある超越的一者と考え、現象をその起動と解したのであり、そうした形而上学的な理解のうえに、やがて中国禅宗が形成される。

『起信論』はいわゆる如来蔵思想を「真如随縁」というかたちで捉え、その体・用の関係を水と波の比喩で説明する。すなわち体用とは因果に対していう言葉であり、水波の比喩で説明すれば、因果の関係が風と波との関係であるのに対し、体用の関係は水と波との関係をいう。体とは根本的なもの、自性的なもの、用とは派生的なもの、その働きを意味し、本体とその作用、実体とその現象の関係をいう。因果の関係はいわゆる因果別体、つまり因と果は互いに別個のものであるのに対し、体用の関係は殆ど「体用一致」とか「体即用、用即体」と論じられるのが特徴である。水と波とが別物ではないように、体と用とは不可分の関係にある。しかしながら水が大波小波いかようの波の姿をとろうとも、水の本体（湿）は常にすべての波の形状を超えて、水そのものの自己同一性を保持している。このように体はあらゆる用を一貫する「統一的或者」として自己同一性を堅持しており、体は本体としてはどこまでも超越を保っているのである。そうした意味で体用の論理は「内在的超越」の論理である。それ自身超越的なものがその本体的な自己同一性を保ちながら、さまざまな用（はたらき）として自己展開してゆき、あらゆる現象のなかに内在するのである。

ところで、禅における『起信論』の理解は、その本覚思想が神秀（六〇六～七〇六）を初めとする初期禅宗の北宗に採り入れられるのだが、次第に実体論的なものに傾いてゆく。それは北宗より南宗の禅に至ってさらに強められる。ここには明らかに僧肇と同じ中国独自な形而上学的主体の根強い関心が見られる。少なくとも、初期禅宗の人々が、彼らの実践をそうした『起信論』の真如思想によって体系づけたことは、後の禅思想の発展に決定的な方向を与えたといわねばならない[6]。

北宗禅の代表者と見られる神秀の、敦煌で発見された『大乗無生方便門』は、『大乗起信論』より『華厳経』

にいたる五つの大乗経典によって、形而上学的な一心の体系づけを試みたものであり、更にそうした一心の実践を簡潔に説いた『観心論』の内容は、その殆どが『起信論』に依拠したものである。神会は、こうした北宗禅の立場を「凝心入定・住心看浄・起心外照・摂心内證」（『南陽和上頓教解脱禅門直了性壇語』）、すなわち、心を凝らして禅定に入り、心を一心に集中して清浄を観じ、その無執着なる心を起こして外界を統一し、心のはたらきを内に沈潜させることとして解し、その漸修的・瞑想的方便がもつ特質を批判する。(7) 神会にとって、仏教の根幹は、そうした瞑想や精神集中にあるのではなく、「無念」の根底にある自覚そのもの、つまり「本知」でなくてはならぬとするのであり、いわゆる「頓悟見性」を提唱する。

神会の立場は、宗密の言葉を以ってすれば「無住体上自有本智」（『円覚経大疏鈔』巻二之下）ということであり、これは後に神会の禅を受けた華厳の澄観（七三八～八三九）が、まだ皇太子であった順宗に仏教の本質を問われた際に答えた句、「無住心体霊知不昧」（澄観『心要』〈答順宗心要法門〉）(8) につながり、更には澄観の弟子であった宗密の「知之一字衆妙之門」もこれを受けるものである。

こうして、神会の本知は、『起信論』に謂う「本覚」の立場を深め、拡充して、北宗禅がもっていた漸修的行道の限界を突き破り、「頓悟」にもとづく人間の根源的主体性に帰入するものとなる。それはやがて洪州系の馬祖や臨済らの徹底した現実的人間主義へと発展してゆく。したがって、神会の南宗は、その思想内容から言えば、北宗に対決するというより、「無念の体上に本知あり」と言われる如く、達磨の壁観の背後に潜んでいた「知（＝見）」を表に際立たせ、更に、もともと北宗の背後にあった華厳の哲学をより一層徹底化しようとするものであった。言うなれば、神会のいう「本知」の働き、すなわち「頓悟見性」とは、それみずから知り、それみずから見ること、自性を徹見すること、自性が自性に目覚めることであった。

四　自ら照らす鏡――神会・宗密・洞山――

神会はそうした根本知を「明鏡」に喩える。禅定の境地を鏡に喩える発想は古くからある。とくに唯識学派の「大円鏡智」がそうである。また華厳学派の「海印三昧」も大海を鏡とする点で、そのうちの一つに数えられよう。また『六祖壇経』で、心を明鏡台になぞらえ、塵埃を払拭すべく努力せよと主張する神秀と、「明鏡は台に非ず、本来無一物」と断言して憚らない慧能（六三八～七一三）との間のやり取りも周知のところであろう。しかし、神会の独創は、一言で言えば、ものを映さぬときの鏡こそ、鏡本来の優れた働きを発揮する（「萬像不現其中、此将為妙」）、という発想であった。『南陽和尚問答雑徴義・劉澄集』第八節に、神会と張燕公（六六七～七三〇）との間で交わされた次のような問答がある。


張燕公問、禅師（神会）日常無念ノ法ヲ説キ、人ニ勧メテ修学セシム、未審《イブカシ》、無念ノ法有カ無カ。

答曰、無念ノ法ハ有ト言ハズ、無ト言ハズ。

問、何ガ故ニ無念有トモ無トモ言ハザルカ。

答、若シ其レ有ナリト言フモ、即チ世ノ有トハ同ジカラズ、若シ其レ無ト言フモ、世ノ無ニ同ジカラズ。是ヲ以テ無念ハ有ニモ無ニモ同ゼズ。

問、喚ンデ是沒物《ナニモノ》ト作《ナ》サンカ。

答、喚ンデ物《ナニモノ》トモ作サズ。

問、異沒時作物生〔ソンナラ（ソレハ）ナンダ〕

答、不作物生〔ナニモノデモナイ〕。是ヲ以テ無念説クベカラズ。今言説スルノハ、問ニ対センガ為ノ故ナリ。

若シ問ニ対セズンバ、終ニ言説スルトコロ無カラン。譬ヘバ明鏡ノ如シ。若シ像ニ対セズンバ、鏡中終ニ像ヲ現ゼズ。爾今《イマ》現像ト言フハ、物ニ対スルガ為ノ故ナリ。所以《ユエ》ニ像ヲ現ス。

問曰、若シ像ニ対セザレバ、照カ不照カ。

答曰、今対シテ照スト言フハ、対ト不対トヲ言ハズ、倶ニ常ニ照スナリ。

問、既ニ形像無ク、復タ言説無ク、一切ノ有無、皆立スベカラズトシテ、今照ラスト言フハ、復タ是レ何ノ照ゾ。

答曰、今照ト言フハ、鏡ハ明ナルヲ以テノ故ニ、此ノ性有リ。若シ衆生心浄ナルヲ以テ、自然ニ大智慧光有リテ、無餘世界ヲ照ス。

問、既ニ若シ此ノ如クナラバ、作沒生時《ナントシテカ》得ン。

答、但々無ヲ見ル。

問、既ニ無ナリ、是沒《ナニ》ヲカ見ル。

答、見ルト雖《イヘド》モ、喚ンデ是物《ナニモノ》トモ作《ナ》サズ。

問、既ニ喚ンデ是物トモ作サザレバ、何ヲカ名ヅケテ見ト為ス。

答曰、見テ物無キ、即チ是レ真見ナリ、常見ナリ。

（『神会録』第八節[9]）

さて、ここで注目したいのは、鏡そのものが具えている「常照」、つまり物を映す映さぬにかかわりなく、常にそれ自らで照り輝いている働きである。敷衍して言えば、宗密も『中華伝心地禅門師資承襲図』（二一）の中で次のように述べている。

　真心の本体に二種の用有り、一には自性の本用、二には随縁の応用なり。猶お銅鏡の如し、銅の質は是れ自性の体、銅の明は是れ自性の用なり。明の現ずる所の影は、是れ随縁の応用なり。影は即ち縁に対して方に現わる、現わるに千差有るも、明は即ち自性にして常に明なり。明は唯だ一味のみなり、以て心の常に寂なるは是れ自性の体、心の常に知なるは是れ自性の用、此れ能く語言し能く分別し動作する等は、是れ随縁の応用なるに喩う。今ま洪州の能く語言する等を指示するは、但だ是れ随縁の用なるのみにして、自性の用を闕くものなり[10]。

もっぱら対象的なものに関わる「随縁ノ応用」とは区別された「自性ノ本用」、言い換えれば、真如そのものの性起の働きがここでは見事に説示されている。

　かくして、神会の本知の特色を更に徹底せしめて、これを自性の用とし、対象的な随縁の用と区別することによって、禅と華厳の哲学を総合しようとした宗密は、自ら荷沢神会の南宗を正系とし、馬祖の禅がその傍系であることを主張するのだが、それはひとえにそうした自性の本用と随縁の応用との区別にあったのであり、「銅鏡」の如き照体独立せる「自性常明」を強調したところに、彼の形而上学的特質が看取される。

　ところで、「鏡」について、もう一つ触れておかなければならない話がある。「過水の偈」で夙に知られる洞山良价（八〇七～八六九）の『宝鏡三昧』[11]である。

如臨宝鏡　形影相覩　　宝鏡に臨んで　影形相覩るが如し

汝不是渠　　渠正是汝

汝是渠《かれ》にあらず　渠正に是れ汝

「汝不是渠、渠正是汝」というのは、鏡に臨んでいる自己（渠）と、鏡の中に映し出されている自己（汝）を示す。鏡に映る自分は紛れもなく自分である。しかしふと翻ってみれば、今その自分を見ている自分こそ自分なのではないか、鏡中に映し出されている自分を通して、それをまさに他ならぬ自分として覚知しているもう一人の自分、それこそ本来の自己自身に他ならぬ。それはいわば、鏡に映し出される以前から、鏡に映っているいないに拘らず常にありどおしであった自己、鏡中の自己を自己として見ながらも、それ自身は決して見られる対象とはならない、いつもその手前にある、要するに反省以前、対象化以前のところでいつもありどおしの「本来の面目」、鏡に映る自己の目を通してはじめてそれにはっと気づかされるのであり、言うなれば自己が自己に他ならなかったことの自己同一への気付きが反省以前の現場でなされるのである。

もう少し敷衍して言えば、この『宝鏡三昧』には、更に深い含意がある。それはこの宝鏡そのものが、じつは本来の自己自身に他ならぬということである。鏡という譬えからして、鏡を実体視しやすいが、宝鏡自身はいかなる意味でも実体的存在ではなく（明鏡も亦た台に非ず）、あらゆるものごとを有るがままに如実な姿で映現する「無の場所」である。したがって、「汝不是渠、渠正是汝」というのは、そうした宝鏡そのもの（渠）と宝鏡の中に映現している自己（汝）との「非一非異」なる関係をあらわしている。言葉を換えて言えば、「自己を超えたもの」、つまり「自己の於いてある絶対無の場所」と「自己」との不一不異・不即不離の関係である。今仮に、前者を「超個」、後者を「個」という語で置き換えてみると、後半の「渠正是汝」は超個と個とが不二一体であり、個における超個の「内在性」が述べられているのに対して、前半の「汝不是渠」というのは、超個が個に対してどこまでも覆蔵的なものであり、そういう意味でどこまでも超越的であることが述べられている。超個と個とは不可分・不可同ではあるが、超個が絶対的覆蔵態たる無の場所として常に既に個に先んじている絶対的直接性としてある限り、その不可同ということの内実には、超個が個に対してどこまでも不可逆的先行性をもつ必然性が含まれている。鏡中の自己が自己として有りうるのは、それを常に既に映現させている明鏡そのものの照体独立せる「自照」があってこそ可能なのである。つまり明鏡が明鏡で有り得てこそ、鏡中のものがはじめて成り立つのである。宝鏡は、一切を映し出しながら、宝鏡それ自身はどこまでも映されたものに非ず（即非）という仕方で絶対に覆蔵された超越的な性格をアプリオリに持つのである。言い換えれば、宝鏡はものを映現するとともに、しかもその都度それに先立って自己自身の中へと絶えず翻り蔵身しているということであり、つまり自己遡及的自覚の構造を持っているということである。それが自性が自性を知るということに他ならない。因みに、神会や宗密が強調する「知」はそうした構造をもつのであり、延いては西田の言う「対象論理的見方とは逆の見方」とはこういうことであろう。

五　宗密による洪州禅批判と朱子学の立場

さて、宗密は当時隆盛の一途をたどる洪州宗に対して、荷沢宗の優位を主張しなければならなかった。そこで宗密は『禅門師資承襲図』の中で、二宗の優劣を決めるため、『起信論』の不変と随縁の思想、および頓悟と漸悟の二門の解釈によって、二宗の相違点を明確にしようとしたのである。まず我々の言動のすべてを仏性の顕われと見る洪州宗の考え方を検討する。宗密は荷沢宗と洪州宗との相違を三つの観点から解明する。まず第一に自性の本用と、随縁の応用という点からみると、洪州宗はもっぱら随縁の応用しか説かず、自性の本用を欠くのに対し、荷沢宗は自性の本用をこそ強調すると言う。自性の本用とは荷沢宗の「空寂の知」を謂い、随縁の応用とは、日常茶飯の一切の所作における仏性の全体作用を謂う。第二に比量（推論）と現量（直接知覚）という点から見ると、洪州宗は比量のみによって仏性を推知するに留まるに過ぎず、荷沢宗は仏性を現量によって直覚すると言う。第三に頓悟と漸修という点から見れば、洪州宗はすべての煩悩をも仏性の全体作用と見るため修行の必要性がなくなり、漸修を認めないのに対して、荷沢宗はあくまで頓悟漸修を強調し、修行の必要性を説く、と言う。宗密はこの三点から見て洪州宗より荷沢宗が優れていることを主張した(12)。そして、次のように洪州禅を批判する。

洪州の意は、心を起すも念を動ずるも、指を弾ずるも目を動かすも、所作も所為も、皆な是れ仏性の全体の用《ゆう》にして、更に別の用無し、全体の貪嗔癡《とんじんち》も、善を造り悪を造るも、楽を受け苦を受くるも、此れは皆な是れ仏性なりとす。麪《めん》の種種の飲食と作るも、一一皆な麪なるが如し(13)。

麪は麦の粉を意味する。麦粉を材料にしてさまざまな飲食物を作るが、材料である麦粉にかわりがあるわけではない、ということである。更に続けて言う、

仏性は体にして一切の差別せる種種なるものに非ざるも、而も能く一切の差別せる種種なるものを造作す(14)。

つまり仏性はすべての差別とは別なもので、絶対否定のはたらきとしてとらえられる面を持つと同時に、すべての差別相に内在し、それを動かす根源となるものである、ということである。しかし、

能く種種のものを作るとは、此の性は体に即する用なるが故に、能く凡たり能く聖たり、能く因たり能く根たり、能く善たり能く悪たり、色を現じ相を現じ、能く仏たり能く衆生たり、乃至能く貪嗔等たるを謂う。若し其の体性を覈《かく》するときは、則ち畢竟して見るべからず、証すべからず、眼の自ら眼を見ざる等の如し。若し其の応用に就《つ》かば、即ち挙動運為、一切皆な是れにして、更に別の而も能証所証と為るもの無し(15)。

ということに帰着してしまう。

言うなれば、宗密も、そして、西田も、ここで言われる「眼の自ら眼を見ざる等の如し」とされる、その自ら眼を見ないところの「眼」に、言い換えれば、それ自身はどこまでも「盲目なる眼」そのものの「知」の働きに着目するのである。西田のいわゆる「見るものなくして見るもの」もそれへの注目と言える。そこでは自らが自らを知る、覚が覚する（自知・自覚）ということが問題とされるのである。ところが洪州系の禅にはそうした志向は皆無であり、いわば無が無を呑却して、即刻リアルな日常的現実の真只中で活撥撥地に躍動する、只それだけである。

いわゆる「中国禅」は、馬祖道一の死（七八八年）後、およそ九世紀以後に形成されて出てきた。荷沢の正系を名乗る宗密の批判にも拘らず、中国禅宗の主流は、彼が傍系として退けた洪州の系統で発展するのであり、それは唐代の盛期を代表する禅門となっていく。洪州系の禅は、「仏」を表詮するのに、洞山の「麻三斤《まさんきん》」（『無門関』）や雲門の「乾屎橛《かんしけつ》（棒状のまま乾燥した糞）」（同）の語で以って示すように、日常生活における具体的現実の所作に、その本質を置くのであり、いわゆる祖師禅もしくは南宗禅といわれるのがこの系統である。凜乎とした居敬精神に貫かれた西田が「至誠」を求めて叩いた禅門が、じつはこうした洪州系の禅であったのは皮肉である。形而上学的性向を強くもっていた西田が、そこに打ち込みはしたものの、どこか受け入れ難かったのも故なしとしない。

北宗より荷沢を経て宗密に完成する初期の中国禅の思想は、宗密に来たってその限界を尽したとも見られる。その完璧なまでの形而上学的な体系は、絶対知の哲学として、もはやこれ以上の発展を望みようもなかった。馬祖以後の禅の特色は強烈な生活の匂いであり、おおらかに開放的である。そうした革新的な時代の空気の中で、人々の心を大きく捉えるのが、曹渓の慧能を祖師とする南宗禅であり、その運動の主力は、四川省出身の馬祖の弟子たちであった。彼らは江西の洪州を中心とし、やがて中国全土に活動した。それはかつての神会やその正系を名乗る宗密らの比ではなかったのである(16)。

さて、先述したように、宗密の洪州宗批判は、後にそのまま宋儒に引き継がれて、仏教批判の根拠とされる。例えば次のような朱熹の言葉は、洪州禅が含む問題の所在をはっきりと示している。

> 釈氏道心を棄《す》て、却て人心の危うき者を取りて之を作用し、其の精なる者を遺《わす》れ、其の粗なる者を取りて以て道と為す。仁義礼智を以て性に非ずと為し、而して眼前の作用を以て性と為すが如き、是れなり。此れ只是《ただ》源頭の処錯《あやま》てり。・・(中略)・・
>
> 「作用是れ性。目に在りては見ると曰い、耳に在りては聞くと曰い、鼻に在りては香を齅《か》ぐと曰い、口に在りては談論すと曰い、手に在りては執捉すと曰い、足に在りては運奔すと曰う」は、即ち告子の「生を之れ性と謂う」の説なり。且如《たと》えば手、執捉するに、若《も》し刀を執りて胡乱《やみくも》に人を殺すも亦た性と爲すべきか。
>
> (『朱子語類』第一二六)(17)。

朱熹の謂う性は、仏教における仏性であり、心真如である。彼もまた、宗密と同様に、あらゆる作用に先んずる性の本体（自性の本用）には目もくれずに、人間の一切の行動を仏性の全体作用（随縁の応用）としてそのまま肯定し造悪無礙にもなりかねない洪州禅の立場を、「知」に基づく倫理的観点から批判しているのである。

あえて言えば、宋学的な「居敬」の精神と「格物致知」の精神が根深くあった西田が禅に求めたものは、——彼自身それを殊更意識してはいなかったであろうが——これまで一般にそう理解されてきた臨済系統の禅というよりは、むしろ宋学的倫理の淵源でもあった神会や宗密の「知」を重んじる禅の立場ではなかったであろうか。つまり西田哲学がもつ禅的特質は、いわゆる洪州禅にみられる「平常心是道」「即心即仏」に代表されるような「即」の一元論に基づく禅ではなく、「本知」を強調した荷沢宗の禅に連なるものであったように思われる。西田はその「知」がもつ自己遡及的な自覚的体系を哲学的に論理化したと言えよう。しかも「自性の本用」たる「本知」は、一方で「空寂の知」とも呼称されるように、それ自身は、超越的覆蔵態たる絶対無に他ならず、「自性を守らざる真知」は、同時に「任持自性」という超越的覆蔵性の側面をも併せ持つのであって、いわゆる「即非の論理」とは、このことを示していよう。

六　「無念の体上に本知あり」——純粋経験・自覚・場所——

『善の研究』で説かれる「純粋経験」で重要なことは、その経験がどこまでも反省以前の最も直接的な経験であって、対象化的思惟で以っては捉えられない現在意識であり、そうした意味で、それは自発自展しつつも、どこまでも〈統一的或者〉として超越的一に留まっている（任持自性）、ということである。純粋経験そのものは主客未分の直接経験なのだが、それは同時に無限に分化発展してゆくプロセスをもち、しかもその根底にあって、それを統一しているものでもあった。西田は純粋ということを「意識の統一性」に見て取り、次のように語る。

「純粋意識の直接にして純粋なる所以は、・・・具体的意識の厳密なる統一にあり」（一・一一、一・一二）、そしてこの「統一作用が働いて居る間は全体が現実であり純粋経験である」（同巻・一三、同巻・一四）と。要するに統一とは、いわゆる未だ主もなく客もない直接的な純粋意識という意味だけに留まらず、むしろ分化発展の進行の背後にある潜在的統一作用の運動のことなのである。

動的に多様な相に分かれて展開してゆくのだが、それが「自発自展」という言葉が幾度となく使用され、しかも「自」という語の反復使用が示唆するように、絶えず自己同一的に自己自身へと自己還帰的に収斂しつつ進むのであって、それが全体として自らを実現してゆく自己統一性のことであるように思われる。そして、そういう自己同一性を維持しつつ自ら発展してゆく純粋経験に現在意識を見ていることになる。

この西田の純粋経験の立場は、自覚の体系へと深められ、それがやがて「場所」の立場に至りつくことによって、彼の考えを論理化する端緒を得ることになるのだが、翻って考えてみれば、最も直接的な純粋経験とは、その直接性のゆえに、本体的な在り方を特質として持っているのであって、「無念の体上に本知あり」という神会の顰に倣って言えば、純粋経験とはまさに「無念の体」そのものに他ならず、しかもそれは「本知」すなわち〈自覚〉の構造を自ずから持っていることになる。とは言え、その自覚は、純粋経験がやがてその直接性から脱自的に反省や思惟へと自己展開していくその方向とは逆の方向、つまりその脱自的に自己展開してゆく真只中で、その都度、その展開を統一あるものたらしめるべく、自己遡及的に翻ってゆく自己還帰的な働きを意味しよう。つまりそれが、自己の中に自己を映す自覚的体系の根本動性として見て取られるのである。

しかしやがて西田は、こうした自覚の深まりゆく底に、つねにそれを見るものがあることに気づくようになる。それが、見るものなくして見るもの、すなわち自ら無にして自己の中に自己を映す「絶対無の場所」として捉えられてくる。西田はこの無の場所を、自ら無にして自己の中に自己の影を映す「鏡」に喩えている。すべてのも

のは真の無の場所たる「鏡」に映し出された影像であるということになる。（三・四二九、四・二二六）

七　自己返照する〈鏡〉―西田哲学における「即非の論理」―

しかし、ここでとくに留意したいのは、西田自身随処で強調するように、無の場所はあくまでも自己自身に同一なるもの、自己の中に自己の影を映すものなのであって、鏡はどこまでも「自己自身を照らす鏡」（同巻同頁、旧版同巻同頁）である、という点である。西田の念頭から常に離れなかったのは、物を映す働きの底にある鏡の本体そのものの働き、すなわち鏡自身がもつ、まさに「自性の照」たる性起の働きではなかったであろうか。西田は「自己自身を照らす鏡」という言葉を使うが、それは言うなれば、神会の「明鏡」もしくは宗密が「自性の本用」として喩えた「銅鏡」の「自性常明」に匹敵するであろうし、延いては洞山の「宝鏡三昧」に見られる「汝不是渠、渠正是汝」の自覚の構造と符合するであろう。西田が最晩年の論文「場所的論理と宗教的世界観」で、彼の場所的「逆対応」の論理を大燈国師、宗峰妙超（一二八二〜一三三七）の「億劫相別れて須臾も離れず、尽日相対して刹那も対せず、この理人々これあり」という有名な言葉で以って示しているが（十・三一七及び三二五、十一・三九九及び四〇九）、「別れて離れず、対して対せず」という「即非的自己同一」の論理がここに認められる。

明鏡は、映すものがなくても常に照り輝いているのであり、個々の物を映すに先立って、あるいは映し出すことと一つに鏡は鏡自身を無限に映してゆく働き、自ら何かを映そうという意図なく、映す主体《もの》なくして自らを映し出す働きを持っているのである。言い換えれば、それは鏡が鏡自身の底へ底へと遡源しつゝ、不断に自らを照らし返してゆく自己返照の営みに他ならない。西田が晩年、絶対矛盾的自己同一としての場所について、それが

「何処までも自己の中に自己を映す、自己の中に自己焦点を有つ。か丶る動的焦点を中軸として、何処までも自己自身を形成して行く」（同巻・三二〇、同巻・四〇三）と言うのは、おそらくこうした消息をいうのであろう。更に言えば、このような自己遡源的な不断の照り返しがあればこそ、明鏡はどこまでも明鏡であり続けるのである。西田が「絶対矛盾的自己同一」という表現のうちに看取していた「自己同一」とは、こうした自己遡及的な絶対的覆蔵態ではなかったか。つまり、個物的多を個物的多として現前せしめながら、その不断の現前を可能にする場としての全体的一は、全体的一としてはどこまでも絶対的な覆蔵態である。「一」の「一」自身への還滅《げんめつ》、自己蔵身によってはじめて「一」は「一」たりうるのであり、「一即一」として成り立つのである。こうした「即非的自己同一」こそ、西田が謂うところの「見るものなくして見るもの」、「自ら無にして自己の中に自己を映すもの」、すなわち「絶対無の場所」の正体であったはずである。

　さて、こうした自己同一がもつ絶対的覆蔵性は、それ自身矛盾を孕む絶対的否定態として、あくまで「絶対の他」であり、どこまでも超越的なものとしてあることは論を俟たない。

　かくして、西田哲学の特質は、先述したように、絶対無の体用論として理解できるのだが、その場合とくに留意すべき点は、体用の論理と言っても絶えず「内在的超越」のその超越性が常に念頭にあったということである。「自己は自己を超えたものに於いて自己をもつ」という発想が若い頃から彼の思索に一貫してあったことからも推察されるように、西田哲学の最も基本的な特質は〈超越的なもの〉への志向であったことは特に留意する必要がある。要するに西田にあっては、先述のごとく、超越的「一」なるものの体系的発展ということこそ彼の思索の根底にあったものであったと言ってよい。そこには、「本体」のそれ自身に於いて有り、それ自身によって動く運動、言い換えれば超越的に一なるものがどこまでもその超越性を保持しつつ（任持自性）自らを起動展開させてゆく、いわば「本体」がもつ自己内還帰的な動性、すなわち宗密が謂うところの「自性の本用」が見られるのである。

八　西田哲学に見る禅の特質

さて、こうした自己同一がもつ覆蔵的超越性は、朱熹のいわゆる「理一分殊」の考えの中にも同じ発想を持つ。なぜならば、朱熹によれば「体用相即」の面は希薄であり、本体の超越性、つまり「体用峻別」の面が強調されているからである。すなわち理は自ら展開していったあらゆる現象（気）に内在するものの、しかし理と気との間に「理先気後」という、決してその順序を逆にすることのできない存在論的順序を想定し、理の不可逆的超越性を強調するところにその思想の独自性があるからである。超越的なものは現象へと自らを展開しつゝも、それ自身は現象に非ず（即非）という仕方でどこまでも超越的なものに留まり、しぜんそれは自己覆蔵的なものにならざるをえない。要するにこの自己覆蔵性こそ絶対無に他ならない。こうした意味で、西田哲学は、よく指摘される陽明学の影響もさることながら、却って朱子学の「体用峻別」の論理にこそ通底するところがあるように思われる。

さて西田が西洋哲学との格闘を通じて鮮明にしようとしたのは、絶対無の体用論であったと言っても過言ではない。西田哲学は禅の見性体験にその発想の源泉を見るということがよく喧伝されるが、これまで述べてきた超越的「一」の体系的発展という思考様式は、祖師禅、看話禅の発想では理解することはできない。したがって西田哲学に見られる禅の思想を、無反省に臨済禅と同列にならべて解釈することは、的を射ていないように思われる。たしかに、西田自身、論文に頻繁に引用するのは臨済系の、つまり洪州禅の語録であり、とくに西田自身が荷沢宗の禅を殊更意識したわけではないであろう。がしかし、彼は次のように語っていることは無視できない。

「南泉は平常心是道と云ひ、臨済は仏法無用功処、祇是平常無事、屙屎送尿、著衣喫飯、困来即臥と云ふ。これを洒脱無関心とでも解するならば、大なる誤である。それは全体作用的に、一歩一歩血滴々地なるを示すものでなければならない。分別智を絶すると云ふことは、無分別となることではない」（十・三三六、十一・四二四）と。ここには、臨済系の禅に、「覚」の一元論に見られる「即」の論理ならぬ「即非」の論理を読み込もうとする西田の視点がはっきりと見られるのではないであろうか。

【註】

（1）入矢義高編『馬祖の語録』禅文化研究所、一九八四年、二五頁
（2）同書、三二～三三頁
（3）入矢義高訳注『臨済録』岩波文庫、一九九三年、三九～四〇頁
（4）同書、五〇頁
（5）入矢義高・溝口雄三・末木文美士・伊藤文生訳注『碧巌録』（中）、岩波文庫、一九九四年、一四一頁
（6）詳細は、拙稿「大乗起信論と初期禅宗の立場」（拙著『露現と覆蔵――現象学から宗教哲学へ』関西大学出版部、二〇〇三年所収）を参照願いたい。
（7）『鈴木大拙全集』第三巻、岩波書店、一九八〇年、一六九～一七〇頁（原漢文）
（8）鎌田茂雄『中国華厳思想史の研究』東京大学出版会、一九七八年、二〇九頁、及び四九九頁参照。尚、荷沢神会及び唐代の禅に関する最新の研究として、小川隆『唐代の禅僧2　神会　敦煌文献と初期の禅宗史』（臨川書店二〇〇七年所収）および同『語録のことば―唐代の禅』（禅文化研究所、二〇〇七年）を参照。
（9）『鈴木大拙全集』第三巻（前掲書）、二五一頁（原漢文）。同全集第一巻、一九三～一九四頁も参照。胡適校敦煌唐写本『神会和尚遺集』胡適記念館、一一五～一一六頁、及び四四三～四四六頁も参照。『神会の語録　壇語』（唐代語録研究班編・禅文化研究所、二〇〇六年）二〇〇～二〇四頁参照。因みに、一九三二年、鈴木大拙の解説付き

である。

で、石井光雄が家蔵本を影印出版した『敦煌出土神会録』〔非売品〕の第一題簽および扉の揮毫は西田自身のもの
(10) 鎌田茂雄編『禅の語録9　禅源諸詮集都序』筑摩書房、一九七一年、三三七頁
(11) 『禅家語録Ⅱ』世界古典文学全集36b、筑摩書房、一九八四年、一三三頁。本書所収の『洞山宝鏡三昧』の註釈で、鏡島元隆氏は、この詩について、汝は鏡前の形、渠は鏡中の影を指し、人と法を喩示したものと捉え、鏡中に形が影を映ずるとき、両者は異なりながら一如であるとして、汝と渠の関係を絶対界における自己と事物との関係で説明されているが、筆者はそういう解釈は採らない。
(12) 鎌田茂雄編、前掲書、三三七頁
(13) 同書、三〇八頁
(14) 同書、三〇八～三一一頁参照。
(15) 同書、三〇八～三〇九頁
(16) 柳田聖山・梅原猛編『仏教の思想7　無の探究〈中国禅〉』角川書店、一九七一年、一四四～一四六頁
(17) 黎靖徳編『朱子語類』〔宋〕、理学叢書、中華書局出版（北京）第八冊、三〇二一～三〇二二頁。原文漢文。尚、本文中の書き下し文は、関西大学教授、吾妻重二氏のご教示による。改めて感謝の意を表したい。

第六章　西田哲学の論理的基盤――〈体・用〉論の視座から――

一

昭和十一年、西田幾多郎は『善の研究』の版を新たにするに当たって、次のように述べている。「私は何の影響によつたかは知らないが、早くから実在は現実そのまゝのものでなければならない、所謂物質の世界といふ如きものは此から考へられたものに過ぎないといふ考を有つてゐた」（傍点引用者、一・四、一・七）と。この「実在は現実そのまゝのものでなければならない」という信念の淵源はどこに由来するのか、そして西田にあって、真の「実在」はどのようなものとして捉えられていたのか。

西田自身が青春時代を過ごしていた明治中期の哲学界の状況は、彼の思惟の出所を追跡するにあたって不可欠のものである。船山信一の指摘によれば、西田は明治アカデミー哲学が標榜する「現象即実在論」を継承し、それを彫琢することに一生を費やしたと言ってよいからである(1)。

この「現象即実在論」の考えは、当時東京大学で開講された「仏書講義」のテキストとして初代講師の原坦山が採用した『大乗起信論』のいわゆる「万法是真如、真如是万法」に依拠したもので(2)、「真如」即ち「真にあるがままの実在」は現象の背後ではなく、現象の真只中に内在し、外に超越者を想定しない「本体論的一元論」の思考様式である。「真実在」を「あるがままの現実」に見ようとする発想、言い換えれば「現象即実在」論的発想は、その淵源をかかる「真如」観に認めることができよう。

『起信論』の中心となるキータームは「真如」である。「真如」とは、元サンスクリットの tathatā の漢訳で、言語的には、〈本然的にあるがまま〉を意味する。ところで「衆生心」には「心真如」と「心生滅」との両面があって、互いに不即不離の関係を持っている。心真如は、不生不滅（無時間的、先時間的）でありながら、それが現実には煩悩に覆われて凡夫の心として生滅去来している。「不生不滅ト生滅ト和合シテ一ニモ非ズ異ニモ非ズ」とはこうした消息を謂う。『起信論』ではこの両者の関係を、「体（本体）」と「用《ゆう》（起動）」というかたちで捉える。「体」とは根本的なもの、自性的なもの、「用」とは派生的なもの、その働きを意味し、本体とその作用、実体とその現象の関係をいう。因と果は互いに別個のものであるのに対し、体と用の関係は殆ど「体用一致」とか「体即用、用即体」と論じられるのが特徴である。『起信論』ではそれを水波の比喩で説明する。水と波とが別物ではないように、体と用とは不可分の関係にある。水は外因である風（煩悩）によって波立つが、水はどこまでも水であること（湿性）に変わりなく、さまざまな波となって波立っているのであり、風が止めば波もなくなり、明鏡の如き水の本性に立ち戻る。しかし風によって波がいかように波立っていようとも（動）、水の水としての在り様（湿）は何等変わることはなく（静）、つねにすべての波の形状を超えて、水そのものの自己同一性を保持している。このように体はあらゆる用を一貫する「統一的或者」として自己同一性を堅持しており、どこまでも超越性を保持しているのである。それ自身超越的なものがその本体的な自己同一性をどこまでも保ちながら（任持自性）、さまざまな用（働き）として自己展開してゆき（随縁起動）、あらゆる現象のなかに内在するのである。[3]

本章では、西田が、西欧哲学を媒介としながら、本然的に有るがままの真実を意味する〈真如〉を「純粋経験」として捉え、更に自覚と場所へ、そして「逆対応」の論理へと自らの哲学を展開させていったその根柢には、こうした〈体用の論理〉があったこと、しかも〈本体〉がもつ自己抑制的・自己遡源的超越性を強調することで、個物がおのずからそこに有るがままに在ることの論理を独自の仕方で究明したことを明らかにしたい。

二

予め、念頭に入れておかねばならないことは、日本仏教へも大きな影響を与えた中国仏教の特質である。インド仏教の基本は、「空」の主張であって、それは、すべてのものには実体が無いとする「縁起」の思想であった。そこには、いわゆる起源や根拠といったものを撥無する非形而上学的な特質を見ることができる。ところが、中国仏教は般若の空を縁起と見做すインド仏教から見れば、明らかにその逸脱であった。その屈折した理解を決定的なものとしたのは、老荘の無の哲学を強調した魏晋時代の「玄学」である。玄学はインドの般若の「空」を老荘の「無」と捉え返すことによって、まったく新しい形而上学の思索と実践の工夫を構築したのである。

周知のように、『老子』には「天下の万物は有より生じ、有は無より生ず」（第四十章）とあり、『老子注』（魏の王弼）には「有の始まる所は、無を以って本と為す」(4)とも注釈されている。しかし「無」は単なる空虚ではなく、「恍惚」にして「窈冥《ようめい》」たる「道」（第二十一章）であり、混沌たる実在そのものであって、その中に霊妙なる精気がこもり、天地万物が生成される始源をあらわす。それはいわば万物の母胎として、そこからありとあらゆるものが生れてくるという無限の包容力、無限の創造力を持ったものであり、しかもそれ自身はどこまでも無限定なるものである。(5)このような、①無限定性、②母性的包容性、③創造性、④豊饒性を特質としてもつ「無＝

道」を「本体」として捉え、般若の「空」をそれと同様のものとして解釈したのがいわゆる「格義仏教」であった。(6)

それは要するに、中国的に主体的な〈無の体用論〉、もしくは無の本体論的一元論に他ならない。それがやがて絶対的一者の生成・展開と見る形而上学へと発展する。『起信論』がもつ形而上学的特質はその最たるものであった。西田の優れた独創性は、当時一世を風靡していた心理学的知見を咀嚼しつつ、実在と現象の不即不離関係を「一なるものの自発自展」として体系的に深めていったことと相俟って、まさに『起信論』に見る「本然的に有るがまま」を意味する「真如」を、我々の意識にとって最も直接的な「純粋経験」として捉え返したことであろう。逆に言えば、いわゆる「純粋経験」とは、要するに「真如」であり、「統一的或者」とは、超越的一なる「本体」に他ならないのである。このことを、まず念頭に置いておきたい。

西田が西洋哲学との格闘を通じて鮮明にしようとしたのは、東洋独自の〈無の体用論〉であったと言ってよい。しかし西田の場合、とくに留意すべき点は、体用の論理といっても絶えず「内在的超越」のその超越性が常に念頭にあったということである。言い換えれば、上述したように〈本体〉は自己内発的に展開しつつも絶えずそれ自身は自己遡及的に同一性を保持しており、そこに西田は着目していたことである。西田が処女作『善の研究』でいわゆる「純粋経験」を唯一の実在と見なしたのは、そうした主客未分の経験にこそ「一」なる体系が見られるからであり、この超越的「一」なるものの体系的発展ということこそ彼の思索の根底にあったものであったと言えよう。じじつ、純粋経験の「自発自展」と言われるときの「自」という語の反復表現は、統一的或者が絶えず分化発展しつつも、どこまでもそれ自身に同じものとして自己同一を保つということを暗に示しており、そこには、絶対的実在のそれ自身に於いて有り、それ自身によって動く運動、言い換えれば超越的に一なるものが自己内発的に自らを展開させてゆきながらも、絶えずその超越性を自己抑制的に保持する、いわば自己内還帰的な動性が見られる。こうした西田哲学の根幹に潜む論理の視点から翻って、以下では初期から中期にわたる西田哲学の変遷を追跡してみたい。

三

さて、「純粋経験」を考える場合に総じて念頭に入れておきたいのは、西田が「意識は一面に於て統一性を有すると共に、又一方には分化発展の方面がなければならぬ」（同巻・一五、同巻・一七）とか、「唯一実在は、・・・一方に於ては無限の対立衝突であると共に、一方に於ては無限の統一である」（同巻・七八、同巻・九六）と言っている点である。換言すれば、純粋経験がもつ不変的自己同一的な統一性の保持の側面と、思惟や判断の分化発展の方向との関係である。つまり自発自展的にいわばそこからそこへと垂直的に湧出してやまない純粋経験の自同的な絶対現在的性格と、更に矛盾・対立を媒介としてより大なる統一へ向けて時間的・過程的に自己展開していく側面との関係である。見る主観もなければ見られる客観もない独立自全の最も直接的な純粋経験にあっては、真実在の統一性は〈顕在的〉に現前しているのに対し、それが反省的思惟や判断へ移行すると、その顕在的統一は隠れて潜在的となり、その思惟や判断を含めたすべての経験を可能にするアプリオリな潜勢力となる。このように真実在としての純粋経験は脱自的発展の方向と同時に、いわば自己内還帰的に翻り、自らを覆蔵するのである。真実在としての純粋経験には、本体が本体としての自己同一を保持しつつも、自己内発的に起動展開してゆく「内在的超越の論理」、言い換えれば、統一的或者の脱自的展開と退却的覆蔵という二重の〈隔・差〉的な同時生起があると見てよかろう。

四

さて、西田の思索の歩みは「純粋経験」に始まり、「自覚」を経て「場所」に至るのだが、その過渡期に位置する「自覚」の立場は、「純粋経験」を「絶対自由の意志」と捉え返し、とくにフィヒテの自我哲学を念頭に置いていた。『自覚に於ける直観と反省』は、一九一三年に連載が開始され、一九一七年までという長きにわたった諸論文の集成で、彼自身これを「悪戦苦闘のドキュメント」（二・一一、二・一一）と特徴付けている。その難渋を極めた思索の果てに西田が辿り着いた結論は、「刀折れ矢竭きて降を神秘の軍門に請うた」（同巻・同頁、同巻・同頁）と言わざるをえないものであった。彼が当初「純粋経験」の内に見た「最も直接的なる真実在の世界」は、思惟に対して常に遁れゆくものとしてしか現前せず、そうした〈覆蔵された次元〉を、彼は「中世神秘哲学」に見出す他なかったからである(7)。

彼はエリウゲナ（＝エリューゲナ）の神論に注目しつつ言う。「余はエリューゲナの創造して創造せられない神 Natura creans et non creata は、創造もせず創造もせられない神 Natura nec creata nec creans と同一であるといふ考に深き意味を認めざるを得ない」（同巻・二二六、同巻・二七九）と。本書の「跋」の末尾に於いても、彼はエリウゲナの同じ神概念を引用して、そこに含まれる自己否定の契機に注目している。「我々に最も直接なる絶対自由の意志は「創造して創造せられぬもの」creans et non creata たると共に、「創造されもせず創造しもしないもの」nec creata nec creans である、到る所に己自身の否定を含んで居る」（同巻・二七一、同巻・三五〇）と。西田はそこに何を目撃していたのであろうか。

エリウゲナのいわゆる「創造して創造せられないもの」とは万物の「始源的原因」である神に他ならない。しかし、このような真の始動因としての神は究極の目的因としては、どこまでも自己同一を維持している。神は神から発して存在するすべてのものの終局でもある。万物は神を求め、神へと還帰するのである。この意味で、神は始めであり、中間であり、終わりなのであって、丁度、後期新プラトン派のいわゆる「止留（μένειν, μονή）」、「発出（προϊέναι, πρόοδος）」、「還帰（ἐπιστρέφειν, ἐπιστροφή）」という「発出三相論」によって構造化されている（プロクロス『綱要』命題三〇～三九）[8]。

この理論によれば、「止留」とは―筆者はこう理解したいのだが―結果に対する原因の自己同一性を意味し、「発出」とは結果の原因に対する次元的差異性を示し、「還帰」とは、結果が原因と似たものになることを意味する。つまり結果は原因から発出しただけでは存在が与えられただけで完成してはいず、発出者が源泉へと翻る（還帰する）ことによって、そのあるべき姿を与えられて、原因の形相を所有して完成する。しかしこの三相構造は、時間的経過ではなく、超時間的関係なのであって、超越的一なる原因は、万物の始原であると同時にその終局として、どこまでも自己同一を維持し、言うなれば弁証法的円環運動の目的因的根拠なのである。しかし、注意したいのは、アリストテレスのいわゆる「不動の第一動者」のように、目的因たる一者は、それ自身どこまでも「不動」であって、弁証法的過程を通じてどこまでも自己同一を保持している超越的一者である、ということである。発出から還帰へというプロセス化以前（以後）に於いて、いわばそれ自体に於いて完結している目的因的自同性はそれ自身のうちに自己遡及的、自己否定的・覆蔵的傾向性がある。それが、超越的本体がもつ「止留」というあり方なのではないだろうか。つまり「止留」とは、発出・還帰の全過程を通じて、常に既に自己抑制的に自己同一を維持している〈本体〉としての超越性を意味している。西田の目は常にそこに据えられていたと見てよい。

五

西田は本書で、中世哲学に於ける意味に基づいて、「認識作用の背後に横たわる具体的基礎」を「主体（das Subjektum）」もしくは「本体」と捉え、そこに「絶対自由の意志」を見ようとするが、それは、未だ対象化されていない認識作用の根源のことであり、それはあらゆる自由な創造の可能性を具えた原点であると同時に、完全に客観的な「具体的全体」でもあった。（同巻・二二一、同巻・二八六〜二八七）

ところで、西田は『意識の問題』（一九二〇）の中で、我々の論旨にとって、きわめて重要な文言を記している。

或一つの真理が真理として己自身を維持するには、或一種の力を有たねばならぬ、而して斯く一つの真理が他に対して己自身を維持するには、即ち一種の実在性を有するといふには之を他と関係せしめるものがなければならぬ。我々は真理の力を認めると共に真理の体系を維持する一種の主体 subjectum を認めねばならぬ。或一つの命題が真理として立せられるには、すべての命題の主語として如何なる意味に於ても述語とならない（述語的分節化されない、それ自身無限定な）主体がなければならぬ。此意味に於て真理はそれ自身に於て立つ生きた一つの個体である。（傍点および括弧内、引用者。同巻・二八八、三一・一九〜二一〇）

「己自身を維持する実在性」＝「真理の体系を維持する主体 subjectum」＝「それ自身に於て立つ個体」、まさにこれこそ、中世神秘主義が強調する目的因的な自己否定的契機をもつ「本体」、つまりあの「止留」に他ならず、換言すれば、それは自己遡及的・自己覆蔵的同一性に他ならない。この「本体」を、西田は、やがて古代ギリシア哲学の「基体」と重ね併せて考察することになるのだが、ここでも予め念頭に入れておかなければならないのは、その「基体」という概念のうちに、西田は、格義仏教的な「無の体用論」を読み込もうとしている点である。つまり、「基体」のうちに、老子の「無」の観念、すなわち無規定的無限定性、母性的包容性、自己内発的創造性を重ね併せて考えるのである。

『働くものから見るものへ』（一九二七）の「序」で、西田は、「場所」の概念を構想するにあたり、「アリストテレスのヒポケーメノン即ち基体によつて、主語、本体、主観の結合統一を企図した」と述べている。（三・二五四、四・四～五）「主語、本体、主観の結合統一」とは、論理学、形而上学、認識論の三分野が連関し合う「基体」のことであり、西田はこれを「場所」と読み直したわけである。その背景には、彼独自の新しい論理の構築を目指すにあたって、アリストテレスの「基体（ὑποκείμενον）」こそが真の実在だという点に着目した事実がある。要するに「場所」の論理的構造は、アリストテレスの「基体」をモデルとし、表現し直したものだと言ってよい。アリストテレスによれば、「基体というのは、他の事物はそれの述語とされるがそれ自らは決して他のなにものの述語ともされないそれ〔主語そのもの〕のことである。」（*Met. Z*, 1028b36-37）[9] 西田は、これを「いつも判断の主語となって述語とはならないもの」という簡潔な表現に置き換え、無限の述語を統一する「本体」だと見たのである。

ところで、場所論成立に於ける「基体」の役割については、これまで多くの研究がなされてきたが、その殆どが「個体」としての理解に留まっていた嫌いなしとしない。しかしながら、西田が理解した基体概念には、単に「個体」という意味にとどまらず、上で縷説してきた「本体」という側面、言い換えれば、判断以前にあってそれを可能にしている根源的な「質料」という意味があったことを見落としてはならないであろう。[10] つまり西田は

「主語となって述語とならないもの」としての基体をアリストテレスのように単に個物としてではなく、更に判断の包摂関係の基となる〈直覚的事実〉として理解していたのである。つまり判断による形相化の基にある根源的質料が「基体」に他ならない。

六

この直覚的事実としての質料と、形相化的判断による論理化という問題に関して予め注目しておきたいのは、西田がエミール・ラスク（一八七五～一九一五）の判断論から受けた少なからぬ影響である。ラスクの名と哲学は『働くものから見るものへ』後編の「場所」論文に頻繁に出てくる。ラスクは『哲学の論理学並びに範疇論』（*Die Logik der Philosophie und die Kategorienlehre*, 1911）、『判断論』」（*Die Lehre vom Urteil*, 1912）によって、自身の論理学を展開しているが[11]、重要なのは範疇論とそれに基づく判断論である。ラスクは特に初期ハイデガーに「有論的差異性」の考えに影響を与えているのだが、彼によれば、判断以前の超論理的存在は、判断における論理の領域には届かず、却って論理的なるものが、超論理的なるものを初めて理論的意味のある対象に構成する。したがって、判断における存在領域は超論理的に与えられたものではなく、超論理的な〈質料〉と論理的な〈形相〉との「意味結合体（Sinngefüge）」であるという。そして、いまだ論理的な形相に「当たられて（betroffen）」いない論理化以前の、言うなれば主客未分の超対立的原形象（ein übergegensätzliches Urbild）を、彼は「論理的に裸である質料（ein logisch nacktes Material）」と見做し、それは「統一的に唯一なるもの（ein Einheitlich-Eines）」であり、純客観的・理念的光そのものに他ならなかった。したがって、この形而上学的或いは存在論的妥当性（＝真理）は、どこまでも論理的判断の外に超越しているのである。

こうしたラスクの哲学から西田が受け取ったのは、いわば「我々にとって先なるもの（πρότερον πρὸς ἡμᾶς）」、即ち判断作用の一次的対象（西田の所謂「対立的対象」）と、判断的価値対立以前の純客観的・超対立的対象、言うなれば「それ自体において先なるもの（πρότερον τῇ φύσει）」との〈有論的差異〉に他ならなかった(12)。

七

さて、以上のような、判断による論理的対立化以前の、ラスクのいわゆる「論理的に裸である質料」を念頭に置きながら、西田が着目した古代ギリシア哲学の「基体」に話を移そう。この「基体」に西田を導いたのは、プロティノスによるアリストテレスの「基体」解釈であった。

『形而上学』Ζ巻第三章で、アリストテレスは実体と呼ばれうるものとして、本質 τὸ τί ἦν εἶναι、普遍的なもの τὸ καθόλου、類 τὸ γένος、基体 τὸ ὑποκείμενον の四つを挙げている。このうち基体が第一の実体であるとされるのだが、この基体と呼ばれるものも、形相 εἶδος、質料 ὕλη、結合体 τὸ ἐκ τούτων の三つに分けられる。そして先に引用したアリストテレス自身の基体の定義を字義通りに理解すれば、基体の最たるものは質料でなければならない。というのも、アリストテレスの言うように、すべての述語を除いてしまえば、質料以外には何も残らないからである。この場合、質料とは「それ自体はとくになにであるとも言われず、どれほどの量であるとも言われず、その他、もののあり方がよってもって規定されるものども〔述語諸形態〕のいずれによっても言い表されえない或るもののこと」（*Met.Z*, 1029a20）であり、肯定的な規定どころか否定的な規定さえ持たないものであるとされる。こうした第一質料としての基体は、他の述語の主語となるものであり、それ自身としてはいかなる述語形態でもないために、それ自身は特定の何ものでもない。結局のところ、アリストテレス自身にあっては、このような質料としての基体は真の実体としては認められなかった。

ところで、基体とは、主語となって他のすべてのものを述定化（分節化・限定化）しつつも、それ自身は述語化（限定化）されないものである。言い換えれば、自らは限定されない無限定なものでありながら、あらゆるものを限定するものである。それ自身〈限定されない〉ということは、述語付けされるような「主語」とはならない、ということに他ならない。なぜなら、いわゆる「主語」とは、それについて限定せられる（述語付けされる）ところのものでしかないからである。したがって、「主語となって述語とならない」基体は、それ自身どこまでも無限定であるがゆえに、「（他のあらゆるものの）述語とはなる」ものの、それ自身は「主語とならないもの」であるということになる。西田は、その核心を捉えて、アリストテレスの「主語となって述語とならないもの」という定義を「述語となって主語とならないもの」というように見事に翻案したのであって、内容はまったく同じことなのである。[13]「主語となって述語とならないもの」という定義の中の「主語」は、あらゆる述語をそれ自身の内に包容しながら、それ自身は無限定なる「本体」としての「基体」を意味し、「述語となって主語とならないもの」という定義の中の「主語」は、それについて述語付けられ、限定されるような「主語」という意味であり、「主語」の内包的意味が異なっているのである。「主語となって述語とならない」基体は、それ自身あらゆるものの「述語となって主語とはならないもの」に他ならない、ということである。そこから翻って、無規定・無限定的包容性を特質としてもつ基体（本体）を「述語となって主語とならないもの」と翻案することによってそれを一般化の方向で捉え、逆に今度はアリストテレスのいわゆる「主語となって述語とならないもの」という定義を、改めて個体の方向で捉え返すことになる。

八

ところで、アリストテレスの質料概念は、プロティノスによって大きな変更が加えられる。アリストテレスは質料を「どのようにも言い表されえない或るもの」と見做し、それにさほど重要な意味を見出すことはなかったのだが、プロティノスはこのような第一質料とも言うべき質料を、プラトンのいわゆる「受容者 ὑποδοχή」と同一視して解釈している。『エネアデス』第二巻第四篇において、彼は次のように述べている。

> いわゆる素材は「下に横たわる何か」（基体）〔アリストテレス『自然学』I 9, 192a31〕であり、形相の「受け皿」（受容者）〔プラトン『ティマイオス』49a〕であるという限りでは、このような本性《もの》（素材）の観念を持つにいたったすべての人たちが、それ（素材）について、このだいたいの共通の説を主張しており、ここまでは同じ（思考の）道を歩んでいる。（『エンネアデス』II 4, 1）[14]

ここでわかることは、プロティノスが、質料は基体であり受容者であるという見解を示していることである。アリストテレス自身も、質料を基体として考えており、「主語となって述語とならない」という定義を徹底すれば、どのような述語（性質）も持たない無限定の質料に行き着くのであって、このような質料はプラトンのいわゆる「受容者」ときわめて近い内容を持つ。

プラトンの『ティマイオス』に於ける宇宙生成論を特徴づけるのは、三つの「種族（γένη）」を区別している（50c-d）点である。即ち「生成するもの（τὸ μὲν γιγνόμενον）」と、「生成するものが、それの中で生成するところの、当のもの（τό δ' ἐν ᾧ γίγνεται）〔コーラ〕」と、「生成するものが、それに似せられて生じる、そのもとのもの（τό δ' ὅθεν ἀφομοιούμενον φύεται τὸ γιγνόμενον）〔イデア〕」の三つであるが、このうち第二の種族は「目に見えぬもの、形なきもの」であるため、「捉えどころのないもの」（51b）とされながらも、製作者である「父」に対して「母」に準えられており、「養い親のようにあらゆる生成を受け容れる受容者」（49a6-7）、すべてのものの陰影の刻まれる「地の台（ἐκμαγεῖον）」（50c）、もしくは「場所」（χώρα　52b）とも呼ばれるものである。この中に永遠なるイデアの模像が入って来るし、コーラとしてすべての生成するものに「場（ἕδρα）」を与えるのである。この「受容者」は、プラトンにあっては、現象の基体に他ならない。

プロティノスはアリストテレスの基体概念をプラトンの謂う「受容者」たる質料を指し示すものとして理解する。質料は形相を受け取る受容者であり、形相の下に横たわる基体なのである。「形があるならば、形を与えられたものがある。差異はこれに宿るわけである。したがって、形相を受け取る素材というものが存在する。そして、〈形相の〉下に横たわるもの（基体）が常にあるわけだ」（II 4, 4, 5-7）[15]。この第一質料というべきものに至って、基体はそれ自身が「主語となって述語とならないもの」であり、述語の枠組み（形相）によって限定されないものとなる。ところが、周知のように、プロティノスの発出論の体系に於いては、以上のような質料は、ヒュポスタシスの階層構造の最下位に置かれている。

こうしたアリストテレスの質料についてのプロティノスの解釈は、西田にも影響を与えている。それを積極的に受容した形跡が見られるのは、『働くものから見るものへ』所収の論文「表現作用」だが、この論文に先立つ「内部知覚について」で、すでに質料を基体と見做している。以下、この「内部知覚について」に於いてプロティノス経由の〈質料＝基体＝受容者〉という発想が西田に於いても受容されていることを確認しておきたいが、それに先立って、まず西田が「内部知覚について」の執筆と同時期に行われた一九二四年度の特殊講義「プロチノスの哲学」（新版第十四巻に所収。ただし旧版の全集には収載されていない）に於ける西田のプロティノス解釈に見られる質料理解を見てみると、彼はそこで、プロティノスでは最下位に置かれているに過ぎない「質料」を最高位にある「一者」と重ねあわせて理解しようとする。西田はこの特殊講義に於いて、プロティノスの質料解釈を踏まえ、アリストテレスの基体を質料として、更にプラトンの受容者として見做すという理解を示している。プラトンの「受け取る場所」とアリストテレスの「基体」とを結合させたプロティノスの「質料」は、形相を受け取るものとして、「形体のない、大きさのない、性質のないものとなる」（新十四・三六四）。場所の思想の成立にとって重要と思われるのは、西田がこのようなプロティノスの質料概念を、『老子』や格義仏教に見られる「無」の無限定性、母性的包容性に重ね合わせている点である。

九

『働くものから見るものへ』に於ける西田の主要な関心事は直覚的事実の論理化にあった。それは直覚と判断との必然的な関係を明らかにすることであった。直覚と判断とを分離せずに統一的に扱うには、直覚の自己限定によって判断が成立するという自覚的体系に依らなければならない。この問題を受けて、論文「内部知覚について」では、その第五節以降に、それまでは自覚が再帰的な運動という形で説明されていたのが、「自己が自己に於て自己を映す」という形で定式化されてくる。また、第四節において「無」に積極的な意義が見出されるようになり、それに伴って「純なる形相」とか「基体なき作用」と言われていた「働くもの」の根底に、それを包む「働くと共に働かざるもの」や「基体なき作用の基体」が明確に捉えられる。

「純なる作用とは尚知るものではない。働くものから知るものに進み行くには、純なる作用の背後に又何かが認められねばならぬ、働くものの背後に働かないものが認められねばならぬ。・・・働くものの基体は、働くと共に働かざるものでなければならぬ。而してかゝるものを、我々は我々の自己に於て見るのである。我とは基体なき作用の基体である。」（三・三四五〜三四六、四・一二一）

この「働くものの基体は、働くと共に働かざるものでなければならぬ」という発想は、あの中世神秘主義の「創造しもせず、創造せられもしないもの」という神自身の自己否定の契機への着目、新プラトン派の目的因的「止留」、アリストテレスのいわゆる「第一動者」たる神の「不動性」、要するに目的因的自己同一の「絶対静」のあり方に通底する考えである。つまりそれは〈本体＝基体〉がもつ自己遡及的、自己翻転的、自己覆蔵的自己同一である。自己同一がもつこうした自己内還帰的な超越的構造（＝任持自性）への着目を促す西田の脳裏にあったのは、大乗仏教で言うごとき「無作《むさ》の滅諦」[16]、或いは彼が若い頃から主体的に取り組んできた禅の世界で言われる「眼は眼を見ず」「火は火を焼かず」「水は水を濡らさず」と言われる言詮ではなかったか。眼で何かを見る場合、眼は見るということに於いて、まさに見る作用を働かせながら、その見る作用を見る作用として自己自身のもとに摂め取り、自らのうちに翻転することによって、それ自身を絶対に見ない。つまり眼は眼自身を見ないのであり、眼は眼を見ないことがすなわち物を見ることに他ならない。物がそこに見えるということの根底には、眼が眼でありつづけるということ、眼が眼自身と自己同一であるということ、眼が眼自身になりきっているということ、眼が眼自身のなかに蔵身しているということがなければならない。そうした意味で、物を見る眼はそれ自体としてはどこまでも「盲目」なのである。要するに、いかなる働きも、その働きの根本には働かないことがあるということ、それ自身はどこまでも働き以前であって、働きを働きとして自らのうちに摂め取っているということがあるのである。西田の脳裏にあった〈自己同一〉とはこのような「摂収」という絶対否定の契機を含んだ自己遡及的構造を持ったものに他ならなかった。

この基体なき作用の基体こそ「働くもの」を成り立たせる「知るもの」、あるいは「見るものなくして見るもの」（三・二五五、四・六）である。こうした基体は主語的には規定されず、どこまでも「述語となって主語とならないもの」として考えられ、これが後に「超越的述語面」たる「場所」へと発展していく。

一〇

西田がプロティノスから摂取した〈質料＝基体＝受容者〉という発想は働くものの成立に重要な役割を果たしていた。それ自身は形を持たないものでありながらあらゆる形をその内に成立させ、それに唯一性を与えるという質料概念には、後の場所の思想に通じるものがあると言える。しかし、「場所」の概念には、「自ら無にして自己の中に自己を映す」（三・二五五、四・五）と規定されるように、それ自身は無でありながらそれ自身のうちにそれ自身の否定的な限定として形を成立させる自己内還帰的な特質があった。

西田は、後に「絶対無の場所」を「自己自身を照らす鏡」と捉えるのだが、西田の「鏡」の比喩への関心は早く、すでに『善の研究』でも、「ベーメの語を想ひ起さずには居られない」として、「氏は対象なき意志ともいふべき発現以前の神が己自身を省みること即ち己自身を鏡となすことに由って主観と客観とが分れ、之より神および世界が発展するといつて居る」と述べている（一・一五二、一・一九一、傍点引用者）。つまり、西田がそこに目撃していたのは、神の発出以前の次元で、神が神自身へと翻る神の自己同一的自己内還帰の超越性であった。「無の場所」とは、個々の物が、いわゆる述語的一般者の自己限定によって特殊化されただけの主語的基体としての在り方に留まらず、そうした在り方がさらに突破され、個物が他ならぬその個物として自らを示してくるような場である。一々のものが真にそれ自身のもとに在り（物皆自得）、それ自身に同じものとして現前してくるような場、一々のものを重々無尽に個々円成させつつ、同時にそれらを自らのもとに摂収する〈虚空の場〉である。西田はこの無の場所を、自ら無にして自己の中に自己の影を映す「鏡」に喩えるのである。すべてのものは真の無の場所たる「鏡」に映し出された影像であるということになる（三・四四五、四・二四八）。

しかし、ここでとくに留意したいのは、無の場所はあくまでも自己自身に同一なるもの、自己の中に自己の影を映すものなのであって、鏡はどこまでも「自己自身を照らす鏡」である、という点である（三・四二九、四・二二六）。つまり、すべての個物が影像として鏡の中に映現されてくることと一つに、鏡は鏡自身を無限に映じてゆくという鏡そのものの自己返照の働きに着目しなければならないということなのである。要するに、物を映し出すに先立って、明鏡はどこまでも明鏡でなければならないのである。西田の念頭からつねに離れなかったのは、物を映す働きの底にある鏡の本体そのものの構造、すなわち鏡自身がもつ自己遡源的翻転の動きではなかったであろうか。

西田が最晩年の論文「場所的論理と宗教的世界観」（『哲学論文集第七』所収）の中で、絶対矛盾的自己同一としての場所について、それが「何処までも自己の中に自己を映す、自己の中に自己焦点を有つ。かゝる動的焦点を中軸として、何処までも自己自身を形成して行く」（十・三二〇、十一・四〇三）とか、「自己が自己に自己否定的に一」（同巻・三〇三、同巻・三八二）であるとかいうのは、おそらくこうした消息を謂うのであろう。更に言えば、このような自己内還帰的な不断の照り返しがあればこそ、明鏡はどこまでも明鏡であり続けるのである。鏡の鏡自身への照り返りは、現在が現在を現在化させてゆく絶対現在の自己限定に他ならない。絶えず現在から現在へであり、しかもそれは横へ横へと流れてゆく方向ではなく、いわば滾々と湧き起こる垂直的な自己湧出の動きであろう。西田が「絶対矛盾的自己同一」という表現のうちに看取していた「自己同一」とは、こうした自己隠蔽的な絶対的覆蔵態ではなかったか。つまり、個物的多を個物的多として現前せしめながら、その不断の現前を可能にする場としての全体的一は、全体的一としてはどこまでも絶対的な隠れである。「一」の「一」自身への還滅《げんめつ》、自己覆蔵的な脱け去りによってはじめて「一」は「一」たりうるのであり、「一即一」として成り立つのである。こうした「一」の「一」自身への還滅即湧出、すなわち「即非的自己同一」こそ、西田が言うところの「見るものなくして見るもの」、「自ら無にして自己の中に自己を映すもの」、すなわち「絶対無の場所」の正体であったはずである。

さて、こうした自己同一がもつ絶対的覆蔵性は、それ自身矛盾を孕む絶対的否定態として、あくまで「絶対の他」であり、どこまでも超越的なものとしてあることは論を俟たない。ことにそれが宗教の問題ともなれば、このことは顕著に示されてくる。この「超越」が問題となってくるところに、彼の晩年の「逆対応」の論理が展開されるのである。ここにいたって、西田哲学は、いわゆる「即心即仏」、「平常心是道」を標榜する禅の立場だけでは捉えきれない宗教的深みを増してくるのである。それは彼自身の思索の底に、絶えずあり続けた〈超越的他者〉の問題である。それは「自己は自己を超えたものに於いて自己をもつ」とする立場であった。

【註】

（1）『明治哲学史研究』（『舩山信一著作集』第六巻所収、こぶし書房、一九九九年）六〇頁他。

（2）原坦山と井上哲次郎および「現象即実在論」の関係については、渡部清「仏教哲学者としての原坦山と『現象即実在論』との関係」（上智大学『哲学科紀要』第二四号所載、一九九八年）および「井上哲次郎の哲学体系と仏教の哲理」（同紀要、第二五号所載、一九九九年）を参照されたい。

（3）『大乗起信論』については、平川彰『仏典講座22　大乗起信論』大蔵出版、一九七三年、および衛藤即応『大蔵経講座　大乗起信論講義』名著出版、一九八五年を参照。

（4）『無求備齋藤老子集成続編』藝文印書館、一九六五年

（5）『老子』からの引用は『新訂　中国古典選　老子』（福永光司、朝日新聞社、一九七二年）に依った。

（6）「玄学」の立場を代表する「本無義」を唱えた道安は、「無・空」を次のように説明する。「謂無在萬化之前。空為衆形之始。」（『中観論疏』巻二之末（大正四十二、二九頁上。）、『梁高僧伝』巻五（大正五十、三五五頁上））

（7）西田哲学と中世神秘哲学との関係については、松山寿一『知と無知』（萌書房、二〇〇六年）および山口義久「プロティノスと新プラトン主義」（内山勝利編『哲学の歴史－古代Ⅱ』第2巻「帝国と賢者」所収、二〇〇七年）から多くの示唆を得た。

（8）『世界の名著・続2　プロティノス・ポリュプリオス・プロクロス』四七二頁―四七八頁、中央公論社、一九七六年、『西洋哲学史〔古代・中世編〕フィロソフィアの源流と伝統』内山勝利・中川純男編著、ミネルヴァ書房、一九九六年。

（9）アリストテレスの著作からの引用は、『アリストテレス全集』第十二巻（出隆訳、岩波書店、一九七七年）に依った。「基体」と訳した ὑποκείμενον がそこから派生した動詞の ὑποκεῖμαι は、「～の下にある、～のもとにある」という意味から、「他の何かがそこに本来備わっている土台として下にある（基礎となる、支える）」といった意味をもち、名詞の ὑποκείμενον は、「（形相に対する）質料」、「（質料と形相からなる）実体」、「（諸属性がそこへ帰属するところの）主体」の意味で用いられる（Cf. *Liddell&Scott's Greek-English Lexicon 9th ed.*）。「基体」という訳語はアリストテレスの翻訳などで用いられている（『アリストテレス全集』第十二巻、一三頁および註（2）、二四八頁など参照）。

（10）西田の「基体」概念を「質料」として理解すべき点、および西田のアリストテレスの基体解釈がプロティノスのそれに依拠している点については、日高明「中期西田哲学における質料概念の意義」（『日本哲学史研究』第六号所収、二〇〇九年、京都大学大学院文学研究科・日本哲学史研究室紀要。）から多くの貴重な示唆を得た。記して感謝の意を表したい。

（11）Emil Lask: Gesammelte Schriften. Bd.2.（Hrsg. E. Herrigel）, Verlag von J.C.B.Mohr (Paul Siebeck) Tübingen, 1923

(12) ラスクの西田への影響については、以下の論文を参照し、示唆を得た。ニールス・グュルベルク「対象の論理から場所の論理へ―エミール・ラスクと西田幾多郎―」、河波昌編著『場所論の種々層―西田哲学を中心として―』北樹出版、一九九七年。

(13)「述語となって主語とならないもの」を「主語となって述語とならないもの」の「翻案」だとする理解については、上原麻有子「翻訳と近代日本哲学の接点」(『日本哲学史研究』第六号(上掲)所収)から多少の示唆を得た。

(14)『プロティノス全集』第二巻、中央公論社、一九八七年、一七頁

(15)『ティマイオス』は『プラトン全集』第十二巻(種山恭子訳、岩波書店、一九七五年)に依った。

(16) この語は務台理作『場所の論理学』(北野裕通編、こぶし文庫、一九九六年)から借用したが、務台は西田のいわゆる「絶対無」をこの語で説明している。

第三篇

禅の思想

第一章　経験と超越

――禅に於ける〈覚〉とその既在的直接性について――

一

臨済、上堂して云く、「赤肉団上《しゃくにくだんじょう》に一無位の真人《しんにん》有って、常に汝等諸人の面門より出入す。未だ証拠せざる者は、看よ看よ。」(1)（『臨済録』上堂三）

禅はこの「無位の真人」の自覚に尽きる。それは仏とも衆生ともその他何者とも限定されない「無相の自己」であり、「自己本来の面目」であって、決して日常の自己を超えたある特別なものではなく、我々にとってごく身近で親密な存在であり、最も直接的な経験である。それはまた次のようにも説かれる。

心法は形無くして、十方に通貫す。眼に在っては見と曰い、耳に在っては聞と曰い、鼻に在っては香を齅ぎ、口に在っては談論し、手に在っては執捉し、足に在っては運奔す。(2)

黄檗希運（生没不詳）も言う。

諸仏と一切衆生とは唯是れ一心にして、更に別法なし。此の心は無始より已来《このかた》、曾て生ぜず、曾て滅せず、青ならず黄ならず、形無く相無く、有無に属せず、新旧を計《け》せず、長に非ず短に非ず、大に非ず小に非ず、一切の限量《げんりょう》名言《みょうごん》、蹤跡対待《しょうせきたいだい》を超過して、当体便《すなわ》ち是《これ》、念を動ずれば即ち乖く。猶《な》お虚空の辺際あることなく、測度すべからざるが如し。唯だ此の一心、即ち是れ仏にして、仏と衆生とは更に別異なし。[3]（『伝心法要』）

「当体便《すなわ》ち是《これ》」、つまり、今、此処のあるがままの自己が他ならぬ「仏」であり、「本来の自己」なのであって、それを外に求めて「念を動ずれば即ち乖く」ようなものである。「見性」というのは、こうした自己の本性（真人）を徹見することである。「見る」というのは、本心とか真人を向こうに置いて対象的に観想的に見るというのではない。見るものがソレなのである。南嶽懐譲《なんがくえじょう》（六七七～七四四）が六祖慧能《えのう》（六三八～七一三）に参じた折、「これ什麽物《なにもの》か恁麽《かくのごとく》に来たる」と問われて答えに窮し、六祖に執侍すること八年にして漸く「一物を説似するに即ち中《あた》らず」と答え得たように（『景徳伝燈録』巻五、「南嶽懐譲章」[4]）、それはいかにしても客体的に対象化できないものであって、主体的にそれ自体のはたらきそのものとなって見るほかにない。この「無位の真人」は我々が見聞覚知するところにつねに動いている。しかしそれを見ようとすれば見えない。そこで「念を息め慮を忘じて」無心になる必要がある。それが坐禅に他ならない。坐禅とは、ものを対象的に見る見方を翻し、自己に取って返す自覚の営みである。そのまま無心（直下無心）であれば真人はそこに如々として現用（現前作用）するのである。即今当処に活撥撥地に躍動してやまないこの真人をそのままに如見することができれば、それが「

見性」ということであり、そこには端的自明な真理が如々に露現しているのである。じつは「真如」は、我々がそれに気づくと気づかぬとに拘らず、常に現前しているのである。

しかし凡夫はなかなかそれに気づかないのが常である。『易経』に「百姓《ひゃくせい》は日に用いて之を知らず」という言葉があるが、禅の語録にそれに言及した話がある。玄沙師備（八三五〜九〇八）は、ある日、たまたま訪問中の韋監軍と菓子を食べていた。そのとき監軍が質問して、「古語に『日に用いて知らず』という言葉があるが、あれはどういう意味でしょうか」と尋ねた。師は菓子を取って「まあ、おあがりなさい」と言う。監軍は言われるままに菓子を食べたが、食べ終わって再び前の質問を繰り返した。そのとき玄沙は言った、「それそれ、それが日に用いて知らずです」と（『景徳伝燈録』巻十八、「玄沙師備章」(5)）。

しかし、考えてみれば、そうした我々にとって最も身近で最も直接的な経験こそが「真の自己」であり、「仏」であるにも拘らず、なぜ我々は普段はそれに気づくことなく、「日に用いて知らざる」あり方に頽落してしまっているのだろうか。しかも菩提心を発《おこ》し、仏道に励もうとしても、常にそれを外に求めてしまうことになるのだろうか。そもそも自己にとって、最も親密な「直接経験」とは、どのようなものなのだろうか。我々が日常生活において、何気なく毎日を送っている自明な直接性と、どこに違いがあるのだろうか。後者を今仮に「非本来的直接経験」と名づけるとすれば、前者は「本来的直接経験」と呼べるが、それらはどのような関係になっているのだろうか。しかしそもそも「経験」に二つはないのである。しかしこうした同じ一つの経験に、「本来的直接性」と「非本来的直接性」の両面があるとはどういうことなのか。『大乗起信論』で、一心たる「衆生心」を「心真如」と「心生滅」の両面において捉え、それらを「一に非ず異に非ず」と説示されていたが、直接経験の両面性も「非一非異」として理解しなければならないように思う。要は「覚」の有無に関わるのであって、何かの縁で経験の直接性が「非本来性」から「本来性」へと忽然と翻るのである。しかし翻ったとしても、経験の直接性には何等変わることなく、ましてそれは決して神秘的で特殊な経験ではありえない。「到り得て還り来たれば別事なし、廬山は煙雨浙江は潮」（蘇東坡）、悟ってみれば何のことはない、悟る以前の世界と別段変わった世界ではない。いや、断じて変わっていてはならないのだ。本地の風光はどこまでも「無事是れ貴人」（『臨済録』）でなければならない。

しかし、何かの縁で忽然と現前する本来的直接経験とは、いったいどのような経験なのだろうか。有名な「香《きょう》嚴撃竹《げんげきちく》」の話がある。

潙山、一日曰く、「汝、常に説くところは、尽くこれ章疏の中より記持得し来たる。吾、今、汝に問う、汝、生下して嬰児となる時、未だ東西南北を弁《わきま》えず。この時に当たりて、吾がために説き看よ。」師、下語し、并びに道理を説くも並《まった》く相い契わず。また平生集むるところの文字において尋究するに、総てこれ箇の相い契う時節無し。乃ち歎き悲泣して諸の文字をもって火をもって爇却《ねつきゃく》す。乃ち「我、この生に敢て禅を会することを望まず。且く山に入りて修行し去かん。」便ち武当山の忠国師の旧庵の基に入りて庵を卓つ。一日、道路を併浄するに、礫を棄てて竹を撃つ響きによりて、時において、忽然として大悟す。乃ち頌ありて曰く、「一撃に所知を亡ず、さらに修治を仮らず。動容古路に揚がり、悄然の機に堕せず。処処蹤跡なし、声色外の威儀なり。諸方の達道の者、咸《ことごと》く上上の機と言う。」潙山聞き得て云く、「この子、徹せり。(6)」

話はこうである。香嚴智閑（？～八九八）が潙山霊祐《いさんれいゆう》（七七一～八五三）の会下にあるとき、潙山から未生已前の一句を問われたが、香嚴はその問いに対して真の解決を得ず、またそれが文字知識の及ばざることに気づいた。そこで、自分の所持した書籍をすべて焼き捨てて、武当山に入って庵を結び、ひとり修行に努めていたが、ある日、道を掃除していたとき、たまたま礫（小石）が飛んで竹を撃ち、その響きに香厳は忽然大悟したという。最後の偈頌の意味はおよそ次のような心持であろう。「石が飛んで竹を撃った。そのカチンという音を聞いたとたんに、今までの智恵分別の一切を忘れてしまった。しかし気付いてみれば、それは何も改めて修行せずとも、本来そこにあるものだ。それは工夫努力してそれになったというのでなく、もとからそれであったのだ。もうどのような行動をしても、本来の古路から踏み外すことはない。しかしそれは決して何かものさびしい消極的な境地ではない。空寂の中にこそ素晴しい働きがある。しかもその働きには何の跡形もない。五官や思慮は生き生きとして働いているが、それは少しも滞らず、まったく自然で、いわゆる無心無作の妙用である。これこそまさに諸方の道に達した人々が上上の働きといったものである。」

つまり、最も直接的な経験とは、このようにあるがままの真実であり、小石が竹を撃ってカチンと鳴った、そのカチンが、分別以前、判断以前のところであるがままの真実をまさにあるがままに顕現させたのである。そのカチンと自己とは別のものではない。小石の撃竹をカチンと聞いた、そこに真の自己が現前しているのだ。カチンと鳴ったのは自己にほかならない。カチンは自己であり、自己がカチンなのだ。なんのことはない、探し求めていたものがここにあったのかと、香厳は思ったことであろう。こうした分別以前、判断以前の原初的直接性は、「南泉株花」として夙に知られた話にも示される。

　陸亘大夫《りくこうたいふ》、南泉と語話する次《つい》で、夫云く、「肇《じょう》法師道《いわ》く、天地同根、万物一体と。也《ま》た甚だ奇怪なり。」南泉、庭前の花をさして、大夫を召して云く、「時人、此の一株の花を見ること、夢の如くに相い似たり。」(7)

陸亘大夫（生没不詳）は師の南泉普願（七四八～八三四）に向かって、僧肇（?～四一四）の「天地我と同根、万物我と一体」という言葉を取り上げ、感動しつつその同感を南泉に求めたところ、それを聞き終わるが早いか、南泉は「大夫！」と呼びかける。大夫が思わず振り向くと、南泉は庭先の花を指さしてこう言った。「世間の人は（お前は）この一株の花を見ても、まるで夢でも見ているようだ」と。

ここで重要なことは、南泉が「大夫！」と呼びかけたときに、陸亘大夫が思わず「ハイ」と答えたであろうその瞬間の場である。名を呼ばれて、すぐ「ハイ」と答えるその分別以前の直接性、それがいわゆる「無位の真人」であり、別の言葉で言えば「不生の仏心」なのである。そこに真実のリアリティが端的如実に現前している。僧肇の言葉はそれはそれで真実を語っているのだが、陸亘はその言葉を援用することによって、そこで語られているリアリティをいわば対象化して、それを味わい、感銘している自己がこちら側に残っていることに気付いていない。つまり肇法師の言葉となって紡ぎ出された物我一如のリアリティが、そのまま生きたかたちで直接的に経験されず、自らそれに対して感銘し、南泉に共感を求めるノエマ的対象になってしまっているのである。「夢の如くに相似たり」とはそのことである。更に重要なことは、南泉が一株の花を指さす行為である。南泉はこのリアリティの真只中にいる。いや、そのリアリティそのものなのだ。いわば花を指さす南泉自身がすでに花であり、花が南泉である。自己がまったく空ぜられ、リアリティそのものになりきったところでは、もはや如何なる他者もない。すべてがそのまま自己であり、個々のすべてのなかに自己を見るのである。したがって、南泉が花を指さす行為は、言うなれば、自己が自己を指さし、リアリティがリアリティ自身を指さすことだと言ってよい。南泉自身と花とは決して別物ではない。そこでは南泉が南泉自身であることにおいて、花は花であり、ここには事事無礙の世界が端的如実に展開されている。(8)

玄沙は次のように言う。

上堂して云く、法法恒然として、性性是《かく》の如し。切に忌む、外に覓むることを。若し大信根を具せば、諸

仏は只だ是れ諸人の自受用三昧なり。行住坐臥、未だ嘗て是ならざるあらず。(9)

「法法恒然、性性如是」とは、ものそのものとそのありようは、本来あるべきあり方において、真実あるがままにあるということを意味する。『法華経』方便品にいう「諸法は法位に住す」、つまり〈諸法実相〉の理である。「自受用三昧」とは、究極の悟りを自ら享受し生かしていくあり方だが、それは行住坐臥、つまり我々の普段の生活そのものを離れてはあり得ない。「事に無心、心に無事」といった境涯こそ「日に用いて之を知らざる」自由な在り方なのだが、しかしこうした直接経験は、ややもすれば無自覚的な悪平等におさまりかえる危険性を孕むことも否めない。玄沙は次のように言う。

者箇の山水は、三世を通徹し、潺々地《せんせんち》として処として是ならざるは無し。諸上座。山は是れ山、水は是れ水、三世は是れ三世なり。作麼生か通徹すと説く。所以に我れ你に向かって道う、尽十方世界は、未だ是ならざる処有らず。須《すべから》く与麼にして始めて得べし。更に神通変化有るとも、亦た你を奈何ともせず。直に須らく親ら己窮を明らめて始めて得べし。久立すること莫れ。各自努力せよ。珍重。(10)

つまり、「尽十方世界は、未だ是ならざる処有らず」、かかる真実あるがままの世界を端的如実に現前させるために「久立すること莫れ。各自努力せよ」と、坐禅に励むことが強調される。つまり、直接経験をどこまでも本来的なそれとして護持していくこと、それが坐禅であり、そうした坐禅に裏打ちされてこそ、普段の日常性が、根源的日常性（平常底）となるのである。

二

さて、我々の問題は、経験の直接性がもつ「非本来性」と「本来性」との関係如何ということであった。経験の直接性が「非本来性」から「本来性」へと翻るのはもっぱら「覚」による。ところでこの問題は、つまるところ「不覚」と「始覚」、更には「本覚」との関係に関わる根本問題に他ならない。「本覚」という語が「始覚」という語と一対となって初出するのは、六世紀に出た馬鳴菩薩造とされる『大乗起信論』に於いてである。

　言う所の覚の義とは、心体の離念なるを謂う。離念の相は虚空界に等しくして、遍せざる所無ければ、法界一相なり。即ち是れ如来の平等法身なり。此の法身に依りて説いて本覚と名づく。何を以ての故に。本覚の義は始覚の義に対して説き、始覚は即ち本覚に同ずるを以てなり。始覚の義とは、本覚に依るが故に、しかも不覚有り、不覚に依るが故に、始覚有りと説くなり。(11)

すなわち、始覚と本覚とは元来同じであって、始覚とは覚する作用、つまり内に隠れていた本来の覚性に目覚めることを意味するが、その作用ももともとは覚そのものの自己活現《はたらき》に他ならない。覚とは真如に契合した般若の智慧の発現なのだが、しかしその覚が、自覚されるべき本来具有の覚性として見られるとすれば、本来的でない不覚（妄念）が実際我々の普段の在り方として必然的にあるわけであり、この不覚があればこそ、そこからの離念として始覚が発起されてくるのである。しかし真如の覚にはもともと始覚も本覚も不覚もなく、虚空のようにカラリとしていて、「心体離念」もそうした覚の体を示したものである。したがって『起信論』に謂う「離念」

とは、妄念の動揺を鎮めようと努めることではなく、妄念を断ぜぬままに、もともと妄念を離れている心の根本に目覚めることなのである。要するに、煩悩とは元来は実体のないものであって、煩悩の風によってどのような波が起ころうと、水の本性そのものには何の変化もないのである。つまり水は風によって波立つが、風が止むと、波は静まりかえり、元の明鏡の如き止水となる。しかし風が吹いて波立とうが、風が止んで、波が静まろうが、水が水であること〈湿性〉には何等変わりはない。肝要なことは、水が水自身に目覚めること、水が水になりきることだ、と言ってよい。しかし、実際に波が起こることは確かであって、『起信論』ではそれを水そのものに即して考えようとする。それがいわゆる「真如随縁」の説である。つまり、心真如には不変と随縁の二つの側面があって、心真如そのものは不起不変の絶対静の在り方をしているが、その絶対静は随縁起動の動を離れたものではない。水はどこまでも水であることをやめずに、水の自己同一性を保ちながら、水の波として波立っているのである。つまり、〈覚〉とは不覚、始覚、本覚にかかわらず、〈真如〉が〈真如〉自身を覚していること、〈真如〉自体のおのずからなる覚なのである。〈真如〉は決して対象的知には属さないために、〈真如〉が〈真如〉を知るということでなければならない。したがってこのような〈真如〉自身の自知作用こそ〈覚〉と呼ばれるものなのである。

ところが、この〈真如覚体〉たる直接経験に、それ自体の本来性とその頽落的自己展開としての非本来性との両面性があるということをどのように考えればよいのであろうか。この問題の究明にあたって重要な糸口となるのは、やはり『起信論』で説かれる「真如随縁」説であろうと思われる。以下では、真如の不変と随縁を、真如の〈自同性〉と〈自己展開〉というように捉え直して考察してみたい。自己展開とは、本来不起不動なるものが、その在り方を保ちつゝ不断に起動発現してゆくこと、つまり自同的なるものがその自同性を失うことなく自己発展してゆくことであり、これこそ『起信論』の根幹にある「超越的内在」の論理に他ならない。

三

さて、〈真如覚体〉の〈自同性〉に着目すると、そこには次のような事態が看取されよう。すなわち、自同性とは自己自身に同じであるということであって、そこには自己の自己自身への関係として、自己が自己に対していったん距離を置いて自己を差異化し、同時に自己自身へと帰来する自己還帰の運動が見て取られる。「帰来」とは、自らを起動発現させながらもどこまでも自己同一を保つものとして、いわば自己自身へと翻り、いわば引きこもるのであり、それはちょうど、渦動がその見えざる中心から湧出してくることが同時に渦動の中心への吸収とひとつであるのに例えられよう。しかもその中心はどこまでも絶対の静なのである。〈自同性〉に於けるこうした自己自身の底へと身を蔵《かく》す蔵身現象は、起動発現から見れば自己隠蔽性に他ならず、その自己隠蔽運動を摂《おさ》め取っている中心として「絶対の覆蔵態」とでも言えるような場所があるよう思われる。〈真如覚体〉とは、このような〈開顕〉と〈覆蔵〉との根源的動性を内に含んでおり、しかも〈覆蔵〉には、開顕から見た隠蔽的傾向性としてのそれと、そうした開顕と覆蔵の根本動性を統《す》べ摂《おさ》めている絶対静の中心としてのそれとの二面性があるのである。この「絶対的覆蔵態」は、覚そのものがそれに他ならないところの、いわば覚に本質的な〈無覚〉であると解してよい。例えば達磨の『二入四行論』(12)には次のような言葉がある。「法は無覚無知と名づく。心が若し無覚無知ならば、此の人は法を知るなり。」（一七六頁）、「如法に覚して、覚に覚する所無し。」（七三頁）「若し如法に覚し、真実に覚する時は、都《す》べて自から覚せず、畢竟じて覚すること有る無し。」（八〇頁）つまりここでいう「無覚」とは、否定的・消極的な、つまり非本来的な意味でのそれではなく、自覚そのものが自覚をもたぬこと、無覚の覚ということである。

このように、〈覚〉は、その自同性に即して見た場合、絶対の覆蔵態としてどこまでも〈無覚〉なのである。例えば、眼で何かを見る場合、眼は見るということに於いて、まさに見る作用を働かせながら、その見る作用を見る作用として自己自身のもとに摂め取り、自らのうちに「蔵身」することによって、それ自身を絶対に見ない。つまり眼は眼自身を見ないのであり、眼は眼を見ないことがすなわち物を見ることに他ならない。物がそこに見えるということの根底には、眼が眼でありつづけるということ、眼が眼自身と自己同一であるということ、眼が眼自身になりきっているということ、眼が眼自身のなかに隠れ、蔵身しているということがなければならない。そうした意味で、物を見る眼そのものはどこまでも「盲目」なのである。また、火を例にとれば、火は物を焼きながら、同時に火は自らを焼かないことに於いて火の火としての自同性を保ち、その自同性があればこそ火は火として燃焼という働きを発揮するのである。水は水を濡らさず、ということも同様である。要するに、いかなる働きも、その働きの根本には働かないことがあるということ、それ自身はどこまでも働き以前であって、以前といっても時間的先行性を意味するのではなく、今・此処の働きを働きとして自らのうちに摂め取っているということなのである。〈真如覚体〉の〈自同性〉とはこのような絶対否定の契機を含んだ自己同一性のことである。〈真如覚体〉は、開顕的自己展開と同時に、覆蔵的退去という動向をもつが故に、それはどこまでも〈超越的なもの〉に留まるのである。

こうした超越的構造を更に立ち入って究明するために、次に洞山の「過水の偈」を取り上げたい。

四

「過水悟道」の話は、曹洞宗の開祖、洞山良价《とうざんりょうかい》（八〇七～八六九）が師の雲巌曇晟《うんがんどんじょう》（七八二～八四一）のもとを辞し去る途次、川を渡る際に水面に自分の影を見て豁然大悟し、偈を賦した故事である。彼が雲厳に請益して数年を経た頃、再び行脚の旅に出るにあたって、師に質問する。

行くに臨んで又、問う、百年の後、忽《も》し人有って、還《ま》た師の真を邈《ばく》得するや、と問わば、如何が秖対《したい》せん。雲巖良久《りょうきゅう》して云く、秖《た》だ這《こ》れ是れ。師沈吟するのみ。雲厳云く、价闍黎、箇の事を承当せんには、大いに須く審細なるべし。師、猶お疑に渉る。後に因に水を過ぎて、影を睹《み》て大いに前旨を悟る。

つまり「先生が亡くなられて後、もし誰かに師の肖像を画くことができるか（先師の法をいかに継いだか、印可の証を示せ）と問われたら、どう答えたものか」という洞山の質問に雲巖は「それは私だ（秖這是）」と、そう答えよと示唆する。その言葉の真意を了得できずに押し黙ったままの洞山に向かって雲巖はこう諭す。「これを体得するには、どこまでも慎重でなくてはならぬ」と。疑義をいだきながら師の下を去ってしばらくした後、洞山は川を渡って水に映る自分の姿をそこに発見し、師の言葉の真意をつかむのである。そこで作った偈が次の句である。

切に忌《や》む、他に従って覓《もと》むることを。
迢迢《しょうしょう》として我と疎なり。
我今独《ひとり》自往く、処処に渠《かれ》に逢うことを得たり。
渠は今正《まさ》に是れ我、我は今是れ渠ならず。
応《まさ》に須らく《すべか》恁麼《いんも》に会して、方《はじめ》て如如に契《かな》うを得たり。(13)

彼は川面に映る自分の影を見て、それが紛れもなく自分であることを発見する。その途端、疑念が一挙に氷解する。そこに映し出されているのは他ならぬ自分であって自分でなく、今その自分を見ている自分こそ自分であったのだと。水に映し出されている自分を他ならぬ自分であると覚知しているもうひとりの自分、その二にして一なる自分に気付いたのである。それはいわば、水に映る映らぬにかかわらず、それ以前のところで、今ここにこうしてあり続けている自己、つまりすべてのものを見ながらそれ自身は決して見られる対象とはならない、いつもその手前にある、要するに反省以前、対象化以前のところでいつもありどおしであった自己本来の姿、いわゆる「父母未生以前の本来の面目」に目覚めたのである。

こうした、自己が自己に他ならなかったことの発見、すなわち自己同一の自覚というのは、知る自己と知られる自己とが一つであるというように自己を対象的に判断し、認識することではない。対象化したあとで自己を同一として確認することではない。それは意識作用そのものの方向への立ち戻り、作用の作用自身への翻りということでなければならない。本来の面目は、いついかなる時でも〈此処〉を離れたことはない。いつも〈此処〉から〈此処〉へと自同的反復を繰り返しているのである。ところがその〈此処〉が我々には最も直接的で身近にあるため、我々には見えず、この絶対的な〈此処〉が蔽われ眩まされる結果、それが〈何処〉となって、それを外に求めるようになる。肝要なことは、外へと向かう心を、こちら側に取って返すことである。

ところで、我々の当面の問題にとって重要なのは、「渠今正是我、我今不是渠」という句である。〈我〉は到るところで〈渠〉に逢い、〈渠〉はつねに〈我〉として現前しているが、かといって〈我〉がそのままで〈渠〉ではないというのである。〈渠〉と〈我〉はそのままただちに一つ（不可分）でありながら、同時に厳密に区別される（不可同）というわけである。〈渠〉はどこまでも〈我〉として現成しながら、同時に〈我〉から遠ざかり、引きこもる。自己の自己への現前と退去。こうした超越的事態を、ではどのように考えればよいのであろうか。

ただここで注目したいのは、「渠今正是我、我今不是渠」とする「覚」に於いて初めて「如如に契《かな》う」という消息である。このあたりの事情を更に究明すべく、我々は次に〈鏡〉の哲学に触れなければならない。

五

菩提達摩に始まる禅は、瞑想によって乱れた心を鎮める方法ではなかった。本来乱れぬ自性に目覚めるところにその本領があった。般若の智慧には初めから払拭すべき煩悩もなければ、帰すべき真理もないのである。心は本来無一物、虚空のようにカラリとしていて、客塵偽妄のよりつきようがないのである。彼の謂う「壁観」とは、心を壁の如く保って、外的な妄想をよせつけず、真妄ともに脱落しきった本来清浄なる般若の智慧を発露させる瞑想法であった。ところが降って六祖慧能（六三八〜七一三）の弟子、荷沢神会《かたくじんね》（六八〇〜七六二）にいたると「見性」ということが提唱されてくる。見性とは自性を徹見すること、自性が自性に目覚めることである。「無念の体上に本知あり」と言われる如く、彼は達磨の壁観の背後に潜んでいた「知（＝見）」を表に際立たせたわけである。自性のうちにはつねに「知」が働いている。それはもはや目覚める必要すらないほど明々たる「知」である。神会はそうした根本知を「明鏡」に例える。禅定の境地を鏡に例える発想は古くからある。とくに唯識学派の「大円鏡智」がそうであり、華厳学派の「海印三昧」も大海を鏡とする点で、そのうちの一つに数えられよう。また『六祖壇経』で、心を明鏡台になぞらえ、塵挨を払拭すべく努力せよと主張する神秀（六〇六？〜七〇六）と、「明鏡は台に非ず、本来無一物」と断言して憚らない慧能との間のやり取りも周知のところであろう。しかし、神会の独創は、一言で言えば、ものを映さぬ以前の鏡こそ、鏡本来の優れた働きを発揮する（「萬像不現其中、此將爲妙」）、という発想であった。

『南陽和尚問答雑徴義・劉澄集』第八節に、神会と張燕公（六六七～七三〇）との間で交わされた次のような問答がある。


張燕公問、禅師（神会）日常無念ノ法ヲ説キ、人ニ勧メテ修学セシム、未審《イブカシ》、無念ノ法有カ無カ。

　答曰、無念ノ法ハ有ト言ハズ、無ト言ハズ。

問、何ガ故ニ無念有トモ無トモ言ハザルカ。

答、若シ其レ有ナリト言フモ、即チ世ノ有トハ同ジカラズ、若シ其レ無ト言フモ、世ノ無ニ同ジカラズ。是ヲ以テ無念ハ有ニモ無ニモ同ゼズ。

問、喚ンデ是没物《ナニモノ》ト作《ナ》サンカ。

答、喚ンデ物《ナニモノ》　トモ作サズ。

問、異没時作物生〔ソンナラ（ソレハ）ナンダ〕

答、不作物生〔ナニモノデモナイ〕。是ヲ以テ無念説クベカラズ。今言説スルノハ、問ニ対センガ為ノ故ナリ。

若シ問ニ対セズンバ、終ニ言説スルトコロ無カラン。譬ヘバ明鏡ノ如シ。若シ像ニ対セズンバ、鏡中終ニ像ヲ現ゼズ。爾今《イマ》現像ト言フハ、物ニ対スルガ為ノ故ナリ。所以《ユエ》ニ像ヲ現ス。

問曰、若シ像ニ対セザレバ、照カ不照カ。

答曰、今対シテ照スト言フハ、対ト不対トヲ言ハズ、倶ニ常ニ照スナリ。

問、既ニ形像無ク、復タ言説無ク、一切ノ有無、皆立スベカラズトシテ、今照ラスト言フハ、復タ是レ何ノ照ゾ。

答曰、今照ト言フハ、鏡ハ明ナルヲ以テノ故ニ、此ノ性有リ。若シ衆生心浄ナルヲ以テ、自然ニ大智慧光有リテ、無餘世界ヲ照ス。

問、既ニ若シ此ノ如クナラバ、作没生時《ナントシテカ》得ン。

答、但々無ヲ見ル。

問、既ニ無ナリ、是没《ナニ》ヲカ見ル。

答、見ルト雖《イヘド》モ、喚ンデ是物《ナニモノ》トモ作《ナ》サズ。

問、既ニ喚ンデ是物トモ作サザレバ、何ヲカ名ヅケテ見ト為ス。

答曰、見テ物無キ、即チ是レ真見ナリ、常見ナリ(14)。

（『神会録』第八節）


さて、ここで留意したいのは、鏡そのものが具えている「自性の照」、つまり物を映す映さぬにかかわりなく、つねにそれ自らで照り輝いている働きである。更にもう一人、鏡について論じている人物を挙げておきたい。それは自ら神会の五世と名乗り、荷沢宗の最後を飾った圭峯宗密《けいほうしゅうみつ》（七八〇〜八四一）である。彼は神会の「知」の一字こそ「衆妙の門」と見なし、『中華伝心地禅門師資承襲図』の中で次のように述べている。

真心の本体に二種の用有り、一には自性の本用《ほんゆう》、二には随縁《ずいえん》の応用《おうゆう》なり。猶《な》お銅鏡の如し、銅の質は是れ自性の体、銅の明は是れ自性の用なり。明の現ずる所の影は、是れ随縁の用なり。影は即ち縁に対して方《まさ》に現わる、現わるに千差有るも、明は即ち自性にして常に明なり。明は唯だ一味のみなり、以て心の常に寂なるは是れ自性の体、心の常に知なるは是れ自性の用、此れ能く語言し能く分別し動作する等は、是れ随縁の応用なるに喩《たと》う(15)。

専ら対象的なものに関わる「随縁ノ応用」とは区別された「自性ノ本用」、言い換えれば、真如そのもの、つまりソレ自体ニ於イテ先ナルモノの性起《しょうき》の働きがここでは見事に説示されている。南宗は、北宗がもっていた本覚思想を「本知」として捉え直すことによって、絶対的な空寂の本体に帰入合体し、透徹した一元論の立場を貫くものとはなったが、それがやがて「正念相続」としての坐禅修行を軽んじ、平俗な日常性にいわば胡座をかいて、そこにのみ仏性の全体作用を見ようとする危険性を孕むものとなる。馬祖道一（七〇九〜七八八）やその法系の洪州禅がそれである。馬祖の「即心即仏」、「平常心是道」、降っては臨済義玄（?〜八六七）の「仏法無用功処・祇是平常無事、屙屎送尿、著衣喫飯、困来即臥」[16]（『臨済録』示衆十三）みな然りである。これらの言詮は、般若智の境涯に立って、そこから表明されているのであって、それはそれで大らかな現実肯定として優れた側面があるものの、ややもすれば「只没《しも》禅」（そのまま禅）に堕しかねない。神会の本知を更に徹底させて「自性ノ本用」として捉え直し、それを、対象的なものに関わる「随縁ノ応用」から区別することによって禅と華厳の哲学を総合しようとした宗密からすれば、このような洪州系の禅は「本知」をまったく理解せず、専ら随縁の応用にのみ着目し、非本来的直接経験を本来的なそれと見做したところに大きな誤りがあるとするのである。

　宗密は『大乗起信論』の「真如随縁」の思想を踏まえている。前述したように、心真如には不変と随縁の二面を併せ持ち、心真如そのものは不起不動の絶対静のあり方をしているが、その絶対静は随縁の起動を離れたものではない、という説である。言い換えれば、本来不起不動なるものが、どこまでもそのあり方を堅持しつつ、不断に起動発現してゆくこと、つまり自体的・本体的なるものが、その自同性を離れることなく、自己発展してゆくのである。しかしここで重要なことは、宗密が「無念の体上に本知あり」とする神会の立場に依拠し、「随縁」をば対象との関わりにおける他律的な働きとだけみなすことによって、むしろそうした他律的な働き以前の次元で自性それ自身がもつ「体」と「用」の区別をしたことである。すなわち、鏡の本体と、映像の有無に関わりなく常に照らしている鏡自体の働きである。

何物も映さぬ先の、鏡自体がもつ「自性の照」、それは、言うなれば、鏡が鏡自身を映していると考えられよう。自ら何かを映そうという意図なく、映す主体《もの》なくして自らを映し出す。こうした鏡自身のおのずからなる照り輝きを曇らせぬためには、鏡が鏡自身の底へ底へと遡り深まりながら、不断に自らを照らし返していかなければならない。すなわち自性の自同性はどこまでも動的発展的なものであって、静的固定化を絶えず根底から打ち砕いていくためにも、照り返しの焦点への遡及的還帰的な動向が必要なのである。不断の照り返し〈自性の用〉があればこそ、鏡はどこまでも明鏡〈自性の体〉でありつづけるのである。鏡自身が持つこうした自己返照の動きは、要するに〈同じもの〉が〈同じもの〉に向かう〈同〉の自己還帰運動であり、自己を否定的に差異化しつつそれ自体へと立ち戻ってゆく、言うなれば「非・自己同一性としての〈同〉」に他ならず、そこには〈差異化的自己同一化〉の動きがあるわけである。そうした意味で、自己返照とはつまるところ、差異化の反復に他ならず、差異が差異を差異化してゆくことと一つに、同じものを同じものとして現在化させているのである。反復はこのように同じものを与えるが、それはあくまでも差異化による不断の退去（＝蔵身）という仕方に於いてなのである。鏡に具わる「自性の照」とはこうした構造を持つ。これが神会の謂う「知」であり、「自然知」である。ここにはいわゆる安直な「即」の論理には収まりきれない、自己否定を介した「即＝非」の論理が打ち出されている。のちに宗密が「即心即仏」に代表される馬祖系の洪州禅を批判したのも、それが随縁の応用にのみ着目し、それがそのまま自性の本用であるかのように誤認したこと、言い換えれば、自性の本用に具わる「非」の契機、自己差異化〈自己否定〉の契機、畢竟するに、不可逆的〈超越〉の契機を無視してしまったことによる。

六

神会によって新しく標榜された「知」は、自性が自性に目覚めること、すなわち「見性」であった。それはすでに述べたように、覆蔵的・超越的契機を内に含んだ即非的自己同一の「覚」であった。ところで、彼が、明鏡のもつ「自性の照」を「常照」であると言ったことを思い起こす時、覚が覚する働きは、つねに〈現在〉を離れないことが理解されよう。鏡の鏡自身への照り返り、覚が覚する働きは、言うなれば、現在が現在を現在化させてゆく絶対現在の自己限定に他ならない。絶えず現在から現在へであり、このように現在が現在になりゆく不断の現在化は、横へ流れてゆく方向ではなく、いわば垂直的な自己湧出の運動であろう。

ところがここにやっかいな問題が生じてくる。一つは、真如覚体がこのように絶対の現在であり、最も根源的な主客未分の直接経験であるにも拘らず、その本来あるべき直接経験がなぜ普段は、同じ主客未分とはいえ非本来的な直接経験へと頽落してしまうのか、更には、そうした頽落したあり方から脱し、菩提心を発して仏道修行に励む者にとって、その現在がなぜ端的な現前とはならず、覆い隠され（不覚）、「見性」が果遂されるべき〈未来〉の目標として現前してくるのかという問題である。「霊雲桃花」の話[17]（『景徳伝燈録』巻十一、「霊雲志勤章」）にもあるように、霊雲が桃の花を見て見性するまでに要した三十年という歳月はいったい何だったのか。更にもう一つの問題は、「目覚めてみれば（始覚）、それはいつもすでに此処にあった（本覚）」ということである。一言で言えば、絶えず自己湧出的に自らを現在化させているはずの性起の働きが、なぜ見性以前は〈未来〉というかたちで自らの現前を留保し、見性以後はいつもすでにというように〈既在性（過去）〉というかたちで退去しつつ現前してくるのかということである。現在が絶えずその〈痕跡〉でしかないような起源の隠れ、遠のき。我々は更に立ち入って究明しなければならない。

〈いつもすでに〉とは既在性（過去）の表現を取りながら、じつはより厳密には〈先在性〉、〈先行性〉を示している。真如覚体の現在が〈いつもすでに〉というかたちをとるのは、自性それ自体が、私がそれを覚すと否とにかかわらず、それに先立つ次元で絶えず現在してやまないという意味での〈先在性〉を示しており、言うなれば「それ自らにとって先なるもの」だからである。したがって〈先在性〉は二段構えで考えられなければならない。まず真如覚体の現在が、修行者にとっては達成さるべき〈未来〉の目標として、つまり「我々にとって先なるもの」として、自らの端的な現前を留保し、隠蔽し、修行者から遠ざかっているということ。そしてその所以を遡ればそれは、自性の絶対現在が「それ自らにとって先なるもの」だからである。更にまた、「見性」以後には、それが〈いつもすでに〉という既在性として引きこもるのも、やはり自性それ自身の不断の現在性が「それ自らにとって先なるもの」だからである。

ではこの「それ自らにとって先なるもの」がそれ自らにおいて先立っているということ、言い換えれば「それ自らにとって先なるもの」が、その先在性のゆえに、絶えず〈いつもすでに〉という既在性のかたちで自らを顕在化させているということ、これはどういうことなのか。それはつまりこうである。現在が現在自身を現在化させてゆくのは、即非的に自己を差異化しつつ、自己自身の底へと遡源的に退去するからである。現在が、絶えずその〈痕跡〉でしかないような起源の隠れ、遠のきとは、絶対現在のそれ自身への蔵身に他ならない。言うなれば遡源的自己差異化の反復が現在を〈いつもすでに〉という既在性（痕跡）として立ち遅らせるのである。この絶対現在がもつ蔵身の反復、現在の現在からの退去、一言で言えば、現在の即非的自己同一化の運動、それは現在を絶えず〈痕跡〉というかたちで現在化させながら、それ自身は〈痕跡〉を与える当体として一度も現前することなく、自らの現在化を留保し、常に〈先・現在〉として、いわば〈未現前〉に留まり、自らのもとに引きこもるアノニムな根源現象であって、こうした「絶対の覆蔵態」こそが、自性の絶対現在を「それ自らにとって先なるもの」たらしめているわけである。したがって、「我々にとって先なるもの」が我々にとってつねに先立っているのは、それがそれ自らにおいて先立っているからであり、「それ自らにとって先なるもの」がそれ自らにとって先立っているのは、それが今述べたような仕方で常に自己蔵身を反復しつつそれ自らにおいて先立っているからなのである。

ここで再び洞山の「過水の偈」に戻って考えてみたい。〈渠〉はそれに気づく気づかぬとにかかわらず、それ以前のところで、〈我〉として現在している。ところが、〈渠〉自体の先在性がその端的な現前を覆い隠しているため、〈我〉は常に〈渠〉を外に求めることになる。しかし〈渠〉に目覚めてみれば、〈渠〉はこの〈我〉に他ならず、いつもすでに〈我〉として現在していた、というわけである。〈我〉と〈渠〉との逆対応の関係、すなわち、両者はそのままただちに一つ（不可分）でありながら、同時にどこまでも区別されなければならない（不可同）という即非的自己同一が強調されるのは、〈渠〉がどこまでもそれ自体において先立っているものだからである。しかしその〈渠〉が〈渠〉であり得ているためには、〈渠〉が〈渠〉自身と自己同一であること、〈渠〉が〈渠〉自身になりきっているということ、〈渠〉が〈渠〉自身に「蔵身」しているということ、要するにそれ自身が〈絶対の覆蔵態〉として自己還滅《げんめつ》してしまっているということでなければならない。それは自己現在に先立った次元、つまり〈先‐現在〉の次元で常に開演されている。すなわち〈それ自らにとって先なるもの〉はどこまでもそれ自らに於いて先立っている、言うなればそれは〈未‐現前〉しつづけているのである。そうした意味で、〈渠〉は絶対に〈先立つもの〉、〈先なるもの〉であって、〈我〉に対する〈渠〉の絶対的先在性は、決してその順序を逆にすることはできない（不可逆）。このことは、〈我〉の外に形而上的絶対者として〈渠〉を想定してしまうのではないかという危惧を抱かせるかもしれないが、決してそういうことではなく、「即」の論理が「即非」

の論理に裏打ちされているということに他ならない。神会のいう「根本知」、すなわち「見性」は、自性それ自身が持つ〈絶対的先在性（不可逆性）〉に目覚めること、言い換えれば、自性の自同性をその根本のところで可能にしている自性の自性それ自身への自己還滅、要するに先在的覆蔵態に目覚めることなのである。かくして、本来的直接経験はその絶対的・不可逆的特質を持つことによって、どこまでも〈超越的〉なものなのである。

以上のことからわかるように、真如覚体の持つ本来的直接経験が、普段はその根源性に気付くことなく、非本来的な直接経験に頽落し、また修行者にとっても「見性」が未来に果遂すべき目標として外に求められてしまうのも、すべて真如覚体が本質的に持つ「先在的覆蔵性」、すなわちその超越性に由来するのである。そこを「覚」して翻すことこそ「頓悟」たる「見性」に他ならない。

【註】

（1）入矢義高訳註『臨済録』岩波文庫版、一九九三年、二〇頁
（2）同書、三九頁～四〇頁
（3）『禅の語録8　伝心法要・宛陵録』入矢義高編註　筑摩書房、一九六九年、七頁
（4）『景徳伝燈録』東呉・釋道原著　中文出版社刊、九二頁
（5）同書、三五〇頁
（6）『正法眼蔵三百則』上一七、『道元禅師全集』第五巻、（鈴木格禅、桜井秀雄、酒井得元、石井修道校訂・註釈）春秋社、一九八九年、一三五頁
（7）入矢義高、梶谷宗忍、柳田聖山編『禅の語録15　雪竇頌古』四〇則、筑摩書房、一九八一年、一一八頁
（8）陸亘大夫と南泉との問答に含まれる深い意味については、西谷啓治・八木誠一『直接経験―西洋精神史と宗教』春秋社、一九八九年、一八〇～一九〇頁を参照されたい。

（9）入矢義高監修『玄沙広録』上二、禅文化研究所、一〇頁
（10）同書、上三、一二頁
（11）平川彰編『大乗起信論』（佛典講座22）大蔵出版、一九七三年、一〇二頁
（12）『禅の語録1　達摩の語録―二入四行論―』柳田聖山編註　筑摩書房、一九六九年。本文引用箇所のページ数は本書による。
（13）『瑞州洞山良价禅師語録』（『五家語録』所収　影印版　柳田聖山主編　中文出版社）一二五頁上段。『禅語録』（『世界の名著』〔続〕第三巻　柳田聖山編　中央公論社）三〇〇頁
（14）『鈴木大拙全集』（第三巻、二五一頁。原漢文、同全集第一巻　一九三～一九四頁も参照）
胡適校敦煌唐寫本『神曾和尚遺集』（胡適記念館）四四三頁～四四六頁
『神会の語録　壇語』（唐代語録研究班編・禅文化研究所、二〇〇六年）二〇〇～二〇四頁参照。
（15）『禅の語録9　禅源諸詮集都序』鎌田茂雄編註　筑摩書房　一九七一年、三三七頁
（16）入矢義高訳註『臨済録』（前掲書）、五〇頁
（17）『景徳伝燈録』（前掲書）、一九八頁

第二章　鈴木大拙の禅思想に寄せて

――般若即非の真如観から見えてくるもの――

一

M・ハイデガー（一八八九～一九七五）は、一九五九年に刊行された『言葉への途上』に収載されている「言葉についての対話より（一九五三～五四）―或るひとりの日本人と問いかける人との間で交わされた―」と題された対話録のなかで、日本の哲学者の田辺元を回想するという設定で、日本人をして次のように語らしめている。それは、かつて田辺がハイデガーから問われた一つの問いを幾度も述懐していたらしい、ということである。その問いとは、「日本人はヨーロッパ哲学に次々と現れてくる新しいものを貪欲に追いかける代わりに、日本人に固有の思惟の中にある尊い原初のものに、なぜ、思いを致さないのか（Weshalb wir Japaner uns nicht auf die ehrwürdigen Anfänge unseres eigenen Denkens besännen, statt immer gieriger dem jeweils Neuesten in der europäischen Philosophie nachzurennen.）」というものであった。（GA.12, S.124）

この問いは、明治以降の西洋思想の受容と近代化の潮流の中で、東アジア圏に於ける独自の思惟を根幹から規定している〈原初・本源〉への畏敬の念を喪失し、むしろそれを敬遠してしまった現代の私たち日本の哲学研究者に対して、直截に反省を促す意味を持つだけでなく、それはハイデガーのように自己自身の世界を規定する「西欧的思惟」の独自性とその思惟を始めた〈原初・本源〉の偉大さを真に畏敬する者のみが、同時に別の世界の思惟とその〈原初・本源〉をも真に尊敬することができる、ということを教えるものであろう。

　現代の西洋的世界はそれの歴史に於いて未曾有の「世界の問い」に転化している。それは西洋的世界の発端であるギリシアの原初とは区別された別の原初の将来を待ち望んでいるということである。そして東アジア圏の世界もまた、問いに転化した西洋的思惟を受容することにより、それ自身の原初・本源を深く覆蔵しながら、ひとつの根本的な問いに転化している、ということが出来るであろう。そして現在はこのような東西の二つの世界、言い換えれば二つの世界の問いの対話が不可避的となった時である。この時に際して私たちが先ず以てなすべきことは、東アジアの世界の覆蔵された〈原初・本源〉へ翻って、それを真摯に思索する道を開くこと、そしてこの道を、西洋的世界の行き先である別の原初へと向かう道と関わり合わせ、両者の間に実りある対話を実現させること、この対話を通して二つの世界の原初・本源の異同を究明すること、これが私たち日本人に課せられた、現代世界に於ける世界歴史的な課題であろう。そしてこの課題に真摯に取り組んだ先達が西田幾多郎であり、鈴木大拙であった。二人はこのような課題に携わる端緒として、東洋的世界の原初・本源である「根本仏教の立場」を究明したと言っても過言ではない。

　根本仏教の立場の究明とは、すでにインド以来の般若思想の展開の中に潜んでいた〈最も原初なるもの〉すなわち「般若智」の哲学的論理学的自覚を意味する。かりにアリストテレスの顰に倣って言えば、それは厳しい仏道修行にとって到達すべき課題とされる如き「我々にとって先なるもの（πρότερον πρὸς ἡμᾶς）」ではなく、「それ自体において先なるもの（πρότερον τῇ φύσει）」として、初めから般若思想の根柢に存し、その哲学自身の発展を駆り来たったものである。ある意味では、それは、釈尊菩提樹下の禅定開眼のその端緒において既に存していたと言って過言ではない。それが般若系思想の思索と体験とを通して発展し、いまここに自覚的に取り出されて論理として形成せられるとき、初めて仏教思想の哲学化への一歩が可能になったのである。鈴木大拙が仏教哲学者としての立場から、それを「般若即非の論理」として明示し、同時に、西田幾多郎が大乗仏教の精神の哲学的・論理的自覚として際立たせた「絶対矛盾的自己同一」もしくは「逆対応」の思想は、今改めてその世界思想史上における業績として見られるであろう。

西田哲学は深くこの畏友鈴木大拙の天才的な把捉に負っている。「絶対矛盾的自己同一」と「即非の論理」とは、ともに立脚地は同じなのである。それは、一言で言えば、西洋における「同一性の論理」とはまったく異質な、否定の契機を介してそれと認められる「自己同一の論理」なのである。「即非の論理」とは鈴木が『金剛経』の言説に基づいて明示した論理であり、昭和十八年冬から同十九年春にかけて五回にわたって行われた『金剛経』と禅との関係についての講演の中で纏まった思想として見られるが、この講演は同十九年夏に「金剛経の禅」（『日本的霊性』所収）として発表された。この論理は、「AはAでない。ゆえにAである。」「山は山にあらず。故に山である。川は川でないが故に川である。」という言説で説かれる同一性論理であった。西田幾多郎は鈴木に宛てた書簡（昭和二十年三月十一日付）の中で、次のように述べている。「大拙君・・・私は今宗教のことをかいてゐます。大体従来の対象論理の見方では宗教といふものは考へられず、私の矛盾的自己同一の論理即ち即非の論理でなければならないと云ふことを明にしたいと思ふのです。私は即非の般若的立場から人といふものの即ち人格を出したいとおもふのです。そしてそれを現実の歴史的世界と結合したいと思ふのです。」西田は余程この「即非の論理」に共感するところがあったらしく、その七日後にも、西田は鈴木に宛てて次のような書簡を送っている。「とにかく般若即非の論理といふのは面白いとおもひます。あれを西洋論理に対抗する様に論理的に作り上げねばなりませぬ。さうでないと、東洋思想と云つても非科学的など云はれて世界的発展の力を持て

ない。」（同年同月十八日付）〔『西田幾多郎全集』新版第二十三巻、旧版第十九巻、岩波書店〕

二

「山是山、水是水」とは青原惟信の次の言葉を踏まえている。「老僧三十年前未参禅時、見山是山、見水是水。及至後来、親見知識、有箇入處。見山不是山、見水不是水。而今得箇休歇處、依前見山祇是山、見水祇是水。云々。」(2)

西田は、論文「叡智的世界」（『一般者の自覚的体系』所収、昭和三年）に於いて「絶対無」について次のように言う。「真に絶対無の意識に透徹した時、そこに我もなければ神もない。而もそれは絶対無なるが故に、山は是山、水は是水、有るものは有るが儘に有るのである」(3)と。

ところで、山がもはや見られる対象としてではなく、その実体の軛《くびき》から解き放たれて、山が山として露堂々と顕現しているということのうちには、山がおのずからに山であること、山が山に成りきったところ、山が山自身に立ち返るということがなければならない。山が山に成りきる、山が山に立ち返るとは、山が山自身に「蔵身」するということ、山自身へと還滅《げんめつ》するということであって、そうであればこそ、山なら山の刻々の現成がありうるのである。山の本来の面目の現成、「青山常運歩」（道元『正法眼蔵』「山水経」）とはそういうことである。また道元は言う、「魚行いて魚に似たり、鳥飛んで鳥の如し」（『正法眼蔵』「坐禅箴」）と。「似る」とはどういうことか、「如し」とはどういうことか。個物は個物自身へと還滅することによって自身の如実なる自己同一的現前を現前化させるのではないか。魚が魚に似、鳥が鳥の如くであるとしたところに、魚、鳥の自己自身との隔たりがあり、その隔たりを介して自己同一が成立するのである。こうした消息を、日本曹洞宗第四世、瑩山紹瑾《けいざんじょうきん》（一二六八～一三二五）は、『信心銘拈提』の中で、次のように述べている。

それ現成とは、山はもとこれ山、水はもとこれ水なり、と。錯。山、山を知るべからず、水、これ水を知るべからず。かくのごとく全体現成して更に入処なし(4)。

已れ、已れと差《たが》い、山、山と異なる。所以に天は天に似ず、地は地に似ず、眼は眼に似ず、耳は耳に似ず、毫髪も相似の道理なく、微塵も相同の法界なし。釈迦は釈迦に差い、達磨は達磨に似ず。五十余代一代も似ず、三世の諸仏一仏も同じからず(5)。

ここには絶対無の自覚に於ける即非化のはたらきが、同時に万有のおのずからなる自己同一化を可能にしていることが如実に開陳されている。つまり個々のものが自己意識からするあらゆる観念的実体化を拒否・撥無することによって、却ってそのおのずからなる本来の自己同一を顕現させてくるのである。ただ、ここでとくに留意したいのは、山是山、水是水という存在の即非的自己同一を成立させる〈自己同一それ自身の場〉とも言うべき、もう一つ奥の即非的自己同一の〈開域〉があるということである。それは、上で「絶対無の自覚に於ける即非化のはたらき」と言ったが、いわゆる「般若智」そのものの即非的自己同一である。禅ではよく「火は火を焼かず、水は水を濡らさず」とか、「眼は眼を見ず」という表詮によって、火なら火の、水なら水、眼なら眼の「自性」すなわち本体そのものの自己同一性が言い表されるが、それがすなわち般若智そのものの即非的自己同一の表現に他ならない。こうした即非的自己同一の〈開域〉に於いてはじめて、個々の存在の即非的自己同一が成立し、

「物皆自得」もしくは「万象之中独露身」ということが成り立つのである。

眼で物を見る場合、眼は見るという機用《はたらき》を働かせながら、その見る作用を見る作用として自らのもとに摂め取っており、見ることに成りきってそれ自身を絶対に見ない。つまり眼は眼に成りきり、眼自身を見ないことがすなわち眼が物を見るということに他ならない。物がそこにありありと見えているということの裏には、眼が眼でありつづけているということ、眼が眼自身と自己同一であること、眼が眼自身の中に滅却しているということがなければならない。そうした意味で、物を見る眼はそれ自体としてはどこまでも「盲目」なのである。眼は眼の中に「蔵身」し、眼は眼であることを即非的に忘却することによってこそ眼は眼としての機用《はたらき》を万全に発揮するのであり、またそうした眼に物はあるが儘の姿で如実に現前しているのである。眼に物が映るというのではなく、あるのは眼前のあるが儘の事実だけである。まさに「盲目」なる眼にこそ眼前の事象は端的如実に現前するのであり、真の意味で「それ自らに於いてあり、それ自らによって理解される（in se esse, perse se concipi）」ものとなる。西田の「絶対無」の自覚も、鈴木のいわゆる「無分別智」も、このような自己滅却、つまり無作の滅諦（絶対的覆蔵態）の自覚と考えて恐らく間違いはないであろう。

要するに、「即非的自己同一の論理」にはこうした重層性があるのである、山是山、水是水が真如実相の即非的自己同一であるとすれば、そういう自己同一を成立せしめる場所もしくは開域として、般若智そのものの即非的自己同一があるのである。瑩山の言葉では、この両者が同列に論じられているが、一往は区別すべきものであろう。

三

ところで、「眼は眼を見ない」という発想は、遡れば龍樹（ナーガールジュナ Nāgārjuna、150-250）の『中論』巻第一、「観六情品第三・眼などの認識能力（根）の考察」の中に見える。そこには次のようにある。

〔113-10〕svaṃ ātmānaṃ darśanaṃ hi tat tam eva na paśyati /
〔113-11〕na paśyati yad ātmānaṃ kathaṃ drakṣyati tat parān //

是の眼は則ち　自ら其の己体を見ること能わず、
若し自ら見ること能わずんば、云何んが余物を見ん。(6)

ここでは作用とその主体と対象との三者の関係が主題となっており、自己自身に対して作用をなさない「本体」の有り方が問題にされている。その詳細はここでは省略するが、この発想は、さらに『首楞厳経』巻四の中に、次のような故事として挙がっている。

室羅城《しら》の中の、演若達多《えんにゃだった》、忽ちに晨朝《しんちょう》に於て、鏡を以て面を照し、鏡中の頭の眉目見るべきを愛するに、己が頭に面目を見ざることを瞋責《しんせき》して、以て魑魅《ちみ》なりと為し、状《ゆえ》無くして狂奔す。・・・彼の城中の演若達多の如き、豈《あ》に因縁有らんや。自ら頭を怖れて走れるのみ。忽然として狂歇《や》めば、頭は外より得るにあらず。

縦《たと》い未だ狂を歇めざれども、亦た何ぞ遺失せん。富桜那よ、妄の性も是《か》くの如し。何に因ってか在りと為《せ》ん。(7)

演若達多という青年が、毎日鏡をながめては、そこに映る眉目秀麗な自分の顔を見るのを楽しみにしていたが、ある時、ふとしたことから、鏡に映る顔は自分の顔でないと思うと、いてもたってもいられない。彼は自分の顔を捜しに町の中を走りまわるのだが見ることはできず、ふと我にかえってみると探している自分の顔こそ、自分の顔に他ならなかったことに気づく。つまり彼自身の顔は、彼自ら見るほかはない。彼にしか見えないのである。『首楞厳経』で、仏陀がこの比喩によって説示しようとしたのは、形のない自己そのものの正体を見るという、見性の秘密である。すべてを見ることのできる自分の眼が、自分の眼だけ見ることができないのである。(8)

もう一つ紹介しておこう。『碧巌録』巻第三・第二十三則、本則の評唱、李通玄の説がそれである。

称性の処に到らば、眼自ら見ず、耳自ら聞かず、指自ら触れざるが如く、刀自ら割かず、火自ら焼かず、水自ら洗わざるが如し。(9)

こうした般若智に於ける自己隔差的統一、すなわち即非的自己同一が持つ哲学的思惟の論理を明確に示すのが、「億劫相別れて須臾も離れず。尽日相対して刹那も対せず。此理、人々これあり。」という大燈国師、宗峰妙超（一二八二～一三三七）の垂示の語である。そこで問題になっているのは、般若智の直覚内容である。この般若智そのものの「即非の論理」を理解するためには、大燈禅の特質を予め知っておく必要がある。

大応（一二三五～一三〇八）の隠侍であった妙超は大応に「雲門の関」の公案を与えられる。これは『碧巌録』巻第一・第八則（『雪竇頌古』第八則）(10)にあり、以下のようである。

挙す。翠巌《すいがん》、夏末《げまつ》に衆に示して云く、「一夏已来《このかた》、兄弟《ひんでい》の為めに説話《せった》す。看よ、翠巌の眉毛《びもう》在りや。」保福《ほふく》云く、「賊を作《な》す人は心虚《こ》なり。」長慶《ちょうけい》云く、「生ぜり。」雲門云く、「関《かん》。」

翠巌が、夏《げ》（夏安居）のあける日の説法に際して言った、「夏のあいだ、お前たちに説法して来た。儂《わし》の眉毛は、まだ残っているかどうか見てくれ。」保福、「大泥棒ほど心の中はびくつくものですね。」長慶、「ちゃんと、生えていますよ。」雲門、「まるで越すに越されぬ関所です。」

翠巌は、古来誤った法を説くと眉毛が脱落するという言い伝えがあったので、このように尋ねたのである。筆者なりに解釈すると、こうである。翠巌の問は、説法を聴いている三名に、いわば「鎌をかけた」わけである。仏法は、表詮、遮詮に拘わらず、おのずから真なるものであり、「遍界曾て蔵さ」ざる底のものであろう。したがってこの問に引っかかっては、それで万事休すである。ところが三名は見事に答える。保福は、「言詮不及なる妙法という宝物を言葉でもって説くという行為は、大泥棒といってよいが、大泥棒に扮しているあなたは眉毛が落ちたかどうか、びくびくしておられる、そのような巧い演技に、私はだまされませんよ。」と答えたのである。長慶は「眉毛は落ちているどころか、しっかりと生え揃っていますよ。言詮不及の妙法は、それ自身、表詮・遮詮には拘わらず、おのずから真なるものです。あなたもすでにご存知のように。」と答えたのであろう。ところが、難解なのは、雲門の「関」の一字である。これは「関所」の意味である。思うに、上記の二人の答えを踏まえて雲門は答えているわけであって、おそらく言詮不及なる妙法の「表詮・遮詮」に拘わらざる底の消息を「関」と言ったのではないであろうか。要するに、言詮不及なる妙法とその説示・説法、つまり言語以前の次元と言語的次元との〈あいだ〉、更に言えば、あるがままの「真如実相」と、それをそのように覚知し、そのように「道得」しうる（道《い》い得る）「般若智＝正覚」との関係が問題であるわけである。関所を設けることによって、道（大地）は寸断され、関所の〈向こう側〉と〈こちら側〉とに分離される。関所を境として、奥と手前との接点とは何か、この二者は対して対せず、接せずして接する、いや関所があってもなくても、道（大地）はひとつであり、ひとつらなりなのである。

さて、妙超はこの「雲門の関」に参じ、「錯を将って錯に就く」（誤りを誤りでまとめあげたのだ）と答える。おそらくそれは、言詮不及なるものを言葉で説くという誤りをもって、却って言詮不及なるものをまさにそのようなものとして捉えた、ということだと考えられる。大応はその時、「よいことはよいが、この公案にもっと深く参ぜよ」と命じる。妙超はこの公案を突破するのに三年を費やす。大応は徳治二年に鎌倉の建長寺に移り、妙超もこれに従うことになるのだが、それから間もない頃、ある日、机の上に錠前を置いた時、その「ガチャン」という音とともに、豁然として大悟した。すぐ方丈に行き、大応に自分の見解を示したところ、大応は大いに驚き、「汝は雲門の再来の人」だと絶賛する。

見性によって覚される真の自己の正体は決して日常の自己を超えたある特別なものではない。それは我々にとってごく身近で最も直接的な端的如実の経験である。妙超が机の上に錠前を置いたその瞬間、ガチャンと鳴った、そのガチャンが、分別以前、判断以前のところであるがままの真実をまさにあるがままに顕現させたのである。ガチャンをガチャンと聞いた、そこに自己の正体が顕れている。ガチャン！ただそれだけである。しかもそのガチャンは自己と別のものではない。ガチャンと鳴ったのは自己、すなわち妙超自身なのであった。臨済のいわゆる「一無位の真人」とはこれである。鈴木大拙は、次のように言う、

悟りとは未分化の場が未分化の場を意識するのだ。未分化の場が未分化の場そのものと一枚になりきったことを自知する、そこに悟りがあるのだ。故に悟りの中には主体・客体の別はない。覚知せられたものが覚知

そのものであり、覚知は覚知されたもの以外のものではない。両者は完全に同一性（アイデンティフィケーション）の情態にある。・・・絶対的な自己同一性。(11)

四

大燈国師の垂示「億劫相別れて須臾も離れず、尽日相対して刹那も対せず。此の理人人之れ有り」に於ける「相別・不離、相対・不対」とは、臨済のいわゆる「一無位の真人」としての自己と、それを「日に用いて知らない」凡夫としての自己との関係である。これは大拙のいわゆる「超個の個」に通じている。その消息を考えるために、次に洞山の「過水の偈」を例として挙げたい。この話は前の章でも言及したが、ここで再度取り上げるのは、大拙自身が『般若経の哲学と宗教』の最後で、この洞山の偈を「般若波羅蜜の内的経験を彷彿たらしめる」ものとして挙げて締めくくっているからである。(12)

先述したように、「過水悟道」の話は、曹洞宗の開祖、洞山良价《とうざんりょうかい》（八〇七～八六九）が川を渡る際に水面に自分の影を見て豁然大悟し、偈を賦した故事である。そこで作った偈が次の句である。

切忌従他覓。　切に忌《い》む、他に従って覓《もと》むることを。
迢迢與我疏。　迢迢《しょうしょう》として我と疎なり。
我今獨自在。　我今独《ひと》り自往く、
處處得逢渠。　処処に渠《かれ》に逢うことを得たり。
渠今正是我。　渠は今正《まさ》に是れ我、

我今不是渠。
應須與麼會。(13)
方得契如如。

我は今是れ渠ならず。
応《まさ》に須《すべか》らく恁麼《いんも》に会して、
方《はじめ》て如如に契《かな》うを得たり

彼は川面に映る自分の影を見て、それが紛れもなく自分であることを発見する。その途端、疑念が一挙に氷解する。そこに映し出されているのは他ならぬ自分であって自分でなく、今その自分を自分と見ている自分こそ自分であったのだと。水に映し出されている自分を他ならぬ自分であると覚知しているもうひとりの自分、その二にして一なる自分に気付いたのである。それはいわば、水に映る映らぬにかかわらず、それ以前のところで、今ここにこうしてあり続けている自己、つまりすべてのものを見ながらそれ自身は決して見られるものとはならない、いつもその手前にある、要するに反省以前、対象化以前のところでいつもありどおしであった自己本来の姿に目覚めたのである。

こうした、自己が自己に他ならなかったことの発見、すなわち自己同一の自覚というのは、知る自己と知られる自己とが一つであるというように自己を対象的に判断し、認識することではない。対象化したあとで自己を同一として確認することではない。それは意識作用そのものの方向への立ち戻り、作用の作用自身への翻りということでなければならない。本来の面目は、いついかなる時でも〈此処〉を離れたことはない。いつも〈此処〉から〈此処〉へと自同的反復を繰り返しているのである。ところがその〈此処〉が我々には最も直接的で身近にあるため、我々には見えず、この絶対的な〈此処〉が蔽われ眩まされる結果、それが〈何処〉となって、それを外に求めるようになる。肝要なことは、外へと向かう心を、こちら側に取って返すことである。

ところで、我々の当面の問題にとって重要なのは、「渠今正是我、我今不是渠」という句である。〈我〉は至るところで〈渠〉に逢い、〈渠〉は常に〈我〉として現前しているが、かといって〈我〉がそのままで〈渠〉ではないというのである。〈渠〉と〈我〉はそのままただちに一つ（不可分）でありながら、同時に厳密に区別される（不可同）というわけである。〈渠〉はどこまでも〈我〉として現成しながら、同時に〈我〉から遠ざかり、身を蔵す。それはどういうことなのか。

五

ここで注目したいのは、「渠今正是我、我今不是渠」とする「覚」、そして「如如に契《かな》う」という消息である。「如如」とは端的如実なる絶対現在であろう。絶対現在は、それに覚すると否とに拘らず、常に現在しているということなのだが、それに覚すれば（方得契如如）、それは〈すでにそこに〉現前していたということである。真如実相の絶対現在が、「正覚」の次元では、〈いつもすでに〉という既在性の様相を帯びているのである。それはどういうことなのか。〈いつもすでに〉とは既在性（過去）の表現を取りながら、じつはより厳密には〈先在性〉、〈先行性〉を示している。つまり真如覚体の現在が〈いつもすでに〉というかたちをとるのは、自性それ自体が、私がそれを覚すと否とにかかわらず、それに先立つ次元で絶えず現在してやまないという意味での〈先在性〉を示しているからである。真如覚体の現在が、その先在性のゆえに、絶えず〈いつもすでに〉という既在性のかたちで顕現しているということ、それはつまりこうである。現在が現在自身を現在化させてゆくのは、即非的に自己を隔‐差化しつつ、自己自身の底へと遡源的に退去するからである。現在が、絶えずその〈痕跡〉でしかないような起源の覆蔵性とは、絶対現在のそれ自身への滅却＝蔵身に他ならない。言うなれば自己隔‐差化の反復が現在を〈いつもすでに〉という既在性（痕跡）として立ち遅らせるのである。この絶対現在が持つ蔵身の反復、現在の現在からの退去、一言で言えば、現在の即非的自己同一化の運動、それは現在を絶えず〈痕跡〉というかたちで現在化させせながら、それ自身は〈痕跡〉を与える当体として一度も現前することなく、自らの現在化を留保し、常に〈先・現在〉として、いわば〈未現前〉に留まり、自らのもとに引きこもるアノニムな根源現象であって、こうした絶対的覆蔵態こそが、絶対現在を現在化させているのである。

ここで再び洞山の「過水の偈」に戻って考えてみたい。前章の繰り返しになるが、〈渠〉はそれに気づく気づかぬとにかかわらず、それ以前のところで、〈我〉として現在している。ところが、〈渠〉自体の先在性がその端的な現前を覆い隠しているため、〈我〉は常に〈渠〉を外に求めることになる。しかし〈渠〉に目覚めてみれば、〈渠〉はこの〈我〉に他ならず、いつもすでに〈我〉として現在していた、というわけである。〈我〉と〈渠〉との逆対応の関係、すなわち、両者はそのままただちに一つ（不可分）でありながら、同時にどこまでも区別されなければならない（不可同）という即非的自己同一が強調されるのは、〈渠〉がどこまでもそれ自体において先立っているものだからである。しかしその〈渠〉が〈渠〉であり得ているためには、〈渠〉が〈渠〉自身と自己同一であること、〈渠〉が〈渠〉自身になりきっているということ、〈渠〉が〈渠〉自身に「蔵身」しているということ、要するにそれ自身が〈絶対の覆蔵態〉として自己還滅《げんめつ》してしまっているということでなければならない。それは自己現在に先立った次元、つまり〈先・現在〉の次元で常に開演されている。すなわち〈それ自体にとって先なるもの〉はどこまでもそれ自体において先立っている、言うなればそれは〈未・現前〉しつづけているのである。そうした意味で、〈渠〉は絶対に〈先立つもの〉、〈先なるもの〉であって、〈我〉に対する〈渠〉の絶対的先在性は、決してその順序を逆にすることはできない（不可逆）。すなわち「見性」は、自性それ自身がもつ〈絶対的先在性（不可逆性）〉に目覚めること、言い換えれば、自性の自同性をその根本のところで可能にしている自性の自性それ自身への自己泯絶、要するに先在的覆蔵態に目覚めることなのである。かくして、本来的直接経験はその絶対的・不可逆的特質を持つことによって、どこまでも〈超越的〉なものなのである。

以上のことからわかるように、真如覚体の持つ本来的直接経験が、普段はその根源性に気付くことなく、非本来的な直接経験に頽落し、また修行者にとっても「見性」が未来に果遂すべき目標として外に求められてしまうのも、すべて真如覚体が本質的に持つ「先在的覆蔵性」、すなわちその超越性に由来するのである。そこを「覚」して翻すことこそ「頓悟」たる「見性」に他ならない。

六

さて、大拙は『金剛経』と禅との関係に注目する一方、仏教哲学を代表するものとして華厳教学にも深い関心を示しており、それは『華厳の研究』として一九五五年に上梓された[14]。華厳思想の究極は「法界縁起」であると言われるが、華厳哲学について説明を加えておきたい。華厳の法界について最初に着眼したのは初祖の杜順（五五七〜六四〇）だが、四種法界として見事に体系付けたのは第四祖の澄観（七三八〜八三九）であった。彼は自性清浄心たるべき「一心」と、現実に存在するすべてのものとの関係を明らかにすべく、四種法界の体系を組織したのである。四種法界とは、（1）事法界、（2）理法界、（3）理事無礙法界、（4）事々無礙法界である。最初の「事法界」の事とは具体的現実に存在する一切のものを指す。個々の事物は各々自らの本然の性を守り、差別しながら存在していることをいう。次に「理法界」だが、理とは事に対する語であり、理法とか理体、理性《りしょう》とも言われる。ただ、この理を現象界に対する本体界、現実界に対する理想界のように誤解されてはならない。縁起しているすべてのものは、縁起の理法によって成り立っているのであって、そのもの固有の存在根拠を持たず、どこまでも無自性である。万法を無自性・空として把握するのが、この理法界である。更に、こうした現象としての事と、理体としての真如との相即円融の関係を説明するのが第三の「理事無礙法界」の立場である。縁起している諸法を、現象的立場から見れば事法界であり、無自性・空という立場から見れば理法界なのだが、この両者はまったく別個の世界をいうのではなく、どこまでも同じものの二面性なのである。事法界と理法界とはともに融即し合っているのであり、個々の事象も空も同じ一つの事柄なのである。そして最後に「事事無礙法界」だが、そこでは世界の事事物々がそれぞれ独立しながら、互いに調和を保ち、融合している。個物が個物として自らの法位に住して、しかも個物の各々は相妨げず、自らの分限を守りつつ、同時にそれらが互いに融通していると見るのである。この円融・融通・無礙というところに、華厳独自の哲学がある。

縁起の論理は、形式論理的同一律とはまったく異質である。形式論理的同一律は客観的世界の論理であるのに対し、縁起の世界の論理はこうした形式論理の同一律をまったく打ち破るような論理である。色即是空、空即是色、一即多、多即一とかいうのは、そういう論理を持つ。大乗仏教ではどうしてこのような論理が強く表現せられたのか。それは主客対立の立場を根底から破った所に立脚して思惟しているからである。まったく対象的思惟を打ち破って物も人も自己も、すべてを対象化しないでそれ自身として捉える立場に立てばこうした表現にならざるを得ない。ここにいたって初めてあらゆる存在者は、我々に対して対象もしくは客体として現れることをやめて端的如実に存在それ自身として顕《た》ち現れる。我々はここに存在を存在としてあるがままに見る、即ち真如を見るのである。これは唯識説が説くところの「唯識無境」の立場である。

我々が自分自身を知るという場合、いわゆる反省作用によって自己を対象化し、いわば意識面に自分を投影してそれを知るので、そこには知る我と知られる我とが二分される。しかしこの反省作用によって知られる我は、我そのものではなく、反省作用によって対象化され、観念化された自己でしかない。真の自己は今現に反省をし、対象化された自己を見ている主体そのものである。したがって今現に生き生きと機能している自己をそのまま把握しようとすれば、その主体を対象化したり反省したりするのではなく、生きて働く主体をそのままに捉える直観によるしかない。そのような反省以前、分別以前の、いわば主客未分の純粋直観が「無分別智」であり「唯識」と呼ばれるものなのである。「唯識」の「唯」とは、世親が『唯識二十論』の初めに述べているように、境を否定する意味であり、いかなる客体的境も無いことである。いかなる境も無いところ（無境）で識ることが「唯識」である。

ところが、唯識といっても、識る主体としてそれ自身が実体視されるわけではない。そういう意味では識は非識を自性としている。それは換言すれば、識がそれ自身境と成って似現することである。自ら無となってその境と一つになることである。識は境を対象化することなく、境そのものと成って境を識る。それ自身境に成りきることにおいて境を如実に識るのである。境が境に成りきったところに識が非識を自性としていることが如実に示されている。識が境と成ることは、境に対向する主観としてあることではなく、境に成りきり、言うなれば境の内から境を識るものとなることである。逆に言えば、境は、主観によって対象化され、主観化されることを免れて、それの有るがままに識られるものとなる。それは、言うなれば境が境自身を識ること、境が境自身を自覚することであり、境が如実に顕現していることだと言ってよい。それが「唯識無境」の識である。しかしそのことは同時に「唯境無識」と同じ一つのことなのである。これは、ありのままの事事物々に直ちに自己自身を見るということ、一草一木一昆虫の微に至るまで、そこに現われているその物のなかに、絶対に客体化されない自己のリアリティを見るということに他ならない。こうした唯識無境にして同時に唯境無識であるような智が「般若波羅密」であり、つまり般若智なのである。

「空」という言葉は一切の対象の無いことを意味している。しかしそれは同時に、その対象のないところのものが智であるということを意味している。更にこの智は、いかなる対象化も免れた物の本性に達した智に他ならず、それは実相・真如をも意味することになる。こうして「空」は「真如」や「実相」と同義となる。『般若経』にいう「色即是空、空即是色」とはこのことである。こうした般若智にとって、実相・真如は対象ではない。対象ではなくて、自己自身に他ならない。この智が真如・実相を知るのは、智が自己自身を知ることなのである。そしてその智は同時に実相であるから、智が自己自身を知ることは、実相が実相自身を知ること、換言すれば、「実在の実在的自覚」ということに他ならない。これが大乗でいう「人・法二空」である。そこでは知るものと知られるものとが分かれていず、真実ありのままなる実在が如実に露現している。言うなれば個々の事事物々が空ぜられると同時に、それらはそのあるがままの姿で空け放たれるのである。「色不異空、空不異色」とはそういうことであろう。つまり「色」という諸存在を絶対無に摂収し融没させる「空」の働きが、同時に「色」の諸存在をあるがままに開放し、その本来の姿のままに顕現させるのである。しかもこの同時性は、いわば主客未分の処から出る自己同一の感覚である。要するに空は単なる空無ではなく、すべての物をそれぞれの固有な有り方へと空け放つ根源的な働きなのである。要するに「空」とは、一切を自らのうちに摂収し融没させる絶対無であると同時に、一切を重々無尽にあるがままに開放する働きなのである。摂収と開放との自己同一、これが「色即是空、空即是色」と言われる場合の「即」の意味するところでなければならない[15]。

七

ところで、大拙はまた、『禅の研究』のなかで、次のようなことを語っている。

同一性といふ言葉は空間的な意味をもつ言葉であるが、時間的な意味をもつ言葉をもつてすれば、それは非時間である。然し、単なる非時間だけならばそれは何ら意味をなさない。そもそも時間の持続といふことは、この非時間の場に入るに及んで始めてその意味が成立しうるのである。この非時間とは佛教でいふ空の概念に相当する。この空即ち非時間の場においてこそ、山は山であり、私は山をそのやうに見、山はまた私をそのやうに見る。私が山を見ることが、そのまま、山が私を見ることなのだ。何ら別に変わりようがないのである。そこで、空は「如実」(tathata) となって来る。つまり、如実が空で、空が如実なのである。(16)

ここで言われる「非時間」とは「時間に非ず」ではない。それは「非‐時間」であり、言うなれば〈未‐現在の現前〉であって、それが「如実」ということに他ならない。この「如実」なる現前は、言葉を換えて言えば、華厳で所謂「性起」であろう。

さて、仏教の立場は、実体の実体性を空として捉えることによって実体の絶対否定を根本としており、しかも実体の実体性を空化することは同時に我の我性の無我たることを直下に覚することに於いてのみ性起する。その性起は明らかに〈時〉であり、未だその深い構造が殆ど哲学的に解明されたことのない〈時〉である。識と境との同一性とは何なのか。空としての自己同一、すなわち摂収と開放との自己同一とはどういう事態なのか。人法倶空が同時性において成り立つとされるその同時性とは何なのか。空とは或る根源的な〈時〉の働きなのではないのか。大拙は、以下のようなことを言う。

思惟や意識（正覚）がなければ存在（真如）は非存在である。存在は自分自身を意識するときにのみ始めて存在となる。神が神としてそれ自体にとどまってゐるかぎりは神は非存在である。神は神自身でない何かに覚めなくてはならない。そこで神が神となるのだ。神は神に非ず、故に神であるといふわけだが、この神にあらざるところも亦、神の内になければならない。そして、これ――神にあらざるもの――が神自身の思想であり意識なのだ。この意識によって、神は神から離れもすれば、又同時に神自身に戻りもするのだ。・・・存在は思惟の故に存在である、即ち、存在は存在にあらず、故に存在なりといはなくてはならない。[17]（括弧内、引用者）

もはやいかなる対象も持たない「唯識（唯心）」という場に於いて繰り広げられる自己同一的真如とは何なのか。上の引用文の中の「神」を「真如」という語に置き換えれば、大拙の言わんとするところがわかる。つまり〈存在〉と〈思惟〉との関係、〈真如〉と〈正覚〉との関係を考えなければならないのである。常に大拙が強調するのは「如実知見としての般若智」である。「般若智とはあるがまま（yathābhūtam）のものの本質を徹見することであり、・・・如の相に於て（yathābhūtatā）、ものを見ること」（傍点、引用者）である、と。[18]そしてこうも言う、「『般若経』は、哲学でもあり、また宗教でもある、従つてその教へは常に存在論と心理学の混合である。また事実、此の経は存在としての存在に関心をもつものではなく、存在の人間に対する絡み合ひを問題としてゐるのである」（傍点、引用者）と。[19]これは畢竟、言詮以前の真如と正覚に基づくその「道得」との関係、要するに、雲門の「関」と関わってくるのであって、この「関」の場こそが、また大拙の「超個の個」が開演される場に他ならない。上記の引用文によれば、大拙にあっては、思惟すなわち「正覚」こそが自己同一的真如のはたらく場に他ならず、「正覚」がなければ真如もありえないということになる。

この東アジア的な即非的自己同一としての「真如」と「正覚」との関係はどのような存在論的な構造を持っているのだろうか。大拙はそこに何を読み取っているのだろうか。

ここで思い起こされるのは、あの「思惟と存在とは同一である」というパルメニデスの有名な箴言である。ハイデガーは、これをヨーロッパの哲学的思考をその根柢から規定している「同一性の原理」として看做している。ところが、ハイデガーは、そうした同一性の論理に基づく形而上学を解体し、「別の原初」を探るべく、その論理の根柢に伏在する時間性を抉り出してくるのである。そこで以下では、ハイデガーの存在論（有論）と突き合せながら、そこに鈴木禅学と通底する何かを探ってみたい。ただ、その場合、安易な比較論は極力避けるべきであり、また必ずしも一致しないことは充分承知の上で、例えばハイデガーのいわゆる非対象的「思惟」を「正覚」に、〈有（Sein,Seyn）〉と〈有るもの（das Seiende）〉の区別を「理」と「事」との関係に、そして「有」もしくは「真性（アレーテイア、ἀλήθεια）」を「真如＝法性」に、そして〈有（真性）〉の露現と覆蔵の動態を「真如」の消息として捉えて読み進めてみたい。実体性および主体性の形而上学を乗り超えんとするハイデガーの思索の試みが、期せずして大拙の即非的自己同一の論理と深いところで触れ合うところがあるかもしれないからである。

八

ハイデガーの一九五四年に執筆された論文『同一性の命題』を取り上げることにする。ハイデガーはこの中で、大略次のようなことを述べている。論理的思惟の最高原則として見なされる同一性の命題（同一律）はＡ＝Ａという等式で表わされはするが、これは相異なる二者間の相等性を言い表わしたものではなく、どこまでも同じひとつのもの（τὸ αὐτό, das Selbe）について言われているのであって、いわゆる同語反復（Tautologie）に他ならない。ところが「ＡはＡである。（山は山である。）」ということは、Ａがそれ自らと同じであるということに他ならず、Ａがそれ自身へ引き戻されるという構造を含んでいる。したがってそれはたゞそれだけの内容空虚な同一性を謂っているわけではなく、「いかなるAもそれ自身でそれ自らと同じものである。（Mit ihm selbst ist jedes A selber dasselbe）」[20]というように、「と（mit）」が強調されることによって、そこにそれ自身との関係としての隔差化的統一の運動が働いているのである。ところがハイデガーは更にその「AはAである。」という表現のうちに語り出されている〈ある〉に着目し、それ自らがそれ自らと同じで有るということの中に、有るものがその有に於いて現われているという事態を読み取ることによって、同一性の命題を有るものの有に帰着させている。つまり同一性命題の同語反復的言表のうちに含まれている自己還帰的な隔差化的統一の作動は、つまるところ、有るものがそれ自らをその〈有る〉ということに於いて現前せしめているということに起因するのであって、「同一性の語りかけは有るものの有から語っている。」[21]というわけである。「山是山」が、自己意識による観念的実体化から解き放たれたところで、山が山としておのずから現前している、その現前の動性に着眼されているのである。それではその有と同一性との関係はどのように考えられるのであろうか。彼はそこで、「思惟と有とは同一である。」というあのパルメニデスの有名な箴言を取りあげ、それを原文通りの語順で次のように翻訳する。

τὸ γὰρ αὐτὸ νοεῖν ἐστίν τε καὶ εἶναι

Das Selbe nämlich ist Vernehmen (Denken) sowohl als auch Sein.（同ジモノガ、スナワチ看取（思惟）デアルトトモニ、マタ有デアル。）

彼はこう訳すことによって、思惟と有とがともに〈同じもの《ト・アウト》〉（das Selbe）」のうちに共属し合っていることを示唆している。つまり有は——思惟とともに——同じもののうちに属しているということになる。だとすれば、先述の、同一性が有に起因していたことと照らし合わせてみると、ここでは事態が逆になっていることに気付かれるであろう。つまり有の方が同一性（同じもの）から規定されているのである。ハイデガーは、パルメニデスのこの〈同じもの〉を前者の同一性と区別し、Zusammen*gehören*「相依相属性」として捉え、しかもこの語の-gehören を強調することによって、有と思惟という別個のものが、事後的に連結されるというよりもむしろ初めから〈同じもの〉のうちにひとつに合一されていることを指摘する。[22] ところで人間の特質である思惟を彼は人間が所有する対象定立的な思考様式としてではなく、Vernehmen（看取・受容）として理解し、有に委ねられ（übereignet）ながら有に関与し、たゞひたすら有の呼びかけに応答する（entsprechen）ところに思惟の本質を見ている。他方、有は思惟する人間を必要とし、それに語りかけるという仕方で、いつも人間に関わってくる（an-gehen）という意味で、「現‐前」（An-wesen）として解される。このように有と思惟とは〈同じもの〉のうちに互いに委ね合い、相互に属し合っているわけである。[23]

それではその両者がひとつに共属し合っているところの「同じもの」とはいったい何なのか。彼はそれをエァ・アイクニス（Er-eignis）即ち「性‐起」と名付ける。[24] それは、有と思惟する人間とが相依相属し合うことの中に、人間が有に自らを委ね任し（vereignet）、有が人間に委ね与えられている（zugeeignet）といった、Vereignen と Zueignen による相互の Eignen（委託的固有化）から考えられていて、したがってこの「性起」こそ、有と人間（思惟）をそれぞれに委ね合わせながらひとつに合一させつゝ、それぞれに固有の本質（Wesen）を授け渡している当体であり、ひいてはあの同語反復に於ける同一性がそこから由来してくる境域だということになるのである。

以上が『同一性の命題』の梗概である。思うに、大拙は般若即非の論理を説く『般若経』に於いて重要な点は

「存在の人間に対する絡み合い」だと言うが、存在と人間、言い換えれば真如と正覚との絡み合いは、このようにハイデガーの「性起」の思索と重ね合わせてみると、その深い構造が見えてくるのではないだろうか。

さて、「同じもの」が「性起」として命名されたものの、「性起」それ自体がどのような構造と性格を持ったものなのかは今のところまったく不明のままである。そこで次にこの点に就いて彼の考えを敷衍しながら先を進めてゆこう。ただ、ハイデガーの思索をたどりつつ、ここでも留意しておきたいのは、今も触れたように、さしずめ彼のいう「有」を「真如」に、そして「思惟」もしくは「人間」を「正覚」に当てはめて考察していくことである。

ハイデガーは「有るものの有」を従来の形而上学のように実体の実体性としては捉えず、むしろそれを拒否するかたちでウーシア（οὐσία being）或いはパルーシア（παρουσία a being present, presence）と連関させ、有（Sein）を「現前性」（Anwesenheit）もしくは「現在」（Gegenwart）として解することによって、そこに時的性格を読み取るとともに、ひいてはそのなかに、「不覆蔵性」、つまり有の真性の露現（アレーテイア）が伏在していることに留意していた。しかもこのことこそ彼の思索に於いて終始変わらぬ一貫した基本的視座であったはずである。他方、思惟（ノエイン）は「看取（受容）」（Vernehmen）であり、有に自らを委ね任すということであってみれば、自らが有の自己示現してくる場を開くことによって有をその不覆蔵性へと発現させることに他ならず、したがって思惟とはつまるところ、有るものの現前（Anwesen）を端的に看取しつゝ、それを純粋に現前（現在化）させる（Gegenwärtigen）ということ、要するに有るものを〈現 - 在〉（Gegen-wart）という様相に於いて現出させるということである。(25) だとすれば、「有」と「思惟」とのうちにはそれぞれ「現前性」と「現前させること」、つまり「現 - 在」という時的性格がおのずと語り出されているわけであり、敷衍して言えば、先のパルメニデスの箴言――「同じものがすなわち看取（思惟）であるとともにまた有である。」――に於ける「同じもの」（ト・アウト）は〈不‐覆蔵性〉の動きとして捉えられるとともに、〈時《とき》〉として理解することもできるわけである。有と思惟、それらは〈時《とき》〉に於いてひとつにつらなり合っている。したがって先の箴言も、「〈時〉がすなわち思惟であるとともにまた有である。」と言い換えることによってその真意が明確になってくる。かくして、〈時〉こそ有るものを有らしめ、思惟を思惟ならしめ、それらをひとつに融即させている当体だと言うことができよう。

さてこのようにして、有（真如）と思惟（正覚）とを融即させつゝ、それぞれにその自己同一的固有性を授け与えている「同じもの」すなわち「性起」は、いまや「時」として看取されるにいたった。ところがその「性起」に於いて、「現前性」たる「有（真如）」は、自らを「差異としての差異」（die Differenz als Differenz）という隔・差化という仕方で発現してくるのである。つまり「有」は、「有るものの有」でありながら、どこまでも「有るもの」とは区別された「有」であり、「有るもの」とそれとの差異が着目された上での「有」なのである。「有るもの」は「有るもの」である以上、「有」と「有るもの」とは元来同一であるはずであり、またそうであるに違いないのだが、しかし「有」は「有るものの有」として「有るもの」を「有るもの」として自ずから然か有らしめ、その「有るもの」に蔵身しながら、同時に「有」それ自身は〈有るものに非ず〉という仕方で「有るもの」から脱け去り、自己自身を泯絶させ透明化してしまうのである。

「有るものの有」というのは要するに「有るもので有る」と言われる場合のその「有」に他ならない。しかるにその「有る」というのは他動詞的（transitiv）であって、「有るもの」を有らしめていると解すべきである。だとすれば、「有」は「有るもの」を「有るもの」たらしめるべく出立し、「有るもの」へと移行（Übergang）してゆくのだと考えられよう。しかし、だからと言って、「有」は元々あった場所を離れ去って、それとはまったく独立した別の「有るもの」へと移っていくというように表象されてはならない。「有」がまだ移行して来ない前に、その移行先である「有るもの」がすでに有るということは考えられない。「有るもの」は「有」に有らしめられてこそ「有るもの」であり得るからである。「有るもので有る」という単純な事柄の中で開演される「有」の動きに眼を懲らして見ると、「有」はその隠れた状態から覆《おお》いを取り払いつつ「有るところのもの」へと自らを展開させて「転移（Überkommnis）」を完遂させるが、他方、「有るところの有るもの」に着眼すれば、それは「有」のそうした転移によって初めておのずから立ち現われて来たもの、覆いを破って開き現われてきたもの、すなわち「有るもの」となる。この「〜となる」（ankommen）、つまり「来現（Ankunft）」とは、「有」そのものが、「有るもの」たる「不覆蔵態」の中に自らを蔵身させること（sich bergen in Unverborgenheit）であり、したがって「隠し保たれつつ、現存すること（geborgen anwähren）」、一言で言えば「有るもので有ること」に他ならない(26)。このようにして、「有」は「露現してゆく転移（die entbergende Überkommnis）」として、そして「有るところのもの」そのものは「自らを隠し保つ来現（die sich bergende Ankunft）」、つまり転移してきた「有」が自らをそのなかに隠し保っているところの不覆蔵的来着態として、「有」と「有るもの」とが互いに相即し、非一非異（auseinander-zueinander）の関係を保ちながら、そこにひとつの「間（das Zwischen）」を形成する。それは差異が差異として開演される活動空間であり、そうした場面の上で「有」と「有るもの」の隔‐差化運動は、〈有るところの有るもので有ること〉という同じひとつの事態に収束する。したがってそれは「隔‐差化的自己同一（Unter-schied）」）として、「露現しつつ‐覆蔵する差異現成（der entbergend-bergende Austrag）」と称することができる(27)。「AはAでない。ゆえにAである。」「山は山にあらず。故に山である。川は川でないが故に川である。」という言説で説かれる即非的自己同一の論理、言い換えれば、山なら山、川なら川を有るがままに自ずから然か有るものとして有らしめる真如覚体という〈場所〉の自発的機用《はたらき》と、そこに映現してくる山・河との関係は、ハイデガーの思索に照らし合わせると、以上のようになる。

かくして、「有」（＝真如）とは自らを〈差異〉として現成させるのだが、それとひとつに「思惟」（＝正覚）はそうした差異を差異として直視し、「有」を差異として隔‐差的に差異現成させているのであってみれば、有と思惟をひとつに取り纏めているあの「同じもの」（性起）は、今度は「差異」としてその姿を露呈してきたことになる。つまり〈隔‐差的差異現成〉こそが有を有たらしめ、思惟を思惟ならしめるところの当体だということになる。いまや「性起」は〈時〉であるとともに〈差異〉の現成であったことが掘り起こされて来たのである。〈性起〉と〈時〉と〈差異〉――これらはどのように結びついているのであろうか。とりわけ問題となるのは「有（差異）と時」の「と」である。それを掘り下げてゆくことによって、「性起」はより一層深められたかたちでの根源的な〈差異〉として究明されるかも知れない。

さて、本稿の第二節で言及した「般若智そのものの即非的自己同一」は、今やハイデガーによって、有（真如）と思惟（＝正覚）を関係づける「性起」として理解され、それは「隔‐差化的自己同一（Unter-schied）」として看取されるにいたった。そしてそこに於いて開演される「山是山、水是水」という「真如実相の即非的自己同一」は、「露現しつつ‐覆蔵する隔‐差的差異現成（der entbergend-bergende Austrag）」として捉えられる。かくして鈴木大拙の「即非的自己同一」がもつ重層的構造は、このようにハイデガーの思索と重ね合わせて考えられるのではないだろうか。

ところで〈露現〉と〈覆蔵〉との同時生起ということ、じつは仏法の真髄を表す「正法眼蔵」の語もそうした意味をもつ。「眼」は一切のものを映し、「蔵」は一切のものを包む意である。「眼蔵」とは、すなわち一切を映発・映現させ、同時に一切を自らの内に包摂・摂収する無上の正法の功徳を表現したものである。しかしそれは眼中の像の如くにではない。絶対一へと摂収されたところ、眼も像も映すこともなくなったところ、眼は眼を見ない、そういう絶対的「盲目」たる眼に於いて、一切はそれぞれ有るがままにあるのだ。しかしその有り方は如何なる有り方であるか。絶対一への摂収は絶対的無差別への還滅《げんめつ》であるが、それにも拘らず、そのことと一つに、一切が差別のままに現前す、とは如何なることであるか。

『雪竇頌古』第九十一則に、玄沙師備《げんしゃしび》（八三五〜九〇八）の「三種病人」の話がある。(28) 玄沙は言う、盲、聾、唖という三つの病をもつ人に、どのように仏法の真理を伝えたものか。雪竇は頌でこう答える。それならいっそのこと、虚窓の下に坐らせておいてはどうかと。

争《いか》でか如《し》かん独り虚窓の下に坐して、
葉落ち花開いて自ずから時有るには。

虚窓とは人けのない、がらんどうの部屋のことである。「三種の病人」とは「眼の自ら見ず、耳の自ら聞かず」といったところ、つまり自己が自己の本源に還滅しきったところを謂うのであろう。虚窓とは、言うなれば「絶対空」の境涯、すなわち「絶対無の場所」。三種の病人が独り虚窓の下に坐すとは、自己が自己の本源に徹しきり、絶対無の場所とひた一枚になった時ということであろうが、ただひたすら兀兀《ごつごつ》として非思量の坐禅をしている虚窓の外では、自然が四季折々の営みを繰り広げている。誰の為ということなく、無償の生命《いのち》の営みがそこにおのずから開演されている。春には花が綻び、鳥はさえずり、秋には果実が実り、木の葉が落ちる。すべては時節をたがえず、おのずからに自らの〈時〉を得ている。これぞまさしく真如の風光に他ならない。聴くことのできない耳、見ることのできない眼、そして語ることのできない口が、山河の親切を、自ずからあるがままに受け取るのである。

【註】

（1）『鈴木大拙全集』〔以下、『全集』と略記〕第五巻、岩波書店、一九六八年、所収。
（2）〔宋〕普濟著『五燈會元』巻第十七、「南嶽下十三世上」、中華書局、一一三五頁
（3）新版四・一四六頁、旧版五・一八二頁
（4）『宗源』下四三二a
（5）『宗源』下四〇四a
（6）『中論―縁起・空・中の思想』（上）三枝充悳、第三文明社　レグルス文庫158、一九八九年、一五六～一五七頁
尚、サンスクリット語表記については、関西大学准教授、酒井真道氏にご教示いただいた。記して感謝の意を表したい。
（7）『仏教経典選』14「中国撰述経典二・楞厳経」筑摩書房、一九八六年、三〇五頁、三〇八頁参照。
（8）柳田聖山『続・純禅の時代』、禅文化研究所、一九八五年、二二二～二二三頁
（9）『碧巌録』（上）（入矢義高・溝口雄三・末木文美士・伊藤文生訳注）岩波文庫、一九九二年、三一〇頁
（10）禅の語録15『雪竇頌古』（入矢義高・梶谷宗忍・柳田聖山編著）、筑摩書房、一九八一年。ただし現代語訳は筆者による。
（11）『全集』第十二巻、岩波書店、一九六九年、三一五頁
（12）『全集』第五巻（上掲書）、一二一頁
（13）『瑞州洞山良价禅師語録』（『五家語録』所収　影印版　柳田聖山主編　中文出版社）一二五頁。『禅語録』（『世界の名著』〔続〕第三巻　柳田聖山編　中央公論社）三〇〇頁
（14）『全集』第五巻〔前掲書〕所収
（15）鈴木大拙はいみじくも次のように語っている。「「色」という限定が「空」という無限定に融けこむところ、これと同時に「空」が自分自身を「色」という限定に映じているところ、ここに、さとりという無媒介の感覚が可能になるのである。（『東洋の心』春秋社、九五頁、一九六五年）

(16) 鈴木大拙『禅の研究』、『全集』第十二巻〔前掲書〕、二三二〜二三三頁
(17) 同書、二六六頁
(18) 『般若経の哲学と宗教』、『全集』第5巻〔前掲書〕、一五、一六頁
(19) 同書、一七頁
(20) M. Heidegger: *Identität und Differenz*, 1957. S.11, GA11, S.34
(21) a.a.O., S.13, GA, a.a.o., S.36
(22) a.a.O., S.l6ff., GA, a.a.o., S.38f.
(23) a.a.O., S.19, GA, a.a.o., S.39f.
(24) a.a.O., S.24, GA, a.a.o., S.45
(25) Ders.: *Sein und Zeit*, S.25, GA2, S.34
(26) Ders.: *Identität und Differenz*, S.56, GA11, S.71
(27) a.a.O., S.57, GA, ebenda.
(28) 『禅の語録15　雪竇頌古』〔前掲書〕、二五一頁

第三章　純粋禅を索めて――花園上皇と宗峰妙超――

序

花園上皇（一二九七～一三四八）(1)と宗峰妙超（一二八二～一三三七）との間で交わされた問答書および「投機偈頌」の二幅の宸筆が大徳寺に所蔵されている。天皇が豁然として大悟し、妙超が之に印可を与えたものである。その全文は次の如くである。

第一幅

（宗峰妙超筆）

億劫相別而須臾不離、盡日相對而刹那不對、

此理人々有之、如何是恁麼之理、

伏聞一言

（花園天皇宸筆）

昨夜三更、露柱向和尚道了

第二幅

（花園天皇宸筆）

二十年来辛苦人、

迎春不換舊風烟、

着衣喫飯恁麼去、

大地何曾有一塵

弟子有此悟處、師以何験朕

（宗峰妙超筆）

老僧既恁麼験聻

『花園天皇宸記』(2)（以下、『宸記』と略記）によれば、二人が初めて会ったのは元亨三年（一三二三）五月二十三日であり、その日の条に「妙超上人に遭ふ」とあるのが記録に出る初見である。ただ、「談話先々の如し」とあることから、事実はこれより以前から、しばしば招かれていたものと思われる。同年十月十八日の条には「今夜超侍者法を談ず。托鉢《たくはつ》の話の下語《あぎょ》見しむ。少々非を改め了んぬ。大途神妙の由気色有り。」と記載されているところを見ると、恐らく『無門関』第十三則「徳山托鉢」の公案に参じて、これに下語したところ、宗峰妙超が幾分訂正し、大筋はそれを認可された様子が伺われる。又正中二年（一三二五）三月九日の条には「今日妙超對面、

『碧巌録』を読む。」と記されている。花園天皇は、のちに妙超から印可を与えられる〔一説では嘉暦二（一三二七）〕ほど、熱心な信者であった。天皇は学問に造詣が深かったことは『宸記』から伺い知ることができるが、とくに仏教との関係では、諸宗を兼学して日々研鑽をつみ、元応二年（一三二〇）頃よりとくに禅宗へと関心を寄せたことが記されている。なかでも禅儒妙暁《みょうぎょう》（一二九二～一三五一）と宗峰妙超に師事しており、両者に関する記事は元亨元年および同三年の条を中心に散見される。天皇は優れた師である妙暁に出会ったことで悟道への端緒が開かれたことを喜び、妙暁の入元の際には、師から衣鉢を受けている（元亨元年八月十九日・同年十二月二十五日条）。妙暁の渡元後は宗峰妙超に師事し、法談や『碧巌録』の講読を重ねた（元亨三年十月十八日・同年十二月十四日条）。かくして、いよいよ禅宗の理会を深めた天皇は自らの離宮を禅寺とし、妙超の法を嗣いだ関山慧玄（一二七七～一三六〇）を開山として迎え、妙心寺が開創されたことは周知のところである。

さて、上記の花園上皇と大燈国師の問答について理解するためには、それぞれ二人の仏教に寄せる姿勢に触れておかねばならない。

一

天皇は幼少より和漢の学問に励み、正中元年（一三二四）二十九歳の時の日記には、「今年学ぶ所の目録」と題して、和漢仏の書名十六部を列記し、更にそれまでに読破した書物として『日本書紀』『古事記』以下十九部、漢籍では、『左氏』『論語』以下三十二部、仏書では『大日経』『金剛経』以下四十六部を記している。天皇は仏教、中でも禅宗に強い関心を示している。当時の皇室の学問は、平安時代以来の漢唐訓詁の学(3)が専らであって、哲学的思考を重んずる新興の宋学、中でも朱子学は危険視されていたが、天皇はその宋学にも深い理解を寄せていた。注目すべきは花園天皇の真摯な「求道心」である。天皇は多くの学者や僧侶との親交を持っていたが、その中の一人に日野資朝《すけとも》（一二九〇～一三三二）がいた。『宸記』元応元年（一三一九）閏七月四日の条を見ると、次のような記事がある。

夜に入って資朝参る、前に召し道を談ず、すこぶる道の大体を得たる者といふべきなり、好学すでに七八年、両三年の間にすこぶる道の大意を得たり、しかれども諸人と談じていまだ必ずしも称旨《しょうし》（心にかなうこと）せず、今はじめて知意《ちい》（知己に同じ）に逢ひ、終夜これを談じ、暁鐘に至るまで怠倦《たいけん》せず。（括弧内、引用者註）

更に、元応元年（一三一九）閏七月二十二日の条には、次のようにある。

今夜資朝・公時ら御堂殿上局《みだうてんじやうのつぼね》において論語を談ず、僧ら済《せい》々これに交じる、朕ひそかに立ちてこれを聞く、玄慧僧都《げんゑそうづ》の義、まことに達道《たつだう》か、自余《じよ》もまたみな義勢に諧ひ、ことごとく理致に叶ふ。

『宸記』によれば、天皇はこの後も度々日野資朝・公時らを召して文談を催している。それは「ただ精神を養ふなり、さらに思ひを政道に懸《か》くるにあらず、期するところは一身を修むるなり」という趣旨であった。また、『孟子』を読んで「その旨、精美にして仲尼《ちゅうじ》（孔子）の道この書に見ゆるか、人の心性を尽し、道の精微を明らかにするはこの書に如《し》くべからず、畏《おそ》るべし後生《こうせい》（後進者）必ずこの文を翫《もてあそ》ぶべき者か」と評している。ただ、天皇には宮中の儒風に関する不満はあったようである。元亨三年（一三二三）七月十九日の条によれば次のように記されている。

およそ近日朝臣儒教をもつて身を立つ、もつともしかるべし、政道の中興またここに因《よ》るか、しかるに上下合体して立てらるるところの道、これ近代中絶のゆゑに、すべて実儀を知るものなく、ただ周易論孟大学中庸によりて義を立て、口伝《くでん》なきの間、面々に自己の風を立つ、これによりてあるひは難謗《なんぼう》（非難）あるか、しかれども大体においては、あに疑胎《ぎたい》（疑い危ぶむこと）あらんや、ただ近日の風体《ふうてい》、学を理《おさ》むることをもつて先となし、礼儀に拘《かか》はらざるの間、すこぶる隠士放遊（俗世を離れ、隠者のように遊興にふけること）の風あり、朝臣においてはしかるべからざるか、これはこれすなわち近日の弊なり、君子これを慎むべし、何ぞいはんや道の玄微（奥深く微妙なるところ）に至りては、いまだ尽くさざるものあるのみ、君子深くこれを知るべし。（括弧内及び傍点、引用者）

「ただ周易論孟大学中庸によりて義を立つ」というのは、まさに新注学の方法を意味する。幸いに大体においては「疑胎」がないとしても、禅林の方便による提唱のほかには博士家にも正統の口伝がない時に易や四書の自己流の解釈を推し進め、宋学の真髄をなす窮理尽性の道学も、魏晋時代に流行した老荘学風の無の哲学、即ち玄学による格義仏教と混同されがちであり、空理空談を弄んだ「清談」の輩を真似て「理学」を志す目的のためには、あえて礼儀には関与しない「隠士放遊の風」を衒う朝臣も少なくなく、宋学の極意たる「道の玄微」が見失われる虞れは、十分にあったのである。このように花園天皇は、「宋朝の義」につき「面々に自己の風を立」て、せっかくの窮理尽性の道を隠逸脱俗の術と曲解し、竹林の七賢気取りの放縦を続けている「近日の弊」を指摘している。

ここでとくに留意したいのは、花園天皇が「道の玄微」ということに固執していること、すなわち人の生きるべき道にどこまでもこだわっていることであり、言い換えればそれは道の体得に他ならないのだが、花園上皇にとって、それは禅の「見性」に近いものとして理解されていたのではないか、ということである。そこには天皇の極めて主体的で実存的な姿勢が窺える。

二

元応元年（一三一九）九月、花園天皇は隠居を企てたものの後伏見上皇の慰留により実現に至らなかったが、この後花園天皇は政治からは遠のき、いよいよ学問に励み、ことに仏教に関心が集中してゆく。天皇は当時流行の念仏宗の徒が一向専修と称して念仏以外の余行を捨てるため、天台・真言諸宗が衰えることを嘆いたが、自身の修行も智慧もいまだ至らぬことゆえ、むしろまず念仏宗の本義に触れようとし、ある上人を召して種々談ぜしめた結果、「一宗の深奥に通ずればもとも義あるべきの宗なり、尋常ただ下愚の者の知るところの念仏は、ひとへに浅略の義なり」と了解した。しかし天皇は念仏のために余行を捨てず、もし観行《かんぎょう》（仏果に至るための禅定・精進）を成就したときはむしろ念仏を捨てようという考えを持っていたので、一方では天台・真言の高僧を召し、あるいは止観《しかん》の要義を聴聞し、あるいは念誦《ねんじゅ》の作法を伝授された。しかし天皇はこれらの諸宗のあり方について必ずしも感心しなかった。例えば元亨元年（一三二一）は天皇の重厄に当るというので、後伏見上皇の計らいとして或る修法が行われたのだが、花園天皇は「仏法の本意、またこれ祈禱をもって本となすにや」（傍点、引用者）と疑われたのである。ここは極めて重要である。つまり天皇は、加持祈禱の呪法を重んじる密教を中心とした従来の顕密仏教に対して大きな疑問をもっていたということである。周知のように、平安時代から加持祈禱の呪法を専門に行う天台、真言両宗による密教が宮中に深く浸透していたが、当時の禅門でもそれに倣い、上堂、もしくは開堂と呼ばれる儀式に於いて禅院の住持となる人が、国王、大臣、有力の檀那たち、要するに上層権力者たちの長寿を祝し、禄算を祈願する風習が一般的であったのである。密教では玉体安穏と鎮護国家を加持祈禱することが主たる目的であったが、禅僧にとっても、看病僧、護持僧として、権力者を含む世間の鎮撫、安定工作を行っていたのである。そうした風習に準拠した禅仏教に対し、求道心の強い花園天皇は、これが釈尊伝来の仏教の本旨なのか、と大きな疑問を抱いたのであろうと思われる。元来「教外別伝・不立文字・直指人心・見性成仏」を標榜する禅と、加持祈禱など呪術を旨とする密教とは水と油の如く相容れるところはなく、両者はまったく関係ないのである。

そんな折、日野資朝が元応二年（一三二〇）四月二十八日の夜、一人の禅僧を伴って参院したが、この禅僧との邂逅によって、天皇は禅宗に深く帰依することになる。この日の段階ではその禅僧の正体は不明だが、同年十月十二日の日記には「資朝朝臣妙暁上人を具して参る。先々の如く法談」と書かれており、その禅僧が妙暁、すなわち月林《がつりん》道皎（一二九三〜一三五一）であったことが推察できる。元亨元年（一三二一）十二月、妙暁入元の日まで、しばしば妙暁を召して法談を続け、『碧巌録』等をも講ぜしめている。この年の八月十九日の条には「禅法の事、幼少より仰信、然れども善知識に遇はず、徒に年序を送る。此の上人に遇つて、始めて信受行道す。」とある。また同日の条に「今夜予已證の義」を述べて一論す。許容の言有り。尤も感悦する所なり」と書かれているので、恐らくこの時に見性され、印可を受けたようである。この日の日記の裏書に「佛教の高妙、心地の極理、只禅門の一宗に在り、餘の大小乗の宗義は都て及ぶべからざる者なり。予殊に思を玄旨に繫け、浩次顚沛《てんぱい》も（安寧の折も危急の折も）是に於てす。徐に発明する所在り。尤も歓悦す。衣裏の明珠、求めずして自ら得たり。喜ぶべし、喜ぶべし。」と記されていることは、それを裏付けていよう。(4)

天皇が求めて已まなかった禅仏教は、従来の顕密体制の基盤の上に立ち、王法仏法相依の立場にあって『興禅護国論』を書いた栄西（一一四一～一二一五）の禅とは明らかに異なる。(5)いわば顕密体制を根底から打ち破る、換言すれば王仏相依の立場を脱却し、加持祈禱の呪法を主とする密教を一掃した純粋禅を、天皇は待ち望んでいたのである。大燈国師との出会いも間近である。栄西以来の臨済系の禅の特色であった密教と禅との癒着は、ようやく大燈に至って清算されるのである。大燈の禅のそうした特色を最も明らかに示すのは、世に謂う「正中《しょうちゅう》の宗論」である。(6)

三

敷衍して言えば、顕密仏教体制がしっかりと組み込まれていた仏教界において、日本の禅宗がその成立当初から山門の圧迫をこうむり、天台・禅兼修の形を取らざるを得なかったことは顕著な事実であり、「戒律無用、修行無用」を標榜した大日能忍の「日本達摩宗」の禅をあえて排斥するかたちで、栄西が弁明の意図を込めて『興禅護国論』を上梓した内実もそこにあった。栄西は仏教の戒律をもって王法と同一視する。彼は戒律を尊重するゆえに、王法を重視するのである。しかし朝廷に禅宗の興隆を訴えたが受け入れられず、鎌倉幕府の招請によって鎌倉に赴き、寿福寺の住持となり、京都にも建仁寺を開いたが、『吾妻鏡』を通してみる栄西の活動は密教僧・加持祈禱僧としてのものである。(7)禅宗宣揚の第一歩を踏み出したところで、叡山の排撃を受けた栄西は、以後、密教僧或いは加持祈禱僧として鎌倉に受け入れられたわけであり、造寺・造塔の才能をもって京都で活動するものの、禅宗のみを専一に宣揚することはなかった。栄西にとっては、朝廷下に直属する権門となることが、王法仏法相依による禅宗宣揚の途であると考えたのであろう。(8)しかしながら、次第に天台と禅との軋轢はますます険悪となり、ことに嘉元二年（一三〇四）後宇多上皇が東山に嘉元禅刹を開創して大応国師南浦紹明《なんぽじょうみょう》（一二三五～一三〇八）を開山に迎えようとしたが、叡山衆徒の嗷訴《ごうそ》（寺社の僧徒・神人が、朝廷・幕府に対し、仏力神威を楯にして、集団で示威行為による訴えや要求をすること）によって中止のやむなきに至り、(9)康永四年（一三四五）、足利尊氏（一三〇五～一三五八）の起こした天竜寺造営の功がこの年に至って成り、天竜寺供養に光厳上皇臨幸の儀式もまた叡山僧の嗷訴にあって見合わせなければならなかった。(10)正中二年（一三二五）閏正月宮中で開かれた宗論はあたかもこれらの中間にあり、天台・禅の歴史的抗争の一端に他ならなかったのである。

妙暁はその後まもなく入元し、古林《くりん》（清茂）に参じて月林（道皎）と称するに至ったが、元来は宗峰妙超の高弟であった。妙超は播磨の出身で、大応国師南浦紹明に師事してその正統的禅風を受け継いだ。妙暁が天皇の帰依を得たのも、彼がすでに師の宗峰妙超の正風を継承し、諸宗に対する禅門の優越につき明確な見解を呈したからであろう。元来観行を重んじた花園天皇が諸宗をまじえぬ純一無雑の正法禅に限りなき共感を覚えたのは極めて自然であった。妙暁の入元後、妙超は天皇の直接の問法にあずかり、天皇のために『碧巌録』を進講した。

少年の頃から禅に関心をもっており、また上記の説明からもわかるように、花園天皇は『碧巌録』には殊のほか関心があったようで、第一則の達磨と梁の武帝との問答はひときわ熟知していたことであろう。

挙す。梁の武帝、達磨大師に問う、「如何なるか是れ聖諦《しょうたい》第一義。」磨云、「廓然《かくねん》無聖」。帝曰く、「朕《ちん》に対する者は誰《た》ぞ。」磨云く、「識らず。」(11)

武帝嘗《かつ》て袈裟《けさ》を披《まと》いて、自ら『放光般若経』を講ず。天花乱墜《てんげらんつい》し、地黄金と変ずることを感得す。道を辦じ仏を奉じ、天下に詔《みことのり》して、寺を起《た》て僧を度《とくど》し、教に依つて修行せしむ。人《ひと》之を仏心天子と謂う。

達磨初めて武帝に見《まみ》えしとき、帝問う、「朕《ちん》、寺を起て僧を度す、何の功徳か有る」。磨云く、「功徳無し」と。早是《はや》くも悪水驀頭《まくとう》に澆《そそ》ぐ。若《も》し這箇《こ》の「功徳無し」の話を透得せば、你《なんじ》に許《みと》む親しく達磨に見《まみ》ゆることを。且《しばら》く道《い》え、寺を起て僧を度す、為什麼《なにゆえ》にか都《まった》く功徳無き。此の意什麼処《いずこ》にか在る。[12]（第一則「武帝問達磨」）

王権神授説に基づき、国家安泰を祈願した梁の武帝[13]がそうであったように、花園天皇も「天子」としての自覚[14]をつねに持っていたことは、例えば『宸記』正和二年六月三日の条に見える天皇の祈願の記事が明示している。この年は大風・大雨・雷雨等烈しく、殊に六月には雨が降り続いて河水溢れ、多くの人々が流死した。このことを聞き知った天皇は、内侍所《ないしどころ》に、もし民のいのちに代わることができるならば、我が命を召し給へ、「仮令代民、可棄我命」（もし民に代らば、我が命を棄つべし）と祈願したのである。そしてその決意に神も感ぜられたものか、やがて雨脚が弱まり、夕陽を見ることができたと、六月三日の日記に記されている。この年、天皇、御年十八であった。

さて、正和五年（一三一六）、花園天皇が宗峰妙超と初めて相見した際、『碧巌録』をよく読んでいた花園天皇は、当然この本則を念頭に浮かべていたことは想像するに難くはない。篤く仏教に帰依し、多くの寺を建立し、僧を度し、自ら『放光般若経』を講ずる程の人徳豊かな武帝が「何の功徳か有る」と質問したのに対し、「無功徳」と言い放った達磨の真意はどこにあったのか、釈尊伝来の仏法は、篤く三宝に帰依し、ひたすら鎮護国家を祈願してその功徳を期する如き次元のものではなく、そうした慈善的営為からも自由なところにあるのではなかったか、そうした思いが天皇の胸中にあったことは推測できよう。つまり自身を武帝に、そして妙超を達磨に見立てて相見したに相違ない。そして二人の最初の挨拶は次のようなものであった。

（天皇）仏法不思議、王法と対座す。
（妙超）王法不思議、仏法と対座す。

留意したいのは、この対話が内に含むその意味である。二人は王法・仏法の相依関係を互いに確認し合っているわけではない。禅に憧憬を抱き深い理解をもっていた花園天皇も、そして宗峰妙超も、ともに、いわゆる王法・仏法の世俗的依存関係、すなわち顕密体制を超えたところで語り合っている。天子たる自覚をもった天皇ではあっても、「何の功徳か有る」といった問いはもはや念頭にはなかったはずである。花園天皇の「仏法不思議、王法と対座す」という言葉には、自らの身分上顕密体制を背負った世俗的な王法・仏法依存関係に立脚せざるをえず、その矛盾を自覚しながらどこまでも実存的・主体的な道の自覚を追及してやまなかった天皇が、「無功徳」底の脱世俗的な純粋仏教である「禅」に、自分も対座できたことへの歓喜が伺えるのである。そしてもう一つ考えられるのは、「対座す」という言葉である。顕密仏教では密教と禅との癒着が顕著であったが、そうした王法・仏法の結合癒着から解放された純粋禅の本領（達磨＝不識）が、今まさに「朕に対する者」として自分の前に対座している宗峰妙超のうちに端的現前していることへの喜びがあったのではなかったか。妙超の「王法不思議、仏法と対座す」という返答は、天皇の表情のうちにそうした喜びを読み取り、これまで王法（顕密体制）に縛られていたあなたは、今ようやく真の仏法と対座されています、喜こばしい限りです、と答えたのである[15]。

当時、修禅にもその他の禅院行事にも、顕密的要素が浸透していたなかで、二人がどこまでも純粋な禅を求めていたことは、『花園院宸記』正中二（一三二五）年一〇月二日の条に、後醍醐天皇と夢窓との問答を聴いた宗峰妙超が「此の如き問答は、すべて教綱を出でず、達磨一宗地を掃うて尽く、悲しむべし悲しむべし」と言い、花園天皇自身も、顕密体制に依拠する幕府帰依の僧である夢窓が宗門の長老に任用されることを危惧している記事があるが、そこから推察できる。これは純粋禅を逸脱した夢窓の宗風に対する批判であった。

四

では次に、大燈国師宗峰妙超の禅風の特質はどこにあるか、それを考察してみたい。大燈の行状は『大燈国師行状』[16]、『興禅大燈国師年譜』[17]等に記されている。

大応国師南浦紹明の隠侍であった妙超は大応に「雲門の関」の公案を与えられる。これは『碧巌録』第八則にあり、以下のようである。

挙す。翠巌《すいがん》、夏末《げまつ》に衆に示して云く、「一夏以来、兄弟《ひんでい》の為に説話す。看よ、翠巌が眉毛在りや。」保福《ほふく》云く、「賊を作《な》す人は心虚なり。」長慶云く、「生ぜり」。雲門云く、「関」[18]。（『碧巌録』第八則）

翠巌が、夏《げ》（夏安居）が終わる日の説法に際して言った、「夏のあいだ、君たちに説法して来た。儂《わし》の眉毛は、まだ残っているか見てくれ。」仏法は言説を超えたものであり、言説に頼れば仏法を謗ることになるので、古来誤った法を説くと眉毛が脱落するという言い伝えがあった。そこで翠巌がこう尋ねたわけである。保福、「盗人は実は内心びくびくなのだ。」長慶、「今、眉毛が生え揃った。」雲門、「ピシャリ。門は閉められたぞ（ここが通れるか）。」

筆者なりに解釈すると、こうである。翠巌の問は、説法を聴いている三名に、いわば鎌をかけたわけである。

仏法は、表詮、遮詮に拘わらず、おのずから真なるものであり、「遍界曾て蔵さ」ざる底のものであろう。したがってこの問に引っかかっては、それで万事休すである。ところが三名は見事に答える。保福は、「言詮不及なる妙法という宝物を言葉でもって説くという行為は、盗人といってよいが、盗人に扮するあなたは眉毛が落ちたかどうか、びくびくしておられる。そのような巧い演技に、私はだまされませんよ。」と答えた。長慶は「眉毛は落ちているどころか、しっかりと生え揃っていますよ。言詮不及の妙法は、それ自身、言詮・遮詮には拘わらず、おのずから真なるものです。あなたもすでにご存知のように。」と答えたのであろう。

ところが、難解なのは、雲門の「関」の一字である。これは、一応は「関所」の意味である。思うに、上記の二人の答えを踏まえて雲門は答えているわけであって、おそらく言詮不及なる妙法の「表詮・遮詮」に拘わらざる底の消息を「関」と言ったのではないであろうか。要するに、「説示・説法」ということに留意する必要がある。言語以前の次元と言語的次元との〈あいだ〉が問題であるわけである。関所を設けることによって、道（大地）は寸断され、関所の奥（向こう側）と、こちら側とに分離される。関所を境として、奥と手前との接点とは何か、この二者は対して対せず、接せずして接する、いや関所があってもなくても、道（大地）はひとつであり、ひとつらなりなのである。

さて、妙超はこの「雲門の関」に参じ、「錯《さく》を将《も》って錯に就《つ》く」（誤りを誤りでまとめあげた）と答える。おそらくそれは、言詮不及なるものを言葉で説くという誤りをもって、却って言詮不及なるものをまさにそのようなものとして捉えた、ということだと考えられる。大応はその時、「よいことはよいが、この公案にもっと深く参ぜよ」と命じる。妙超はこの公案を突破するのに三年を費やす。大応は徳治二年に鎌倉の建長寺に移り、妙超もこれに従うことになるのだが、それから間もない頃、ある日、机の上に錠前を置いた時、その「ガチャン」という音とともに、豁然として大悟し、「雲門の関」の本当の処、つまり翠巌と雲門と同じ境涯にいる自分に気づいたのである。すぐ方丈に行き、大応に自分の見解を示したところ、大応は大いに驚き、「汝は雲門の再来の人」だと絶賛する。翌日、妙超は大応に二偈を呈している。

雲門云関也　幾乎同路
一回透過雲関了　南北東西活路通
夕処朝遊没賓主　脚頭脚底起清風

「雲門云く関也と。幾んど路を同じゅうせんとす。一回雲関を透過し了《おわ》って、南北東西、活路通ず。夕処朝遊、賓主《ひんじゅ》を没《ぼっ》す、脚頭脚底、清風を起す」

（一たび雲門の関を透過してしまうと、南北東西、自由に路が通じている。夕べに通り、朝に遊ぶ路上には、もはや主も客もない、脚のおもむくところ、すべて清風を巻き起こす。）

透過雲関無旧路　青天白日是家山
機輪通変難人到　金色頭陀拱手還

「雲関を透過して旧路《きゅうろ》無し、青天白日、是れ家山《かさん》。機輪通変《きりんつうへん》して人到《いた》り難し、金色の頭陀《ずだ》、手を拱《たんだく》して還る」

（雲門の関を透過してみると、曾ての古い路がなくなってしまった。青天白日、すべてが我が家の庭である。私を運ぶ機関と車輪は、自在に転変して何ものをも寄せ付けぬ、あの金色の迦葉尊者でさえも、手をこまねいて引き下がるばかりだ。）

この二偈は「投機の偈」と呼ばれ、悟った自分の境涯を偈頌に詠んだものである。妙超はそれに続けて、「妙超の胸懐是の如し、若し師意に孤負せずんば、伏して望むらくは一言を賜え、近く故都に帰らんと擬す。尊意を惜しむこと莫くんば以て大幸と為すのみ。」と書き添えて大応に呈したところ、大応はその紙尾に「你既に明投暗合、吾你に如かず、吾が宗你に到って大いに立し去らん。只是れ二十年長養して、人をして此の証明を知らしめよ。妙超禅人の為めに書す。巨福山、南浦紹明（花押）」（汝は既に完全に真理に合した。私は汝に及ばぬ。私の宗旨は汝によって大いに隆盛するであろう。今後はひたすら二十年長養をした後、この証明を公表せよ）と誌し、また法信として袈裟を与えた。このとき、妙超は齢二十六歳であった。この二首と大応の証明は、今も大徳寺に蔵せられている。

五

かくして、妙超は大応のもとで雲関を透過し印可されても、さらに二十年の聖胎長養を申し渡され、五条橋辺の風餐水宿《ふうさんすいしゅく》の悟後の修道があったのである。ここで予め留意しておきたいことは、冒頭の「幾《ほと》んど路を同じゅうせんとす」の言葉である。この「幾《ほと》んど」が重要だと考える。雲門と自分とは同じ境涯に立つ、とは言わず、「幾《ほと》んど」同じと言うように距離を置くわけである。因みに『無門関』であれば「歴代の祖師と手を把って共に行き、眉毛厮《あ》い結んで同一眼に見、同一耳に聞くべし」といったところであろう。ところが妙超の場合はそれとはまったく異なる。[19] そうした境涯が後年、「億劫相別れて須臾も離れず、尽日相対して刹那も対せず」という表現となって展開してゆくのであろう。妙超が二十年にわたる悟後の修道をしていたとき、五条橋辺の乞食の群に入り混じっていたことが伝えられている。「坐禅せば四条五条の橋の上、往き来の人を深山樹《みやまぎ》に見て」という有名な歌は、この時の事情をうたったものといわれている。こうした乞食の群れから妙超が捜し出されたのは、甜《まくわ》瓜《うり》の施与によるものであった。官人が甜瓜《まくわうり》を持って、「脚で歩かず来る者に与えよう」と言うと、皆その意を解せず躊躇したが、妙超ひとり出てゆき、「手で渡さずに渡せ」と言ったため、それが妙超その人であることが知られたという。先述したように、宮廷では道服袈裟を着け、花園天皇と対坐談話し、「仏法不思議、王法と対坐す」との天皇の言葉に対し、妙超は「王法不思議、仏法と対坐す」と答えている。もちろんこれは、単なる挨拶の言葉なのだが、今改めて留意したいことは、先述したその内実の意味ではなく、妙超が常に念頭に置く独自の「対向」観である。ここでは「対坐」という語が使われている。つまり仏法と王法とが不可思議底において互いに対向しあっている。この妙超の対向観には、必ず「対して対せず」といった「非一非異」の構造が潜んでいることは注意されてよい。『大燈国師語録』の中でも、妙超は次のように語っている。

師、座に就いて大衆《だいしゅ》を顧視《こし》して云く、「便《すなわ》ち恁麼《いんも》に相見《しょうけん》するも、早く五須弥《しゅみ》を隔つ。若也《もし》口を開くことを待たば、三生《さんしょう》六十劫《こう》、還《かえ》つて箇中《こちゅう》の事《じ》を知る底《てい》有り麼《や》、出《い》で来つて衆《しゅ》に対して決択《けつじゃく》し看よ。有り麼有り麼」[20]
（師はここで座席につき、聴衆をふりかえって言われる。「仏法の真理からいうと、このように諸君と向かいあっている時、すでに須弥山《しゅみせん》を五つ重ねたほどはるかに隔たっているのだ。まして私が何かを説くだろうと期待されるならば、三度生まれ変わり、六十劫という永い時間をかけても無駄である。諸君のなかにここのところが判る者があるかどうか。ひとつ出てきてもらいたい、聴衆と共に対決してみようではないか。さあどうだ、さあどうだ」（『大燈国師語録』）

これは、大燈がのちに花園上皇に対して「億劫相別れて須臾も離れず、尽日相対して刹那も対せず」と答えた意を含んでいることは論を俟たない。こうした妙超の独自の対向観を考えるために、ここで援用してみたいのは、「曹山如井覰驢《そうざんにょせいしょろ》」の問答である。出典は『従容録』五二、『宏智録』三の頌古五二である。道元の『正法限蔵』では「仏性」「諸悪莫作」「仏向上事」の諸巻、『永平広録』では第五に参見される。ここでは道元の真字『正法眼蔵』中巻一二五から引用しよう。

　曹山本寂禅師、徳上座に問うて云く、「『仏の真の法身は、なお虚空のごとし。物に応じて形を現わすこと、水中の月のごとし』と。作麼生か箇の応ずる底《ところ》の道理を説く。」徳云く、「驢の井を覰《み》るがごとし。」師曰く、「道うことは即ち太煞《はなは》だ道うも、ただ八九成を道い得たるのみ。」徳曰く、「和尚、また如何。」師曰く、「井の驢を覰るがごとし。」（原漢文）[21]

これは、鎮護国家を標榜する『金光明経』（四大天王品）の経文中にある言葉をめぐっての徳上座と曹山との商量だが、虚空の如き仏の真法身が物に応ずる消息を問われて、徳上座は「驢（ろば）の井を覰るが如し」と答え、無心で無心に見入る姿、つまり能見所見の対待にわたらない意を示そうとした。しかし曹山は徳上座の答えにはまだ対待の跡が残るとして、更に「井の驢を覰るがごとし」という答えを以って示し、能所、彼我の区別を絶する境涯を端的に表わそうとしたのである。

　ひとまず考えられるのは、能見所見の対待的見方の残滓が見える徳上座の「驢覰井」に対し、曹山はそういう対待を絶する絶対一の境涯に立って「井覰驢」と答えたことの意味である。つまり徳上座の「驢覰井」の立場では、驢が井をのぞき見るところが残っているのに対し、曹山の「井覰驢」の立場でいえば、井戸の水が自ら映す主体《もの》なくしてものを映すように、対待を絶する絶対一の立場から述べられているということである。しかも曹山の「井覰驢」という答え方に注目するならば、「驢覰井」を否定してそれを言い換えたように見えて、じつは「驢」と「井」とを入れ替えることによって、「驢覰井」と「井覰驢」とを並列させ、それによってそれらがともに同義として捉えられることをも意図したのではないであろうか。つまりは二句一対として捉え、驢と井は共に無心に向かい合うことによって両鏡相照、というよりはむしろ、互いに映し移されるの沙汰を絶し、両鏡は相独立してそれぞれに自己返照して驢は驢であり、井は井であり、驢は驢に蔵身し、井は井に蔵身して両鏡相関わることなしといった消息も含意させていたのではないか、ということである。いみじくも道元自身がこの二句をそのように解し、「井の驢をみるにあらず、井の井をみるなり、驢の驢をみるなり」（『正法眼蔵』「諸悪莫作」）とあるのは注意されてよい。いわば両者の独立自全の姿であったと言えよう。しかも同時に両鏡は共に自らを照らす鏡として、つまり〈自性の照〉ということにおいて一つなのである。「両鏡相照」とはそういうことであろう。井と驢は互いに対して対せず、非一非異の関係にあるということに他ならない。

更に敷衍して言えば、花園上皇の「仏法不思議、王法と対座す」と妙超の「王法不思議、仏法と対座す」をここで対比させると、前者は「井覰驢」に、後者は「驢覰井」に当てはめて理解することもできるのではないだろうか。王法と仏法は、ともに相独立し無関係でありながら、同時に不可思議底において一つに結び付くのである。つまり顕密仏教体制に馴染んだ王法と、そうした加持祈禱の修法を旨とする密教との癒着から自由な純粋禅としての仏教とは相独立して無関係でありながら、そうした王法を背負いつつも真摯に求道的に生きようとする花園天皇の実存と仏祖正伝の真の仏法とが不可思議底において一つに円融するのである。

六

この初めての相見の際の問答で、花園天皇は大いに大燈を敬服し、その弟子となったが、入門してから五年、若くして皇位を後醍醐天皇にゆずり、上皇となってからというもの、世俗を離れ、多年に渉って参禅修行し、もっぱら純粋禅の世界に専念していき、やがて禅の奥義を悟ることになるのだが、その初期には鋭意にあふれる問答が見られる。『興禅大燈国師年譜』の元亨元年辛酉の条に次の問答がある。

師四十歳、上皇花園一日本寺ニ幸スル次テ、師ニ問テ曰ク、
籬下ノ黄菊ハ便チ問ハズ、如何ナルカ是レ林間ノ紅葉、
師曰ク、千眼大悲覷不破、
上皇喝一喝シテ曰ク什麼ノ處ニ去ル、
師鞠躬奏シテ曰ク、伏シテ惟レバ高ク天鑒ヲ垂レ玉へ、
上皇曰ク、夜行ヲ許サズ、明ニ投ジテ須ク到ルベシ、
師應諾ス、
上皇喝一喝拂袖シテ而去ル(22)

この問答を理解するためには、上皇と大燈二人の念頭にある古則公案を踏まえておく必要があろう。上皇が「如何なるか是れ林間の紅葉」と大燈に問いかけた時にまず思い浮かんでいたのは、恐らく『碧巌録』第四〇則「南

泉如夢相似」の話(23)ではなかったか。陸亘大夫に向かって南泉普願は、庭前の花を指さして言う、「時人、此の一株の花を見ること、夢の如くに相似たり」と。つまり上皇は自らを陸亘大夫に、大燈を南泉に見立て、紅葉の美しさを愛でる自身の問いに対し、大燈ならどう答えるか、興味をもっていたに相違ない。大燈はそれを察して、「千眼の大悲観世音菩薩でも観ることはできぬ」と答える。その脳裏には、同じ第四〇則の「頌」にある「聞見覚知、一一に非ず、山河は鏡中の観に在らず」という語が浮かんでいたであろう。明鏡止水に映現する山河は、主客の対立を超えて、ただこれ山であり、ただこれ河であって、そこには観る観られるの沙汰もない。眼前に在るものは決して自己から対象として観察されるものではない。観るものと観られるものとはそこでは一如であって、言い換えればそれは天地一枚の無位の真人なのである。更に、上皇の「どこへ行ったのですか（什麼ノ處ニ去ル）」という問いかけの裏には、『碧巌録』第五三則「馬大師野鴨《かも》子」の中の馬大師の「什麼処に去《ゆ》くや」という問いが重ね合わさっていたであろう。

馬大師、百丈と行きし次《とき》、野鴨子の飛び過ぐるを見る。大師云く、「是れ什麼《なん》ぞ」。丈云く、「野鴨子」。大師云く、「什麼処に去くや」。丈云く、「飛び過ぎ去れり」。大師、遂に百丈の鼻頭を扭《ひね》る。丈、忍痛の声を作す。大師云く、「何ぞ曾て飛び去らん」(24)。

今度は上皇が馬大師になって大燈を百丈に見立てて、大燈がどう答えるか、試したのであろう。それに対し大燈は馬大師と同じように上皇の鼻頭を扭ることはせず、「鞠躬《きくきゅう》奏シテ」すなわち恭しく腰をかがめ、こう答えた、「伏して惟れば高く天鑒《てんかん》を垂れたまえ（畏れ多くも、天の高みよりとくとご覧じあれ）。」と。「どこにも去ってはおりませぬ。今紅葉を目の当たりにご覧になっている御身《おんみ》ご自身がソレではありませぬか。」と指摘したのであろう。そうした大燈国師の示唆を読み取った上皇は、それにこたえる仕方で「夜行を許さず、明に投じて到るべし」と答えたわけである。これは実は『碧巌録』第四一則「趙州大死底人」の中の言葉で、天皇はそれを援用したのである。

趙州、投子に問う、「大死底の人、却って活する時如何」。投子云く、「夜行を許さず、明に投じて須らく到るべし」(25)。

さて、以上の解釈を踏まえてこれを筆者なりに現代語訳すれば次のようなことになろう。

上皇「籬の下に咲く黄菊もさることながら、ご覧ください、林間の錦繍の如き紅葉はまた一段と美しいではありませんか。和尚、どう思われますか?」
大燈「すべてを隈なく見通す観世音菩薩でも、その見事な美しさを観ることはできないでしょう。」
上皇「ではその時の観世音菩薩（本来の面目）はどこに居ますか、観ることのできぬ主人公は何処に去ってしまったのでしょうか?」
大燈「どこにも去ってはおりませぬ。畏れ多くも、今紅葉を目の当たりにご覧になっている御身《おんみ》ご自身がソレではありませぬか。天の高みからとくとご覧じあれ。」
上皇「なるほど。大死底人（本来の面目）は、大死一番して絶後に蘇らなくてはならないのでしたね。空の一辺に堕して鬼窟裏に滞っていてはならず、無理会の処に向かって究め来れば、すぐに究め去らねばなりません。」

七

いよいよ本稿の冒頭に掲げた花園上皇と大燈国師の問答に触れたい。

第一幅
（大燈国師）
億劫相別れて須臾も離れず、尽日相対して刹那も対せず。
此の理人人之れ有り、如何なるか是れ恁麼の理ぞ。
伏して一言を聞かん。

（花園上皇）
昨夜三更、露柱、和尚に向かって道い了んぬ。

第二幅
（花園上皇）
二十年来、辛苦の人、
春を迎えて換えず旧風烟。
着衣喫飯、恁麼にし去る、

大地那んぞ曾つて一塵あらん。
弟子此の悟る処有り、師、何を以て朕を験さん。
老僧既に恁麼に験さん、聻

（宗峰妙超）

「二十年来、辛苦の人」とは二十年の聖胎長養をした大燈を指す。「春を迎えて換えず旧風烟」とは、悟りを開いて見れば悟らぬ先と一寸も違ったことはない、つまり「悟了同未悟」、「到り得て還り来たれば別事なし、廬山は煙雨浙江は潮」（蘇東坡）、悟ってみれば何のことはない、悟る以前の世界と別段変わった世界ではないということである。『臨済録』にはこうある。

心法は形無くして、十方に通貫す。眼《まなこ》に在っては見《けん》と曰《い》い、耳に在っては聞《もん》と曰い、鼻に在っては香《か》を齅《か》ぎ、口に在っては談論し、手に在っては執捉《しっそく》し、足に在っては運奔《うんぽん》す。[26]

（『臨済録』「示衆一」）

仏法は用功《ゆうこう》の処無し。祇《た》だ是れ平常《びょうじょう》無事《ぶじ》、屙屎《あし》送尿《そうにょう》、著衣《じゃくえ》喫飯《きっぱん》、困《つか》れ来たれば即ち臥《ふ》す。[27]

（同、「示衆四」）

臨済の謂う「真人」とは決して日常の自己を超えたある特別なものではない。我々にとってごく身近で最も直接的な経験である。それはあるがままの真実に他ならない。大燈が机の上に錠前を置いたその瞬間、ガチャンと鳴った、そのガチャンが、分別以前、判断以前のところであるがままの真実をまさにあるがままに顕現したのである。ガチャン、それは〈何〉が鳴ったのか。そこには音を出す錠前もなければそれを聞く自我もない。ガチャン、それだけである。そのガチャンと自己とは別のものではない。ガチャンと鳴ったのは自己に他ならない。なんのことはない、探し求めていたものがここにあったのかと、大燈は思ったことであろう。

そこに見出される真如実相の世界は、まさにあるがままの恁麼裡の事実であって、遍界不曾蔵にして、一顆明珠、慧能の言葉を引用すれば「本来無一物、何れの処にか塵埃を惹かん」といった明鏡止水の如き世界に他ならない。花園上皇は、大燈国師の境涯をそのようなものとして捉え、「大地那んぞ曾つて一塵あらん」と述べたのであろう。

また、建武二年（一三三五）に門下に垂誡した『大燈国師遺誡』には、次のような句がある。「只須く十二時中無理会の処に向かって、窮め来り究め去るべし」、「専一に己事を究明する者は、老僧と日日相見、報恩底の人なり。」「無理会の処に向かって」という語、そして「日日相見」という語、ともにやはり大燈の禅がもつ「対向性」（対して対せず）の特質が見られることに注意されたい。十二時中窮め来り究め去るべき「無理会の処」とはどういう「処」か。それはどこまでも覆蔵された次元に留まっている。そうした意味でそれは「不可思議底」である。しかしそれは同時に目立たない仕方で端的に現前している「親密なる直接性」でもある。錠前の「ガチャン」がそうであったように、それは判断以前、反省以前の最もリアルで直接的な現前である。しかるに「密有必ずしも現成に非ず」（道元）、つねにソレは覆蔵されている。「無理会の処」とはソコである。大燈はソコに向かって「窮め来り究め去るべし」と強調するのである。「向かう」とはそれを目標として対象的に外に立てて向かっていくことではない。「向」とは、方向性を意味するとともに、「〜に於いて、〜の処に」という助字でもあるのだ[28]。つまりそれは自己がそこに「於いて在る場所」を意味する。従って「無理会の処に向かって」とは、つねに「無理会の処に於いて在る」ということでもある。ここにもやはり大燈の「対して対せず」という対向性の特質が見られる。従って、ソコに向かって「窮め来り究め去る」とは、「無理会の処」をどこまでも「無理会の処」として、つまり対して対さざる仕方で保任してゆくということである。「途中に在って家舎を離れず、家舎を離れて途中に在らず」（『臨済録』上堂〔八〕[29]）で、日常生活を営みながら、決して本分の悟りの境涯を失わず、逆に悟りの絶対境をも忘じつくして、しかも世俗の世界に埋没してしまうこともない。大燈が強調した「対向性」とはそういうことである。「億劫相別れて須臾も離れず、尽日相対して刹那も対せず。此の理人人之れ有り、如何なるか是れ恁麼の理ぞ。」という大燈の言葉の真意もそこにあると言えよう。「伏して一言を聞かん」と迫る大燈に対して、「昨夜三更、露柱、和尚に向かって道い了んぬ（昨夜真夜中に、仏殿の露柱が和尚に向かってとっくに答えてしまったではありませんか、今更朕がとやかく何を言う必要があるでしょうか）。」と答え得た花園上皇は、上得意であったであろう。「露柱[30]」とは、大燈が元弘二年（一三三二）に作成した「三転語」にある言葉で、それは次のようなものである。

　朝に眉を結び夕に肩を交う、我とは何ぞ。露柱は尽日往来す、我何によって不動なる。もしこの両箇の問を解決し得れば、一生参学の事了《おわ》らん。

第一問は、日常茶飯の真只中に生きる「人」の正体を問うものである。第二問の「露柱は尽日往来す」とは、偏界不曾蔵、つまり諸法が透体脱落して露堂々と現成している様を謂っており、そこに立脚した本来の面目の在りようを問うたものであろう。第三句は上の二問を絶えず「胸間に掛在」させて「仏祖不伝の妙道」を歩み「専一に己事を究明す」べきことを説いたものであろう。「露柱、和尚に向かって道い了んぬ」という上皇のこの言葉は、上皇自身が、老僧であるあなた（大燈）と「日々相見、報恩底の人」であることを吐露した表現に他ならない。

【註】

（1）花園天皇 在位一三〇八年八月二六日〜一三一八年二月二六日。持明院統の伏見天皇の第四皇子伏見天皇の皇子。在位一〇年で大覚寺統の後醍醐天皇に譲位。著書『誡太子書』『学道の御記』のほか、勅撰和歌集『風雅集』の撰者。建武二年（一三三五）に出家。自らの離宮萩原殿を寺とすることを発願し、参禅の師宗峰妙超の高弟関山慧玄を開山に迎えて妙心寺を草創した。

（2）『花園天皇宸記』は花園天皇の一三一〇年〜一三三二年（延喜三〜元弘二）までの自筆日記。『増補史料大成』所収。なお、本稿における『宸記』の内容については、和島芳男『中世の儒学』（吉川弘文館、一九六五年）から多くの示唆を得た。

（3）訓詁とは昔の言葉を現在の言葉に改める意。一般には字句の解釈の意に用いる。秦の始皇帝の焚書により多くの経典が喪失したが、漢代になり密かに隠されていた諸書が発見されたものの、文に欠落があるにとどまらず、記載している文字が昔の字形であって漢代通行の文字と異なっていたため、学者はこれを正しく復原することに苦心し、ここに訓詁の学が生まれた。漢以降、隋・唐に至るまでの儒学は、その内容の考察吟味よりも、それを現行の文字に置き代えることに専ら力が注がれた。奈良・平安時代に渡来した大陸の学問は、その学風を受けたものであった。これに対し、宋代になり仏教教義の影響を受けて、経典の意義を考察鮮明にしようとする新しい学風が起り、これを集大成したのが朱熹である。それ故、この新しい学風を宋学とか朱子学と称した。朱子学は道義国家の建設を計る思想が深かったので、平安以来の古学（訓詁学）を修めていた廷臣には、危険思想と考えられたのである。〔詳細は、近藤啓吾『崎門三先生の學問』（皇學館大学出版部、二〇〇六年）を参照。〕

（4）玉村竹二『日本禅宗史論集』上、思文閣、一九七六年、三〇四〜三〇五頁参照。

（5）鎌倉に下って寿福寺開山長老となった栄西は、台密（天台密教）の験者として将軍源実朝を護持する加持祈禱を行うと共に、「禅」を説いて源実朝や北条政子の帰依を受けた。公的な空間では台密の験者として振る舞い、私的な場で「禅」を説く栄西は、公私の使い分けによって政治と密接に結び付く顕密仏教の世界がもつ許容範囲を越えないように細心の注意を払っていたのである。栄西の後継者になった退耕行勇も、真言僧として振る舞う鶴岡供僧の立場と「禅」を説く時の立場は使い分けている。こうした公的な空間では顕密仏教の加持祈禱を行い、私的な空間では「禅」を説く使い分けは、北条時頼の発願で創建された建長寺の伽藍配置が顕密仏教の寺院の伽藍配置と全く異なることが誰にもわかるように視覚化され、鎮護国家の派生系としての武家鎮護を旨とする鎌倉密教と、「禅」が別の性格を持つものと認識されるようになるまで続くことになる。思うに、それをしっかりと認識したのは、花園上皇ではなかったであろうか。『鎌倉密教―将軍護持の寺と僧』（神奈川県立・金沢文庫編集、二〇一二年）を参照。

（6）宗論は、正中二年（一三二五）閏正月二十一日より七日間にわたって、宮中清涼殿で行われた。旧仏教を代表する叡山の玄慧法印等の九人に対して、禅宗側からは南禅寺の通翁鏡円と大燈の二人が選ばれた。まず両者それぞれに一問一答の対決が約束された。玄慧云く、「教外別伝の禅とは如何。」大燈が答えた、「八角の磨盤、空裏を走る。」やがて、次の僧が一つの箱を捧げて出た。大燈云く、「これ何ものぞ。」僧云く、「乾坤の箱。」大燈は竹篦をもって箱を打った、「乾坤打破のとき如何。」僧は黙して退いた。玄慧は敗北を認めた。当時、こうした禅問答の気合いは、京洛の知識人たちをはなはだ喜ばせたようで、この宗論における大燈の堂々たる所業が花園上皇をますます気に入らせた。同年二月二十九日、大納言俊光を遣わして院宣を賜い大徳寺を勅願道場とし、次いで寺領を寄進している（辻善之助『日本佛教史研究』第一巻、岩波書店、一九八三年、二四七～二五一頁参照）。

（7）『新版全譯　吾妻鏡』（監修：永原慶二・訳注：貴志正造）第二巻及び第三巻、二〇一一年、新人物往来社。また、稲場伸道氏（名古屋大学文学研究科教授）による平成の新発見として注目されるのは、真福寺大須文庫中に栄西の自筆書状の一群と、これまで知られていなかった著作聖教が伝来されていたことである。密教の法身説に立脚し、無相・無名を問答形式で説いた密教入門書と見なされる『無名集』や『隠語集』、そして栄西新出の著作として『改偏教主決・教時義勘文、重修教主決』（いずれも大須観音宝生院蔵）がある。これは九州で執筆された真言教主論に関する論争の書であり、在地の僧が唱える自受用身説法説に対して、栄西は一貫して自性身説法説を主張している。栄西の密教思想の形成や、当地での動向を探る手がかりとなる重要文献である。『大須観音展―いま開かれる、奇跡の文庫』図録二〇一二～二〇一三年（阿部泰郎監修、名古屋市博物館・真福寺大須文庫調査研究会編、大須観音宝生院、二〇一二年）一七二～一八一頁参照。

（8）竹貫元勝『日本禅宗史』大蔵出版、一九八九年、一四頁、一七頁

（9）辻善之助『日本佛教史研究』第一巻、岩波書店、一九八三年、二四四頁

（10）同書、二五三頁

（11）『碧巌録』（上）入矢義高・溝口雄三・末木文美士・伊藤文生訳注、岩波文庫、一九九二年、三六頁

（12）同書、三九～四〇頁。なお、次の箇所も参照されたい。「梁武帝出城躬迎、昇殿問曰、和上従彼国、将何教法来化衆生。達摩大師答、不将一字来。帝問、朕造寺度人、写経鋳像、有何功徳。大師答、並無功徳。此有為之善、非真功徳。武帝凡情不暁。」「梁の武帝、城を出て躬《みず》から迎え、昇殿せしめて問うて曰く、「和上《わじょう》は彼の国より何の教《きょう》法《ぼう》を将ち来たりてか衆生を化《け》す。」達摩大師答う、「一字を将ち来たらず。」帝問う、「朕《ちん》、寺を造り人を度《ど》し、経を写し像を鋳《つく》る、何の功徳か有る。」大師答う、「並びに功徳無し。此れは有為《うい》の善にして、真の功徳に非ず。」武帝は凡情にして暁《さと》らず。」（『歴代法寶記』「菩提達摩多羅章」、『禅の語録三　初期の禅史Ⅱ』柳田聖山、筑摩書房、一九七六年、六八～七〇頁参照。）

（13）梁の時代、武帝は特に仏教に熱心で自ら仏教に帰依し保護したので仏教が栄え、仏教文化の最盛期となった。武帝は当初信じていた道教を捨てて仏教に帰依し、道士（道教の僧）を還俗させ、道教を禁止した（捨道奉仏）。また武帝は自ら菩薩戒を受け、戒律を重んじた。多くの僧と交わり、特に光宅寺法雲、開善寺智蔵、荘厳寺僧旻、いわゆる梁の三大法師と親しく交わった。都の建康には七百の寺を建てた。たびたび無遮大会や盂蘭盆会などの斎会を行ったという。無遮大会というのは、道俗貴賤上下を問わず平等に法と財とを人々に供養する法会で、武帝は四回捨身供養を行っている。捨身供養とは『法華経』にもある無遮大会の行の一つで、僧などが焼身供養をし、衆生に菩薩行を施すことである。更に武帝は寺の奴隷となって奉仕したり仏教教理の研究もし、『涅槃経義記』など多

くの本も著わしている。また『涅槃経』は自ら講じたという。（岡本精一『飛鳥寺と聖徳太子』、飛鳥寺編纂）平成二〇年　二六～二七頁参照。）

(14)　歴代の天皇は即位のとき宣命を読み上げるが、それが『続日本紀』に残されている。大極殿の前庭に整列した臣下らに対して、宣命使が冒頭「現神《あきつかみ》と大八洲《おほやしま》知らしめす倭《やまと》根《ね》子《こ》天皇《すめら》が詔旨《おほみこと》らまと勅《の》りたまふ大命《おほみこと》を親王《みこたち》・諸王《おほきみたち》・諸臣《おみたち》・百官人等《もものつかさのひとども》、天下公民《あめのしたのおほみたから》、衆《もろもろ》聞きたまへと宣《の》る」と口頭で宣布する。ここには国家という概念を成り立たせる三要素、領土・人民・主権が見事に盛り込まれている。主権者の天皇は人間だが、同時に神性をもった神、「現人神」とされる。その点が通常の君主制とは異なる点である。歴代の天皇は、高天原に住む皇祖の男神（かむろぎ）女神（かむろみ）の神々から日本国を統治する権限を「よさし奉《まつ》る」、つまり負託され、それを次々と継承してきたと告げられる。こうした発想は、いわゆる「王権神授説」に通じるもので、統治権の由来が皇祖神に求められている。歴代天皇の先祖の神々から負託を受けているとすれば、天皇は統治についての結果責任を皇祖の神々に対して負わねばならない。歴代の天皇が国土を立派に治め、その民を「撫で賜ひ慈しび賜」われたように、新天皇もこれから天下を「慈しび賜ひ治める」と宣布するのである。詳細は、森本公誠「聖武天皇と東大寺」（東大寺ミュージアム開館記念特別展『奈良時代の東大寺』図録（二〇一一年所収）を参照されたい。

(15)　上皇は妙超が京都の紫野に創建した大徳寺を祈願所とし、後年妙超に「興禅大燈国師」の号を賜った（『大燈国師行状』）。なお上皇は建武二年（一三三五）十一月に落髪して仏門に入り、京都の花園の離 宮を禅院とし、妙超の高弟関山（慧玄）を美濃（岐阜県）から召しだした。これがすなわち正法山妙心寺である。以後花園法皇は寺の傍らにあった玉鳳院に住み、常に関山に仏法について問われた（『正法山六祖伝』）。

(16)　『鈴木大拙全集』第四巻、岩波書店、一九六八年、所収。

(17)　奥田正浩編『興禅大燈国師年譜』森江書店、一九三三年

(18)　『碧巌録』（上）〔前掲書〕一三三頁

(19)　こうした消息は、たとえば道元『正法眼蔵』「坐禅箴」の中の「魚行いて魚に似たり、鳥飛んで鳥の如し」というように、魚や鳥の同一性が「似」「如」という語で表現されているところにも窺える。更に言えば、日本曹洞宗

第四世、瑩山紹瑾（一二六八～一三二五）も『信心銘拈提』の中で、次のように述べている。「己れ、己れと差い、山、山と異なる。所以に天は天に似ず、地は地に似ず、眼は眼に似ず、耳は耳に似ず、毫髪も相似の道理なく、微塵も相同の法界なし。釈迦は釈迦に差い、達磨は達磨に似ず。五十余代一代も似ず、三世の諸仏一仏も同じからず。」（『宗源』下四〇四ａ、傍点引用者）ここでは、道元とは逆に、相似性（＝同一性）をあえて否定することによって却ってその非実体的同一性が如実に開陳されている。因みに、日本曹洞宗総持寺開山となった瑩山紹瑾は、純粋禅を標榜していた道元とは異なり、結局は曹洞禅と密教との融合を進めて加持祈禱的要素を強めて行った。在地の神祇や陰陽道の神々を護法神・伽藍神として寺域内に勧請することによって、本地垂迹思想に妥協するようになっていった。その経緯の詳細については、鈴木泰山『禅宗の地方発展』（『畝傍史学叢書』一九四二年、吉川弘文館）を参照されたい。

(20)『日本の禅語録六　大燈』（平野宗浄）講談社、一九八一年、七四頁
(21)『道元禅師全集』第五巻（鈴木格禅・桜井秀雄・酒井得元・石井修道　校訂註釈）春秋社、一九八九年、一九四頁
(22)奥田正造編『興禅大燈国師年譜』森江書店、一九三三年、一八～一九頁
(23)『碧巌録』〔前掲書〕中、九九～一〇〇頁
(24)同書、二〇七～二〇八頁
(25)同書、一〇七～一〇八頁
(26)入矢義高訳注『臨済録』岩波文庫、一九九三年、三九～四〇頁
(27)同書、五〇頁
(28)「向」の助字の用法については、花園大学准教授、吉田叡禮氏から貴重なご助言をいただいた。改めて感謝の意を表したい。
(29)『臨済録』〔前掲書〕、二七頁
(30)玉村竹二氏によると、内陣の柱を雨打《ゆた》といい、外陣の柱を露柱というようである。『日本禅宗史論集』上〔前掲書〕三二一頁参照。

第四章　八角の磨盤、空裏を走る——大燈国師と玄慧法印——

一　正中の宗論

正中二年（一三二五）閏正月二十一日、宮中清涼殿にて宗論は行われた。七日間にわたる白熱の論争であったらしい。『本朝高僧伝』の通翁（鏡円）伝によれば、(1)当時八宗が競い起こって禅宗を排斥すべく、旧仏教を代表する叡山の玄慧法印（一二六九～一三五〇）等の九人に対して、禅宗側からは南禅寺の通翁鏡円と侍者大燈国師（一二八二～一三三七）の二人が選ばれた。まず両者それぞれに一問一答の対決が約束された。玄慧云く、「教外別伝の禅とは如何。」大燈が答えた、「八角の磨盤、空裏を走る。」やがて、次の僧が一つの箱を捧げて出た。大燈云く、「これ何ものぞ。」僧云く、「乾坤の箱。」大燈は竹篦をもって箱を打った、「乾坤打破のとき如何。」僧は黙して退いた。玄慧は敗北を認めた。天台教学を学ぶことを本旨としている叡山の学僧たちにとって、禅のいわゆる「教外別伝・不立文字」という事が最も問題になっていたと思われる。分別をはねつけ、咄嗟に口から衝いて出てきた大燈の言葉は、いかにも彼の禅風を表現している。その後、学僧たちは一問一答のやり方ではとうてい禅宗に太刀打ちは出来ぬと思ったのであろう、倶舎、成実、三論、華厳などの諸教義について議論を進めた。

これに対しても通翁、大燈の二人は次々に論破し、玄慧は遂に大燈の弟子になったという。

この間通翁は病勢大いに進み、二十七日ようやく問答が終わって帰る途中で、にわかに入滅した。七日七夜、連日連夜の討論は彼の死を早めたのに相違ない。辻善之助によれば、(2)『花園天皇宸記』(3)正中二年閏正月二十八日の条に通翁入滅の記事があり、その急死のために殺害されたというわさがあったことが見えるから、右の宗論も実は正中二年のこととすべきであると主張し、以後、研究者はみなこの説に従っている。

時代は少し遡るが、中世の初期、いわゆる鎌倉仏教と称せられる禅、浄土、法華等の新興諸宗がようやく教団を確立させ、教化の拡張を示して勢力的に展開してきたとき、既成教団すなわち旧仏教としてのいわゆる顕密諸宗は、新しく台頭してきた諸宗に対してあらゆる点で対抗的な立場におかれた。周知のごとく、これまでのいわゆる平安仏教は、貴族仏教であり祈禱仏教であり形式仏教であった。その主流枢軸として中心的な活動をしたのは言うまでもなく顕密諸宗である。それはまったく貴族社会の成立に始まって貴族社会の没落に終わっている。かつて平安初頭における最澄、空海と彼らの後継者たちによって堅固に基礎づけられた顕密の二法門は、あたかも貴族社会の興隆期たる平安前期にあっては専ら貴族社会の現世の繁栄幸福を祈禱呪法によって保証することを最大の任務とした。要するに平安仏教における顕密諸宗は、その教義、宗旨の荘厳が既に貴族的な待望に順応しうるものであった。

ところが、禅や浄土系仏教の台頭は既成教団にとって内憂そのものであった。それまで伝統的に継承されてきた顕密諸宗の修学の対象は煩瑣で難解な理論―天台の「一念三千」、華厳教学のいわゆる「事事無礙」の教説、真言宗が標榜する「即身成仏」の義―であったが、そうした深遠な形而上学が、新興諸宗教団が台頭してきた状況の中で、黙々と思弁され続けられるであろうか。しかもすでに末法の到来という世紀末的な宗教意識が広く伝播しているのである。その中で、尚超然たる態度で現実即今の諸問題から遊離して独り書院の机上論理にあけくれ、神秘な観念の遊戯を繰り広げては楽しむ如き高踏的な宗教がはたして上記のような不安動揺の社会情勢に対応し得るであろうか。こうした末法濁世の社会の待望する宗教は、もっと実際的なもの、闇を照らす光のようなもの、人々に魂の救済を与え得るものでなければならない。

ところが、既成の顕密諸宗教団の中にも、表向きは教団の一員として顕密教的なものに携わりながらも真実求法を心がけ新たな信仰に生きようとしていた僧徒は存在していたのであって、彼らは混濁と不安の教団内にそのまま長く留まることはできず、遂にこうした顕密既成教団を抜けだし、清貧ながらも新しい自由の天地に脱出すべく決意された。彼らは多くの場合、いわゆる別所を拠所として、聖とか上人という呼称を受けたのである。このことは、つまり顕密諸宗の母胎内に胚胎してきた禅や浄土系仏教の現実的な派出の過程を示している。このような過程の中で、その統一化、組織化への運動のためにその役割を担って出現してきたもの、それは浄土教に於ける法然（一一三三〜一二一二）であり、禅における栄西（一一四一〜一二一五）その人であった。はたして彼らは既成顕密教団からの抗議弾圧を真っ向から蒙ったのである。

顕密仏教体制がしっかりと組み込まれていた仏教界において、日本の禅宗がその成立当初から山門の圧迫をこうむり、天台・禅兼修の形を取らざるを得なかったことは顕著な事実であり、栄西が弁明の意図を込めて『興禅護国論』を上梓した内実もそこにあった。しかし朝廷に禅宗の興隆を訴えたが受け入れられず、鎌倉幕府の招請によって鎌倉に赴き、寿福寺の住持となり、京都にも建仁寺を開いたが、『吾妻鏡』を通してみる栄西の活動は密教僧・加持祈禱僧としてのものである。(4) 禅宗宣揚の第一歩を踏み出したところで、叡山の排撃を受けた栄西は、以後、密教僧或いは加持祈禱僧として鎌倉に受け入れられたわけであり、造寺・造塔の才能をもって京都で活動するものの、禅宗のみを専一に宣揚することはなかった。栄西にとっては、朝廷下に直属する権門となることが、王法仏法相依による禅宗宣揚の途であると考えたのであろう。(5) しかしながら、次第に天台と禅との軋轢はますます険悪となり、ことに嘉元二年（一三〇四）後宇多上皇が東山に嘉元禅刹を開創して大応国師南浦紹明《なんぽじょうみょう》（一二三五～一三〇八）を開山に迎えようとしたが、叡山衆徒の嗷訴《ごうそ》によって中止のやむなきに至り(6)、康永四年（一三四五）、足利尊氏の起こした天竜寺造営の功がこの年に至って成り、天竜寺供養に光厳上皇臨幸の儀式もまた叡山僧の嗷訴にあって見合わせなければならなかった(7)。正中二年（一三二五）閏正月宮中で開かれた宗論はあたかもこれらの中間にあり、天台・禅の歴史的抗争の一端に他ならなかったのである。

顕密仏教的立場から、禅浄両宗に向けられた厳しい論難攻撃として挙げられるのは、永仁三年（一二九五）に源有房が書いた『野守鏡』(8)である。本書は、元来は上下二巻からなる歌論書・歌学書であって、とくに下巻では、とくに禅に対して十條に焦点を向けて論難している。紙幅の上で、詳細は省略するが、論鋒は主として、禅宗に於ける「教外別伝、不立文字」等の問題、又禅宗と神祇の問題等を中心に痛烈に批判している。これは顕密諸宗がその日本的展開の上に最も得意な又最大の提言としてきたいわゆる王法仏法相依の立場からの見直しである。そこには顕密諸宗がこれまで「鎮護国家・玉体安寧」を掲げて、国家、神祇、王道というものに如何によく順応し得てきたかの矜持が一層に荘厳されており、顕密諸宗の立場がまさしく神明の旨に順じ叶うものであると説かれる。しかるに禅宗にはこのような矜持があるかどうか、そこを突いて批判する。

二　玄慧法印について

では、宗論において中心となって対論した玄慧法印とは、どういう人物だったのか。『太平記』には玄慧が「其比才学無双ノ聞ヘ有ケル」「大智広学ノ物知」であったことを特筆し（参考『太平記』巻一、無礼講附玄慧文談事。同巻十八、比叡山開闢事。）、また往来物の数々が玄慧の作に擬せらた関係上、玄慧の博学多才を信じ、所伝のままに承認する研究者も少なくない。また、およそ中世宋学を論ずる人々の必ず取り上げる有名な史料に『尺素《せきそ》往来』（乾巻）(9)があり、そこには玄慧について次のような詳細な記載がある。

> 先全経者、周易・尚書・毛詩・周礼・儀礼・礼記・春秋以下中庸・論語・孟子・大学・孝経・爾雅也、此外老子・荘子・列子・荀子・楊子・文中子・管子・淮南子、清中両家之儒伝二師説一候二侍読一歟、伝注及疏並正義者、前後漢晋唐博士所レ釈古来雖レ用レ之、近代独清軒玄恵法印、宋朝濂洛之義為レ正、開三講席於二朝庭一以来、程朱二公之新釈可レ為二肝心一候也、次紀伝者、史記并両漢書・三国史・晋書・唐書及十七代史等、南式菅江之数家被レ伝二其説一乎、是又当世付二玄恵之議一、資治通鑑・宋朝通鑑等人々伝三受之一、特北畠入道准后被レ得二蘊奥一云々

この一節に基づき、玄慧を以て宋学の最も有力な首唱者とみるのが旧来の通説となっており、また玄慧の宋学理解についてはこの『尺素往来』の記載以外に確実な史料はないようである。

もう一つ、玄慧伝に関する信頼すべき史料のうち、その年次の最も古いものとして挙げられるのは、『花園天皇宸記』元応元年閏七月二二日条の「今夜資朝・公時ら御堂殿上局《みだうてんじやうのつぼね》において論語を談ず、僧ら済々《せい》これに交じる、朕ひそかに立ちてこれを聞く、玄慧僧都《げんゑそうづ》の義、まことに達道《たつだう》か、自余《じよ》もまたみな義勢に諧ひ、ことごとく理致に叶ふ。」という記載である。ここで花園天皇が『論語』の理解の秀逸さを以て玄慧僧都を絶賛していることは特筆に値する。因みに、和島芳男によれば、玄慧は天台僧として知られていて、比叡山に関係を有する僧であったに違いないが、必ずしも山門の住侶ではなかったようで、つまり山門に特別の地歩を占めた住侶ではなく、釈家官班記にいう「俗姓尋常之人、稽古修学之輩」の一人であり、「依一途之寄被拝除者」であったろう、と指

摘している。(10) また、『太平記』に見えた玄慧関係の記事のうち、最も有名であるのは上記の参考本巻一の「無礼講附玄慧文談事」と題する一章である。これは日野資朝が土岐頼貞・多治見国長の勤王の志のほどを知らんがために無礼講ということを始め、「男ハ烏帽子ヲ脱テ髻（たぶさ、もとどり）ヲ放チ、法師ハ衣ヲ著ズシテ白衣ニナリ」、飲酒放遊の間に統幕の計を進めたが、「其事トナク常ニ会交セバ、人ノ思ヒ咎ムル事モヤ有ントテ、事ヲ文談ニ寄ンガ為ニ、其比才学無双ノ聞へ有ケル玄慧法印ト云文者ヲ請ジテ、昌黎文集ノ談義ヲ行ハセケル、彼法印謀叛ノ企テトハ夢ニモ知ズ、会合ノ日毎ニ其席ニ臨テ、玄ヲ談ジ理ヲ抜ク、（以下略）」という。(11)

ところで、玄慧と禅宗との関係については、和島が詳細に渉って諸史料を吟味し、大略次のように論じているので、紹介したい。応永三十三年（一四二六）僧禅興が宗峰の行業を記した『大燈国師行状』によれば、宗峰は延慶元年（一三〇七）恩師南浦（紹明）の入寂後、京都に住まい、やがて紫野に法堂を建てた。これが後の大徳寺である。そのころ洗心子《せんしんし》玄慧法印は諸学者を語らって禅宗を破せんことを奏請し、「禅宗に手段あるはいかに」と問難したが、宗峰が『孟子』万章章句を引き、舜のごとき聖人も異母弟象《しょう》の殺意を知りながらも喜色を示し、かえってその異図を封殺するごとき手段を用いたことを示したので諸学者はみな弟子の礼をとり、ことに玄慧は宗峰のもとに参禅し、私宅を寄進して大徳寺方丈としたという。『本朝高僧伝』の宗峰（妙超）伝は紫野小院の建立を嘉暦三年（一三二八）、玄慧の参禅を例の宗論の後とする。辻善之助はこれによって『行状』所載の問答もまた正中宗論の一節であったろうと推察しているが、和島によれば、正中の宗論は禅と八宗との対抗であり、『行状』所載の問答は禅と儒教との対抗であるし、論議の内容もたがいに異なり、玄慧の資格にも天台僧と儒僧との相違があるので、両者を一連の論戦とみることは困難であると指摘している。しかも留意すべきは、正中の宗論ではあくまでも通翁が主僧であって、宗峰はその侍者に過ぎなかったが、『行状』は全編を通じてなぜか通翁には言及せず、問答の条でももっぱら宗峰を主役とし、玄慧の参禅・寄進をも宗峰の教化の功に帰している。これは『行状』の作者禅興が宗峰の弟子徹翁《てっとう》（義亭）の法流を受けた者であり、応永の末、大徳寺の衰運に際し、開山宗峰の盛業を追想しつつこの記を作ったからであろう（『行状』末段の禅興の識語参照）と推察している。[12]これらの史料のうち最も信頼すべきは『花園天皇宸記』の通翁入滅の記事のみである。それに『本朝高僧伝』『大燈国師行状』『大燈国師行業記』などの記載はまったく禅宗側のみの所伝であり、八宗もしくは儒家の側の傍証は今日なお未見に属する。[13]

三　玄慧法印の知的教養—天台本覚思想と宋学に通底するもの

すでに述べたように、玄慧は一方では天台僧であると同時に、他方宋学の教養をも併せ持つ当時一流の文化人であった。このことから推察できることは、いわゆる天台本覚思想と宋学に通底する深淵な哲理、すなわち「体用の論理」に彼は通暁していたであろうということである。

ところで、宋学に見られる理一元論的な発想、つまり超越的一たる理は、万事万物それぞれに分有され、それぞれの理となる時には、それぞれ特殊なあり方として己を顕してくるという「理一分殊」論の発想は、また中国の宋の時代に「看話禅」とともに一世を風靡した華厳教学の「理事無礙・事事無礙」の考え方に通底するものであり、それは言葉を換えて言えば「体・用」の論理、すなわち〈内在的超越〉の論理に他ならない。「体・用」というのは、例えば朱熹が『中庸章句』第一章に「大本ナル者ハ道ノ体ナリ、達道ナル者ハ道ノ用ナリ」と述べ、また『朱子語類』巻一の第一條に「陰陽ニ在ツテ言エバ、用、陽ニアリ、体、陰ニアリ、然カモ動静無端、陰陽無始、先後ヲ分カツ可カラズ」と述べ、その他、忠は体、恕は用、あるいは性は体、情は用などと言われるところのものである。[14]しかしこの体・用の概念は『大乗起信論』をはじめ、元来仏教でよく使われたものである。この観念そのものは遡れば僧肇（三七四～四一四）の『肇論』が説く「寂」と「用」に行き着くが、因みに湯用彤《とうようとう》は「魏晋より南北朝を通じて、中国の学界には異説繁興、争論雑出し、表面上複雑をきわめたが、要するにその争うところは体用観念を離れなかった」[15]という。馬鳴造、真諦訳とされる『大乗起信論』五、六世紀に成立し、サンスクリット原本がないことから中国撰述説もある大乗仏教の哲学論書だが、衆生心がもつ「心真如」と「心生滅」の両面性を「真如随縁」、すなわち体・用の関係として捉え、それを水と波の比喩で説明する。すなわち体用とは因果に対していう言葉であり、水波の比喩で説明すれば、因果の関係が風と波との関係であるのに対し、体用の関係は水と波との関係をいう。体とは根本的なもの、自体的なもの、用とは派生的なもの、その働きを意味し、本体とその作用、実体とその現象の関係をいう。因果の関係はいわゆる因果別体、つまり因と果は風と波のように互いに別個のものであるのに対し、体用の関係は殆ど「体用一致」とか「体即用、用即体」と論じられるのが特徴である。水と波とが別物ではないように、体と用とは不可分の関係にある。しかしながら水が大波小波いかようの波の姿をとろうとも、水そのもの、即ち水の本体（湿）は常にすべての波の形状を超えて、水そのものの自己同一性を保持している。更に敷衍して言えば、水（体）はあらゆるものを濡らす働き（用）がある。濡らすという働きを離れて水はありえない。しかし水の自性に即して見れば、水はあらゆるものを濡らしながら、水そのものは濡らさないという仕方で水の水としての自己同一性が維持されているのであり、まさに自らを濡らさない水であればこそ、すべてのものを濡らす水でありえているのである。このように体はあらゆる用を一貫する「統一的原理」として自己同一性を堅持しており、体は用と「非一非異」の関係にあって、本体としてはどこまでも超越を保っているのである。したがって超越といっても水が波を離れないように、外在的超越ではなく、どこまでも内在的な超越なのである。それ自身超越的なものがその本体的な自己同一性を保ちながら、さまざまな用（働き）として自己内発的に展開していき、あらゆる現象のなかに内在するのである。体用の論理が「内在的超越」であると言ったのはこのことである。こうした本体的一元論こそ天台本覚思想の根幹にある考えであり、「草木国土悉皆成仏」「一切衆生悉有仏性」はその表現に他ならない。因みに、道元は叡山修学六年の間に大蔵経を閲読すること二回、ただひたすら天台教学の研鑽に励んだのだが、彼は参学中に大きな疑団にぶつかった。彼は言う、「住山六季ノ間ニ。一切経ヲ看シ給事。二遍也、宗家ノ大事。法門ノ大綱。本来本法性。天然自性身。此理ヲ顕密ノ。両宗ニテモ。不落居。大イニ疑滞。アリ・・・」（『建撕記』）と。「宗家ノ大事。法門ノ大綱。本来本法性。天然自性身。」とは言うまでもなく天台本覚思想を指している。敷衍して言えば、「本覚」という語が「始覚」「不覚」「究竟覚」という語とともに初出するのは、他ならぬ『大乗起信論』であり、この論著はおよそ大乗仏教思想の根幹をコンパクトに表明したものとして、その広範囲に渉る影響力は測り知れない。

四　体用の論理と体験―禅林儒学と「教外別伝・不立文字」

ところでこうした本体的一元論がもつ体用の観念が仏教に由来するものか、それとも儒教に元来あった考え方なのかは明確に限定できないようで、島田虔次によると、絶対他者たる超越的人格神が無から世界を創造した、というキリスト教のいわば因果説（神が因で世界が果）に対して、そのような外在的超越神もしくは創造者としての神の考えを持たない中国的思弁の発想は、仏教であれ、朱子学であれ、潜在的には体用論理以外ではありえなかった[16]。体用の論理が超越的本体の内在的具有性を強調するものである以上、当然のことながら、「本来性」への志向性が濃厚となる。同じく「本来性」への回帰を主張するにせよ、空に立脚する禅より見れば、理に固執し、「本然の性」への復帰を提唱するする朱子学の「本来主義」は、いわば心の自由を失ったもの、分別界裏に堕したものということになるであろうし、逆に朱子学より見れば、「衆生本来仏なり」と説く禅の「本来主義」

は、いわば空疎な悟りの境地に酔いしれるだけものということになるであろう。しかし、「体は自心の清浄な本源である。用は自心の変化する妙用である」（『大慧法語』）とあるように、禅では本源と妙用とが、自心において緊密に掌握されるのであって、〈体用の論理〉に基づく「理」の形而上学から脱却して具体的な〈体用体験〉に裏付けられた行動原理に転用される時、なまの日常性の中に悟りの拠点を求める禅が誕生してきたのである。

禅に劣らず宋学もやはり貴族社会の権力者たちの間で強い関心を呼び起こしたのだが、ただ、ここでわからないのは、その宋学を舶載したのは禅僧であって、では禅林で学ばれた宋学とはいったい何だったのか、つまり禅林儒学とは何だったのか、ということである。朱熹自身、禅の非社会性・非倫理性を鋭く突いて排撃したはずであろう。だとすれば、宋学と思想を共有する禅とはそもそもどういうものなのだろうか。実際のところ、記録に残っているのを見ると、禅仏教の理解を『大学』が標榜する八条目や、『中庸』と重ね合わせて考えているものが散見される。例えば、『大学』が説く「明徳」を禅のいわゆる「父母未生以前本来の面目」、人々本具個々円成の仏性を示すものだと解釈したり、「本然の性」や「未発之中」を仏性と重ね合わせて理解したり、孟子の「浩然の気」を禅の見性の端的と同義に把握したりしている。[17] しかし「正中の宗論」で顕密諸宗と対決する宗峰妙超の禅と、それはどこが異なるのか。宋学が説く「理」の強調が極めて思弁的であり、形而上学的であるとするなら、そうした形而上学的思弁的な色彩をもった禅が一方で考えられなくてはならず、それが禅林儒学に於ける学問禅ということになろう。宗論に加わった玄慧はそういう意味で、禅と無関係ではない朱子学者であったはずである。それは教禅一致の禅であり、他方、天台僧であった玄慧の立場から見れば天台密教とつながった禅であり、天台本覚思想とひとつらなりの禅であった。要するに、天台僧であると同時に宋学の知識人である玄慧法印の学問的・知的背景にはこうした形而上学があったと推定される。そうした学問的立場からして、「教外別伝・不立文字」を標榜する、自分が理解していた形而上学的禅とは異なる禅が、黙止できない形で台頭してきて、論戦に挑んだのであろう。玄慧の立場はまさに学問であり、それは言い換えれば言語表現と論理を中心とするものであった。叡山の立場もそうである。

さて、天台本覚論に通暁しながら、宋学の教養をも併せもっていた当代随一の文化人、玄慧法印は、形而上学的体用論理と日常具体的な体用体験の〈はざま〉に在って、日夜悶々としながら、その脱出口を模索していたのではなかったであろうか。そうした玄慧がようやく時を得て「正中の宗論」に挑んだのであろう。

五　正中の宗論の現場にて

さて、再び正中の宗論へもどろう。

玄慧云く、「教外別伝の禅とは如何。」

大燈が答えた、「八角の磨盤、空裏を走る。[18]」

大燈のこの言葉は、玄慧の「教外別伝の禅」についての〈問い〉に対する〈返答〉とはなっていない。「八角の磨盤、空裏を走る」という言葉を発することによって、そうした〈問い〉そのものを大燈は跳ね返したのである。電光石火、そこに立ちこめた凛とした空気の中で大燈の裂帛《れっぱく》の如き一声がもつその気迫に、玄慧は圧倒されてしまったに相違ない。やがて、次の僧が一つの箱を捧げて出た。

大燈云く、「これ何ものぞ。」

僧云く、「乾坤の箱。」

大燈は竹篦（禅宗で、師家が指導に使う竹棒）をもって箱を打った。

「乾坤打破のとき如何。」

僧は黙して退いた。玄慧は敗北を認めざるを得なかった。彼が敗北を認めたのは、大燈の返答と行動が突拍子もないものであり、まったくその意を理解できず、とても太刀打ちできるものではないと諦めたことによるのだろうか。否、そうではなかろう。この問答における大燈国師の鬼気迫る気迫と気合のうちに、大燈自身の〈人《にん》〉が発出し、深淵なる仏法のリアリティがたちどころに顕現していることを玄慧ははっきりと看守したに相違ない。問いを発した玄慧は、当然何らかの答えが返ってくるものと期待していたであろうことは想像するに難くない。ところが、いきなり大燈の口から「空飛ぶ八角形の磨盤（石臼）」という言葉を浴びせられ、玄慧は一瞬戸惑ったことであろう。まったく度肝を抜くような鮮烈なイメージが玄慧の脳裏に焼き付き、一瞬玄慧自身がいわば空飛ぶ磨盤そのものに成りきってしまったことであろう。じつはそこに〈一無位の真人〉が端的驀直に顕現しているのである。「教外別伝を問うている」汝の主人公はいったい何者なのか。大燈は玄慧の問いを跳ね返すことによって、玄慧自身の〈本来の面目〉を示唆し、同時に「直指人心・見性成仏」という禅の本領を提示したのである。ここには、現世利益・除災招福を加持祈禱する如き密教呪法とはまったく関係なく、もっぱら父母未生以前の〈自己の正体〉を覚すことを旨とする純粋禅の立場が露堂々と現れている。玄慧はこれこそ「禅」だと、そう納得したのである。

ところで、次に僧は、何を思って一つの箱を捧げたのか、その箱で、その僧は何をしようとしたのか。不立文字でもって、大燈が「箱」をどのように説明するのかを確かめようとしたのか、その意図はどこにあったのか。注意したいことは、僧の質問が出ぬうちに、すばやく大燈からその僧に質問を投げかけ、その僧の力量を試したことである。その僧は大燈の質問に足を掬われてしまい、まんまと大燈のしかけた罠に引っかかってしまい、僧の方から説明してしまったのである、「乾坤の箱」と。万事休すである。僧がそう答えるが早いか、大燈はすかさず「乾坤打破のとき如何。」と問い返す。僧は引き下がらざるを得なかった。

ここで少なくとも言えることは、この僧も禅の世界における商量を幾分かは心得ていたであろう、ということである。この問答で想起されるのは、潙山の「趯倒浄瓶」（『無門関』第四十）の話である。恐らくこの僧もこの話を知っていたに相違ない。

> 潙山《いさん》和尚、始め百丈《ひゃくじょう》の会中《えちゅう》に在って典座《てんぞ》に充《あ》たる。百丈将に大潙の主人を選ばんとす。乃《すなわ》ち請じて首座《しゅそ》と同じく衆に対して下語《あぎょ》せしめ、出格《しゅっかく》の者往く可しと。百丈遂に浄瓶《じんびん》を拈《ねん》じて、地上に置いて問を設けて云く、「喚《よ》んで浄瓶と作《な》すことを得ず、汝喚んで甚麼《なん》とか作さん。」首座乃ち云く、「喚んで木とつ（木へんに突）と作すべからず。」百丈却って山に問う。山乃ち浄瓶を趯倒《てきとう》して去る。百丈笑って云く、「第一座、山子《さんす》に輪却《ゆきゃく》せらる」と。因って之に命じて開山と為す。[19]

百丈が浄瓶を地上に置いて問うた、「これを浄瓶と呼んではいけないとしたら、さあお前たちはこれを何と呼ぶか」と。すると首座が「棒切れと呼ぶこともできますまい。」と答えた。百丈がつぎに潙山に問うと、潙山は何も言わず、浄瓶を蹴飛ばして出て行った。百丈は笑って、「第一の首座は潙山に負かされた」と言った。百丈は彼を大潙山の開山としたのである。要するに、言詮以前の消息は言詮以前で答えるしかないのである。思うに、この僧は、箱を捧げたときに、すかさず「喚《よ》んで箱と作《な》すことを得ず、汝喚んで甚麼《なん》とか作さん。」と、自分から大燈に向かって問い質すべきであった。敏感にそれを察知した大燈は、問われる前にすばやくその問いを僧から奪い取ったのである。まさに、この宗論における大燈国師の応答の中に、「教外別伝・不立文字」が見事なまでに発揮されている。

当時、こうした禅問答の気合いは、京洛の知識人たちをはなはだ喜ばせたらしい。学問好きの花園天皇もそのうちの一人で、この正中の宗論における大燈の堂々たる所業が天皇をますます気に入らせた。花園天皇は、顕密仏教体制の真只中にありながら、禅にいたく関心を寄せ、とくに『碧巌録』を愛読し、宋朝の「看話禅」に見るいわば密教臭のまったくない純粋禅への憧憬を常に持っていた。そうした禅を体現していた宗峰妙超に天皇は心酔したのである。宗論が行われた同年二月二十九日、天皇は大納言俊光を遣わして院宣を賜い大徳寺を勅願道場とし、次いで寺領を寄進している(20)。

建武二年（一三三五）に門下に垂誡した『大燈国師遺誡』には、次のような句がある。「只須く十二時中無理会の処に向かって、窮め来り究め去るべし」、「専一に己事を究明する者は、老僧と日日相見、報恩底の人なり。」おそらく、その後の玄慧法印も大燈と「日々相見、報恩底の人」となったであろうことは想像するに難くはない。

【註】

（1）『本朝高僧傳』巻二十四「京兆南禪寺沓沙門鏡圓傳」

（2）『日本仏教史之研究』第一巻、岩波書店、一九八三年、二四八頁

（3）『花園天皇宸記』は花園天皇の一三一〇年～一三三二年（延喜三～元弘二）までの自筆日記。『増補史料大成』所収。なお、本稿における『宸記』の内容については、和島芳男『中世の儒学』（吉川弘文館、一九六五年）および同『日本宋学史の研究　増補版』（吉川弘文堂　一九八八年）から多くの示唆を得た。

（4）前章注(7)参照。

（5）竹貫元勝『日本禅宗史』大蔵出版、一九八九年、一四頁、一七頁

（6）辻善之助『日本佛教史研究』第一巻、岩波書店、一九八三年、二四四頁

（7）同書、二五三頁

（8）塙保己一編『群書類従』第二十七輯（東京　續群書類従完成會、一九六〇年）

（9）『往来物大系』六「古往来」〔武藤氏筆・石田治兵衛（京都）梓、寛文八年（一六六八）七月刊〕、一九九六年、監修：石川松太郎、大空社。なお、『尺素往来』は、室町時代中期の永享一二年（一四四〇）から寛正五年（一四六四）に至る二五年間に操作されたと推測される往来。撰者は一条兼良と伝えられるが確証はない。内容は、『新札往来』を大幅に増補したもので、全編一通の新年状の形式をとって、その間に六八条目に及ぶ単語・短句を配列してある。

（10）和島芳男『日本宋学史の研究　増補版』吉川弘文堂　一九八八年、一五七～一五八頁参照。

（11）同書、一五八頁

（12）同書、一三六頁

（13）同書、一三七頁

（14）島田虔次「体用の歴史に寄せて」（『中国思想史の研究』所収、京都大学学術出版会。二〇〇二年）三〇二頁参照。

（15）湯用彤撰『漢魏兩晉南北朝佛教史』上冊、中華書局出版、一九五五年、三三三頁。

（16）島田虔次『朱子学と陽明学』岩波書店、二〇一三年、五頁

（17）詳細は、芳賀幸四郎『中世禅林の学問および文学に関する研究』第二章「宋学の伝来及び興隆と禅僧社会」（芳賀幸四郎歴史論集Ⅲ）、思文閣出版、一九八一年、四三頁～一五八頁を参照されたい。

（18）『碧巌録』第四十七則「雲門六不収」の本則にある。宋代の圜悟克勤（一〇六三～一一三五）の言葉。或いは宋初の楊億（九六四～一〇二〇）の句（『日本の禅語録　大燈』筑摩書房、一九八一年、七八頁参照）。なお、『新版禅学大辞典』（大修館書店、一九八五年）によると、とりつきどころのない自在のはたらきのたとえ。磨盤は石臼。八角の石臼が空中に走るとは、思慮分別を超えた境地、言詮を超えた消息のたとえ。「一氣潛回、八角磨盤空裏走」（『虚堂録』三）

（19）『禅の語録一八　無門関』平田高士、筑摩書房、一九六九年、一四二頁～一四三頁

（20）辻善之助『日本佛教史研究』第一巻、岩波書店、一九八三年、二四七頁～二五一頁参照。

あとがき

本書は、前著『露現と覆蔵―現象学から宗教哲学へ』（二〇〇三年）の刊行後、様々な学会誌に掲載された拙稿および、講演等で発表してきたものを集成したものである。今回、一冊の書物に纏めるに当たっては、文言の修正のみならず、大幅な削減、加筆を施したことをお断りしておきたい。内容的には前著で扱ったテーマと殆ど変っていない。その中心にある考えは、「はじめに」でも触れたように「超越的覆蔵性」の次元の形而上学的考察に尽きる。しかしまだまだ課題は残されており、新たな一歩を踏み出すためにも、ここで一区切りをつけて、拙著を上梓する次第である。

定年を間近に控え、拙いながらもこれまでの研究歴を振り返ってみて改めて思うことは、やはりご指導・ご鞭撻いただいた諸先生方や、各種学会および研究会で今も親しく談論させていただいている研究上の諸先輩の方々及び知友から受けた学恩の深さである。逐一お名前を列挙するのは差し控えさせていただくが、ここに改めて心より感謝申し上げる次第である。

また、心に銘記しておくべきは、関西大学在任中に於けるこうした比較思想的研究も、長年に渉り東西学術研究所の研究班のメンバーとして在籍させていただいてきたおかげを被っていることである。その間、当研究所の前所長の松浦章教授には、様々な面でご教示、ご鞭撻をいただき、心より感謝申し上げる次第である。また、本書の刊行については、筆者の学生時代からの腹心の友であり、畏友である現所長の中谷伸生教授に、身に余る程の丁重な序文をご執筆いただき、改めてお礼を申し上げたい。

最後に、研究所事務グループ、奈須智子氏には、刊行にいたるまで、何かと細やかなご配慮をいただき、感謝の意を表したいと思う。

平成二十六年九月

【初出一覧】

第一篇　〈時〉と〈鏡〉、そして〈イコン〉

第一章　〈時〉と〈鏡〉――道元・西田・ハイデガーの思索をめぐって――
『哲学』第一二二号、関西大学哲学会編（二〇〇三・三）

第二章　縁起と性起――華厳教学の比較思想論的究明――
平成一三年度～平成一五年度科学研究費補助金（基盤研究（B）（2））研究成果報告（課題番号：13410006）『「大乗起信論」と法蔵教学の実証的研究』所収（二〇〇四・三）

第三章　明治期アカデミー哲学の系譜とハイデガーにおける形而上学の問題
――如来蔵思想とユダヤ・ヘブライ的思惟の収斂点――
電子ジャーナル『Heidegger-Forum』第三号（二〇〇九・六）

第四章　永遠とイマージュ――直接性と媒介性――（書き下ろし）
二〇一三年三月一〇日に上智大学で開催された「宗教哲学フォーラム」に於ける発表原稿をもとに、加筆修正を施した。

第二篇　西田哲学の論理的基盤

第一章　『善の研究』という書物――著者・西田幾多郎の位相――
『善の研究』の百年―世界へ／世界から』（藤田正勝編）京都大学学術出版会（二〇一一・一一）

第二章　純粋経験の論理――〈統一的或者〉が意味するもの――
『西田哲学会年報』第二号、西田哲学会編（二〇〇五・七）
第三章　形なきものの形、声なきものの声
『場所』第七号、西田哲学研究会編（二〇〇八・四）
第四章　時と鏡――西田哲学における「実在」の論理――
『西田哲学会年報』第六号、西田哲学会編（二〇〇九・七）
第五章　西田哲学に見る禅仏教の特質
『宗教研究』第八四巻・三六四号・第一輯、日本宗教学会編（二〇一〇・六）
第六章　西田哲学における論理的基盤――〈体・用〉論の視座から――
（原題「西田哲学における実在の論理――〈体・用〉論の視座から――」）
〈課題研究：西田哲学の論理基盤を問う〉『アルケー』第一九号、関西哲学会編（二〇一一・七）

第三篇　禅の思想
第一章　経験と超越――禅における〈覚〉とその既在的直接性について――
『日本の哲学』第七号、特集「経験」、日本哲学史フォーラム編、昭和堂（二〇〇六・一二）
第二章　鈴木大拙の禅思想に寄せて――般若即非の真如観から見えてくるもの――
『宗教哲学研究』第二九号、昭和堂（二〇一二・三）
第三章　純粋禅を索めて――花園上皇と宗峰妙超――

「禪學研究」第九二號、禪學研究會編（二〇一四・三）

第四章　八角の磨盤、空裏を走る――大燈国師と玄慧法印――

『文学論集』第六十四巻・第二号、関西大学文学会編（二〇一四・九）

【エピローグ】

西欧的知性とその運命―東アジア的叡智に託するもの

『関西大学東西学術研究所創立六十周年記念論文集』、関西大学東西学術研究所編、関西大学出版部（二〇一一・一〇）

★なお、各論文の本書への転載につき、各章の連関等を鑑み、文言の修正および大幅な削除、加筆を行ったことをお断りしておきたい。また、章によっては、重複している箇所があるが、ご容赦願いたい。

【著者紹介】

井上　克人（いのうえ　かつひと）

1949（昭和24）年　神戸生まれ。

1977（昭和52）年　関西大学大学院文学研究科哲学専攻博士課程修了

関西大学文学部教授　文学博士

専攻：宗教哲学・比較思想・日本思想

〔著書〕

『露現と覆蔵―現象学から宗教哲学へ―』関西大学出版部　2003年

『西田幾多郎と明治の精神』関西大学出版部　2011年

〔編著〕

『「大乗起信論」の研究』関西大学出版部　2000年

『豊穣なる明治』　関西大学出版部　2012年

〔共著（共同執筆）〕

『西田哲学を学ぶ人のために』世界思想社　1996年

『京都学派の遺産―生と死と環境―』晃洋書房　2008年

『『善の研究』の百年―世界へ／世界から』京都大学学術出版会　2011年

『道元と曹洞宗がわかる本』大法輪閣　2013年

『ハイデガー読本』法政大学出版局　2014年

・*Komparative Philosophie der Gegenwart—Transkulturelles Denken im Zeitalter der Globalisierung* (Hrsg. Hisaki HASHI, Werner GABRIEL), Passagen Verlag, Wien. 2007年

・*A ESCOLA DE KYOTO E O PERIGO DA TÉCNICA* (org. Zeljko Loparic), DWW EDITORIAL, São Paulo, 2009年

・*Globalisierung des Denkens in Ost und West*, (Hrsg. Friedrich G. WALLNER, HASHI Hisaki) Verlag Traugott Bautz GmbH 2011年

・*Kitarō Nishida in der Philsophie des 20. Jahrhunderts Mit Texten Nishidas in deutscher Übersetzung*, Verlag KARL ALBER, 2014年

関西大学東西学術研究所研究叢刊50

〈時〉と〈鏡〉超越的覆蔵性の哲学

――道元・西田・大拙・ハイデガーの思索をめぐって――

2015（平成27）年３月20日発行

著　者　井　上　克　人

発行者　関西大学東西学術研究所
〒564-8680 吹田市山手町３丁目３番35号

発行所　関西大学出版部
〒564-8680 吹田市山手町３丁目３番35号

印刷所　株式会社 図書印刷 同朋舎

ISBN978-4-87354-600-1　C3010　　落丁･乱丁はお取り替えします。

【エピローグ】

西欧的知性とその運命
—東アジア的叡智に託するもの—

序

πολλὰ τὰ δεινὰ κοὐδὲν ἀνθρώπου δεινότερον πέλει·

恐るべきものは数々あれど、人の性《さが》ほど恐るべきものはない。

〔ソポクレス『アンティゴネー』第一聯（332)〕

「恐るべきもの」と仮に訳した言葉、タ・デイナ（τὰ δεινὰ)、単数形ト・デイノン（τὸ δεινόν）は「素晴らしいもの」、「驚嘆すべきもの」という讃辞を意味すると同時に、「不気味なもの」「おぞましいもの」という禍々しい響きをも持っている[1)]。元来「恐れる（デイドー δείδω)」という動詞から派生したこの言葉は「意のままにならぬ恐懼の対象」を意味し、人間にとって最も「恐るべきもの」は人間自身であると言っているのである。では何ゆえに、人間は人間を恐れなければならないのか。その「知性（ドクサ δοξά)」ゆえである。

第一聯は続く。

波白《しら》ぐ海原をさえ、吹き荒れる南風《はえ》をしのいで

1）M. Heidegger: *Hölderlins Hymne „Der Ister“*, GA. Bd. 53, S.74-78

【エピローグ】

渡ってゆくもの、四辺《あたり》にとどろく
高いうねりも乗り越えて。神々のうち　わけても畏《かしこ》い、朽ちせず
撓《たゆ》みを知らぬ大地まで　攻め悩まして、
来る年ごとに、鋤《す》き返しては、
馬のやからで　耕しつける。

（第一聯）

気も軽やかな鳥の族《やから》、または野に棲む
獣《けだもの》の族、あるは大海《わたつみ》の潮《うしお》に住まう
類《たぐい》をも、織り上げた網環《あみわ》にかこみ、
捉えるのも、心慧《さか》しい人間、
また術策《てだて》をもってし、曠野に棲まい、あるは山路《やまじ》を
い往《ゆ》き徘徊《もとお》る　野獣を挫《ひし》ぎ、鬣《たてがみ》を生《お》う
馬さえも、項《えり》に軛《くびき》をつけて馴らすも、
疲れを知らぬ山棲《やまずみ》の牡牛をもまた。

（第二聯）[2]

第一聯、第二聯に描かれているのは、太古よりこの方、人間が自然条件のもとで生存を維持してきたさまざまな労働、すなわち航海、農耕、狩猟、漁労、牧畜などである。そこには自然に対する人間の最も原始的で力強い「知性」が働いている。だが、その知性とは、人間に捷利をもたらすとともに、やむをえざる罪悪を強いるものでもある。留意したいのは、ここでソポクレス（496－406B.C.）が、自然に対して暴力を加える行為を「知性」に帰していることである。母なる大地を痛めつけ、禽獣や魚を殺し、牛馬に軛《くびき》を架し

2）ソポクレス『アンティゴネー』（呉茂一訳）（『ギリシア悲劇Ⅱ　ソポクレス』ちくま文庫、1996年）より。ただし、冒頭の部分は、呉茂一訳では「不思議なものは数あるうちに、人間以上の不思議はない」となっている。

て自由を奪う、その力の源泉こそが「知性」に他ならない。ハイデガーは、τὸ δεινόν（恐るべきもの）を、まず第一に「制圧的な支配」（das überwältigende Walten）という意味で「おぞましいもの」（das Furchtbare）と解し、第二にそれは、力を使用する者という意味で「強力なもの」（das Gewaltige）を意味しており、要するに τὸ δεινόν の本質は「暴力－行為性」（die Gewalt-tätigkeit）であって、人間は、「支配しているものを寄せ集めて、それを開明性（eine Offenbarkeit）の内へと取り込むこと」であると規定している[3)]。

たしかに、天地自然の生きとし生けるもののすべてに神聖な生命が宿ると考えていたギリシア人にとって、自ら生きるためには必要不可欠な最低限の仕事ですら、すでに神聖なるものに加える暴力であり、凌辱であり、詐術であり、犯罪であった。人間は自然を歪め、神々を潰すことなしには生きていけないのである。人間は自然に対し、神々に対し、また人間相互の間でも、互いに敵対し、生命を賭けた闘争を通してはじめてその人間主体たりうるのである。あらゆる個物は他者に対し何らかの不正を行わなければそのものではありえないのだ。したがって、自然も人間もともに罰を得て没落せざるをえないのである。存在するものは、それが存在するかぎり、意図の善悪は問わず悲劇は避けられない。これがソポクレスの確信であった。

こうした〈滅び〉を必然的にもつ「存在の脆弱《ぜいじゃく》性」については、イオニアの哲学者アナクシマンドロス（前６世紀中葉）の箴言にも示されている。彼にとって、「自然」の生成消滅の一切が、この相互に罪を犯しては罰せられてゆく過程に他ならなかった。自然とはあらゆる存在者の犯罪と劫罰の永遠の転回であった。

ἐξ ὧν δὲ ἡ γένσίς ἐστι τοῖς οὖσι καὶ τὴν φθορὰν εἰς ταῦτα γίνεσθαι κατὰ τὸ χρεών·

3）M. Heidegger: *Einführung in die Metaphysik*, GA.Bd.40, S.158-159

【エピローグ】

διδόναι γὰρ αὐτὰ δίκην καὶ τίσιν ἀλλήλοις τῆς ἀδικίας κατὰ τὴν τοῦ χρόνου τάξιν.

およそ存在するところのものにとって、そこから生成が行われるところのもの、それのものへとまた、必然（義務）に従って、消滅もまた行われることになる。
なぜなら、それらのものは、時の定めるところに従って、互いに不正の裁きを受け、償いをすることになるからである。〔Fr.1〕（藤沢令夫訳）[4]

ここで「必然（クレオーン χρεών）」とは機械論的必然性ないし因果性を意味しない。それは報復の不可避的な「宿命・運命（トュケー τύχη）」を意味し、それは人間の賢《さか》しらを粉砕する非情の女神であり、つねに「思いもよらぬ」ところに現れる。人間の知性は、父祖伝来の知恵の蓄積を踏まえ、最善を希いつつ明るい「希望」にそそのかされ「欲望」につきあげられて、未来の可能性をできるかぎり計算し、確率を考えながら行動する。たまたま事が思い通りに進行すれば、知性は洞察力として絶賛され、決断は意志力として驚嘆される。かくして〈知性〉は、次第に「倨傲（ヒュブリス ὕβρις）」を持つようになることは必然のなりゆきであった。しかしその目論見が外れたとき、すなわち思いもかけない僥倖に恵まれたり、不測の災禍に見舞われたとき、知性はそれに対し驚きの眼をみはる以外に何ができようか。人知の及ばぬところ、言い換えれば「想定外」のところ、そこに知性ははじめて己れを超える力の実在に触れ、その威力の恐ろしさを思い知らされるのである。その力を古代ギリシア人は「宿命・運命」の女神として神格化したのである。計算通りに事が運ばないとき、すべてを運命のせいにするのが我々人間の通性であろう。

4）『岩波講座　哲学XVI　哲学の歴史Ⅰ』（服部英次郎・藤沢令夫編）1968年より。

ところで、「運命」とは偶然性と必然性という一見矛盾する二つの様相を併せもっている。しかし、これは「運命」に対処する人間の二つの態度の違いに応じてそれぞれその現われ方を異にするだけであって、そこにはいささかも矛盾はない。一切を認識できるものと驕り高ぶっている人間の知性にとっては「運命」は己れを裏切る偶然の戯れに過ぎないが、一切を統べる神の智慧を信じるものには、それはあらかじめ考えぬかれ、巧妙に仕組まれた罠であり、「倨傲」を懲罰する「必然」の女神の強制執行に他ならないのである。「運命」こそ人知と神知の接点にあって、「運命」に打ちのめされ、その「苦悶を通じて学ぶこと」以外に神知は人間に達し得ない（アイスキュロス『アガメムノン』177)[5)]。

I

2011年の３月11日、未曾有の大惨事が東日本の東北地方を襲った。マグニチュード９を記録する大地震、そして多くの死者・被災者を出した大津波、更には、あの世界を震撼させたチェルノブイリ原発事故と同レベルの福島原発事故である。このような未曾有の大惨事について思い起こすのは、人間の悲惨と偉大を説いたパスカルの言葉である。

> L'homme n'est qu'un roseau, le plus faible de la nature, mais c'est un roseau pensant. Il ne faut pas que l'univers entier s'arme pour l' écraser ; une vapeur, une goutte d'eau suffit pour le tuer. Mais quand l'univers l'écraserait, l'homme serait encore plue noble (puisque) que ce qui le tue, puisqu'il sait qu'il meurt et l'avantage que l'univers a sur lui. L'univers n'en sait rien. Toute notre dignité consist donc en la

5）『ギリシア悲劇Ｉ　アイスキュロス』ちくま文庫、1997年

pensée. C'est de là qu'il nous faut relever.（*Pensées* 200〔B347〕[6]）

人間は自然のうちで最も弱い一茎の葦に過ぎない。しかしそれは考える葦である。これをおしつぶすのに、宇宙全体は何も武装する必要はない。風のひと吹き、水のひとしずくも、これを殺すに十分である。しかし、宇宙がこれをおしつぶすときにも、人間は、人間を殺すものよりもいっそう高貴であるであろう。なぜなら、人間は、自分が死ぬことを知っており、宇宙が人間の上に優越することを知っているからである。宇宙はそれについては何も知らない。それゆえ、われわれのあらゆる尊厳は思考のうちに存する。われわれが立ち上がらなければならないのはそこからなのだ。（ラフュマ版・断章200〔ブランシュヴィック版・347〕[7]）

たしかに自然の猛威を前にして、人間の存在はあまりにも無力である。この悲惨極まりない壊滅状態の日本の国で、大きな試練に立たされた私たちに課せられた道は、ただ一人ひとりが「考える葦」として、すなわち「自分がそこから引き出されてくる虚無と、自分がそこへ呑み込まれていく無限（le néan d'où il est tiré et l'infini où il est englouti.)」の二つの深淵に懸けられた「中間者（un milieu)」としての自覚を持ち、深い悲しみと痛みを乗り越え、絶望の暗き淵より存在への勇気を以って、打ち砕かれた心を奮い起こし、敢然と立ち上がるべく努力することではないだろうか。未来の世代のためにも、ゼロから一歩一歩考え、行動する（think & act）こと、それが私たちに課せられた大きな課題であろう。

6）Blaise Pascal : *Pensées,* par Louis Lafuma, Éditions du Seuil, p. 121-122, 1962

7）パスカル『定本　パンセ（上)』（松浪信三郎訳・注、講談社文庫、1972年）230頁

本書は、『パンセ』の編纂の出発点というべき草稿の原初的状態を再現したルイ・ラフュマ版を定本としている。

しかしながら、ここで「考える」というのは、どういう思惟であるべきなのだろうか。上記のような「知性」の「倨傲」から覚醒したあとの思惟は、どうあるべきなのだろうか。パスカルの場合は「賭けの論理」として、そこに「神」があったのだが、まさに今、あるべき別の思惟が要請されるのではないだろうか。

Ⅱ

ふり返ってみれば、西欧的知性の特質は、物に対して距離を置いて観察する〈分離的思考〉であった。その淵源は古代ギリシアにまで遡る。ギリシア人が世界に対して持っていた精神的態度は、とりわけギリシア語の一語がそれを的確に表現している。それは「アレーテイア（ἀλήθεια）」という語である。通常は「真理」と翻訳されているこの語は、「隠れていないこと」、「覆われていないこと」を意味する。ギリシア人にとって真理とは物事の嘘偽りのないありのままの公開性、隠蔽性の排除なのであって、すべてを「光のもとに」もたらし、顕わならしめようとする気質が彼らの意識にはあり、この傾向はすでにこの「アレーテイア」という語のなかに含意されている。「隠れていないこと」という語に含まれる精神、言い換えれば未知の隠れた部分を取り除き、すべてを隈なく「見よう」とする意志、それが「テオーリア（θεωρία）」としての「観ること」であった。プラトンのいわゆる「イデア（ἰδεα）」も、それは万物に〈かたち〉を与えるものであり、諸物の〈かたち〉の原型は、聞いたり触れたりできるものではなく、「見える」ものであった。つまり「イデア」とは「イデイン」（ἰδειν〔見る〕）と同属語で、一般的には「見えている姿」を意味する。イデアを観ること、直観すること、それを意味するギリシア語が先に触れた「テオーリア」である。「セオリー（theory）」とはもともと眺めることを意味する。「テオーリア（θεωρία）」のラテン語訳は contemplatio すなわち「観想」である。

【エピローグ】

要するに、ギリシア人の理解するところでは、すべての存在するものは、なにか目に見えるものなのであって、すなわち光のなかで自己示現してくるものに対して意識を向けることであった。ところが、見ることができるためには、見るものと見られるものとの間に光が射し込む開けた〈空間〉が必要であろう。視覚とその対象との間の間隔があまりに狭ければ、何も見ることはできない。したがって、物が現れるためには、〈距離〉が必要なのである[8)]。

では、時代が降って西欧の近代哲学はどうであったか。この「近代」を特色づける基本的な指標も「分離的思考」である。人間と自然との間の分離こそ近代を特徴づけるものであり、ここに近世における「科学」の成立があり、近世以降の世界は科学技術の文明によって最も特色づけられる。しかもこうした客観的・機械的自然の発見と同時に、それと相即するかたちで見出された認識主体は、人間的価値の自覚、また普遍的自我ないし精神の発見でもあった。つまり主観と客観を峻別し、外界の法則は認識主観によって与えられるとする思考様式であり、これがカントいわゆる「コペルニクス的転回」の意味である。

こうした過程は、まさしく「人間中心主義（anthropocentricism）」への道のりである。近代の技術革命を生み出した西欧近代の「知」は、自己を取り巻く自然と人間社会を理性法則に従って機械化・効率化し組織化していく。敷衍して言えば、自然に働きかけ、これに労働を加えることによって価値を引き出し、これを資本として再生産し、商品化し流通し利潤を得て資本主義社会が形成されていく。

かくして近代は自然と人間社会を機械化・効率化し組織化していくのだ

8）Vgl. Klaus Held: *Treffpunkt Platon - Philosophischer Reiseführer durch die Länder des Mittelmeers*, Philipp Reclam jun. Stuttgart, 1990, I, V-VII, XXIII.

日本語訳：K・ヘルト『地中海哲学紀行』（井上克人・國方栄二監訳、晃洋書房、1998年）、上巻第1章、第5章、第7章、および同書下巻、第11章を参照。

が、それに伴って我々自身の精神を蝕んでいくことになり、我々の〈生活世界〉に根差した生の実感というものがますます喪失していくのは誰の目にも明らかである。

「生活世界（die Lebenswelt）」というのは、現象学の創始者E.フッサール（1859－1938）が『ヨーロッパ諸学の危機と超越論的現象学[9)]』の中で提起した概念だが、彼によれば、すべての科学の基盤には人間の生き生きとした〈生活世界〉があるにもかかわらず、近代科学は数学的自然という「理念の衣（das Ideenkleid）・記号の衣（das Kleid der Symbole）[10)]」によって、この生きた生活世界を覆い隠してきたのであって、現代におけるヨーロッパ文化の危機の淵源はこの点に求められることを示唆し、また最晩年の遺稿（1934年5月執筆、D17草稿）では、「コペルニクス説の顚覆（Umsturz）」というパラダイム転換を提唱することによって、客体化される以前の自然、大地に根差す生への回帰を訴えている。（「自然の空間性の現象学的起源に関する基礎研究—コペルニクス説の転覆」）

M.ハイデガー（1889－1976）によれば、科学的思考はすべての存在物を客体的対象として捉え、その客観的世界の根拠を追究しつつ認識主体としての自己自身の内にこれを奪回する〈理性の根拠付け〉の操作である。そしてこの理性の根拠付けは「表象作用」（Vorstellung, repraesentatio）という学問姿勢によって貫徹されている。この「表象作用」なる語は一面では、認識主体としての人間が存在物を客体的対象として自己の前に、自己の彼方の側に立てる「前－立作用」（Vor-stellung）を謂う。そして他面、この前－立作用という有り方に於いて同時に、存在物を自己自身の方に、此方の側に向けて立て、意識の内に意志的に引き入れ、自己の意識に映して現前させる「再－現前作用」（re-praesentatio）を意味する。

そして我々がここに注目しなければならないのは、総じて科学に於いて認

9）Husserliana Bd.6, 1936

10）ibid., S.51, 52

識主体としての人間によって主体の前に客体的対象として前立され、主体の理性によって根拠付けられたものは、事象の真実の姿として端的に現前するものではなく、意識の場面に映し出され屈折して再－現前されたものでしかない、という事態である。つまり科学が関わる存在物は〈客体的対象〉であり、それは主体の意識の場面に再－現前されたものにすぎず、それは端的如実に、おのずからあるがままに存在するものではない、ということである。科学の立場では、人間を含む天地自然の一切の存在物は、その本来の在り方を剝奪されその根源性を覆い隠されてしまう。それらは主体としての人間の前に立てられた客体として、人間の能動的な理性がその計算的思惟によって支配すべき受動的な死せる物質もしくは素材もしくは「質料」に成り下がる[11]。

さらにハイデガーは重要な示唆を与えている。彼は、1953年の講演「技術への問い（Die Frage nach der Technik)」の中で、現代の科学技術時代の本質を「徴《ゲ》用－挑発性《シュテル》（Ge-stell）の時代、すなわちすべての存在者を対象化するだけに止まらず、更に人間のために「用立てる対象（Bestand)」とみなし、有用性のカテゴリーでものを捉えるべく人間を挑発する時代として解釈した[12]。彼は「技術（Technik)」という語を、物を対象化し操作可能な道具としてみなす「知」の有り方と捉えている。それは現代社会に於いては「動員（Mobilisierung)」という形で私たちの注意を引くものとなる。要するにGestellとは、見えない力で我々を追いたて、駆り立て、徴用する強制的な仕組みなのである。このGestellこそがナチズムにも、その他のファシズム、さらには戦後の物質主義的社会の体制、そしてそれは今日では専ら利潤の追求のみを目指す各企業間における熾烈な競争にまで拡がっている。

このGestellという、いわば総動員的な盲目的意志こそが、大量生産・大量消費・大量廃棄を繰り返し、環境破壊につながっていることは誰の目にも

11）M. Heidegger: *Die Zeit des Weltbildes*, in *Holzwege* , GA.Bd.5, S. 87-93

12）M. Heidegger: *Vortäge und Aufsätze*, GA.Bd.7, S.17

明らかであろう。しかし、Gestellは私たちがめぐりあわせた歴史の「運命」であり、それをその場限りの暫定的な決断的意志によって克服することはできない。それゆえ、Gestellに抵抗するとは、Gestellという構造を見抜きつつ、それにとらわれない生き方を探ることとなる。

Ⅲ

アイスキュロス（525－455）は悲劇『縛られたプロメテウス』の中で、次のように言っている。

> 人間のもつ技術《わざ》（文化）はすべてプロメテウスの贈物だと思ったがいい。(506)[13]

プロメテウスは人間に火を与えたと信じられている巨人神である。彼がゼウスの独裁権に抵抗して茴香《ういきょう》の芯に満たして人間に火をもたらしたとき(100)、人間は自然を制圧する無限の可能性を手に入れたのである。彼は言う、「そこから、さまざまな技術を学び知ることだろう」(250）と。それと同時に、プロメテウスはもう一つの贈物を人間に与えている。

> 人間どもに、運命が前から見えないようにしてやった。
> 目の見えぬ、盲な希望を与えたのだ。(250)[14]

プロメテウスが人間に与えた「技術（テクネー τέχνη)」と「希望（エルピス ἐλπίς)」の二つは、じつは一つのものである。「技術」によって人間は自

13）アイスキュロス『縛られたプロメテウス』呉茂一訳　ちくま文庫　33頁
14）同書、同頁

然の猛威から身を守り、生きてゆく術を見つけるのだが、生きるとは「希望」を持つことに他ならない。しかも「希望」は「技術」という知的営為があってこそ成り立つのである。しかしながら、「技術」とは盲目の「希望」に導かれた人知の賢しらな計らいに過ぎない。じじつ「技術」によって人間は救われたであろうか。むしろ「技術」を通して少しでも生きる「希望」をつなげてゆくことによって、人間は「死すべき身」としての「分際」を忘れるようになった。そしてその忘却ゆえに、この悲惨な「死すべき存在」は、最も仕末に負えない傲慢な「生きもの」と化すのである。

ものにはそれぞれ「分際（モイラ μοῖρα）」がある。とくに神々と人間との間にはどんな「技術」をもってしても決して越えることのできない裂け目があり、それは「不死」と「永生」をもつ神々とは異なり、人間は「死を免れぬもの」であるという厳粛なる事実である。「技術というのは、必然（の定め）に比すれば、はるかに力が弱いもの」（520）なのである。ギリシア人がとくに人間にだけ「生きもの（ゾーオン ζῷον）」と呼ばず、「死を免れぬもの（トゥネートス θνητός）」と名づけたのは、「死」こそが神々と人間を分かつメルクマールだと信じていたからである。それゆえ、「死」こそが人間を人間たらしめる特質であって、「死」の深淵を乗り越えることはできないのである。人間は死に至るごくわずかな時間を、技術という「知性」に「希望」を託して生きる。その知性が「死」から眼をそらすことを本領とする以上、人知が「死を免れぬもの」たる人間の分際を越えて「驕慢《きょうまん》・倨傲《きょごう》（ὕβρις）」に陥ることは必定である。だが神々は決してそれを許さない。

力を頼んで思い上がり、神々に仕える心を失い、
人間と生まれながら、それらしき弁えのない者は、
神々のつかわす重い責苦の中に倒れてゆくのだ。

（ソポクレス『アイアス』758－761）[15]

15）『アイアス』風間喜代三訳、『ギリシア悲劇Ⅱ　ソポクレス』、ちくま文庫、1996年

人間が自分の知性や能力に絶大な自信をもち、神の加護など必要とせず自力で立って行けると驕り高ぶるとき、神はその倨傲を見逃さず、必ず人間を滅ぼす。体力、美貌、知略、富裕、名声といった人間が人知を尽して手に入れる幸福の要因のすべての中に、「倨傲」の毒が潜んでいる。「倨傲」は必ず破滅の道を歩むのである。人間が最も「恐るべきもの」であるのはそのために他ならない。

そもそも「知る」とはどういう行為なのか。人間は誰しも未だ有らぬものを、現に有るものと見なして何かを決断せざるをえない。「知性」、「判断」、「先見」、「見識」、「政策」、「決議」、「決意」などがギリシア語ではみな「グノーメー（γνῶμη）」の一語で表されるのはこのためである。事実の認識とは決断に他ならず、決断とはあるものを採り、他の一切のものを捨てることに他ならず、我々はものを「知る」と同時に視野を局限し、知っていること以外のものには目をつぶって生きることになる。「希望」が盲目なのはこのためである。要するに生きて行動するとは人知（ドクサ δοξᾰ）の成功と過誤に自分を賭けることに他ならない。

「希望」と「欲望（エロース ἔρως）」とが「人知（δοξᾰ）」の本質をなしており、「希望」を追求しつつ「欲望」が「知性」を誘導する。「欲望」は策謀を工夫し、「希望」は「運命（トュケー τύχη）」の僥倖をほのめかしながら、大概は人間を奈落の底に突き落としてしまう。しかもそれは眼に見えないだけに、眼に見える危険よりはるかに威力がある。

ここで「希望」、「欲望」、「運命」と記したものは単なる抽象名詞ではない。ギリシア人にとって、それらは「鬼神（ダイモーン δαίμων）」の類に他ならなかった。人間に憑《とりつ》いて思うがままに操る「眼に見えないだけにはるかに威力あるもの」とは幽界に身を隠しながら顕界で人間に憑いて一切を支配する鬼神たちの形容に他ならない。人間は神々に憑かれるままに行動する他ないのだという醒めた知見を持っていながらも、自らの知性の確実性を信じて未来に向かって画策するとき、これら悪霊の支配からは、結局のところ解放されてはいないのである。このような皮肉を「悲劇的アイロニイ」と呼ば

ずして何と名づけようか[16]。

Ⅳ

さて、パスカルの言う「考える葦」をどう捉えるべきなのか、少なくとも以上のような「倨傲」に陥りやすい「知性」による思惟とは異なる、別の思惟であるとするなら、それはどのような思惟であるべきなのか。

パスカルは人間を、虚無と無限という二つの深淵に懸けられた「中間者(un milieu)」と見なしたが、ラフュマ版の断章199を見ると、彼は当初、「すべてがそこから引き出されてくる虚無と、すべてがそこへ追いやられる無限(le néant d'où tout est tire et l'infini où tout est poussé)」と書いていたのを傍線で抹消し、「自分がそこから引き出されてくる虚無と、自分がそこへ呑み込まれていく無限（le néant d'où il est tire et l'infini où il est englouti)」と書き改めている[17]。「無限の空間の永遠の沈黙に戦慄を覚えた（Le silence éternel de ces espaces infinis m'effraie.)」(201〔B206〕）彼にとっては、この「中間者」はきわめて実存的な体験であった。

かつて西谷啓治（1900－1990）は『根源的主体性の哲学』の「緒言」で、本書の基調をなす考えとして次のように披瀝している。

〈われ在り〉といふことの究極の根柢は底なきものである、吾々の生の根源には脚を著けるべき何ものも無いといふ所がある、寧ろ立脚すべき何ものも無い所に立脚する故に生も生なのである、そうしてさういふ脱

16）大沼忠弘「知性の悲劇—ギリシア知性の劈断面」〔伊藤勝彦編『思想史—西欧的知性とその運命（新曜社、1978年）所収〕参照。なお、本書の第一章にあたる大沼氏のこの論文は、本稿執筆の動機を与え、かつそこから多大の示唆を得たことを記しておきたい。

17）邦訳『定本パンセ』（前掲書)、221頁に掲載の写真参照。

底の自覚から新しい主体性が宗教的知性と理性と自然的生とを一貫するものとして現れて来る[18)]。

「脱底」の自覚から現れてくる「宗教的知性と理性と自然的生とを一貫する」新しい主体性に根差した思惟とは、どのような思惟なのだろうか。筆者は、西欧的知性に対するものとして、〈東アジア的叡智〉を見直すべき時期が到来しているという感を強くする。それは一言で言えば、宋学が提唱する「居敬」の精神、言い換えれば、「天」なり「天道」、「天命」といった、なにか自己を超えたものに対する、いわば垂直的な「畏怖・畏敬」の感情であり、また「天地一体の仁」という理念が持つどこか自己内発的で、水平的な共同体感覚である。それらは、前近代的な村落共同体の〈民の心〉に見られた自己超越的なものへの志向性とそれにもとづく倫理的・道徳的な自己内発的連帯意識、言い換えれば他者への共感能力としての「惻隠」の情である。これこそ、西欧的近代化の流れによって喪失し忘却していった、東アジア圏に共通して認められる感覚に他ならない。

V

『礼記』楽記篇に、次のような言葉がある。

人生マレテ静ナルハ、天ノ性ナリ。物ニ感ジテ動クハ、性ノ欲ナリ。物至リ知知《シ》リ、然ル後ニ好悪形《アラワ》ル。好悪、内ニ節ナク、知、外ニ誘ワレ、躬《ミ》ニ反《カエ》ル能《アタ》ワザレバ、天理滅ス。ソレ物ノ人ヲ感ズルコト窮マリナク、人ノ好悪節ナキハ、則チ是レ物至リテ、人、物ニ化セラルルナリ。人、物ニ化セラルレバ、天理ヲ滅シ、人欲ヲ窮ムルナリ。

程頤《ていい》（1033－1107）とともに「静」を強調したのは朱熹（1130－1200）で

18)『西谷啓治著作集』第一巻、3頁。創文社　1986年

あったが、それはもともと宋学の主流をなすものであった。興味深いことに、この「楽記」の説は、上記の西欧近代化の流れ、Gestellという見えない力によって物欲・人欲を中心とした世界観が形成されていく経緯を言い表している。しかしここで留意すべき点は、要するに人間は「静」であることを本質態とする存在である、ということである。外から物に働きかけられてはじめて「動」くというこの説は、すでに宋学の先駆といわれる唐の李翺《りこう》(772－841)の『復性書』の中心テーマであったが、周敦頤《しゅうとんい》(1017－1073)に於いてそれは「無欲なるが故に静」(『太極図説』への周敦頤の自注)という表現をもってあらわれてくる。以後、宋学の主流が「静」であったこと、その流れのうちから「敬」が生まれ、「未発の中」が生まれてくるであろうこと、しかしその静は決して動を排除した静ではなく、動を内に含む〈絶対静〉、いわゆる「至誠」として、やがて朱熹にみられる論理が展開されていくことになる。

ここで強調したいことは、上で述べた、Gestellという近代化の流れに抵抗し、その構造を見抜きつつ、その挑発的な力に惑わされない姿勢を保つためには、「静」を守ること、要するに己を律する「居敬」の精神、謝上蔡(1050－1103)のいわゆる「常惺惺の法」が必要である、ということである。言葉を換えて言えば、それは「理先気後」という「理」の超越性を、すなわち「畏天命・尊徳性」をどこまでもそれとして心に留めて置くことに他ならない。

「天地ノ化育ヲ賛ケ」、「天地ト参タル」べく(『中庸』)「中」として立つことができるのは、ただ人間のみである。もし人間が存在しないならば、天地の理法をみるものがないことになるであろう(『程氏遺書』十一)。「人ハ天地ノ心」(『礼記』礼運)、つまり人間はいわば天地の自覚点なのである。古人も「人ハ天地ニアラザレバ以テ生ヲナスナク、天地ハ人ニアラザレバ以テ霊ヲナスナシ」(『後漢書』劉陶伝)と言った。天地を位《くらい》せしめ万物を育《いく》せしめ、天地の化育を賛《たす》ける、それは人間のみである。

宋学のいわゆる「天地一体の仁」について、程顥《ていこう》(1032－1085)は言う、

「仁」とは天地を体となし、万物を四肢百体とすることである、と。

自然環境破壊の危機に瀕し、また自然の猛威に打ちのめされ、壊滅的な生活状況の中に生きる私たちに、今必要なのは、こうした宋学が標榜する「天命を畏れる」心、そして「天地一体の仁」がもつ意義を改めて認識することではなかろうか。では、「仁」とは何か。

> 醫書に手足《しゅそく》の痿痺《ゐび》せるを不仁と為すと言ふ。此の言最も善く名状す。仁者は天地萬物を以て一體と為し、己に非ざる莫《な》し。己為《た》るを認得せば、何の至らざる所かあらん。若《も》し諸《これ》を己に有《ゆう》せずんば、自ら己と相干《あひかん》せざること、手足の不仁なるが如くならん。氣已《すで》に貫《つらぬ》かざれば、皆己に属せず。(『近思録』一、道体[19])

天地は自分と一体のものでありながら、しかもその痛痒に対して無感覚、無自覚であることが「不仁」なのである。本来的には自己自身に他ならない万物、それは主として生きとし生けるもの全体を指し示し、草木虫魚鳥獣が中心的に考えられるであろうし、それが「仁」と結び付けられるときには、万物とは人間万民を意味し、人間の誰しも生来持っている「惻隠の情」を拡充してゆくことを意味したであろう。その天地万物の痛痒をまさしく自己の痛痒として感覚し、自己と万物とを貫通している〈生意〉への畏敬の念をもって回復せしめること、それが「天地一体の仁」に他ならない。要するに、仁とは痛痒の自覚なのである。つまり道徳的なものを不断に、ほとんど身体的・生理的な知覚をもって自覚しつづけることが「仁」なのである。そして、重要なことは、そうした「自覚」には、「理一」なるもの、超越的なものへの畏敬の念が含まれている、ということである。それこそ朱熹が提唱する「敬」、謝上蔡のいわゆる「常惺惺の法」に他ならない。

張横渠(1020－1077)が程顥に「性を定める」ということについて質問し

19) 新釈漢文大系37『近思録』(市川安司著)26頁。明治書院　1984年

た。張横渠は問う、性を定めようと思っても外物に妨害され、性が不動の状態にいたらない、いかにすれば性を定めることができるのか。程顥は答えて言う。「イワユル定トハ、動モ亦タ定、静モ亦タ定、将迎ナク、内外ナシ」、つまり性を定めるとは、動静を越え、内外、前後を越えたことであり、性は内外なきものである。いたずらに外を否定して内を強調するのは、内外両忘に若かない。「内外両忘」、ここにこそ「定」がある、と。

> ソレ天地ノ常ナルハ、ソノ心万物ニ普クシテシカモ無心ナルヲ以ッテナリ。聖人ノ常ナルハ、ソノ情万事ニ順イテシカモ無情ナルヲ以ッテナリ。故ニ君子ノ学ハ、廓然トシテ大公、物来タリテ順応スルニシクハナシ。(程顥『定性書』)

この文章の眼目は「廓然大公、物来順応」にあるが、そこに「性を定める」、すなわち精神統一ということの真の意味がある、と言うのである。物来たれば順応す、とか、喜怒哀楽の情が万事に従っている、というのは、けっして外物を先とする意味ではない。内外を超越して、あるいは内外を統一的にみて、「無為の公共性」の立場にたち、客観的な妥当性を得ようとすることである。要するに、私欲的、偶然的な情を克服し、といっていたずらに理性的分別智に立つことなく、万事万物に妥当するところのものを求めること、そこに「性を定める」すなわち精神統一ということの真の意味がある、というのであろう。思うに、上述したGestellの見えない挑発力に打ち勝つためには、こうした境涯に立つことこそ肝要ではないだろうか。

それは要するに、今や病弊に瀕した自然環境、壊滅的状況に陥った自然に対する〈痛み〉の感覚、そして未来世代も含めた「共生」の実現のための「内発的な公共生」に根ざす倫理的責任意識である。震災や津波という天災と、それによって引き起こされた原発事故という人災によって、今や壊滅状況に陥っている日本が、一日も早い復興を目指してゆくに当たってこの大惨事から学び取らなければならないのは、こうした責任感覚の倫理意識なのだ

が、思い起こしたいのは、大惨事を体験した我々日本人の一人ひとりが誰しも感じとったであろう被災者に対する「惻隠の情」であり、壊滅状態にある日本国土の復興への強い意志である。この同じ国土に生きている「私たち日本人」の一人として「今の自分に出来ることはいったい何なのか？」「日本の復興を目指してともにがんばろう！」という止むに止まれぬ責任感覚である。それは「日本国家」とか「国体」といったナショナリズム的・イデオロギー的な幻想である以前に、きわめて伝統的な、或る共同体的融合への衝迫である。それは一種の目には見えない〈無為の共同体〉意識から発する使命感であり、その根柢にあるのはやはり自己を超えた〈超越的なものへの志向性〉であろう。上記の Gestell の見えない挑発力に打ち勝つためにも、このような、垂直的な深さの次元に届いた「畏天命・尊徳性」を説く朱子学的倫理観の快復こそ肝要ではないだろうか。

ただ、一人一人が「今、自分にできること」は何なのかを深く反省するにあたって心すべきことは、産業の経済的復興もさることながら、「知性」の「倨傲」に陥らないことである。「自然」は征服するためにあるのではなく、自然に対してどこまでも謙虚に接し、天地自然への「畏怖」の感覚をもつことが重要であろう。近代化によって喪失してしまったものは、こうした「自然に対する畏怖・畏敬の感覚」であったのだが、それは裏を返せば、人間としての自己の有限性の徹底した自覚に他ならない。そこで重要なことは、自己が自己の根底において自己を超えたものに触れているということである。言い換えるならば、自覚はその構造のうちに超越の問題を含んでいるということである。それはまた、「トランス・デサンダンス（trans-descendance）」として、〈痛み〉の倫理へとつながっている。どういうことか。

Ⅵ

我々が無限なるものに近づき、無限なるものを見ようとしても、無限は見

えず、覆い隠されて見えなくなっている。いわゆる「想定外」のこととはそういうことである。そこには調和の破綻、人間の悲惨があろう。自己の底に深まってゆくことは、自己の底に無限との関係を見出して無限と繋がった理想的な自己を見出すことではなく、むしろ無限なるものから弾き飛ばされ、断絶した絶望的自己、有限でリアルな自己を見出すことになる。そこでは自己の底に無限に絶望的に堕ちてゆく方向をもった人間が捉えられてくる。

ふり返ってみれば、環境問題もこれに起因する。地球環境の破壊は、我々の日常生活の積み重ね、すなわち大量生産・大量消費・大量廃棄を繰り返す日常が積もり積もって引き起こした問題である。こうしたことを十分よくわきまえながら、一向に生活習慣は改まる気配はない。そこには科学技術の力でなんとか解決できるのではないか、とする科学技術万能主義、更には我々の現在享受している快適な生活利益を手放したくないという利益優先主義が深く人々の深層意識に浸透しているからである。この考えのもとには、不断の経済成長は良いものであり、不可欠のものであるとする意識が強く、つまり経済成長優先主義や物質主義そのものの否定を要する根本的なライフスタイルの転換や社会の諸制度の全面的変革を求めることはしない。

ところが、このように「欲望」からは逃れられず、環境破壊の危機が切迫しているにも拘らず、現在の生活を根本から変革できないでいる自己が、或る「痛み」を伴って自覚されてくることがある。そこに見出されるのは自己抑制による自己浄化としての〈上への超越〉ではなく、堕落としての〈下への超越〉、つまりどこまでも業が深く有限的な存在でしかない自己の諦念的自覚、すなわちそれが「トランス・デサンダンス（逆－超越）」である[20]。こうした有限性の自覚は、自己の底に沈み込んできた〈永遠の汝〉―それは言い換えれば「天」とか「天道」であってもよい―によって内から照らされ

20)「トランス・デサンダンス」という概念については、以下の書籍を参照。
『武内義範著作集』第二巻、法蔵館、1999年（引用箇所は62頁）
長谷正當『心に映る無限―空のイマージュ化』法蔵館、2005年

て、絶えざる懺悔の念となり、そこでは徹底した無我の形式となる。そうした意味で、それは「覚醒（回心）の論理」であり、「転換の論理」となる。つまり人間は自己の罪障性を見詰め、その根源に遡ることによって、それを超える視界を得ることを目指すのである。それが「トランス・デサンダンス」としての超越の有り様なのである。要するに、自らの罪業の自覚を通して開かれてくる超越の固有の有り様を明らかにすることに新たな思惟の根本がある。そうした自己の有限性の自覚のうちに深まりゆくことは、ただ絶望的にそのうちに沈みゆくことではない。下降してゆく方向は、逆に、それに対向して跳ね上げるような「上昇する方向」を呼び覚まさずにはおかない。有限性の自覚は〈永遠の汝〉との出合いを要求するのである。その遭遇によって否定は肯定に転じられる。「トランス・デサンダンス」という概念によって示したいのは、そのような超越の有り様なのである。環境破壊の危機に取り組む姿勢においても、また人災による原発事故への対策においても、何よりも必要なのは、近代化によってこうした状況に追い込んでしまった人間の〈業〉をどこまでも真摯に受け止めながら、耐えざる懺悔の念を以って取り組む、言うなれば〈痛み〉の倫理でなければならないであろう。それは壊滅の危機に瀕している自然環境のうちに超越的な〈絶対他者〉の眼差しを見、そこに〈永遠の汝〉からの呼びかけを聴き取る、いわば〈負い目〉の感受性に貫かれた倫理である。『維摩経』に「汝病む故に我病む」という言葉があるが、それに倣って言えば、まさに「地球病むゆえに我病む」といった、どこまでも主体的・実存的な倫理的責任感覚なのであろう。

終わりに

もはや何もなすすべもないほどの壊滅状況におかれ、まったくの虚無の真只中に置かれてしまった私たち日本人に残された生き方は、いったいどういう生き方なのであろうか。もはや立脚すべき何ものも無いところに立たされ

ているのである。震災から生き残った私たちは、生き残ったことによって却って犠牲になった人々に対して、なにか大きな「負い目」を感じとるのではないだろうか。生き残ったものは犠牲となった人々の奪い去られた尊い命を背負って、彼らの分まで精一杯生きてゆかねばならない。犠牲となった人々に黙禱を捧げるとともに鎮魂の思いを絶えず持ちながら、未来世代の人々のためにも、我々は一歩一歩日本国の復興を目指して努力していかねばならない。そして、ひいては生と死を貫く人生の意味の発見、或いは西谷の言う根源的な意味での「無意味」＝脱底の自覚を持つことこそ、我々には必要なのではないだろうか。大切なことは、ただ、今・ここに生かされている〈いのち〉の尊厳を見守り、今・ここをひたすら生き抜くこと、それは言い換えれば「無根拠を無根拠のままに」生きるということであり、一歩一歩あるがままに生きてゆくことに他ならず、それはまた、今、自分に何にできるのかを自問しつつ、内発的に他者のために生きてゆくことでもある。それがまた、犠牲者への鎮魂にもつながるのではないだろうか。パスカルのいわゆる「虚無と無限の二つの深淵に懸かる中間者」として「考える」ということ、それは「祈り（pray)」にも通じよう。

思うに、極限状況の真只中に置かれている我々が、それでもなおかつ生きていることの意義は、生きているという事実からは与えられない。実生活の世界はその事実は語ることができようが、世界を超えた次元については語ることはできない。しかし思惟することはできる。そしてそれが「祈り」という人間の行為なのではないだろうか。ヴィトゲンシュタインも次のように語っている。「祈りとは世界の意義を考えることである（Das Gebet ist der Gedanke an den Sinn des Lebens.)」と[21)]。このように、祈ることは何か自己を超えた或るものとの会話であり、自己の生の意義を問うことでもある。といって、何か超越的な唯一神や絶対者を想定し、それを超越的〈根拠〉と

21）L. Wittgenstein, *Tagebücher* 1914-1916, Ludwich Wittgenstein Werkausgabe Bd. 1, Erste Auflage 1989, Suhrkamp, S.167

見なして信じるということではない。無の深淵に投げ込まれ、〈脱底〉の自覚をもつ我々には、もはやいかなる〈根拠〉もないのである。〈無根拠を無根拠のままに生きる〉ということはそういうことである。しかしながら、「祈り」としての思惟の営みは、〈自明性〉を超える或る領域にどこか通じていて、そうした自己を超えた次元に身を委ね、自己の生全体を見つめなおすことに他ならない。「我が生いずこより来たり、いずこへか去る。」たしかに、こうした問いは、すぐには答えは見出せない。ハイデガーが『あるがままということの所在究明に寄せて（*Zur Erörterung der Gelassenheit*）』（1944・45年）のなかで語っていたように、思惟するとは、何かを「待つ（warten）」ことなのであろう。それを彼は「長遠にして高貴なる心（der langmütige Edelmut）」と呼び、「欲望」にもとづく〈意欲〉を拒否しつつ、或る意志ならざるもの、「そこから私たちが呼び寄せられている、そのそこ」に身を委ね、「無－意欲（Nicht-Wollen）」という仕方で純粋にそれ自身のうちに落着している（Gelassenheit）ことだと語っている。この「長遠にして高貴なる心」こそ「思惟（Denken）」の本質であり、それはまた生きて在ることへの「感謝（Danken）」につながるのだ、と彼は強調している[22]。

In der Langmut gedieht Großmut.

堪えて待つ長き心の内に高邁なる大きな心が成長する[23]。

鈴木大拙（1870－1966）は、E.ヘリゲル著『弓道における禅』の序文のなかで、「考える葦」について、次のように述べている。

Man is a thinking reed but his great works are done when he is not

22）Martin Heidegger: *Aus der Erfahrung des Denkens,* GA. Bd.13, S.38-74

23）ibid. S.81

> calculating and thinking. “Childlikeness”has to be restored with long years of training in the art of self-forgetfulness. When this is attained, man thinks yet he does not think. He thinks like showers coming down from the sky; he thinks like the waves rolling on the ocean; he thinks like the stars illuminating the nightly heavens; he thinks like the green foliage shooting forth in the relaxing spring breeze. Indeed, he is the showers, the ocean, the stars, the foliage. (May, 1953)[24]

> 人は考える葦である。だが、その偉大な働きは、彼が計らったり考えたりしていない時になされる。永年にわたる〈我を忘れる〉修練ののちに、「無心（捉われのない自由な心））」が、回復されねばならぬ。このことが成就された時、人は考えながらしかも考えない。彼は空から降りそそぐ雨のように考える。海原にうねる波のように考える。夜空に瞬く星のように考える。さわやかな春風に萌む木の葉のように考える。実に彼は、雨であり、海原であり、星であり、木の葉なのだ。(括弧内、引用者)

要するに、「知性」に基づく計算的思惟から解放された「無心」という自他不二の境涯に立つところに、人間としての自由があり、それが「霊性的自覚」に他ならないということなのであろう。この境涯は、「物となって見、物となって考える」いわゆる「格物致知」の精神に通じるであろうし、哲学者、西田幾多郎（1870－1945）晩年の「終末論的平常底」という立場にもつながる。要するに、今・ここに、こうして宇宙万有の真只中に生かされてあることの不思議とかけがえのなさの実感を抱くことが重要なのである。しかも自分の〈いのち〉は自分だけのものではなく、「天地一体の仁」として

24) Eugen Herrigel: *Zen in the Art of Archery*, Translated by R.F.C.Hull, Vintage Books /A Division of Random House, Inc., New York, 1999. p.viii-ix.

〈開かれた公共性〉の中にあることでもあるのだ。それはまた東アジア仏教の特質である〈大乗〉の精神にもつながるのではないだろうか。

Wo aber Gefahr ist, wächst / Das Rettende auch.（Hölderlin）

されど危機のあるところ、おのずから救いとなるものもまた芽生う。
（ヘルダーリン）